高等教育财经类核心课程系列教材
高等院校应用技能型精品规划教材
高等院校教育教学改革融合创新型教材

富媒体 智能化

财政学
Finance
（第三版）

理论·实务·案例·实训

李 贺 ◎ 主 编

视频版·课程思政

上海财经大学出版社
上海学术·经济学出版中心

图书在版编目(CIP)数据

财政学:理论·实务·案例·实训/李贺主编.—3版.
—上海:上海财经大学出版社,2024.4
高等教育财经类核心课程系列教材
高等院校应用技能型精品规划教材
高等院校教育教学改革融合创新型教材
ISBN 978-7-5642-4302-9/F·4302

Ⅰ.①财… Ⅱ.①李… Ⅲ.①财政学-高等学校-教材 Ⅳ.①F810

中国国家版本馆CIP数据核字(2023)第246877号

□ 责任编辑　汝　涛
□ 书籍设计　贺加贝

财政学
——理论·实务·案例·实训
(第三版)

李　贺 ◎主编

上海财经大学出版社出版发行
(上海市中山北一路369号　邮编 200083)
网　　　址:http://www.sufep.com
电子邮箱:webmaster@sufep.com
全国新华书店经销
上海叶大印务发展有限公司印刷装订
2024年4月第3版　2024年4月第1次印刷

787mm×1092mm　1/16　19.25印张　530千字
印数:10 001—13 000　　定价:58.00元

第三版前言

党的二十大报告指出,"教育是国之大计、党之大计。培养什么人、怎样培养人、为谁培养人是教育的根本问题。育人的根本在于立德。全面贯彻党的教育方针,落实立德树人根本任务,培养德智体美劳全面发展的社会主义建设者和接班人"。落实立德树人根本任务,必须将价值塑造、知识传授和能力培养三者融为一体,不可割裂。财政是政府的经济行为,财政学是研究财政收支规律及政策的科学。新修订的《财政学》(第三版)教材以习近平新时代中国特色社会主义思想为核心,兼顾"就业导向"和"生涯导向",紧紧围绕着经济发展新常态下高等院校人才的培养目标,依照"原理先行、实务跟进、案例同步、实践到位"的原则,全面展开财政学的内涵,坚持创新创业和改革的精神,体现新的课程体系、新的教学内容和新的教学方法,以提高学生整体素质为基础,以能力为本位,兼顾知识教育、技能教育和素质教育,力求做到:从项目引导出发,提出问题,引入含义,设计情境,详尽解读。

习近平总书记指出,要在教育教学全过程中实施思政教育,始终将立德树人作为高等教育的中心环节,从而开创中国高等教育发展新格局。在此背景下,有必要深入探讨如何将思政教育任务和元素纳入"财政学"课程。将专业教育和思政教育有机协同融合起来,这是一个具有重要现实意义的课题,也是回归教育本真,培养具有社会主义核心价值观和合格社会主义事业接班人的必然要求。鉴于此,新修订的第三版教材,注重课程思政元素挖掘,以教育部《关于印发〈高等学校课程思政建设指导纲要〉的通知》(教高〔2020〕3号)和《普通高等学校教材管理方法》(教材〔2019〕3号)为指导依据,在介绍专业理论、实务应用和分析方法的同时,重点将职业道德、社会主义核心价值观等内容融入课程教学全过程,实现"知识传授"和"价值观引领"的有机统一,以培养合格的经济业务人才,坚定学生理想信念。

《财政学》(第三版)深入推进二十大精神进教材,以习近平新时代中国特色社会主义思想启智润心,将知识要素、技能要素、素质要素和思政要素落实到具体内容中,实现了课堂教学与实践应用的零距离对接。修订后的第三版教材更新了近年来的相关数据和财政领域前沿专题及结合二十大报告内容形成启发式和开放式案例,并增添了课程思政的内容。本教材具有富媒体·智能化的特色,实现了传统纸质教材与数字技术的融合,通过二维码建立链接,将动画、图文等富媒体资源呈现给学生;从教材内容的选取来看,实现了技能教育与产业发展的"双元"育人项目融合,并结合互联网＋融媒体为一体的形式进行编写，注重专业教学内容与应用实践能力培养的有效对接；从教材的教学使用过程来说，实现了线下自主与线上互动的融合，学生可以在有网络支持的地方自主完成预习、巩固、复习等。

本教材共涵盖12个项目、49个任务，内容分四篇：财政认知、财政支出、财政收入、财政管理。本教材在认真总结教学特点的基础上力求阐述财政学的基本理论和基本应用，重点对财政实践活动作出详细的介绍和解读，突出以培养学生实践应用能力为主线的教育特色，强调职业素养与专业能力的全面提升。

根据高等院校教育教学改革融合创新和应用技能型人才培养需要，本教材力求体现如下特色：

1. **结构合理，体系规范**。本教材在内容上特别注意吸收当前的财税改革与实践前沿，按理论与实务兼顾的原则设置内容。针对高等教育和应用技能型院校教改的特点，教材将内容庞杂的基础知识系统性地呈现出来，力求体现"必需、够用"原则，体系科学规范，内容简明实用。

2. **与时俱进，紧跟动态**。本教材立足于我国财税改革的现实基础，借鉴西方经济学和财政学中对我国有实际应用价值的原理和方法，本着理论联系实际的原则，系统、全面地阐述了财政基本理论，广泛吸收和反映了当今国内外的热点研究成果，及时反映了我国财税改革的进程和内容，力求贴近中国实际，全面反映当代财政学的一般原理、制度与政策。

3. **突出应用，实操技能**。本教材从高等教育的教学规律出发，与实际接轨，介绍了当前的财政发展和改革动态、理论知识和教学案例，在注重必要理论的同时，强调实际的应用；主要引导学生"学中做"和"做中学"，以学促做，做学合一，一边学理论，一边将理论知识加以应用，实现理论和实际应用一体化。

4. **栏目丰富，形式生动**。本教材栏目形式丰富多样，每个项目设有"知识目标""技能目标""素质目标""思政目标""项目引例""引例反思""知识精讲""同步案例""课堂讨论""做中学""提示""注意""应知考核""应会考核""项目实训"等栏目，并添加了二维码视频和相关解析，以体现富媒体特色。其中，教材的材料分析题，丰富了教材内容与知识体系，拓展了学生的知识面，具有一定的创新性，挖掘学生的应用能力和分析能力，使得学生学以致用，也为教师教学和学生更好地掌握知识内容提供了首尾呼应、层层递进的可操作性教学方法。

5. **课证融合，双证融通**。本教材能满足学生对财税基础知识学习的基本需要，重点放在财政收支部分——基本理论和基本方法上，但为了满足较高层次读者的需要，适当增加了财税知识的应用能力，并与初级、中级经济师财税专业考试的大纲相衔接，做到考证对接。

6. **职业素养，素质教育**。本教材力求在内容上有所突破，激发学生的学习兴趣和学习热情，设计适合学生掌握的考核要点，以培养和提高学生通过理论与实践知识丰富自己的创新意识，提升在具体工作中的审美素养，激发创新创造活力，最终实现培养当代大学生愉快的主观体验、稳定的情绪表现、健康的心态、良好的心境,从而达到职业认同感、职业荣誉感、职业道德感和职业敬业感。

7. 课程资源,配套上网。为了配合课堂教学,编者精心设计和制作了教学资源(含有教师课件、教师教案、教学大纲、参考答案、模拟试卷等)。

本教材由李贺主编。王海涛、武岩、赵昂、李虹、张永杰、王玉春、李洪福7人负责全书教学资源包的制作。本教材适合高等教育和应用技能型教育层次的国际经济与贸易、产业经济学、劳动经济学、国际商务、工商管理、财务管理、会计学、财政学、税收学、金融学等经管类专业的学生使用,同时也可作为自学考试的辅助教材。

本教材得到了出版单位的大力支持,在编写过程中参阅了参考文献中作者的教材、著作及相关网站等资料,对于以上的贡献,谨此一并表示衷心的感谢!由于编写时间仓促,加之编者水平有限,教材中难免存在一些不足之处,恳请专家、学者、教师和读者对教材中存在的错误和不足之处给予意见和指正,以便编者不断地更新、改进与完善。

编 者

2024 年 4 月

内容更新与修订

目 录

第一篇　财政认知

项目一　财政学导论 ... 003
- 任务一　财政概述 ... 004
- 任务二　公共财政的概念、特征和形式 ... 009
- 任务三　财政学的研究对象和方法 ... 012
- 任务四　财政思想与财政理论演进 ... 017
- 任务五　数字财政与财政治理现代化 ... 023
  - 应知考核 ... 028
  - 应会考核 ... 029
  - 项目实训 ... 030

项目二　公共财政理论 ... 031
- 任务一　政府与市场经济 ... 032
- 任务二　公共需要与公共产品 ... 041
- 任务三　财政职能的基本内容 ... 048
- 任务四　公平与效率协调机制 ... 052
  - 应知考核 ... 053
  - 应会考核 ... 055
  - 项目实训 ... 056

第二篇　财政支出

项目三　财政支出 ··· 061
- 任务一　财政支出概述 ··· 062
- 任务二　财政支出规模 ··· 066
- 任务三　财政支出结构 ··· 068
- 任务四　财政支出效益 ··· 071
- 任务五　财政支出控制 ··· 075
  - *应知考核* ·· 079
  - *应会考核* ·· 080
  - *项目实训* ·· 082

项目四　购买性支出 ··· 083
- 任务一　购买性支出概述 ··· 084
- 任务二　社会消费性支出 ··· 086
- 任务三　政府投资性支出 ··· 091
  - *应知考核* ·· 096
  - *应会考核* ·· 097
  - *项目实训* ·· 099

项目五　转移性支出 ··· 101
- 任务一　转移性支出概述 ··· 102
- 任务二　社会保障支出 ··· 104
- 任务三　财政补贴支出 ··· 113
- 任务四　税式支出理论 ··· 117
  - *应知考核* ·· 121
  - *应会考核* ·· 122
  - *项目实训* ·· 123

第三篇　财政收入

项目六　财政收入 ··· 127
- 任务一　财政收入概述 ··· 128
- 任务二　财政收入规模 ··· 131

  任务三 财政收入结构 …… 135
    应知考核 …… 140
    应会考核 …… 141
    项目实训 …… 142

项目七 税收收入 …… 144
  任务一 税收概述 …… 145
  任务二 税制要素 …… 151
  任务三 税制结构 …… 154
  任务四 税收负担 …… 179
    应知考核 …… 186
    应会考核 …… 187
    项目实训 …… 188

项目八 非税收入 …… 190
  任务一 非税收入概述 …… 191
  任务二 行政事业性收费 …… 195
  任务三 公共定价 …… 199
  任务四 国有资产管理 …… 202
    应知考核 …… 204
    应会考核 …… 205
    项目实训 …… 207

第四篇 财政管理

项目九 公债 …… 211
  任务一 公债概述 …… 212
  任务二 公债与财政收支 …… 219
  任务三 公债规模 …… 221
  任务四 公债的经济效应 …… 226
  任务五 国外公债 …… 228
    应知考核 …… 230
    应会考核 …… 231
    项目实训 …… 232

项目十 政府预算 ... 234

任务一 政府预算概述 ... 235
任务二 政府预算程序 ... 239
任务三 财政平衡和财政赤字 ... 242
任务四 财政管理改革 ... 244
应知考核 ... 251
应会考核 ... 252
项目实训 ... 253

项目十一 财政政策 ... 255

任务一 财政政策概述 ... 256
任务二 财政政策工具 ... 259
任务三 财政管理体制 ... 261
任务四 财政政策实践 ... 265
应知考核 ... 277
应会考核 ... 278
项目实训 ... 279

项目十二 国际财政 ... 281

任务一 国际财政概述 ... 282
任务二 国际财政援助 ... 285
任务三 国际财政协调 ... 287
任务四 国际税收协调 ... 291
应知考核 ... 292
应会考核 ... 293
项目实训 ... 295

参考文献 ... 294

第一篇

财政认知

第一章

项目一 财政学导论

● **知识目标**

　　理解：财政的产生和发展；财政学的研究对象和方法；财政思想与财政理论演进。
　　熟知：财政的概念；财政的构成要素；财政的基本特征；数字财政与财政治理现代化。
　　掌握：公共财政的概念、特征、形式；政府与公共财政。

● **技能目标**

　　能够充分认识和理解财政学的研究对象，并应用财政学的研究方法分析现实社会中的财政焦点问题。

● **素质目标**

　　运用所学的财政学导论知识研究相关案例，培养和提高学生在特定业务情境中分析问题与决策设计的能力；结合行业规范或标准，强化学生的职业道德素质。

● **思政目标**

　　能够正确地理解"不忘初心"的核心要义和精神实质；树立正确的世界观、人生观和价值观，做到学思用贯通、知信行统一；通过财政学导论知识，具备分析财政现象的能力，提升自己的审美素养，激发自己的创新能力、职业成就和职业素质。人生就是不断选择的过程，积累足够的知识，踏准无悔的人生征途，成功只是结果，过程才是人生！

● **项目引例**

全民免费接种新冠疫苗，践行"人民至上、生命至上"理念

　　在中国，目前新冠疫苗采取免费接种政策，疫苗及接种费用由医保和财政共担。随着新冠疫情解除紧急状态，无论我们接种哪家公司生产的新冠疫苗都是免费的，老百姓不用像买其他药品一样，从自己兜里掏钱，这得益于我国的惠民抗疫政策。当初国内的疫苗研制成功后，所有中国籍公民免费接种新冠疫苗，这体现了国家对每一个公民的爱护。疫苗接种是防控新冠病毒感染疫情的重要手段。国务院联防联控机制根据疫苗研发和审评审批进展，结合疫情形势、病毒变异等情况，科学合理制定并不断完善新冠病毒疫苗接种策略，先后部署了新冠病毒疫苗基础免疫、第一剂次和第二剂次加强免疫接种、补齐免疫水平差距等工作。各地加大了接种组织实施力度，新冠病毒疫苗

接种工作取得积极进展,截至2022年8月,全国累计报告接种新冠病毒疫苗34.97亿剂次,接种总人数达13.10亿人,全程接种12.77亿人。

资料来源:何蕊、柴嵘:全国累计报告接种新冠疫苗超34亿剂次,接种总人数超13亿,《北京日报》,2022年8月10日。

引例反思:中国公民免费接种新冠疫苗,是政府的职责范围吗?为什么需要国家财政拨款?作为中国的公民,我们应该如何去树立自己的社会主义核心价值观,不忘初心、牢记使命。

● 知识精讲

任务一 财政概述

一、财政的产生

尽管经济学家对财政概念的描述多有差异,但是对于财政作为一种分配,既属于经济范畴又属于历史范畴的描述,已经被大多数经济学家所接受。财政这一经济范畴并非从人类社会产生就有了,它是生产力和生产关系发展到一定阶段的产物。

(一)财政的产生过程

财政是一个古老的历史范畴,是随着社会生产力的发展和国家的产生而产生的。在原始社会初期,人类所处的生存环境恶劣,为抵御外界的侵袭,人们只能聚集在一起生活,运用最原始的生产工具共同劳动,生产出数量极少的劳动产品并归全体成员共同所有。随着社会生产力水平的提高,畜牧业与手工业开始从农业中分离出来,且单纯地从事商品交换的商人也出现了。于是,整个社会生产的产品除了满足人们最低生活需要之外,还出现了剩余,私有制也因此而产生。此后,因人们所占有的私有财产多寡不均,贫富分化逐渐加剧,社会分裂成为奴隶和奴隶主两大根本对立的阶级。奴隶主阶级为了巩固自己的统治地位,保护自己的既得利益,镇压奴隶的反抗,建立起了军队、警察、法庭和监狱等统治机构,这就标志着奴隶制国家的诞生,而国家作为一种管理机构,虽然它本身并不从事物质资料的生产,不直接创造财富,但是为了维持其自身的发展壮大并履行其职能,却需要消耗一定的物质资料。于是,国家就依靠它所拥有的政治权力,采用赋税等形式,强制、无偿地占有一部分社会产品来满足其需要。这样,在整个社会产品的分配中,就独立出来一种由国家凭借政治权力来参与的社会产品的分配,而这就是财政分配。

(二)财政的产生条件

从财政产生的过程可以看出,财政的产生需要满足两个条件:一个是经济条件,即剩余产品的出现;另一个是政治条件,即国家的出现。

经济条件是财政产生的物质基础。如果一个社会的生产力水平极其低下,没有剩余产品,也就不存在财政产生的可能性,只有当生产力发展到一定水平,社会出现剩余产品时,才能具备财政产生的物质基础。

政治条件是财政产生的权力保证,只有当社会发展到一定阶段,贫富两大对立阶级的矛盾变得不可调和时,才会出现维护统治阶级利益的权力机关——国家。国家的产生及统治机构的设置就为国家无偿占有一部分社会产品提供了权力保证,同时,国家的出现也就意味着财政的产生。

综上,生产力的发展与剩余产品的出现是财政产生的物质基础,成为财政产生的经济条件;私有制、阶级和国家的出现是财政产生的政治条件,财政是因国家的产生而产生的。

【注意】 财政是一个历史范畴,也是一个经济范畴,更是一个政治范畴。

二、财政的发展

(一)奴隶制国家的财政

奴隶制国家的财政收入主要有：①王室土地收入，即国王强制奴隶从事农业、畜牧业、手工业等劳动创造的财富。②贡物收入和掠夺收入。贡物收入包括诸侯与王公大臣的贡赋以及被征服的国家缴纳的贡品；掠夺收入是指在战争中掠夺其他国家和部族的财物。③军赋收入，即为保证战争和供养军队需要而征集的财物。④捐税收入。这主要是对自由民中占有少量生产资料的农民、手工业者和商人征收的捐税，如粟米之征、布缕之征、关市之征等。

奴隶制国家的财政支出主要有：①王室支出。主要包括国王和王室成员的生活享用，如吃饭、穿衣、赏赐和宴请宾客、建造宫殿、游乐等，还包括为国王及其王室成员建造陵墓、丧葬支出等。②祭祀支出。③军事支出。④俸禄支出。⑤农业、水利等生产性支出。

奴隶制国家财政的基本特点是：①国家财政收支和国王家族的收支没有严格划分；②国家财政以直接剥削奴隶的劳动收入为主；③国家财政收支基本上采取力役和实物的形式。

(二)封建制国家的财政

封建制国家的财政，作为维持国家政权的财力保证，体现了代表地主阶级利益的国家对农民阶级的剥削关系。

封建制国家的财政收入主要有：①田赋捐税收入；②官产收入；③专卖收入，如长期实行的盐铁官营专卖而增加的财政收入；④特权收入。

封建制国家的财政支出主要有：①军事支出。军事支出成为封建制国家的重要支出。②国家机构支出。③王室费用。这项支出在封建制国家中占有很大的比重。④文化、教育、宗教支出。⑤建设性生产及公共工程支出。

封建制国家财政的基本特点是：①国家财政收支和国王个人收支逐步分离；②财政分配形式由实物形式向货币形式转化，实物形式与货币形式并存，并有力役形式，这是与商品生产和商品交换的发展相适应的；③税收特别是农业税收成为国家财政的主要收入；④产生了新的财政范畴——国家预算。

(三)资本主义国家的财政

资本主义生产关系是在封建社会内部产生和发展起来的。在封建制度解体和资本主义制度确立的过程中，公债、税收以及关税制度等财政杠杆借助于国家的政治力量，曾作为资本原始积累的重要手段，促进了封建制生产方式向资本主义生产方式的过渡。

资本主义国家的财政收入主要有：①税收。税收是资本主义国家最主要的财政收入。②债务收入。资本主义国家收不抵支是经常出现的财政现象，为了弥补财政赤字，政府便利用发行公债的形式取得财政收入。③国有企业收入。

资本主义国家的财政支出主要有：①军事支出。军事支出在资本主义国家特别是垄断资本主义国家的财政支出中占据重要地位。②国家管理经费支出，包括行政、立法、司法三方面的管理费用。③社会文化、教育、卫生、福利支出。④经济和社会发展的支出。

资本主义国家财政的基本特点是：①财政收支全面货币化。资本主义是高度发达的商品经济，货币渗透到一切领域，财政收支全面采取货币形式。②在资本主义经济发展中，财政逐渐成为国家转嫁经济危机、刺激生产、干预社会经济的重要手段。③发行国债、实行赤字财政和通货膨胀政策，成为国家增加财政收入的惯常的、隐蔽的手段。④财政随着资本主义国家管理的加强更加完善，拥有比较健全的财政机构和较为严密的财政法律制度。

(四)社会主义国家的财政

社会主义财政建立在以生产资料公有制为主体、多种经济方式并存的所有制结构基础上,它是国家筹措、供应和管理社会资金,进行社会主义现代化建设的强有力的工具,体现着国家、企业、个人三者在根本利益一致基础上的社会主义分配关系。社会主义财政收入主要来源于劳动人民为社会创造的纯收入,国家财政通过税收、利润等形式集中起来。社会主义财政支出主要用于经济建设和社会科教文卫等事业。

社会主义国家财政的基本特点如下:

(1)社会主义财政以国家为主体,凭借国家的政治权力和生产资料所有者的代表身份参与一部分社会产品分配,表现了社会主义财政分配的特殊性,以区别于一切剥削阶级凭借拥有的生产资料对劳动者的剥夺和对产品的占有。

(2)社会主义财政的目的是为实现国家政治职能和经济职能,对内要巩固和发展人民民主专政,对外要防御外来入侵,以适应不同历史时期政治经济形势发展的需要,确保实现国家职能的资金保障。

(3)社会主义财政在社会主义市场经济条件下进行各项财政分配活动所形成的分配关系,使财政有可能自觉运用相关经济法律,利用价值形式分配财政资金,调节和引导国民经济持续健康发展。

三、财政的概念

(一)"财政"一词的来历

在英语中"finance"是个多义词,可翻译为财政、金融、财务,究竟作何解释,往往要结合上下文而定。"财政"一词最早起源于西欧。13—15世纪,拉丁文finis是指结算支付期限的意思,后来演变为finare,则有支付款项、裁定款项或罚款支付的含义。到16世纪末,法国政治家波丹将法语finance作为"财政"一词使用,认为财政是"国家的神经",始有公共收入的含义。17世纪以后,财政用以指国家一般的理财;到了19世纪,财政则指一切公共团体的理财;20世纪初,由法国传入各国后,即用以指国家及其他公共团体的财政。日本自1868年明治维新以后,从西欧各国引入finance一词,吸收中国早已存在并分开使用的"财"和"政"二字的含义,创造了"财政"一词并传入中国,逐步取代以前的各种名称,确立了财政的含义。综观我国几千年留存下来的古籍,可以看到"国用""国计""度支""理财"等用词,都是关于当今的财政即政府理财之道的记载;还有"治粟内史""大农令""大司农"等用词,则是有关当今财政管理部门的记载。在我国,"财政"一词始见于清朝光绪二十四年(1898年),在戊戌变法《明定国是》诏书中有"改革财政,实行国家预算"的条文。"财政"一词的使用,是晚清维新派在引进西洋文化思想指导下,从日本"转口"来的新名词,日文"财政"一词译自英文public finance。

(二)财政的概念解释

从实际工作来看,财政是指国家(或政府)的一个部门,即财政部门,它是国家(或政府)的一个综合性部门,通过其收支活动筹集和供给经费及资金,保证实现国家(或政府)的职能。从经济学的意义来理解,财政是一个经济范畴,是一种以国家为主体的经济行为,是政府集中一部分国民收入用于满足公共需要的收支活动,以达到优化资源配置、公平收入分配及稳定经济和发展的目标。本书将财政定义为:财政是国家或政府为了实现其职能,利用价值形式,参与市场经济中社会财富的分配与再分配过程中所形成的以国家为主体的分配活动及其产生的分配关系。

马克思指出:"在我们面前有两种权力:一种是财产权力,也就是所有者的权力,另一种是政治权力,即国家的权力。"政治权力为国家所独有,其主体是国家,因而马克思强调,"捐税体现着表现在经济上的国家存在",或者说,"国家存在的经济体现就是捐税"。因此,国家政治权力在经济上为实现自己的形式就是税收。财产权力是所有者的权力,所有者不仅包括生产资料(含土地)的所有者,而且包括劳动力所有者。因此,财产权力在经济上为实现自己的形式便进一步分割为产业利润、商业利润、借贷利息、地租、国有资产收益及工资等。

总而言之,财政作为人类社会发展到一定历史阶段的产物,是以国家为主体凭借政治权力和财产权力参与的社会产品分配与再分配,其目的在于实现国家职能,满足社会公共需要。

【提示】财政属于一定社会形态下社会再生产过程中分配环节的一个特殊部分,既包括对生产条件的分配,又包括对生产成果的分配。

四、财政的构成要素

不管是居民纳税、政府发行债券和政府救灾、大学生获得补贴、义务教育免费,还是政府投资兴建基础设施,都会涉及政府的资金,这些资金的取得和分配及其管理构成了财政运行的主要过程。通过上述分析,我们明白了财政从本质上讲首先是一种分配,而这种分配不同于日常经济生活中诸如工资分配、价值分配、企业财务分配等一系列分配形式。在财政分配中,由于政府参与了整个分配过程,使经济意义上的分配明显地烙上了政治的色彩。

(一)财政分配的主体是国家或政府

财政分配是国家集中性的分配,当然,国家是财政分配的主体,以其他社会组织或团体为主体的分配,都不属于财政分配。这是财政分配区别于其他分配范畴的基本特征。作为国家经济存在的财政分配,其分配的主体只能是国家。所谓国家为主体,是指国家在财政分配中居于主导地位,掌握着财政分配的权力,并形成国家与其他分配主体之间的分配关系。

(二)财政分配的客体(或对象)主要是社会剩余产品

社会产品的价值由三部分构成:一是生产资料耗费的补偿价值(C);二是劳动力再生产价值(V);三是剩余产品价值(M)。

从 C 的这部分价值来看,主要是固定资产的折旧资金和原材料、燃料等所需的流动资金,它们都是补偿生产单位简单再生产顺利进行的必要条件,也是生产单位应有的基本权利。

从 V 的这部分价值来看,主要是在物质生产过程中活劳动消耗的价值补偿,即工资,它是劳动力生命运动与繁衍延续的物质保障。V 的这部分价值可以构成财政分配的一部分,其比重大小主要是由一国生产力与工资水平以及税收制度的构成所决定的,一般不构成财政分配对象的主要来源部分。

从 M 的这部分价值来看,就是通常所说的剩余产品价值。显然,它就是国家财政集中性分配的主要对象。因为只有剩余产品价值才需要而且可能从一般分配中独立出来,形成一种超越生产单位和个人之外的特殊分配过程。剩余产品价值是国民收入的主导部分,而财政在剩余产品价值分配中又起关键作用,财政可以通过剩余产品价值的分配有效地控制国民收入以至整个社会财富的分配。俗话说,把"蛋糕"做得大一点,实际上是指扩大剩余产品价值,为财政创造一个宽松的分配环境。

(三)财政分配的目的是满足社会公共需要

社会公共需要是相对于私人需要和微观主体需要而言的。所谓社会公共需要,是指政府向社会供给安全、秩序、公民基本权利和经济发展的社会条件等方面的需要。诸如政府的行政管理、国防、文化教育、公共卫生、生态环境保护的需要,基础设施和政策供给的服务等。私人需要可以通过市场价格、竞争机制得以实现;社会公共需要则要通过政府的收支活动来满足,这是财政学研究的核心内容之一。

(四)财政分配的形式主要利用价值形式

马克思在阐述分配与生产的关系时曾指出:"就对象说,能分配的只是生产的成果。就形式说,参与生产的一定形式决定分配的特定形式,决定参与分配的形式。"可以说,财政分配采取什么样的形式并不是由财政本身所决定的,而是由生产力发展水平决定的。

五、财政的基本特征

财政的基本特征是指财政作为一种分配范畴,一方面与其他分配范畴相比较,另一方面与其他国家的财政相比较,在形式上所显示的基本特征。这些特征不会因社会形态的更替和国家制度的不同而变化,是财政在形式上固有的。

(一)阶级性与公共性

由财政与国家或政府的关系,产生了财政并存的两个鲜明特征,即阶级性与公共性。

(1)国家历来是统治阶级的国家,政府则是执行统治阶级意志的权力机构,财政具有阶级性是不言而喻的。但是,国家又是一个公共权力中心,并且统治阶级的政治统治是以执行某种社会职能为前提的。这就决定了财政既具有阶级性,又具有公共性,是两者相统一的一种分配形式。其公共性是指财政满足社会公共需要的基本属性,阶级性是指政府财政在履行满足社会公共需要的职责时总是优先考虑统治阶级的利益。

(2)公与私是相对应的。政府财政历来就是履行满足社会公共需要的职责或办"公事"的一种分配形式,公共性是其天生的特质。在我国过去传统的计划经济体制下,尽管政府包揽的事务过多、过宽,但也没有包揽私人的全部事务,如没有包揽家庭理财、没有包揽企业财务,甚至国有企业财务也不是完全属于财政范围。

在市场经济下,财政的公共性仍包含了其满足社会公共需要的一般公共特质,但更重要的是体现了政府与市场的分工,其满足的社会公共需要是以市场失灵为出发点的,有其特定的内容,范围更广泛。这种市场经济下特有的财政模式即"公共财政"。因此,在财政的公共性与公共财政的关系上应特别强调两点:①财政的公共性是其天生的,不是因冠以"公共财政"的名称而存在;②财政天生就具有公共性,但其天生的公共性不等于"公共财政"。

(二)强制性与无偿性

财政的强制性是指财政这种经济行为及其运行是凭借国家政治权力,通过颁布法令来实施的。财政的强制性是由政府作为一个公共权力中心和政治统治机构的身份决定的。首先,财政收入具有强制性。税收就是典型的强制性收入形式。其次,财政支出也具有强制性。在财政支出规模和用途的安排中,众多的公民可能有不同的主张,但财政支出不能按某一公民的意愿进行决策。即使在民主政治下,也必须通过一定的政治程序作出决策并依法强制执行。由此而言,财政本质上是一种超经济的分配形式。

财政的无偿性说明两个方面的问题。一方面,从整个财政收支过程来看,财政是具有偿还性的。因为财政从公众手里取得收入,还用于为公众提供公共物品。另一方面,这种偿还不是直接的,即每一个纳税人都无权要求从公共支出中享受与其纳税额等值的福利。由于国家征税筹集的是提供公共物品的费用,因此,就直接的税收征纳关系来讲,是无偿的。

【注意】财政的强制性和无偿性是一致或相互依存的。强制的重要原因就是其是无偿或不直接偿还的。强制性和无偿性是财政区别于一般经济分配形式的最重要的特征之一。

(三)收支的对称性或平衡性

财政运行的基本过程就是收入和支出,因而收支的对称性构成财政运行的一个重要特征。在处理财政收支的关系上,虽然久有"以收定支"和"以支定收"的争论,但这都说明收支是财政运行过程中相互制约的两方,收支是否平衡是财政运行的主要矛盾,收支平衡是财政运行本身的内在的客观要求。

在市场经济条件下,财政是政府调控经济的重要手段,财政收支平衡对经济的影响是中性的。要发挥财政的某种政策功能就需要打破财政收支的平衡状态,但这种失衡性的政策操作也必须围绕收支平衡这个轴心,不能过度和失控。有的国家规定财政赤字和国债发行的上限,或通过立法来制约公债的发行,就是这个道理。

六、财政的作用

(一)财政是促进社会公平、改善人民生活的物质保障

通过国民收入的再分配,缩小收入分配差距,促进教育公平,建立社会保障体系与基本医疗卫生制度,保障和提高人民的生活水平,推动建设社会主义和谐社会。

(二)财政具有促进资源合理配置的作用

如果完全由市场配置资源,会导致投入某些行业、地区的资源严重不足,影响社会经济生活的正常运行与发展。国家通过财政支持这些行业、地区的建设,有助于资源的合理配置。

(三)财政具有促进国民经济平稳运行的作用

经济平稳运行要求社会总供给与社会总需求保持基本平衡,避免大起大落。在经济增长滞缓、经济运行主要受需求不足制约时政府可以采取扩张性财政政策,通过增加经济建设支出,减少税收,刺激总需求增长,降低失业率,拉动经济增长;反之,在经济过热、物价上涨、经济运行主要受供给能力制约时,政府可以采取紧缩性财政政策,通过减少财政支出,增加税收,抑制总需求,稳定物价,给经济"降温"。

【同步案例 1-1】　　　　对政府发挥财政作用的正确认识

我国政府通过发挥财政的作用,履行各种职能,为人民群众提供各种服务。某大学二年级课堂上在探究财政作用时出现了不同声音:有同学认为,财政作用的发挥应有一定财政收入作为基础,必须千方百计地增加财政收入;有同学认为,财政支出合理安排很重要,有财政资金不会使用也发挥不了财政的作用;有同学认为,根据经济形势的需要,确立一种适宜的收支关系很重要,有时可以适当安排一定的赤字推动创新、支持"三农"。

课堂讨论:根据材料结合有关财政的知识,谈谈政府应如何更好地发挥财政的作用。

任务二　公共财政的概念、特征和形式

一、公共财政的概念

公共财政可以定义为:在市场经济条件下,为满足社会公共需要而进行的政府收支活动模式或财政运行机制模式。公共财政是为市场提供公共产品和服务的政府分配行为,它是市场经济条件下政府财政的基本选择与必然要求,是与市场经济相适应的财政模式或类型。它仅存在于市场经济环境中,其活动范围限于市场失灵的领域。

二、公共财政的特征

(一)以弥补市场失灵为行为准则

在市场经济条件下,市场在资源配置中发挥基础性的作用,但也存在市场自身无法解决或解决

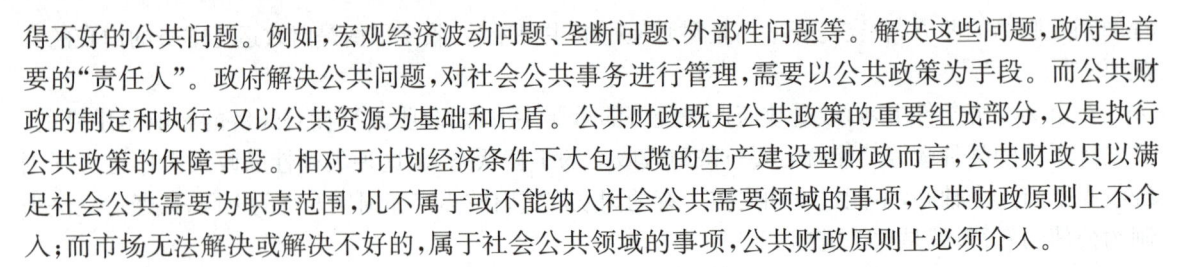

得不好的公共问题。例如,宏观经济波动问题、垄断问题、外部性问题等。解决这些问题,政府是首要的"责任人"。政府解决公共问题,对社会公共事务进行管理,需要以公共政策为手段。而公共财政的制定和执行,又以公共资源为基础和后盾。公共财政既是公共政策的重要组成部分,又是执行公共政策的保障手段。相对于计划经济条件下大包大揽的生产建设型财政而言,公共财政只以满足社会公共需要为职责范围,凡不属于或不能纳入社会公共需要领域的事项,公共财政原则上不介入;而市场无法解决或解决不好的,属于社会公共领域的事项,公共财政原则上必须介入。

(二)公平性

公共财政政策要一视同仁。市场经济的本质特征之一就是公平竞争,体现在财政上就是必须实行一视同仁的财政政策,为社会成员和市场主体提供平等的财政条件。不管其经济成分,不管其性别、种族、职业、出身、信仰、文化程度乃至国籍,只要守法经营,依法纳税,政府就不能歧视,财政政策上也不应区别对待。不能针对不同的社会集团、阶层、个人以及经济成分,制定不同的财税法律和制度。

(三)非营利性

非营利性,又称公益性,公共财政只能以满足社会公共需要为己任,追求公益目标,一般不直接从事市场活动和追逐利润。如果公共财政追逐利润目标,它就有可能凭借其拥有的特殊政治权力凌驾于其他经济主体之上,就有可能运用自己的特权在具体的经济活动中影响公平竞争,直接干扰乃至破坏经济的正常运行,破坏正常的市场秩序,打乱市场与政府分工的基本规则;财政资金也会因用于谋取利润项目而使公共需要领域投入不足。公共财政的收入,是为满足社会公共需要而筹措资金;公共财政的支出,是以满足社会公共需要和追求社会公共利益为宗旨,不能以营利为目标。

(四)法制性

公共财政要把公共管理的原则贯穿于财政工作的始终,以法制为基础,管理要规范和透明。市场经济是法制经济。一方面,政府的财政活动必须在法律法规的约束规范下进行;另一方面,通过法律法规形式,依靠法律法规的强制保障手段,社会公众得以真正决定、约束、规范和监督政府的财政活动,确保其符合公众的根本利益。具体而言,获得财政收入的方式、数量和财政支出的去向、规模等理财行为必须建立在法制的基础上,不能想收什么就收什么,想收多少就收多少,或者想怎么花就怎么花,要依法理财、依法行政。

三、公共财政的形式

(一)税收收入

税收收入是现代国家最重要的公共收入形式,是世界各国公共收入的主要来源,一般占各国经常性公共收入的90%以上。

(二)债务收入

债务收入包括国内发行的公债、国库券、经济建设债券,向国外政府、各级组织和商业银行的借款等。

(三)国有资产收益

国有资产收益是政府凭借其资产所有权取得的股息、红利、租金、资金占有费、土地批租收入、国有资产转让及处置收入等。

(四)政府费收入

政府费收入是指政府各部门收取的各种费用和基金性收入,包括行政执法过程中收取的各种规费和公共财产使用费。它们是地方政府的主要收入。我国现阶段政府费收入主要有五类:规费收入、公共财产使用费、特别课征、各种摊派性费用、特许金。

(五)其他收入形式

其他收入形式是指上述几种收入之外的政府各项杂项收入,常见的有:罚没收入、对政府的捐赠、通货膨胀税。

四、政府与公共财政

没有政府就没有国家秩序。国家的所有事宜都是由各级政府管理的。没有政府的国家就没有国防安全,就没有审判的司法体系和维持社会治安的保障体系。没有政府的国家就不会有向社会全体成员提供的基本服务,即没有公共卫生服务、消防安全服务、教育服务以及向穷人、老年人提供的社会保障等各种服务。没有政府的国家很难说能让我们生活的质量得以提升。因为政府就是这样的组织,该组织主要对居住在这一社会内的人们进行管理,并向其提供基本服务和相应资金,以保障个人公共需求的最大满足。政府部门为满足个人公共需求,要从事筹措公共收入、安排公共支出的活动。这就是最基本的公共财政的社会活动方式,而财政学就是研究政府活动或公共活动的经济学。

1776年亚当·斯密(Adam Smith,1723—1790)《国富论》的出版,意味着财政学的产生。在亚当·斯密的思想体系中,重视市场主体的作用,而将政府主体的作用只置于"守夜人"角色。20世纪30年代的资本主义经济危机,政府单纯的"守夜人"职能受到冲击,政府在经济方面的作用不断增强。此后在市场经济中从来就没离开过政府这只"看得见的手"的身影,只是在不同的历史时期,其作用程度有大小之分。市场"看不见的手"失灵需要政府"看得见的手"补救。与20世纪30年代的资本主义经济危机惊人相似的是2008年以来的世界性金融危机,政府的作用得到进一步认可和强化,政府在经济方面的作用规模、作用范围进一步扩大。为什么政府部门能满足公共需求,为什么在经济危机中彰显政府的重要性,源于政府自身的特点。一是政府具有强制力。政府可以向市场主体依据不同的身份采用多种形式进行筹资,其中就有以政权所有者的身份,依据政权的力量征税、筹措公款或公共收入。二是政府具有服务全社会的义务。政府是人民的政府,是为人民服务的政府,它有义务为每一位公民提供服务。公民的需求就是社会的需求,就是政府的义务。公民的需求有多种,政府也就要承担市场主体不可能承担的诸多政治和社会职能,如行政、国防、治安、义务教育、基础科研、公共卫生、公共设施等。三是政府活动目标不是利润的最大化。这是其区别于市场主体的一个主要标准。应当说,政府的目标不止一个,围绕诸多政治和社会职能确立多个目标,但政府服务于公共利益、提高社会福利这一综合性的社会目标是永恒的。

实践证明,满足公共需求要靠政府。政府在经济领域里担当的角色,既可以作为经济参与者,直接从事社会经济活动,如取得收入、安排支出;也可作为政策制定者,制定和实施影响经济活动的各种经济政策;还可作为经济管制者,管理和规范民间经济活动。当然,在现实生活中,政府的这些经济活动彼此总是相互影响的。但不论其担当何种角色、从事何种活动,其目的就是最大限度地满足社会公共需求。

【同步案例 1—2】　　　　古代以色列人对政府的认识

《圣经·撒母耳记(上)》记载:约公元前1030年,古以色列部落长期没有中央政府。以色列人向当时身兼士师、祭司和先知三职的撒母耳说:"现在求你为我们立一个王治理我们,像列国一样。"撒母耳按照上帝的启示,描述了在国王统治下的生活:"管辖你们的王必这样行:他必派你们的儿子为他赶车、跟马,奔走在车前;又派他们作千夫长、五十夫长,为他耕种田地,收割庄稼,打造军器和车上的器械;必取你们的女儿为他制造香膏,做饭烤饼;也必取你们最好的田地、葡萄园、橄榄园,赐给他的臣仆。你们的粮食和葡萄园所出的,他必取十分之一给他的太监和臣仆;又必取你们的仆人、婢女、健壮的少年人和你们的驴,供他的差役。你们的羊群他必取十分之一,你们也必作他的仆人。"但是,以色列人没有听从告诫,"不然! 我们定要一个王治理我们,使我们像列国一样,有王治理我们、统领我们,为我们争战。"

课堂讨论:你对国家、政府、财政的关系有何理解?

任务三　财政学的研究对象和方法

一、财政学的概念

人类有着无穷的欲望,但是能够满足人类欲望的资源却是有限的,因此,探讨如何利用有限的资源来满足无穷的欲望,就逐步发展成为一门重要的学科——经济学。在现代经济学的分析视野中,人类的欲望可以大致分为两类:一类是私人欲望;另一类是公共欲望。

(1)私人欲望指的是个人希望独自拥有、独自享用的欲望,如获得并享用食品、衣服等物品的欲望。

(2)公共欲望指的是能够与别人共同享用而不是独自享用的欲望,如道路与公园的使用、警力与国防的保护等欲望。

一般来说,私人欲望的满足可以经由市场的活动,凭借价格机制的运作来得到圆满的解决,这是私人部门经济学(private sector economics)研究的核心;公共欲望的满足则很难借助市场机制的运作达成,它一般需要通过政府预算决策来实现。

在现代政体中,政府预算的编制须经议会(如我国的人民代表大会)的同意,而议会代表则由公众投票选举产生,因此,追根溯源,公共欲望的满足一般经由投票过程达成。这是公共部门经济学(public sector economics)或公共经济学(public economics)研究的核心。上述分析如图1—1所示。

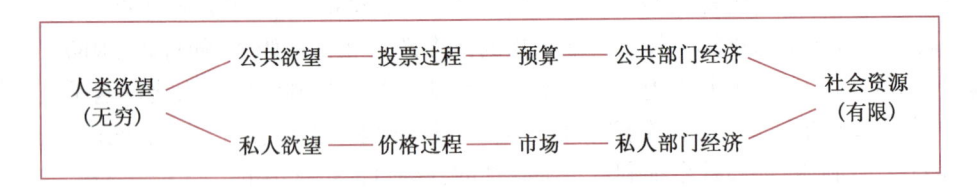

图1—1　私人部门经济与公共部门经济的异同

我们知道,作为社会公众利益的代表者,政府是实现公共欲望的当然"人选"。因此,公共部门的经济活动实际上就是指政府的经济活动。为了满足公共欲望,政府需要向公众提供道路、公园、治安、国防等各种公共产品和服务,此时,政府免不了要承担成本、耗费资金,这就形成了政府支出。政府要开支,就要有相应的收入来源,税收、收费和公债等是政府融资的主要渠道,它们共同形成政府收入。所谓财政,指的是政府的收支活动及其管理。财政学(public finance)就是研究政府收支活动及其对经济运行所产生影响的经济学分支。由于财政活动是政府从事各种经济、社会和政治活动的基础,因此,在更为广泛的意义上,财政学就是研究政府的经济活动及其对经济运行所产生影响的经济学分支,也称公共部门经济学或公共经济学。

二、混合经济中的财政

当今世界,绝大多数国家的经济是由私人部门经济和公共部门经济共同组成的,这就是所谓的混合经济。

在混合经济中,私人部门由追求自身利益(self-interest)的居民和企业组成。私人欲望的满足通过市场价格机制达成;公共部门由追求公共利益(public interest)的政府机构组成,公共欲望的满足由政府预算决策机制实现。

为了描述混合经济运行的基本轮廓和总体面貌,先考察一个仅由家庭和企业组成、没有政府存在的私人部门经济的框图,然后,在框图中加入公共部门,看看现代经济运行的大体情况。

先来考察纯粹私人部门经济的运行。在这个经济系统中,基本决策单位只有两个,即家庭和企业。

(1)对家庭来说,它需要进行两方面的决策。首先,出于生存和发展的需要,家庭需要消费一定数量的产品,这些产品可以是自有的,也可以是他人生产的。当家庭需要消费他人生产的产品时,该家庭通常就成为一位购买者。随之而来的另一个决策就是,为了获得购买产品所需要的支出,家庭必须拥有可供支配的财富,这就需要家庭出卖他们所拥有的一定数量的资源。

(2)企业是两部门经济中的另一个基本决策单位,它的基本功能就是把各种资源投入转换为特定的产出。尽管不同的企业可能会有各种不同的目标追求,但大多数企业是以利润作为其首要目标的。在利润动机的驱使下,企业进行着使自身利润最大化的生产经营决策。

在私人部门经济中,家庭和企业通过两个有着不同性质的市场,即产品市场和要素市场,来从事各种交易活动,如图1-2所示。

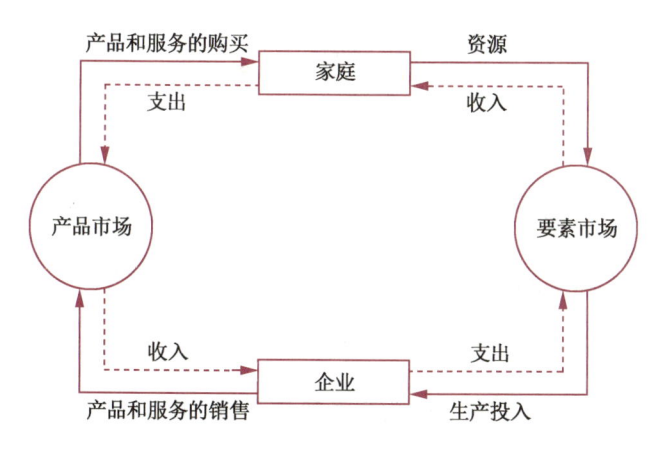

图1-2 纯粹私人部门经济循环

(1)在产品市场上,家庭为消费而购买各种产品和服务,企业为谋取利润而向家庭提供相应的产品和服务,并获得由家庭支付的费用。

(2)在要素市场上,企业利用从产品市场上得到的收入,购买生产所需的各种资源投入,如劳动、资本、土地等,并通过各种资源的组合生产出市场所需的产品;而家庭也需要向企业售出他们所拥有的各种资源,并获得相应的回报,如工资、利润、租金等。于是,通过要素市场,企业购买资源所支付的费用就再次转移到家庭手中。至此,家庭部门和企业部门完成了一次交易上的循环。对这两种部门经济来说,这一过程将循环往复、周而复始。

由图1-2可以看出,纯粹私人部门经济的运行由两方面的运动构成:商品运动和货币运动。

(1)家庭借助要素市场向企业提供各种资源,企业通过产品市场向家庭提供产品和服务,这是商品运动的过程(图1—2中的实线部分)。

(2)在家庭通过要素市场向企业提供各种资源时,企业需要向家庭支付相应的报酬;而企业通过产品市场向家庭提供各种产品和服务时,家庭需要向企业支付货币,这是货币运动的过程(图1—2中的虚线部分)。

纯粹私人部门经济循环图实际上描述了经济运行处于无政府状态下的自由市场经济运作的基本图景。在这一系统中,家庭和企业的经济决策机制是自主而分散的。也就是说,在产品市场上,家庭买什么、买多少、怎么买,以及企业生产什么、生产多少、如何生产、为谁生产等决策,都是出于自身的某种动机而自主做出的,社会上没有哪个人会指挥家庭和企业应该怎样行事。要素市场的情况则大抵相同。鉴于家庭和企业的经济决策是自主做出的,而产品市场和要素市场的运作则是自发进行的,因此,我们习惯上将由家庭和企业这两个部门形成的经济称为私人经济。

不过,在现代经济中,政府作为一个决策单位,已经在经济运行中扮演着日益重要的角色,它不仅为社会公众提供相当数量的产品和服务,而且还对私人经济活动进行一定程度的干预和管理。与分散性的私人决策相比,政府决策往往具有集中性。为了把握现实经济的运作,我们有必要了解私人部门和公共部门共同起作用的混合经济循环,如图1—3所示。

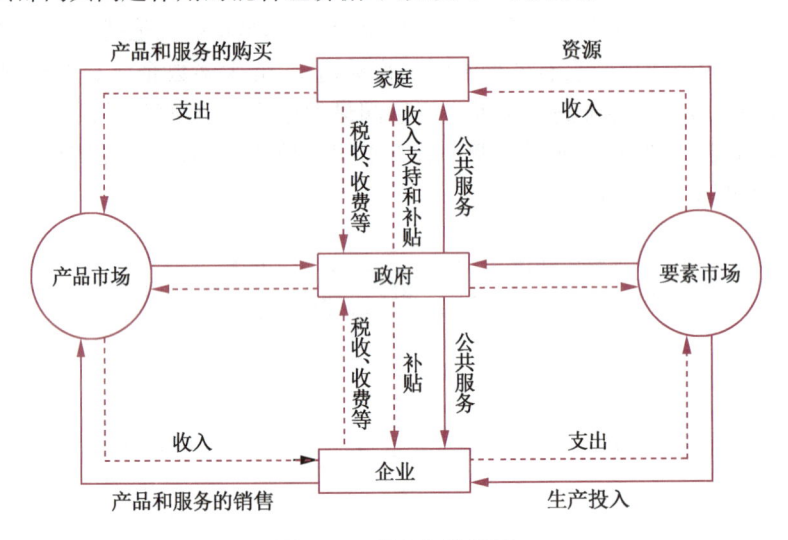

图1—3 混合经济循环

在混合经济中,政府作为产品和服务的购买者参与市场。图1—3的中心部分代表政府及其财政活动。

(1)在要素市场上,政府向家庭购买劳动、资本等资源;在商品市场上,政府向企业购买纸张、桌椅、计算机、汽车、枪炮等产品。政府利用这些资源和产品向社会提供各种公共服务,包括国防、治安、道路、学校、消防、水利设施等。这些产品和服务经常免费向社会公众提供,有时则可能按照低于实际市场价格的方式提供。

(2)政府还拥有并运营邮局、铁路、航空、烟厂、酒厂和福利彩票等公共企业。与私人企业类似,这些公共企业也从事着各种营利性活动。

为了维持本部门的正常运转和应付购买各种产品和资源的开支,政府一般要求企业和家庭支付各种税款和费用。

与纯粹私人部门经济循环图相比,不难看出,在政府介入经济生活后,经济系统的运行相应发生了一些变化,如图1—3所示。

（1）家庭不仅可以通过向企业提供各种资源而获得收入，而且有时还可以从政府那里获得一定数量的收入支持和补贴。另外，家庭获得的收入除用于商品和服务方面的开支外，有一部分必须以税收、收费等方式交给政府。企业则通过向家庭和政府提供商品和服务取得收入，在某些场合可以获得政府的一些补贴。

（2）在支出方面，企业需要向提供各种生产资源的家庭支付报酬，并向政府缴纳各种税收和费用。此外，家庭和企业可以享受政府提供的公共服务。政府一方面以税收、收费等方式获取收入，另一方面又通过向社会公众提供公共服务以及向某些家庭和企业提供补助或补贴来安排支出。

三、财政学的研究对象

毛泽东同志曾从哲学的角度说，对于某一现象的领域所特有的某一矛盾的研究，就构成某一门科学的对象。立足这一理论，在中国不同的历史时期，财政领域面对的矛盾是不同的，产生了传统财政学和现代财政学的区分，其研究对象也不相同。传统财政学的研究对象主要是政府的收支及管理行为，主要是解决收与支的矛盾。传统财政学的研究对象所涉及的范围，在理论界有大小之分：大范围包括国家预算、预算外资金、国家信用、国有企业财务及银行信贷（在计划经济时代，其特点是大财政、小银行，财政范围包括银行）等；小范围包括国家预算、预算外资金、国家信用和国有企业财务等。现代财政学的研究对象是公共部门的经济活动或政府部门的经济活动，主要是解决公共部门资源配置是否有效的矛盾。其研究对象所涉及的范围，在理论界有狭义和广义之别：狭义范围的研究对象仅包括国家预算控制下的政府活动领域；广义范围的研究对象包括公共部门活动所涉及的所有领域。因此，现代财政学的研究对象是研究政府所有财政活动及其管理的所有领域。

四、财政学的研究方法

财政学属于经济学，是经济学学科重要的组成部分。财政学（public finance program）是以研究国家为主体的财政分配关系的形成和发展规律的二级经济学科，是财政学专业基础理论学科。财政学是一级学科经济学的二级学科分支，是经济学学科重要的组成部分。财政（public finance），即国家财政，是以国家为主体，通过政府的收支活动，集中一部分社会资源，满足社会公共需要的经济活动，属于应用经济学。财政学研究，即政府如何为满足社会公共需要而筹集、使用和管理资金，内容包括财政理论、财政制度和财政管理方法。财政学可按财政分配主体分为：以国家财政为研究对象的财政学，以及对各个国家财政制度进行比较研究的比较财政制度学。

【提示】财政学的研究方法，最基本的就是实证分析和规范分析，其他如宏观分析方法和制度分析方法等都是这两种方法的延伸和拓展。

（一）实证分析

实证分析（positive analysis）旨在描述各种经济因素的存在与经济运行的过程，并试图在各种经济变量或政策手段之间建立起联系。它主要涉及事实判断，重在回答研究对象"是什么""会怎样"的问题，它着重刻画经济现象的来龙去脉，概括出若干可以通过经验证明正确或不正确的基本结论。将这一方法运用于财政学，就是要按照财政活动的原貌，勾勒出从财政取得收入直至安排支出的全过程及其产生或可能产生的经济影响，财政活动与整个国民经济活动的相互作用，以及组织财政活动所建立的机构、制度和各种政策安排。例如，2024年中央政府发行了多少国债？经济增长与物价水平之间的关系如何？全面开征房产税对居民的消费行为有什么影响……这些问题都属于实证分析的范畴。

根据研究工具的不同，实证分析又可分为理论分析和经验分析。

1. 理论分析

理论分析(theoretical analysis)是从某些假设前提出发,借助一系列的假说和推论,对经济变量关系进行简化描述或推导的定性分析。例如,在考察劳动所得课税对工人劳动供给行为的影响时,我们以工人的行为动机在于谋求自身满足或效用的最大化为假设前提,进行相应的逻辑推理。对工人的劳动所得进行课税,将对工人的劳动供给产生两方面的影响:一方面,课税降低了工人在单位劳动时间内的报酬,相应地,闲暇的代价变得较轻,这将使工人倾向于减少工作时间,增加闲暇时间。换句话说,由于课税,工人倾向于用闲暇替代劳动。在经济学中,这一过程被称为替代效应。另一方面,课税使工人的实际收入水平下降,为了维持原有的效用水平,工人又需要增加工作时间,这一过程被称为收入效应。这样,劳动所得课税对工人劳动供给时间的实际影响,就要看替代效应和收入效应综合作用的结果。

尽管理论分析有助于我们形成有关人们如何对其经济环境的变化做出反应的各种思想,但它往往不能告诉我们这种反应的程度到底有多大。例如,在刚才所讨论的例子中,工人的劳动供给行为既受替代效应的影响,又受收入效应的影响;同时,这两种效应对劳动供给的影响又是反方向的。这样,在两种效应中,如果替代效应居于主导地位,那么课征劳动所得税将导致工人减少劳动时间;反之,如果收入效应居于主导地位,那么课征劳动所得税又会使工人增加劳动时间。至于最后的结果到底是什么,理论本身并没有提供明确的答案,这一任务通常交由经验分析来完成。

2. 经验分析

经验分析(empirical analysis)指的是通过调查或实验取得实际资料而进行的定量分析。进行经验分析的方式主要有访谈、实验和计量经济分析三种。

(1)访谈。访谈(interview)是指通过直接向人们发问的方式,调查某一政策对人们经济决策的影响。例如,为了考虑劳动所得课税对劳动供给的实际影响,有人曾经对一部分英国律师和会计师做了细致的访谈调查——他们如何决定工作时间,一些税率对工作是造成了激励还是抑制……这些被采访者的回答是:总体来说,他们的工作时间几乎不受税收的影响。访谈方式的最大缺陷是:人们所说的可能并非他们实际所做的,而这一点将影响经验分析的质量。

(2)实验。实验(experiment)的方式可以在实验室内进行,也可以在社会上进行。在实验室实验的最大问题是:人们在人为控制环境下所做的经济决策往往与实际情形相背离。社会实验是使社会上的一部分人受某一政策的影响,而另一部分人则不受该政策影响,并在此条件下比较两类人的行为。这一方式的最大问题是:首先,实验本身可能影响人们的行为;其次,随机样本难以获得;最后,实验成本高昂。

(3)计量经济分析。计量经济分析(econometric analysis)是当前在经济学中最为流行的经验分析方法。该方法利用经济理论、数学、统计推断等工具对经济现象进行分析,为构建于数理经济学基础之上的经济理论模型提供经验支持,并得出数量结果。目前,在经济学和商学的学习与培训中,计量经济分析已经成为不可或缺的一部分。

(二)规范分析

在现实生活中,我们经常要对各种各样的政策建议或行为加以评判。例如,电信资费是否偏高?对汽油消费是实行收费为好还是征税为好?增加国债发行是利还是弊?类似的问题不胜枚举。在经济学中,像这类对经济行为或政策手段的后果加以优劣好坏评判的研究方法被称为规范分析(normative analysis)。所谓规范分析,就是要回答"应当是什么"的问题,即确定若干准则,并据以判断研究对象所具有的状态是否符合这些准则,如果有偏离,应当如何调整。将这一方法运用于财政学,就是要以社会主义市场经济为前提,根据公平与效率这两大基本社会准则,判断目前的财政制度是否与上述前提和准则相一致,并探讨财政制度的改革问题。

规范分析确认什么是有利的结果,或者应该采取什么行动来实现有利的结果。它往往从预先确定的标准出发,用于描述实现上述标准的最优政策。因此,规范分析能够提出实现何种经济目标的政策建议。与旨在描述事实、不涉及结果好坏的实证分析方法相比,规范分析方法基于基本的价值判断,因此它并不是客观的方法。也就是说,只有在基本价值判断的基础上,规范分析才能对各种政策建议或行动加以评价。

(三)宏观分析方法

宏观分析方法就是对经济总量进行均衡分析的方法,它最早是由凯恩斯纳入传统新古典分析方法体系的,在西方经济理论中有着很重要的地位。这种方法着重解决经济总量的均衡问题,在实际运用中大多只是经验描述,主要是为政府干预经济提供依据。

(四)制度分析方法

制度分析方法是对制度进行均衡分析的方法,即把市场经济作为一种制度安排的产物,考虑在交易费用为正的情况下经济的均衡问题。它主要侧重从制度安排的角度来考察和研究财政对资源配置和收入分配的影响。

随着时代的发展,科学研究方法也在不断创新。但本书注重的是理论与实践相结合、规范分析与实证分析相结合、定性与定量分析相结合、纵向与横向相结合的方法。

任务四　财政思想与财政理论演进

一、早期财政思想

在财政学诞生之前,人们已经对财政问题进行了大量的研究,无论是国内还是国外,都有其杰出的思想家或者理财家阐述了他们的财政思想和理财之道。

(一)西方古代财政思想

西方最早出现的经济思想是古希腊思想家所阐述的奴隶主经济思想,这其中有一部分见解在历史上后来成为财政学这门学科的基石。因此,研究西方在不同历史时期的财政思想,有必要追溯到古希腊财政思想的发展阶段。色诺芬(约公元前430—前355年)出生于雅典一个富人家庭,受过贵族教育,是古希腊著名哲学家苏格拉底的学生。在经济主张上,他是奴隶制自然经济的拥护者,在他的《雅典的收入——增加雅典国家收入的方法》一书中,讨论了雅典的财政问题。在公共财政收入方面,色诺芬讨论了如何扩大农业收入、矿产收入、旅游收入、租税收入等问题,其认为要充分发挥雅典的传统财源优势,如农业、旅游等;同时要积极开发新的和国外的财源,如开展贸易往来等。在财政支出方面,强调政府在保证行政经费之外,应该分轻重缓急,逐步增加基础设施、基础产业的建设,为雅典人民的生产和生活创造条件。在预算管理方面初步论述了复式预算问题,这是历史上第一次提出并讨论了复式预算的范畴,明确了经常收支和额外收支的各自对应关系的论述。色诺芬之后,在柏拉图和亚里士多德的一些著作中,也有过关于财产与收益以何者为课税标准,以及强制征税的公平原则之类的论述。在古罗马,有关于罗马税制及专门讨论赋税负担的著作。

(二)中国古代财政思想

中国历史悠久,各朝各代都十分重视"定赋税、制国用"。早在西周时期,中国就已经出现了"量入为出"与"量出为入"思想。周公的勤政裕民、量入为出、均节财用(均平、合理定额管理和专款专用)原则,明确划分财政收支项目,建立有明确职权划分的能相互监督的财政管理机构、对财政收支活动定期进行考核检查等一系列财政思想,对后世产生了相当大的影响。秦国的商鞅变法力求富国强兵,其财政政策,一是重农抑商政策,二是实行重税政策。商鞅主张以课税为财政收入主要来源,不采取国有、官营和专卖政策,税收负担尤以商业及奢侈品为重。他的严刑重罚的法治精神为历代政治改革家所推崇。西汉时期,桑弘羊就已提出并实施了"平万物而便百姓"的"均输""平准"两大宏观调控方法。唐代中期至明代中后期财政政策主要是"两税法",即以户税、地税为主统一各项税的新税制。"两税法"明确提出"量出为入"的财政原则,改变了西周以来一直奉行的"量入为出"的财政原则。例如,唐德宗时期宰相杨炎提出"凡百役之费,先度其数而后赋予人,量出制入"(要先核定国家的财政支出规模,然后去征税),成为当时善理财政的杰出代表人物。明代万历九年(1581年),张居正为了增加国家田赋收入和改变徭役不均的现象,在全国推行一条鞭法,即赋役合一、随田亩征收;正杂统筹,正杂税和各费合并为一简化税制,官收官解,雇人应役;计亩征银,由实物转为货币税。一条鞭法的实行,从税制上结束了200多年赋役分征的历史,开始赋役合一、征于田亩。在理财方面,明代丘浚提出"理财之道,以生财之道为本"的治财哲理。清代康熙五十一年(1712年),以当年人丁数为准,以后"滋生人丁永不加赋",为摊丁入地准备了条件。到雍正六年(1728年),全国实行"丁银摊入地亩"的制度,即将丁口赋完全摊入地亩,或摊入税粮,后称这项赋税制度为摊丁入地制度。这项制度不仅包括地租,而且包括丁银,故又称地丁银制度。中国古代财政思想文献数量较多,较同期世界上其他国家更为丰富,文化遗产博大精深,但中国古代众多的财政思想主要是作为治国平天下的理财之政来论述的,并没有把这些内容进行科学理论的论述,未能形成系统的财政理论体系,使其成为一门科学。

二、古典经济学时期财政理论体系的形成

英国古典政治经济学是17世纪中叶至19世纪30年代初反映英国资产阶级利益和要求的经济思想。从重商主义向古典政治经济学过渡的代表人物是威廉·配第,他的财政思想和财政政策主张是:按国家的职责把财政支出分为军事、行政司法、宗教、教育、社会事业和公共土木六个项目。他认为财政支出应以提高国家的生产率、振兴产业为目标,主张削减前四项支出。在税收方面,他认为政府的税收应做到公平合理,对纳税人一视同仁,税收负担要相对固定,避免临时加税。他还主张用单一国内消费税来取代其他税种,以利于资产阶级加速财富积累的过程。他的代表作《赋税论》既是一部政治经济学著作,也为财政学的创立奠定了基础。

古典经济学财政理念盛行了200多年,历经了自由资本主义和垄断资本主义两个阶段,始终居于财政经济理论的统治地位。古典经济学的财政思想主要是反对国家干预经济,提倡提高国家税收收入,强调对内加强财政管理,保护、扶持工商业发展,对外实行高关税,限制进口等。古典经济学财政理论主要包括亚当·斯密的财政理论、大卫·李嘉图的财政理论、瓦格纳的财政理论和庇古的财政理论。

18世纪后期到20世纪30年代,财政学以古典学派和新古典学派为中心。第一个从理论上系统阐述财政理论的经济学家是英国古典经济学派的代表人物亚当·斯密。他在1776年发表了巨著《国民财富的性质与原因的研究》(即《国富论》),从而创立了财政学。他认为私人的、自由的经济制度在市场自发调节下能保持理想的秩序,每个人在追求最大私利的同时,社会利益也得以最大限度的实现;国家的职能是保护国家安全,维护社会治安,抵御外来入侵,建设并维持某些公共事业等一些对社会有益而又不可缺少的活动,充当"守夜人"的作用。基于此,他提出了如下财政原则:①在税收方面提出了"公平、确定、简便和征收费用最小"四原则;②在财政支出方面提出了厉行节约原则;③在财政收支平衡方面提出了"量入为出"原则;④在财政目标方面提出了"廉价政府"应成为财政所要追求的最高目标。关于公债,提出了公债有害论,即不主张发行公债。这就是斯密勾勒的财政学的基本框架。《国富论》的问世,使西方财政理论发展成为一个比较完整的体系。由于亚当·斯密首次把财政作为政治经济学的一个部分来研究,作为一个经济范畴来分析,所以恩格斯认

为斯密首创了财政学。后来的古典经济学家和庸俗经济学家,如大卫·李嘉图、让-巴蒂斯特·萨伊、约翰·斯图亚特·穆勒和庇古等,基本上是在亚当·斯密的框架中对财政学进行发展的,对西方各国财政理论的发展产生了极其深远的影响。

英国经济学家大卫·李嘉图在1817年出版的《政治经济学及赋税原理》一书中表述的财政观点继承了斯密的思想,在许多方面也有所丰富和发展。在赋税问题上,李嘉图与斯密的观点有所不同。李嘉图认为税收对现有资本有损害,因而他反对对资本课税,"因为征收这种赋税,就会损害维持劳动的基金,因而也就会减少国家将来的生产"。而斯密认为税收是人民的非生产性支出转为国家的非生产性支出,对现有资本并无损害。在公债问题上,李嘉图则与斯密一样持否定态度,认为举债是将生产性资本转向非生产性消费,影响资本积累。同时,他提出了自己的财政补贴理论,反对政府对农产品进行补贴。

德国的瓦格纳的财政理论是建立在其国家职能理论和社会政策思想基础上的。他认为国家职能不仅是维持国内秩序和防御外敌,而且要为社会的经济、文化、福利的发展服务。他主张扩大国有资产,实行铁路、保险、银行的国有化。他认为随着人类社会的发展,国家职能应该不断扩大,财政支出不断增长,并与经济的增长存在着一种函数关系,即瓦格纳法则。在财政收入方面,他提出了"社会政策的赋税"的观点,认为赋税不仅是以满足财政需要为目的的,而且应当增加社会政策的目的。因此,他主张在所得税中采用累进税制,对奢侈品、财产课以重税。他还建立起了自己的赋税原则:财政政策原则、国民经济原则、公正原则和税务行政原则。

英国的庇古对财政理论的研究根源于其社会福利经济学论——1920年出版的《福利经济学》。其中的观点有两个:一是国民收入总量越大,社会的经济福利越大;二是国民收入在个人之间的分配越是均等,社会的经济福利越大。关于财政收入,他提出了税收最小牺牲原则,对所得税实行累进税制,对穷人实施低税或免税政策,从而达到收入的均等化,增加社会福利。关于财政支出,他主张增加失业人员、贫困家庭补助的社会福利支出,缩小收入差距,以及利用财政支出的变化,促进资源优化配置和充分就业等。

除上述外,法国的让-巴蒂斯特·萨伊的名言"最好的财政计划是尽量少花费,最好的租税是最轻的租税",流传至今,成为自由放任学说在财政领域的经典性表述。约翰·斯图亚特·穆勒1848年的《政治经济学原理及其在社会哲学上的若干应用》,则立足于"政府",从探讨政府职责和任务的角度对财政问题进行分析和论述,至今仍具有现实意义。最有理论价值的则是1892年,巴斯塔布尔首次用"Public Finance"为书名出版的《公共财政学》,为政府收支范畴给出了一个贴切的术语与概念,使财政学从经济学的附属物中独立出来。紧接着,普兰(C. Plehn)1896年出版了《公共财政学导论》,1922年道尔顿出版了《公共财政学原理》,1928年庇古出版了《公共财政学研究》。

这一阶段,财政学著作从无到有,初步建立了系统完整的财政学科体系,并且有较大发展,但这一时期的财政学,除少量税收理论外,更多的是对具体的税收、公共支出和公共债务活动的分析,主要讨论古典的公共财政活动的配置职责。

三、现代经济中的财政理论观点[①]

(一)凯恩斯学派的财政理论

20世纪30年代的资本主义经济危机打破了古典经济学派关于市场机制自动调节经济发展的神话,以宏观经济分析为主要特色的凯恩斯主义应运而生,财政学也因此成为经济学体系中的一个重要组成部分。约翰·梅纳德·凯恩斯(John Maynard Keynes,1883—1946,简写为J. M. 凯恩斯)

---

① 贾冀南:《财政学》(第2版),电子工业出版社2015年版,第11—13页。

在其1936年发表的《就业、利息与货币通论》中系统地阐述了他的经济理论和财政思想,他认为资本主义制度的弊端在于需求不足,为了实现充分就业,必须借助政府的力量,政府只当"守夜人"的教条必须抛弃。财政支出直接就可形成社会有效需求,从理论上讲完全可以弥补私人部门需求的不足部分,使经济达到均衡(充分就业)。从这个意义上说,政府应当倚重财政政策来解决经济危机和失业问题。他首次论证了财政赤字的合理性,在税收方面,强调税收调节收入分配功能,主张建立以直接税为主和以累进税为特色的租税体系,在财政支出方面,立足"乘数理论",论证了政府投资扩张社会总需求的乘数效应,他主张财政政策应从传统的预算平衡理念中解放出来,走向主动的、积极的赤字预算,以此刺激社会经济活动,增加国民收入。凯恩斯的理论引起了西方经济学界的震动,许多资产阶级经济学家放弃了庸俗经济学的传统观点而追随凯恩斯,并对《通论》加以补充和发展,形成了凯恩斯主义。其主要代表人物包括美国的A. H. 汉森、P. A. 萨缪尔森和英国的J. V. 罗宾逊、P. 斯拉法等人。凯恩斯学派的主要财政观点和政策主张是:①实行国家干预的经济和财政政策;②把税收作为调节社会经济的重要手段,根据国家干预经济的需要,实行增税或减税,以谋求缓和经济衰退;③用发行公债的办法来弥补财政赤字,认为通过举债,可以扩大政府购买性支出,兴办和扩大公共投资,弥补私人消费之不足,达到增加就业、繁荣经济的目的。

(二)新自由主义学派的财政理论

凯恩斯主义在西方财政学界的确风光了好一阵子。但是到20世纪70年代初,当通货膨胀席卷西方世界,而失业率却未能像理论所预示的那样大幅度降低时,人们逐渐对它产生了怀疑。以米尔顿·弗里德曼为代表的一批经济学家借此发动了一场对凯恩斯传统的"反革命",其中主要有货币主义学派、供给学派和理性预期学派。

1. 货币主义学派的财政政策

货币主义学派起始于20世纪50年代,以美国芝加哥大学教授米尔顿·弗里德曼为主要代表人物。他强调经济生活中的个人自由,即消费者的自由选择和生产者的自由竞争,极力反对政府干预经济,重点强调货币在宏观经济中的作用。货币主义学派认为,政府应该从对市场的干预中解脱出来,最大限度地让市场发挥作用;控制通货膨胀比减少失业更具有现实意义;主张从压缩财政支出入手,控制通货膨胀;反对用减税和扩大政府开支等扩张性财政政策来刺激经济;主张以单一规则的货币政策代替凯恩斯主义的财政、金融政策。

2. 供给学派的财政政策

20世纪70年代,西方国家出现了失业与通货膨胀并存的"滞胀"问题,凯恩斯主义拿不出良策。货币主义、供给学派和理性预期学派的新保守主义经济学抬头,力图复归古典学派的自由主义传统,责难国家干预经济的危害。"货币"的政策替代了"财政最重要"的政策。供给学派的代表拉弗创立了著名的政府收入与税率关系的"拉弗曲线",为刺激供给的减税政策提供了理论依据。其代表人物为拉弗、罗伯茨等人,供给学派重新肯定了萨伊定律,把滞涨的原因归咎于凯恩斯主义的经济政策。供给学派反对凯恩斯的赤字财政政策,竭力主张大幅度减税,认为减税能刺激人们多工作,更能刺激个人储蓄和企业投资,从而大大促进经济增长,并可抑制通货膨胀。拉弗首次把税率与税收的关系用著名的拉弗曲线表示出来,说明减税后政府税收不但不会减少,而且会增多。

3. 理性预期学派的财政政策

经济学家约翰·穆斯、罗伯特·卢卡斯等分别对预期进行了开创性研究,最终形成以卢卡斯为首的理性预期学派。该学派的两个理论前提是:理性预期假说和持续的市场出清。他们认为,竞争性市场可以很快使经济恢复到充分就业状态,大萧条只是一种反常的现象。如果政府运用财政政策对经济活动进行干预,那么人们就会根据政策对未来可能产生的影响作出预期,从而调整自己的行为,这样做的结果是政策无效。尽管该学派认为财政是无效的,但也提出了自己的政策主张:政府在使用政策时，一定要注意政策的"信誉"，保持政策的连续性。政府的财政政策应该保持公开、永久的税率，使税收正好能够满足政府的开支。

(三)公共选择学派的财政理论

当人们围绕着凯恩斯主义理论争论不休时，以布坎南和图洛克为首的一批经济学家在财政学的一个重要领域取得了重大理论进展。他们将财政作为公共部门经济，集中研究社会公共需要及满足这一需要的产品——公共物品问题，分析了决定公共物品的生产及分配的过程，以及生产公共物品的机器——国家的组织机构。通过投票论、官僚主义论和制度选择论等，运用经济分析的方法研究了政治制度的运行，其中财政问题始终居于研究的中心。这一学派被称为"公共选择学派"。布坎南和图洛克建议政府要采取一系列"规则"或者是宪法来有效地限制公共部门的扩张。与积极性政府的观点不同，布坎南和图洛克的观点是反对政府干预市场的。自布坎南摘取了1986年诺贝尔经济学奖的桂冠后，该学派的理论引起财政学界的广泛关注，其中很多观点被写入财政学的各种论著中。

四、我国学者对财政理论的探索

我国有关财政基础理论的系统研究起步较晚，早期的论著始于20世纪二三十年代，但多集中在对现象和历史的评述上。中华人民共和国成立后，财政学的发展较快并逐步形成了若干有影响的流派，从不同角度探索了财政的内涵和外延，并力图揭示其本质。我国学术界经过长期关于财政概念的探讨和争鸣，形成了具有中国特色的不同学说观点，主要有"国家分配论""社会再生产论""剩余产品论""社会共同需要论""价值分配论"等。

(1)"国家分配论"在财政理论诸学派中居主流地位，认为财政即国家财政，是以国家为主体的分配，其本质是以国家为主体的分配关系。持这一观点的著述把财政定义为国家依靠其所拥有的公共权力，强制地、无偿地占有和支配一部分社会产品，以满足和实现其自身职能的需要，从而由整个社会产品分配中，独立出一种由国家凭借政治权力直接参与的社会产品分配。

(2)"社会再生产论"是强调将财政作为分配范畴，从社会再生产出发研究财政问题。

(3)"剩余产品论"认为财政是由剩余产品形成各种社会基金的一个经济过程，始终体现国家、集体和个人之间的剩余产品的分配关系。"剩余产品决定论"者不同意国家凭借政治权力参与社会产品分配的观点，认为所有权与经营权的分离、作为社会扣除的现成形式以及商品经济的发展，是财政分配得以发展的因素，且所有权和社会扣除是决定因素。

(4)"社会公共需要论"认为财政是由于人类社会生产的发展，出现了剩余产品和剩余劳动之后，发生了社会共同需要而产生的。它的实质是人们为了满足共同需要而对社会剩余产品进行分配所发生的分配关系。

(5)"价值分配论"强调的是价值形式，财政乃是国家对价值的分配。认为国家参与价值的分配，必然在社会的各个方面，首先是在各个阶级之间形成一系列的分配关系，而这些分配关系——国家分配价值所发生的分配关系，就是财政现象的本质。各种学说从不同角度探索财政的内涵和外延，各自有鲜明的中心论点。但各派之间并不是绝对排斥的，有差异也有共同点；对某些具体问题的看法也有交叉。学术争鸣的宗旨是相互探讨、彼此吸收，共同推动学术繁荣。

五、当代中国财政学建设的指导思想

当代中国财政学建设的指导思想是：以马克思主义基本原理为指导，借鉴西方财政学发展成果，立足中国实际，继承和发展，创设中国特色的财政学。[①]

[①] "当代中国财政学建设指导思想"部分是参阅陈共主编的《财政学》的相关内容整理而成的。

(一)马克思主义基本原理是财政学的理论基础

马克思主义的劳动价值论、社会再生产理论、公共产品理论、国家理论及研究方法等,对当代中国财政学建设具有重要的理论指导意义。马克思的劳动价值理论,是财政学理论的基础。市场经济条件下的财政分配直接表现为价值分配,是价值运动的中枢。财政分配对象主要是劳动创造的剩余产品,财政参与价值分配和价值流通。价值增值的运动、财政政策的选择、税率的确定、税收转嫁与归宿等,无不以劳动价值论为重要依据。因此,我们要深入领会劳动价值理论的精神实质,用以指导财政税收工作实践,要自觉遵守支配商品生产和商品交换的价值规律,这有利于提高国民经济运行质量,有利于开辟较为充裕的财政收入来源。

(二)借鉴西方财政学发展成果

借鉴西方财政学发展成果,不仅要有鉴别地吸收西方财政学中对我们有用的基本原理,而且要学会对我们有用的方法。要掌握西方财政理论发展演化环境、演化规律、演化原因及政府不同时期的财政政策、税收政策特点,从历史性角度掌握政府从不断地干预市场到不干预市场再到干预市场这一循环往复的变换过程,要通过这些现象认清实质。要了解20世纪60年代以来西方财政学在研究的范围、指导思想等方面的变化,学会利用西方财政学的现代经济分析方法,要善于利用规范分析方法中的如帕累托最优条件、契约曲线、效用可能性曲线、生产可能性曲线、边际技术替代率、边际转换率、消费者剩余和生产者剩余、无差异曲线、社会福利函数等分析方法与技术来说明现代财政问题。

(三)中国财政学建设必须紧密结合中国社会的实际

紧密结合中国实际包括结合中国实际发展了的马克思主义理论成果,还包括一切从中国的国情出发,结合中国的现实问题得出的符合中国实际的结论。中国的实际就是目前处于社会主义初级阶段,也就是生产力不发达的阶段,而相对应的财政思想、研究内容、财政收支特点、财政税收政策取向等也必然体现阶段性和时代性。但随着社会主义市场经济的不断完善,财政学理论体系和观点也需要不断地完善。财政理论必须发展,只要以马克思主义基本原理为指导,借鉴西方财政学的发展成果,立足中国实际,继承和发展,就一定能创设出中国特色的财政学。

六、中国化马克思主义财政观

中国共产党历代领导集体对马克思主义经典作家的财政思想不断进行创新与发展,形成了符合中国国情、具有中国风格的财政思想体系。中国化马克思主义财政观是我国财政工作的指导思想和理论基础,是马克思主义财政思想在中国的具体运用、创新和发展,它吸收借鉴了中国传统文化中和西方财政思想中的有益成分,形成特色鲜明、符合中国发展需要的财政理论体系。

中国化马克思主义财政观的主要特征有:①继承性和创新性高度融合;②阶段性和系统性有机统一;③全局性与战略性相互呼应;④理论性和实践性相辅相成。

创新财政体制,健全财政制度,是经济持续增长、人民安居乐业、国家长治久安的重要基础,是构建社会主义和谐社会的必然要求。以毛泽东、邓小平、江泽民、胡锦涛、习近平等为核心的几代中央领导,在领导中国革命、社会主义建设和改革开放的历史进程中,始终坚持以马克思主义财政观作为思想指南,坚持"古为今用"和"洋为中用",集合最广大人民群众的智慧,以高度的战略眼光重视解决财政问题,形成了富有时代特征与中国特色的中国化马克思主义财政观。深入研究中国化马克思主义财政观,构建我国财政体制进一步改革的理论基础从而促进该体制的完善,实现社会主义和谐社会的奋斗目标,具有重要的现实意义和理论意义。[①]

中国化马克思主义财政理论的发展坚持马克思主义科学的世界观和方法论,重视思想理论与

[①] 王晶晶:《中国化马克思主义财政观研究》,湖南农业大学,硕士论文,2014年。

工作实践相互结合。一方面,中国化马克思主义财政观是我国财政管理工作的主要理论依据,确立了我国财政管理工作的基本原则。另一方面,中国化马克思主义财政观及时总结和深入研究实际财政问题,在吸取财政工作经验教训的同时不断丰富和完善财政理论。正因为中国化马克思主义源自实践,又能指导实践,接受实践的检验,因而能够不断进行理论创新而永葆活力。

总之,中国化马克思主义财政实践不是自发的、盲目的、随心所欲的,而是有科学理论作为指导的实践。中国化马克思主义财政观的理论性和实践性互为前提、相辅相成。

任务五 数字财政与财政治理现代化

数字财政是近年来财政学领域研究的热点之一,为财政治理和国家治理现代化带来了新的机遇。数字财政将数字纳入财政学研究范式,利用人工智能、区块链等新一代信息技术,将财政大数据与收入、支出、债务等领域结合,拓宽了财政学的内涵与外延。因此,厘清数字化对财政的影响将为现代财政制度带来巨大变革。

一、数字财政[①]

(一)数字财政的概念

数字财政属于新生事物,关于"数字财政"的概念,虽然越来越频繁地被提及,但国际社会并未给出一个统一的定义。国内学界使用最为广泛的数字财政的定义由王志刚和赵斌(2020)提出,他们认为,数字财政是以财政大数据价值为基础,以财政大数据应用为支撑,以现代信息技术(大数据、云计算、人工智能等)为主要手段,实现优化收支结构、提高效率以及促进公平目标的政府收支活动。可见,数据和财政是数字财政的核心组成要素,数字财政并不是将数字技术简单地应用于财政的某几个领域,而是数据治理与财政治理的深度融合,是基于数字技术产生的财政形态发生根本性变化的一种新型财政,其中体现了财政理念、运行方式和组织形式等一系列的整体性变革与革命性重塑。

总体来看,数字财政在理论意义上并非颠覆传统财政,它与传统财政本质上都是一种国家分配活动,能够更好地发挥财政的资源配置、收入调节、稳定经济、经济发展等职能,重构政府与市场边界,双向弥补"政府失灵"和"市场失灵"的不足。我们认为,数字财政应置于数字经济、数字社会与数字治理的浪潮中进行定义,它不是静态的概念而应该是动态的、不断变化的;数字财政不是简单的"数字+财政"的组合,而是以数据为基础和核心的财政收支管理和运行的体系;数字财政不应只涉及财政,也要与政府的政策及治理体系等紧密关联。

(二)数字财政的演进历程

数字财政的建设是一个长期的过程,我国1994年分税制改革以来的数字财政建设可分为两个阶段:

1. 数字财政1.0阶段

该阶段主要表现为财政信息化系统建设。以"金税工程"和"金财工程"为代表的财政信息化,将财政业务与信息技术相互融合,从收入管理及支出管理两个侧面入手,建立并完善了财政信息化系统。金税工程是国家信息化重点工程之一,是将一般纳税人认定、发票领购、纳税申报、税款缴纳全过程实现网络运行,加强增值税征收管理的信息化系统工程。"金财工程"即政府财政信息管理系统,主要包括财政业务信息系统及信息网络系统两部分。两个系统经过近20年的完善,初步形成财政数据标准体系架构,为数字财政的蓬勃发展奠定坚实基础。

---

① 许梦博、寇依:数字财政研究与进展,《财会研究》,2023年第8期。

2. 数字财政 2.0 阶段

该阶段主要表现为数据生产与应用开发。财政数字化转型是一个长期的过程,财政数字化时期的主要标志为 2018 年 12 月财政部审议通过的《财政部网络安全和信息化建设管理方法》,要求推动财政网信工作从"以流程为主线"向"以数据为核心"转变,全面统筹推进财政部网络安全和信息化建设的规范管理,财政数字化转型随之提速。当前中国数字财政建设包括生产系统和应用系统两大系统建设。前者主要通过建立预算管理一体化系统,实现预算管理的全流程覆盖,为财政部门积累了大量的数据;后者以财政大数据应用为代表,2019 年财政部印发《关于推进财政大数据应用的实施意见》的通知,首次从顶层设计层面对财政大数据应用提出要求,并明确提出"到 2023 年底,建成以大数据价值为基础、以大数据智能应用为支撑的'数字智慧型财政'"。总的来说,一个完整的财政数字化系统应涵盖财政部门与微观个体、其他政府部门等之间的互联互通,最终形成共商、共建、共享的底层生态系统。

(三)数字化提升财政运行效率

第一,数字技术可以有效匹配财政资金和公共服务需求,全面提升政府公共服务供给效率。作为公共财政的核心内容,公共服务供给是实现国家治理现代化的突破口。近年来,国内外学者的研究焦点集中在数字化转型推动农村公共服务供给的整体性重构、提高公共服务对老年个体的可及性和便利性、加强能源安全的可接受性和可开发性、促进创新创业生态系统发展、提升新冠疫情期间公共卫生服务的提供效率等热点领域。在公共服务供给的质量和效率上,有学者认为公共服务的提供既要具有普遍性,又要能够补偿不同地方的需求,而数字化公共服务的创新最能满足上述条件。政府在提供公共服务时会由于信息不对称和外部性导致政府失灵、市场失灵的现象出现,财政数字化转型可以改进政府公共服务决策能力、公共服务投入能力、公共服务管理能力、公共服务产出能力四个方面,从而有效缓解两类失灵。但是,目前相关的分析观点较为分散,未能系统地探讨数字化转型下公共服务的新变化,还需作进一步的拓展研究。

第二,数字化有助于驱动税收征管转型升级,进而缓解税收的公平与效率问题。伴随着数字技术的广泛深度应用,税收征管的效率也整体实现跨越式发展。以现代信息技术为依托,可以全方位提升涉税信息的采集、分析和共享工作效率,并形成以涉税数据为基础、以数据流程为主线、以数据应用比对为核心、以互联网技术和人工处理相结合为手段的以数治税模式。并且,有效的征管能力可以在低税率下保持收入的稳定态势,有机统一地处理公平与效率的关系,在一定程度上缓解税收的公平与效率难以平衡的困境。

第三,数字技术与数据生产与应用深度融合,开启财政管理"新引擎"。数字技术能够打破信息壁垒,大幅提升财政管理效率,构建信息共享的现代财政管理流程。大数据的引入和融合意味着新的监管方式和效能,可以有效发现在财政资金使用过程中可能存在的欺诈行为,从而预防财政资金的浪费和滥用。

二、财政现代化与中国式现代化[①]

党的二十大报告把财政政策和货币政策并列提到宏观经济治理体系的层面,强调了财政现代化中的财政制度和财政政策问题,同时强调了党的十八大以来财政体制改革的三大热点,即健全现代预算制度、优化税制结构、完善财政转移支付体系。

财税制度植根于市场基础,以财政汲取能力滋养国家治理体系,一手接国家之"财",一手理人民之"政"。财政现代化是中国式现代化的重要组成部分。

---

① 付敏杰:财政现代化:夯实中国式现代化的国家治理基础,中国社会科学网,2022 年 10 月 5 日。

现代财政制度是现代国家治理体系与现代化经济体系的制度性衔接。从国际经验看，通过财政收支两个相对独立的过程，财政制度客观上成为现代化经济体系与现代国家治理体系之间的天然屏障，有效支撑了国家治理模式多样化。中国全面建设现代化国家，需要以财政制度和财政收支来满足新时代人民对美好生活的需要，即人民更高的物质文化需要和对民主、法治、公平、正义、安全、环境不断增长的要求。要把现代财政制度与现代化经济体系、现代国家治理体系更好地衔接起来。按照国家发展的制度和政策要求，从现代化经济体系中有效汲取财力，支撑中国特色社会主义国家治理体系的建构与完善。在支持现代化经济体系方面，要通过市场满足人民群众日益增长的物质文化需要，要从支出侧支持现代化经济体系建设，必须加大创新支持力度，集中建设国家创新体系，也要加大对现代发展规划和现代产业政策体系的财政支持。在支持国家治理体系和治理能力现代化方面，要适应新时代社会主要矛盾变化，政府更加集中于公共产品和公共服务供给。要支持现代化国家治理体系的中国特色，体现中国特色社会主义发展道路特征，特别是财政资源的分配正义和以人民为中心的发展正义，更要不断推进财政收入侧法治和支出侧民主。

财政现代化已经成为中国全面建设社会主义现代化国家新征程上独具特色的观察视角。财政并不高高在上，而是与每一个人都息息相关；植根于数字，反映国家全貌。在中华民族伟大复兴的新征程上，通过"财政"这样一个起源于微观、汇总于宏观，牵动大部、覆盖全局的学术范畴，既能观察国家治理和宏观发展，又能看到人民福祉的不断改善；既能看到经济现代化的不断推进，又能体会到国家治理体系的不断完善；既能反映经济社会发展和不断推进全面深化改革，又是推动经济社会高质量发展和全面建设社会主义现代化国家的重要抓手。

三、财政治理现代化[①]

（一）制约我国财政治理现代化的主要因素

1. 财力与事权不相匹配的财政体制

自1994年分税制改革以来，将消费税纳入中央财政收入体系，把规模大、稳定性高、增长率高、征收成本低的增值税和所得税作为中央和地方的共享税，而把收入数额相对较小的房产税、印花税、农业税（2006年取消）等归属于地方税种，地方政府财权层层上移。与此同时，不同层级政府间的支出责任依旧没有太大的变动，各级政府的事权与其财权没有对应，比如义务教育、医疗和社会保障支出、国有企业改制及城镇化所内生出来的大部分财政支出责任由地方政府承担。这使得地方政府面临着管理支出增加而财权上移的境况，地方政府财政压力不断攀升。

当地方政府面临实际的财政压力约束时，会采取一系列"开源节流"的应对方式。"开源"方面，通过增加本地区商住用地出让面积和出让金、对企业和个人加强税收征管、追加非税收入、"跑部钱进"要转移支付、大规模发行地方债等方式增加收入，便成为地方政府可能的选择。全国一般公共预算收入增速已从1990—2012年间的平均18%逐年下降至2019年的3.8%（2020年和2021年因为疫情影响，数据不具有参考意义），加上近些年脱贫攻坚、乡村振兴、污染防治等重大战略的实施，医疗教育、公共基础设施等民生工程的实施，财政支出力度持续加码，财政支出平均增长率在2012—2019年间超过了8%，新冠肺炎疫情冲击、中美贸易摩擦等更是加剧了地方财政缺口。

"节流"方面，面对巨大的财政压力，地方政府可能会选择"重经济性支出、轻民生性支出"的财政支出方式，比如在道路、轨道交通等基础设施建设上追加投资，而削减提供公共品和服务的数量、减少环境治理投入、减少文化教育科学卫生等事业支出等，这毫无疑问严重影响了地区经济的高质量发展。

[①] 黄寿峰：推进财政治理现代化：制约因素与应对策略，《国家治理》，2022年第17期。

因此，全面理顺央地财政关系乃至各层级财政关系，确保财权事权匹配，保障国家责任和政府职能的履行，是实现财政治理现代化的先决条件，是打造现代化国家治理体系和提高国家治理能力的必要条件。

2. 不够健全的税收制度

首先，地方税收体系建设任重道远。现在归属于地方的税种主要包括城市维护建设税（不含铁道部门、各银行总行、各保险公司总公司集中缴纳的部分）、房产税、城镇土地使用税、土地增值税、耕地占用税、契税、车船税、烟叶税、印花税（不含证券交易印花税）、增值税50%部分、企业所得税40%部分、个人所得税40%部分、海洋石油资源税以外的其他资源税及地方非税收入等。随着财税体制改革的不断深入，一方面减税降费政策主要集中在前述几个税种领域，这势必冲击相关税收收入；另一方面国家对非税收入的不断规范和地方债规模的限额管理，导致部分地方面临空前的财政压力。

其次，税收对收入分配的调节作用发挥不明显，收入差距并未得到有效缩减。当前，我国税种、税率的设计对平抑收入差距的效果发挥不太明显，城乡差距、阶层差距和行业差距并未得到有效缩减。以增值税为代表的间接税调节收入分配的功能相对较弱，而个人所得、企业所得税、房地产税等直接税还有待完善或推出。

最后，税收在促进高质量发展方面发挥的作用不够。现有税收制度在促进经济科学、高质量发展方面的作用有所欠缺，资源短缺与资源浪费并存、经济高质量发展与环境污染同在，资源税、环保税改革任重道远。

3. 不够完善的财政预算管理制度

实现财政治理现代化主要包括建立现代税收制度、建立财权与事权相统一的财政体制和建立现代预算管理制度，前两者主要解决"政府钱怎么来"和"政府钱怎么分"的问题，建立现代预算管理制度就是要解决"政府钱怎么花"的问题。在较长的一段时期，我国各级政府的公共财政长期存在预算编制过粗、不够规范透明，预算审批时间与执行时间不匹配等问题，本质上重财政支出轻支出绩效、重资金投入轻预算管理，在现实财政生活中表现为克扣挪用、截留私分、虚报冒领、铺张浪费、突击花钱等，其原因就是财政资金预算编制方法具有负向激励，缺乏实质性约束。相关部门也高度重视公共财政的预算管理问题，先后采取了一系列相关改革举措，比如2020年施行《中华人民共和国预算法实施条例》、2021年印发《国务院关于进一步深化预算管理制度改革的意见》（国发〔2021〕5号）等，力图构建全方位、全过程、全覆盖的预算绩效管理体系，从根本上解决公共财政资金的预算管理问题，虽然取得了较大成效，但离建立全面规范、公开透明的预算制度尚有距离。

（二）提升财政治理能力的科学路径

1. 优化中央与地方、地方政府之间的事权与财权划分，使事权与财力协调匹配

深化财税体制改革是建立现代财政制度的关键，在党的十九大报告中就提出"加快建立现代财政制度，建立权责清晰、财力协调、区域均衡的中央和地方财政关系"，党的十九届四中全会进一步指出要"优化政府间事权和财权划分，建立权责清晰、财力协调、区域均衡的中央和地方财政关系，形成稳定的各级政府事权、支出责任和财力相适应的制度"。

党和国家高度重视这一问题，多措并举推进：以法律形式为载体明确中央和地方事权划分，如2016年的《国务院关于推进中央与地方财政事权和支出责任划分改革的指导意见》（国发〔2016〕49号）；努力推进中央和与地方财政事权划分及完善中央与地方支出责任划分，如2018年的《国务院办公厅关于印发基本公共服务领域中央与地方共同财政事权和支出责任划分改革方案的通知》（国办发〔2018〕6号）、《国务院办公厅关于印发医疗卫生领域中央与地方财政事权和支出责任划分改革方案的通知》（国办发〔2018〕67号）；稳定地方财源，完善转移支付制度，规范专项转移支付，如

2022年的《关于下达2022年革命老区转移支付预算的通知》(财预〔2022〕52号)、2021年的《国务院关于进一步深化预算管理制度改革的意见》(国发〔2021〕5号)等。

根据各级政府事权进一步科学地划分财权,并以转移支付制度保障各级政府财力,使各级政府能够建立地区均衡的社会保障和社会服务制度。具体而言,首先,每一级政府需建立其辖区范围内各级财政平衡的责任目标,实现各级财政财力与事权的匹配。其次,为拓展地方政府税源,地方政府各部门应当构建地方税制体系,结合税种属性,培育地方主体税种,稳步推进国家房产税、环境税、资源税等税收制度的改革,合理确定共享税中央与地方划分比例,比如提高增值税地方分享比例,逐步将消费税纳入共享范围,使地方财力能满足地方事务支出的要求。最后,政府部门应当规范省级以下财政收入管理,拓宽地方政府融资渠道,尽快摸清地方债务特别是隐性债务的底数,实现政府债务信息透明化。在此基础上强化问责机制,将地方政府债务纳入地方政府决策者和金融监管者的问责范围,建立项目监管制,监控信贷资金流向,摆脱其对地方债务的过度依赖。与此同时,规范土地出让金管理,改革不可持续的土地财政,提高相关土地税收的比重,将土地收益的用途更多地用在新型城镇化所需的公共服务方面,真正调动基层政府培植财源和加强收入征管的积极性。

2. 深化税收制度改革,完善地方税种、拓展地方税源、充实地方财力

在个人所得税改革方面,第十三届全国人大常委会第五次会议表决通过了关于修改个人所得税法的决定,将个人经常发生的主要所得项目纳入综合征税范围,完善了个人所得税费用扣除模式,优化调整了个人所得税税率结构;在房地产税改革方面,第十三届全国人民代表大会常务委员会第三十一次会议决定,授权国务院在部分地区开展房地产税改革试点工作,这标志着我国在积极稳妥推进房地产税立法与改革过程中又迈出关键一步,将为房地产税立法奠定坚实的实践基础。在资源税和环境保护税方面,《中华人民共和国资源税法》和《中华人民共和国环境保护税法实施条例》分别于2020年9月1日和2018年1月1日起施行。

个人所得税改革可以考虑从层级、层级级距和个税税率等方面进行优化调整,并推进相关配套改革,比如在推动共同富裕过程中,对于积极参与第三次分配的个人和团体,可以考虑将相关费用在个税中进行抵扣或减免,以完善相关制度体系和激励机制。就房地产税而言,征税范围(比如是按房产套数征税还是按面积征税)、计税依据、征税模式、权属(比如小产权房)等的确定是关键。资源税的改革应该重点考虑计征方式(从量税或从价税)、征收范围的扩围和相关税率的调整。与此同时,消费税征税范围的扩围和征管力度的加强也刻不容缓,遗产税、赠与税和碳排放税等税种的改革也应提上日程。此外,合理优化地方政府的财政收入结构,协调税收与非税比例也是税制改革的应有之义,因此我国政府应该积极推进以税收收入为主、以各项收费为辅的财政收入体系,促使税收和非税保持合理、稳定的比例。

3. 深化预算管理制度,建立全面规范、公开透明的预算制度

为了进一步做好预算管理制度改革,可以考虑在以下几个方面努力:第一,地方政府应该切实增强财政预算政策指向性,系统谋划申报预算编制,积极推进各个部门对财政收支具体项目、财政预算决算信息及其编制过程、三公经费等信息的公开,并统一各个地区对财政收支的核算口径,将财政预算编制精准度、切合度与财政绩效管理有效结合起来,将财政透明度评分纳入对地方政府的政绩考核中,加大财政预算公开力度,强化预算对执行的控制,更好地为市场经济发展提供财政保障。第二,加强预算编制管理能力,推进财政制度的配套改革,加快地方"去目标化"的财政预算制度改革,打破基数概念、预算支出固化格局。"足国之道:节用裕民,而善臧其余",要求政府在预算管理制度的挖掘潜力、提高效率和释放活力方面下更大功夫,加快财政预算向零基预算编制转变,运用好"零基预算"理念,打破部门间界限和项目使用限制,实行预算安排与绩效结果实质性挂钩,推动预算管理提质增效。第三,立足基本点并强化依法征收的思维,辅以预算绩效和问责制度,尝

试引导和规范第三方机构、大数据人工智能应用参与预算绩效管理,构建更科学合理的地方官员考核制度,完善多维度政绩评价体系,实现财政治理能力现代化。

应知考核

一、单项选择题

1. 财政分配的主体是( )。
   A. 国家　　　　　B. 家庭　　　　　C. 企业　　　　　D. 个人
2. 财政分配的目的是( )。
   A. 建设社会主义强大国家　　　　　B. 合理配置资源,提高经济效益
   C. 实现国家政治经济职能　　　　　D. 满足社会公共需要
3. 财政是一个( ),是以国家为主体的分配活动。
   A. 经济范畴　　　B. 政治范畴　　　C. 社会范畴　　　D. 法律范畴
4. 下列对财政理解正确的是( )。
   A. 财政是国家对集中起来的资金进行分配和使用的过程
   B. 财政就是国家预算
   C. 国家的收入和支出就是财政
   D. 财政就是凭借所有权而收缴的利税
5. 财政分配的对象,从价值形态看,主要是( )。
   A. C　　　　　　B. V+C　　　　　C. M　　　　　　D. C+M+V

二、多项选择题

1. 财政分配与其他分配范畴的主要区别是( )。
   A. 财政分配的主体是国家或政府
   B. 财政分配的客体(或对象)主要是社会剩余产品
   C. 财政分配的目的是满足社会公共需要
   D. 财政分配的形式主要是利用价值形式
2. 财政分配对象,从价值形态看有( )。
   A. 全部社会产品价值　　　　　　　B. 剩余产品价值 M 部分
   C. 包含有折旧基金 C 部分　　　　　D. 职工劳动报酬的 V 部分
3. 经验分析的方式主要有( )。
   A. 访谈　　　　　B. 实验　　　　　C. 计量经济分析　　D. 规范分析
4. 公共财政的形式包括( )。
   A. 税收收入　　　B. 债务收入　　　C. 国有资产收益　　D. 政府规费收入
5. 财政产生的经济条件是( )。
   A. 生产力的发展　B. 剩余产品的出现　C. 私有制、阶级的出现　D. 国家的出现

三、判断题

1. 财政分配的对象是全部社会产品。　　　　　　　　　　　　　　　　　(　)
2. 财政产生的首要条件是政治条件。　　　　　　　　　　　　　　　　　(　)
3. 公共财政的核心是满足社会公共需要。　　　　　　　　　　　　　　　(　)

4. 税收收入是现代国家最重要的公共收入形式。（　　）
5. 财政学就是研究政府经济活动及其对经济运行所产生的影响的经济学分支。（　　）

四、简述题

1. 简述财政的含义和主要特征。
2. 简述社会主义国家财政的特点。
3. 简述公共财政的含义和特征。
4. 简述财政学的研究对象。
5. 简述财政学的研究方法。

应会考核

■ 观念应用
【背景资料】

财政支持科技创新以适应经济新常态

当前,我国经济逐步进入新常态,如何提高服务水平推动科技创新,成为一道彰显政府智慧的考题。

材料一：近年来,我国不断加大科技投入力度,重点支持高新技术企业,实施科技创新企业税收优惠政策,引导支持创新要素向企业集聚；建设科技创新公共服务平台,成立科技服务中心,培养科技创新人才；取消和下放科技类行政审批项目,简化程序,提高服务效率；向社会力量购买科技服务,扩大科技服务覆盖面。

材料二：习近平总书记指出,我国发展仍处于重要战略机遇期,经济发展要适应新常态,这就是我国经济必然从高速增长转向中高速增长,从结构不合理转向结构优化,从要素投入驱动转向创新驱动。我们要增强信心,积极应对新常态,创造中国经济发展的新辉煌。

【考核要求】
结合上述材料,分析财政是如何支持科技创新以适应经济新常态的。

■ 技能应用

财政推进"乡村振兴战略"

为了贯彻实施"乡村振兴战略",湖南针对一些政府依靠出让土地使用权的收入来维持财政支出的问题,提出要打破土地财政制度,建立城乡平等的公共服务制度,让取之于农村的土地出让金更多投向农业农村；四川推广补助改股份、补助改基金、补助改购买服务、补助改担保、补助改贴息的"五补五改"模式,发挥财政资金杠杆作用,引导社会资本投资农业农村；山东日照充分发挥财政资金引导激励作用,培育农村经济新的增长点,推动村级集体经济健康发展；多地财政资金向"三农"倾斜,改善乡村水电路气房信,补上农村基础设施建设的欠账,加大农村医疗卫生文化教育投入,弥合城乡公共服务水平的差距。

【技能要求】
请分析说明各地是如何发挥财政作用推进实施乡村振兴战略的。

■ 案例分析
【案例情境】

中央财政促进中小企业高质量发展

2023年8月,财政部发布《关于加强财税支持政策落实促进中小企业高质量发展的通知》指出,中央财政继续通过中小企业发展专项资金支持国家级专精特新"小巨人"企业发展,并已经下达有关预算。各地财政部门要抓紧向纳入支持范围的国家级专精特新"小巨人"企业拨付资金。中央财政将选择部分城市开展中小企业数字化转型城市试点工作,并给予定额奖补。有关地方财政部门要统筹利用中央奖补资金,选取重点行业和相关中小企业,遴选数字化服务商开发集成"小快轻准"的数字化服务和产品,供企业自愿选择,解决中小企业"不敢转""不愿转""不会转"的问题。国家中小企业发展基金将继续支持种子期、初创期成长型中小企业发展。地方设立的相关政府投资基金,应在规定的投资范围内,按照市场化原则,对符合条件的中小企业项目加大投资支持力度。

【分析要求】

结合材料,运用经济生活知识,说明中央财政促进中小企业高质量发展的内在逻辑。

项目实训

【实训内容】

查询当地的财政局网站或中华人民共和国财政部网站(http://www.mof.gov.cn/index.htm),针对有关的财政新闻,分析国家在财政方面的一些举措。

【实训目标】

加深学生对财政学的认识和理解,学会运用本项目的知识解决财政学的基本问题,从而提高学生的综合素质。

【实训组织】

将学生分成若干组,每组7人,每组设组长1名,组长负责组织本组成员进行实训,由组长将调查结果书面写成报告,并总结。(注意:教师提出活动前的准备和注意事项。)

【实训成果】

(1)考核和评价采用PPT报告资料展示和学生讨论相结合的方式。

(2)评分采用学生和教师共同评价的方式,填写实训报告。

实训报告		
项目实训班级:	项目小组:	项目组成员:
实训时间:　　年　　月　　日	实训地点:	实训成绩:
实训目的:		
实训步骤:		
实训结果:		
实训感言:		

项目二　公共财政理论

- **知识目标**

  理解：市场有效与失灵；政府干预与失效；公平与效率的关系。
  熟知：私人产品与公共产品；私人需要与公共需要。
  掌握：财政职能的基本内容；财政职能之间的协调与矛盾；公平与效率协调机制。

- **技能目标**

  能够充分理解财政职能在市场经济条件下的运用及其之间的协调与矛盾；理解公平与效率的协调机制及其关系；学会如何协调公平与效率。

- **素质目标**

  运用所学的公共财政理论知识研究相关案例，培养和提高学生在特定业务情境中分析问题与决策设计的能力；结合行业规范或标准，强化学生的职业道德素质。

- **思政目标**

  能够正确地理解"不忘初心"的核心要义和精神实质；树立正确的世界观、人生观和价值观，做到学思用贯通、知信行统一；通过对公共财政理论知识的学习，培养自己的社会主义核心价值观。人生不变的是初心，愿你胸怀家国情怀，坚定理想信念，做时代的开拓者和奉献者！

- **项目引例**

政府与市场的关系

经过40多年的改革，我国社会主义市场经济体制已经建立并不断完善，但在政府和市场关系的处理上，既存在政府干预过度，也存在"市场失灵"，政府作用和市场功能都亟待进一步完善。当前，经济体制改革是全面深化改革的重点，核心问题就是处理好政府与市场的关系，使市场在资源配置中起决定性作用，以及更好地发挥政府作用。

实现共同富裕，需要科学谋划、稳步推进、久久为功。在推进共同富裕过程中，市场主导的高效生产是提高财富水平、拓展收入的来源，市场作用决定了收入分配的结构性特征。然而，市场往往存在不完全竞争、信息不对称、主体要素禀赋差异等缺陷，导致在收入分配过程中存在市场失灵现象,这就需要把握和处理好政府功能与市场机制的关系。

引例反思:谈谈你对有效市场与有为政府及其关系的认识。实现共同富裕应如何正确处理好政府功能与市场机制的关系。

● 知识精讲

任务一　政府与市场经济

一、市场经济的概念

(一)市场的基本概念

一般认为,市场有两层含义:一是起源于古时人类对固定时段或地点进行交易场所的称呼,现指商品和劳务交换的场所,其主体是市场参与者,客体是主体在市场活动中的交易对象;二是指市场机制,即市场各构成要素之间相互影响、相互制约的关系及特定资源配置功能的实现方式。我们这里所称的市场是指市场机制。市场机制使市场分配成为最基本的分配形式,包括各种市场资源和劳动产品,都通过市场交换来进行分配,实行"各增其值,等价交换"原则。

(二)市场经济的界定

对什么是市场经济,人们的看法不尽一致。一般认为,市场经济是由市场决定资源配置的经济形式。它是生产社会化和商品经济发展到一定高度的产物。当市场失灵时,仅由市场调节,会导致资源浪费,经济波动,收入差距拉大,甚至两极分化。但是,市场调节不是万能的。市场难以完全解决国防、治安、消防等公共物品的供给问题;枪支、危险品、麻醉品等不能让市场调节。

市场调节具有自发性、盲目性、竞争性、滞后性和竞争性的特点。①自发性是指在市场经济中,商品的生产者和经营者是在价值规律的自发调节下自发进行的。例如,为了自身的利益,有的企业大量排放废气、废水,甚至制假售假;有的人为了自身的利益,剽窃他人的智力成果,对他人辛辛苦苦开发出来的软件进行盗版。②盲目性是指由于人们不可能完全掌握市场各方面的信息,也无法控制经济变化的趋势,他们的决策会带有一定的盲目性。当某种商品的生产有利可图时,往往一哄而上;反之,则一哄而退。③滞后性是指市场虽有及时、灵敏的特点,但它不能反映出供需的长期趋势。而是有一定的时间差,是一种事后调节。④竞争性是市场经济的基本特征。在市场经济条件下,企业从各自的利益出发,为取得较好的产销条件、获得更多的市场资源而竞争。通过竞争,实现企业的优胜劣汰,进而实现生产要素的优化配置。

二、市场效率与公平

(一)效率的概念与标准

1. 效率的概念

效率一般是指单位时间内完成的工作量。现代经济学所说的效率,通常是指市场经济条件下的资源配置效率。资源配置效率是指如何将社会资源合理分配到社会各领域中并实现资源的最佳利用,即用最少的资源耗费产出最适用的商品和劳务,获取最佳的效益,从而最大限度地满足人类的愿望和需要。如果一个社会的资源配置能够使得社会的总福利和总剩余最大化,这个社会的资源配置就是有效率的。

资源的稀缺性使得人们不得不考虑如何利用有限的资源来满足人类无穷的欲望,因此,人类需要不断地进行资源的调整配置,使其达到最有效的使用。资源配置合理与否,对一个国家的经济发展水平有着极其重要的影响。一般来说,资源如果能够得到相对合理的配置,经济效益就会显著提高,经济就能充满活力;否则,经济效益就可能低下,经济发展就会受到阻碍。

2. 效率的标准

效率的标准可用帕累托最优进行判断。帕累托最优(Pareto Optimality),也称帕累托效率(Pareto Efficiency),由意大利经济学家维尔费雷德·帕累托提出,是指在既定的个人偏好、生产技术和要素投入量下,资源配置已达到这样一种境地:无论任何改变都不可能使一个人受益而其他人不受损。也就是说,如果要增加一个人的效用,就必须以减少他人的效用为代价。

帕累托最优要求经济社会在既定的资源和技术条件下,使人们的需要得到最大限度的满足。从帕累托最优可引申出帕累托改进(Pareto Improvement)的含义。帕累托改进是指在个人偏好、生产技术和要素投入量既定的条件下,在没有任何一个人的情况变坏的前提下,通过改变资源配置使至少有一个人的情况变好,此时的社会资源配置效率得到了提高。当一种资源配置状态不可能再进行帕累托改进时,就是帕累托最优的资源配置。

帕累托最优是实现资源配置的一种理想状态,但仅以此作为评价的唯一标准和目标是不全面的。一个饥肠辘辘的乞丐从一个挥霍无度的富翁处拿走一块面包,也不是帕累托最优或效率提高,因为一个社会成员的处境变坏了。如果社会财富只被少数人拥有而大多数人仍旧贫困,这时的社会经济福利水平不值得称赞。此外,帕累托最优只是阐明资源配置的理想状态而没有涉及分配问题,可见效率标准有一定的缺陷,应引入公平标准。

(二)公平的概念、标准与计量

1. 公平的概念

公平一般是指人们对一定社会历史条件下人与人之间利益关系的一种评价,主要内涵包括经济公平和社会公平两个方面。

(1)经济公平。经济公平是指国家对每一个社会成员参与竞争、就业等一切经济活动的资格一视同仁,所有社会成员按同一规则参与经济活动,个人按其生产贡献份额获取相应的收入份额,即机会均等。经济公平追求的是竞争和过程的公平,能够有效激发社会成员的积极性并推动社会生产力的发展。它是市场经济的内在要求,强调要素投入和要素收入相对称,是在平等竞争的环境下通过等价交换原则来实现的。

(2)社会公平。社会公平是指国家通过对国民收入和社会财富的调节与再分配,以达到社会普遍认可的公平和公正的要求,即结果公平。例如,通过社会保障和财政补贴对缺乏竞争能力的弱者提供帮助,以及通过税收对个人收入和财产进行调节,避免两极分化。社会公平是收入分配的理想状态,强调收入差距在社会各阶层所能接受的范围之内。贫富差距大是不公平的体现,而缩小贫富差距就是促进公平。

2. 公平的标准

(1)功利主义标准。由边沁(Jeremy Bentham,1748—1832)提出。边沁认为,全部社会福利是每个人的效用之和、社会福利最大化,即总福利和平均福利的最大化。该标准强调社会所认可的公平是每个人的收入和财富相同,即最终走向平均主义。

(2)罗尔斯标准。由罗尔斯(John Rawls,1921—2002)提出。罗尔斯认为,社会公平状况取决于社会中生活处境最差的那个人。例如,A 和 B 两个国家,A 国人均年收入 10 000 美元,但最低收入仅为 1 000 美元;B 国人均年收入 5 000 美元,最低收入也是 1 000 美元,则 B 国相对于 A 国公平。该标准充分考虑了市场经济的不确定性,最大限度地保护了社会中可能出现的弱势群体,要求政府帮助社会中处境最差的人。

3. 公平的计量

(1) 基尼系数。基尼系数是意大利经济学家基尼(Corrado Gini,1884—1965)于1922年提出的定量测定收入分配差异程度的数值或常数。1943年美国经济学家阿尔伯特·赫希曼根据洛伦茨曲线所定义的判断收入分配公平程度的指标。基尼系数是比例数值在0和1之间,是国际上用来综合考察居民内部收入分配差异状况的一个重要分析指标。一般认为,基尼系数是指不公平收入占全部收入的比例。

以基尼系数表示的公平是结果公平,其值为0~1,越接近0,则表明收入分配越是趋向平等;反之,收入分配越是趋向不平等。国际上认定的标准为:基尼系数在0.2以下表示绝对公平;0.2~0.3表示较为平均;0.3~0.4表示较为合理;0.4~0.5表示贫富差距较大;0.5以上说明收入差距相当悬殊。

(2) 贫困指数。贫困指数(poverty index)是指处于贫困线以下的人口占社会总人口的比例。其比例越大,说明贫困者越多,收入分配相应地也就越不公平;反之,则体现为公平。贫困线是用来判断一个人是否处于贫困状态的一个指标,国际上比较常用的确定贫困线的方法有两种:①根据人们的收入状况来确定;②根据满足人们基本生活水平所必需的货物和服务来确定,即根据维持基本生存需要摄取的热量和蛋白质,需要的衣物、住房面积、赡养系数、卫生教育等来确定。

计算贫困指数的前提是确定某收入水平为贫困线,通常为满足基本生活水平所需要的收入,但基本生活水平的标准具有不确定性。若贫困线定得高,贫困指数所反映的公平程度就会低一些;如果贫困线降低些,贫困指数所反映的收入分配状况就会变好,因此,用贫困指数来反映收入分配的公平性程度有一定的偏差或困难。

世界各国的贫困标准应综合考虑财力、收入水平和生存需要等因素,因国情不同而标准各异,一般分为绝对贫困和相对贫困,前者指难以维持基本生活,是可以消除的;后者指无法过上大多数人的生活,是长期存在的。2021年2月25日,习近平总书记在全国脱贫攻坚总结表彰大会上发表重要讲话,会上表示,中国已消除绝对贫困。① 2020年贫困户脱贫标准是"一收入两不愁三保障",即年收入达到4 000元左右,并且做到不愁吃、不愁穿,基本医疗、义务教育、住房安全有保障。

中国农村贫困人口贫困发生率按照2010年国家贫困线标准,贫困发生率从2012年末的10.2%下降到2018年末的1.7%,基本接近2020年消除全部贫困人口的目标。按照1.9国际美元/每人每日支出的标准来看,中国也属于同等收入水平国家中贫困发生率较低的国家。在贫困发生率不断下降的同时,贫困人口的整体收入水平也显著上升。2020年后国家扶贫的总体思路是"巩固、调整、充实、提高"。

【同步案例2-1】 财政投入打赢"脱贫攻坚",数字经济推进"乡村振兴"

材料一:2023年11月9日,财政部下达2023年中央财政衔接推进乡村振兴补助资金1 485亿元,支持巩固拓展脱贫攻坚成果,推进乡村振兴,重点向国家乡村振兴重点帮扶县、易地扶贫搬迁集中安置区倾斜,帮助重点地区、重点群体守牢底线。根据官方数据,8年来,中央、省、市县财政衔接推进乡村振兴补助资金累计投入近1.6万亿元。除了专项扶贫资金外,中国还多渠道筹集资金投入脱贫攻坚和乡村振兴。

材料二:民族要复兴,乡村必振兴。西部某村的扶贫定制农场借助互联网和物联网技术,数十个摄像头从种植到采摘、从加工制作到成品包装等全程摄像,实现全程可视可追溯。几年来,该村的农民收入从2 000多元增加到6 000元,村财增收超过10万元,还带动31户建档立卡贫困户全

---

① 绝对贫困又称生存贫困,是指在一定的社会生产方式和生活方式下,个人和家庭依靠其劳动所得和其他合法收入不能维持其基本的生存需要,这样的个人或家庭就称为贫困人口或贫困户。

部脱了贫。在扶贫定制农场的带动下,创立"下乡的味道"公共品牌,打造电商平台并覆盖全县农产品,大力推广"公司+合作社+农户"模式在农产业、乡村旅游业上的有效运转,开创了乡村振兴的新局面。

课堂讨论：
(1)有人说,我国政府加大财政投入就能打赢脱贫攻坚战。
(2)结合材料二,分析数字经济是如何推进乡村振兴的?

(三)公平与效率的关系

1. 公平与效率的统一性

公平与效率是既对立又统一的矛盾统一体。协调公平与效率的矛盾,是现代市场经济正常运行和社会稳定的必要条件。公平与效率的统一性表现在以下两个方面：

(1)公平分配是提高效率的前提。只有重视保持收入公平分配、防止两极分化,才能激发劳动者的积极性,促进社会稳定和谐,最终促进效率的提高。

(2)提高效率是公平分配的基础。只有发挥市场分配机制的激励作用,提高企业和社会的劳动生产率,才能为社会不断创造出物质财富,以实现人们生活水平不断提高基础上的社会公平。低效率只能带来社会普遍贫穷,而不能带来真正的公平。

2. 公平与效率的协调性

公平与效率的关系总是不平衡的,表现为或是强调公平而损害效率,或是强调效率而损害公平。如何处理公平与效率的关系是世界性的普遍难题,我们必须充分认识公平与效率的内在统一性,因为效率是实现公平的物质基础,只有提高效率从而创造出更多的物质财富,才能为实现公平提供保证;而社会公平则有利于提高劳动者的积极性,促进生产力发展与和谐社会建设。

协调公平与效率之间的关系应立足实际,具体问题具体分析。在进行新时代中国特色社会主义建设、建成小康社会时期,就必须把效率作为优先考虑的目标,并采取有效的措施防止收入分配差距过大及危害社会稳定。坚持效率优先,兼顾公平,优先实现市场经济的公平竞争的目标,在此基础上通过收入的再分配,对低收入者及失业者予以保障,真正实现社会公平的目的。

三、市场有效与失灵

市场经济无疑是有效率的,亚当·斯密已做过精彩的阐述,但效率的发挥需要满足一定的前提和条件,否则就会出现市场失灵。市场有效是指市场在完全竞争的理想状态下经济运行自发产生高效率。

(一)市场有效的特征与前提

1. 市场有效的特征

市场作为一种经济运行和资源配置方式,在有效配置资源、调动市场经济主体和各要素的积极性,以及提高经济运行效率等方面具有不可比拟的优越性。其特征主要体现在以下四个方面：

(1)自主性。在市场经济中生产什么、为谁生产、生产多少和怎样生产,投资的方向与规模,买卖的数量和消费的方式,是由市场经济主体自主决定的,即各个市场主体必须能够自主决策、自主经营和自负盈亏,并以实现利润最大化为目标。

(2)竞争性。为了生存和发展、追求最大利润,参与到市场经济中的各个市场主体必然会展开激烈的竞争,一般通过采用先进技术、加强经济管理、提高商品与服务质量、降低成本等措施来占领市场,以最大限度地获取利润。

(3)平等性。各个市场主体必须遵循统一的市场法则,按照公平、公正、公开的原则进行竞争,保证其在市场经济活动中具有完全平等的地位和权利。

(4)法制性。市场经济在某种意义上是一种法制经济,它要求市场竞争和一切经济活动都要在科学、严谨的法制框架内有序进行;同时要有一整套法律、法规、规章制度来规范市场主体的行为,并维护正常的市场秩序。

2. 市场有效的前提

市场机制可实现交换的、生产的和生产与交换的帕累托最优,但最优条件的实现需要有特定的前提,即完全竞争市场。所谓完全竞争市场,是指竞争充分而不受任何阻碍和干扰的一种市场机制。

完全竞争市场应满足以下假设:①市场上有数量众多的生产者和消费者,且任何一个生产者或消费者都不具备影响市场价格的能力;②企业生产的产品具有同质性,不存在差别;③厂商可自由进出一个行业而不存在任何障碍,所有的生产要素都可以自由流动;④市场上的信息是完全的和充分的。

(二)市场失灵

市场的作用机制是"看不见的手",尽管市场经济的理念已经深入人心,但在现实生活中,市场机制低效率或无效率的困境仍然无处不在,并不时挑战着人们的市场经济信仰。事实上,我们身边被称为市场失灵的公共经济问题与公共经济现象比比皆是,比如邻居喧哗带来的噪音问题、河流湖泊污染治理问题等。

1. 市场失灵的概念

当代西方财政理论是从对市场失灵的研究开始的。西方学者认为,在市场经济体系中,由于存在着各种阻碍和限制,市场竞争往往不可能充分展开,仅靠市场力量或市场机制难以达到最佳效率状态,即所谓的"帕累托效率"。市场失灵是指市场机制这只"看不见的手",因各种原因无法实现资源最佳配置而产生的市场低效率或无效率的一种状态。市场失灵的地方往往需要政府干预并加以矫正,这样才能提高整个市场运行的效率。市场失灵是相对市场效率而言的。市场机制自身的缺陷导致的市场效率不高或低效率甚至无效率的状态,都统称为市场失灵。换句话说,市场失灵是市场机制作用下的资源配置背离帕累托最优的一种状态。微观经济学说明,在一系列理想的假定条件下,自由竞争的市场经济可引致资源配置达到帕累托最优状态,但理想化的假定条件并不符合现实情况,市场失灵状态是经常性的。市场失灵通常表现为贫富差距拉大、失业问题严重、区域经济不协调、公共资源的过度使用等各方面。市场失灵与市场成功相对应。市场成功是市场使得资源配置达到帕累托最优的一种状态。理论界认为,市场失灵是政府介入社会经济活动的基本理由和原动力。

2. 市场失灵的表现

(1)垄断

为了保证市场机制("看不见的手")能够发挥调节经济的作用,就必须有充分的竞争。然而在现实生活中,一方面产品之间总是有差别的,存在不同程度的不可替代性;另一方面,交通费用等交易成本也往往阻碍着资源的自由转移。这些都会增强个别企业影响市场的能力,从而削弱市场的竞争性。例如,自来水、电话、供电等自然垄断行业,大规模地生产可以降低成本,提高收益,即存在规模经济,一旦某个企业占领了一定的市场,实现了规模经营,就会阻碍潜在的竞争者进入。同时,新进入该行业的企业,由于生产达不到一定的规模,成本会高于大企业。因此,在规模经济显著的行业特别容易形成垄断。在存在垄断的情况下,垄断者凭借自身的垄断优势,往往使产品价格和产出偏离社会资源的最优配置要求。其后果是剥夺了消费者剩余,造成社会净福利的损失,既不公平也失去效率。为此,各国都致力于削弱垄断的势力,如制定《反垄断法》或政府通过自己生产(公共生产)或公共定价办法来达到更高效率的产出。西方国家法律认定为垄断就要制裁,其中一个办法就是拆分。

(2)公共产品

公共产品是市场失灵的一个重要领域。西方经济学认为产品分为私人产品和公共产品。萨缪尔森在其《公共支出的纯理论》(The Pure Theory of Public Expenditure)一文中给出了公共产品的定义:纯粹的公共产品指的是这样的物品或劳务,即每个人消费这种物品或劳务不会导致别人对该种物品或劳务消费的减少。

公共产品的特征。西方经济学家根据萨缪尔森的定义,总结了公共产品相对于私人产品的特征:效用的不可分割性、消费的非竞争性和受益的非排他性。由于公共产品具有上述特征,市场在对公共产品的生产进行资源配置时就会出现失灵的现象,如国防、公安、航标灯、路灯等。一般来说,由于"搭便车"现象的存在,完全由市场决定的公共产品的生产量是不足的。在这种情况下,政府就应该设法增加公共产品的供给。

公共产品的种类。按照特征分类:①纯公共产品,指的是严格满足非竞争性和非排他性两个条件的产品,这种纯粹的公共产品很少,如国防,就是典型的例子。此外,公平的收入分配、货币稳定、环境保护等,也具有类似的特征。②混合公共产品,其中包括自然垄断和公共资源。自然垄断指的是具有非竞争性但又具有排他性的产品,例如收费的桥梁、学校、医院、有线电视等。公共资源是指具有非排他性又具有竞争性的产品,如海洋鱼类、野生动物、森林、草原、矿藏、清洁的空气和水等。按照受益范围分类:全球性或国际性公共产品、全国性公共产品、区域性公共产品、地方性公共产品。

公共产品的提供方式:①政府提供,针对纯公共产品;②政府提供和市场提供相结合,针对混合公共产品;③私人自愿提供,比如慈善捐赠。

(3)外部性

所谓外部性,又称外部效应,外部效应实质是一个主体对另一个或一群主体带来的影响。这种影响有好坏之分,故有外部正效应和外部负效应之别。外部正效应是指某一经济主体的活动给其他经济主体带来了好处而没有得到相应的补偿;负外部性是指某一经济主体的活动给其他经济主体带来了坏处而没有给予相应的补偿。结合外部性的产生主体以及其正负性,我们可以将外部性分为生产者正外部性、生产者负外部性、消费者正外部性和消费者负外部性。如化工企业,它的内在动因是赚钱,为了赚钱对企业来讲最好是让工厂排出的废水不加处理而进入下水道、河流、江湖等,这样就可减少治污成本,增加企业利润。但是,这样对环境保护、其他企业的生产和居民的生活带来危害。社会若要对其进行治理,就会增加负担。外部性的公共解决办法是通过政府的作用来调整经济主体的行为,使其边际企业成本等于边际社会成本。

(4)收入分配不公平

这是由于因为市场机制遵循的是资本与效率原则。资本与效率的原则又存在着"马太效应"。从市场机制自身作用看,这是属于正常的经济现象。竞争的市场机制是按要素进行分配的,但人们拥有的初始要素是与人的天赋、遗传、家庭关系、社会地位、性别、种族有关,以及垄断和其他不完全竞争的存在,从而使人们之间的收入差异很大,且有失公平。这就需要政府按照合理的社会公平准则通过财政收支实施再分配政策,可以利用税收、转移支付、财政补贴、社会保障等财政手段进行调节。

(5)宏观经济不稳定

市场机制是通过价格和产量的自发波动达到需求与供给的均衡,而过度竞争不可避免地导致求大于供与供大于求的不断反复,进而导致通货膨胀或者通货紧缩及失业等情况发生。由于各国经济存在周期性的波动,政府有必要启用财政与货币政策调节社会的总需求,以保证宏观经济的稳定增长。

（6）信息不充分和不对称

完全竞争市场的生产者和消费者都要求有充分的信息,生产者知道消费者需要什么、需要多少,以及需求的变化;消费者也知道产品的品种、性能和质量;生产者之间也需要相互了解。而在市场经济条件下,生产者与消费者生产、销售、购买都属于个人行为,都不可能掌握充分的信息。特别是随着市场规模的扩大,信息越来越分散、复杂,加工处理信息的成本也难以为决策者所接受,从而不可避免地出现许多非理性决策。信息的不对称性,通常是指进行商品和劳务交易的双方,由于所掌握的信息量不相等,不能有效开展公平竞争,从而对资源配置产生扭曲。而这种信息的不对称性,是市场机制自身无法克服的。在市场经济运行中,交易信息的充分性,是开展充分竞争、公平竞争,资源配置达到"帕累托效率"的重要前提。但在自发性的市场交易中,一方往往很难完全掌握另一方有关的信息。例如,购买电热水器的消费者并不知道每个品牌的用电安全问题,购买奶粉的顾客也不知道每种奶粉的质量情况,这就需要政府向社会提供有关商品的供求状况、质量、价格趋势以及前景预测等信息。政府提供信息,弥补了市场缺陷,属于公共服务的范围。

【同步案例 2—2】　　　低碳出行"双碳"目标如何实现?

实现碳达峰、碳中和,是以习近平同志为核心的党中央统筹国内国际两个大局作出的重大战略决策,意义重大、影响深远。在国家倡导低碳出行,共享经济加速发展的大环境下,共享单车作为一种新型商业模式吸引了许多资本的投入。共享单车诞生之初,曾令人眼前一亮。它以绿色、便捷的方式解决了人们出行"最后一公里"的问题,在便捷出行的同时还为环保做出了贡献。然而,随着共享单车市场"野蛮生长",共享单车投放量趋于饱和。乱停放问题显著;行人和机动车共用道路,存在极大的安全隐患;部分区域内单车数量过多,盲目投放;个别市民素质低下,私占、毁坏的现象频发等问题也逐渐凸显。

课堂讨论:

(1)请从市场失灵的角度,分析共享单车市场乱象及存在的问题。

(2)请你谈谈政府如何规范干预共享单车市场的秩序。

四、政府失灵

(一)政府失灵的概念及其表现

现代市场经济是一种混合经济,政府与市场不是替代关系,而是互补关系。政府与市场在混合经济中应各司其职。政府在其职能的范围内,主要是通过立法和行政手段、组织公共生产和提供公共物品等手段作用于市场经济。市场经济需要政府干预,但政府干预并不总是有效的,也存在政府干预失败,即政府失灵。政府失灵又称政府失败或政府缺陷(goverment failure),是指政府为弥补市场失灵而对经济、社会生活进行干预的过程中,由于政府行为自身的局限性和其他客观因素的制约而产生的新的缺陷,进而无法使社会资源配置效率达到最佳的情景。

政府活动范围无外乎非公共物品市场和公共物品市场两个领域。政府失灵也体现在两个方面:一是政府对非公共物品市场的不当干预而导致市场价格扭曲、市场秩序紊乱;二是政府对公共物品配置缺乏公开、公平和公正,而导致政府形象与信誉丧失。其结果是个人对公共物品的需求得不到很好满足,公共部门在提供公共物品时趋向于浪费和滥用资源。政府失灵的核心是政府的活动或干预措施缺乏效率。政府失灵主要表现在以下几个方面:

(1)政府政策的低效率,也即公共决策失误。公共决策主要是政府决策,政府对经济生活干预的基本手段是制定和实施公共政策。公共选择理论认为,政府决策作为非市场决策有着不同于市场决策之处。在政府决策中,虽然单个选择者也是进行决策的单位,但是做出最终决策的通常是集体,而不是个人,政府决策是以公共物品为决策对象,并通过有一定秩序的政治市场,即用选票来反映对某项政策的支持来实现的。因此相对于市场决策而言,政治决策是一个十分复杂的过程,具有相当程度的不确定性,存在着诸多困难、障碍或制约因素,使得政府难以制定并实施好的或合理的公共政策,导致公共决策失误。公共决策失误主要体现在短缺或过剩、信息不足、官僚主义、缺乏市场激励、政府政策的频繁变化等各方面。

(2)政府机构的低效率。政府机构低效率的原因在于政府缺乏竞争压力,没有降低成本的激励机制,行政资源趋向于浪费。因为官员花的是纳税人的钱,由于没有产权约束,他们的一切活动根本不必担心成本问题;另外,官员的权力是垄断的,有无限透支的可能性。

(3)监督信息不完备。从理论上讲,政治家或政府官员的权力来源于人民权利的让渡,因此他们并不能为所欲为,而是必须服从公民代表的政治监督。然而,在现实社会中,这种监督作用将会由于监督信息不完全而失去效力。再加上政府垄断,监督者可能为被监督者所操纵。

(4)政府的寻租。寻租是投票人尤其是其中的利益集团,通过各种合法或非法的努力,如游说和行贿等,促使政府帮助自己建立垄断地位,以获取高额垄断利润。寻租者所得到的利润并不是生产的结果,而是对现有生产成果的一种再分配。寻租具有非生产性的特征。寻租的前提是政府权力对市场交易活动的介入。政府权力的介入会导致资源的无效配置和分配格局的扭曲,产生大量的社会成本。这些社会成本包括寻租活动中浪费的资源、经济寻租引起的政治寻租浪费的资源、寻租成功后所损失的社会效率。寻租也会导致不同政府部门官员争夺权力,影响政府的声誉和增加廉政成本。

(5)政府部门的扩张。政府部门的扩张包括政府部门组成人员的增加和政府部门支出水平的增长。

(二)政府失灵的原因

1. 政府决策的无效率

公共选择理论在用经济模型分析政治决策时指出,民主程序不一定能产生最优的政府效率。

(1)投票规则的缺陷导致政府决策无效率。投票规则有两种:一是一致同意规则,二是多数票规则。常用的投票规则是多数票规则,多数票规则也不一定是一种有效的集体决策方法。在政府决策超过两个以上时,会出现循环投票,投票不可能有最终结果。为了消除循环投票现象,使集体决策有最终的结果,可以规定投票程序。但是,确定投票程序的权力往往是决定投票结果的权力,谁能操纵投票程序,谁就能够决定投票结果。多数票规则不能反映个人的偏好程度,无论一个人对某种政治议案的偏好有多么强烈,他只能投一票,没有机会表达其偏好程度。

(2)政治市场上行为主体动机导致政府决策无效率。公共选择理论认为,政府只是一个抽象的概念,在现实中,政府是由政治家和官员组成的,政治家的基本行为动机也是追求个人利益最大化。因此,政治家追求其个人目标时,未必符合公共利益或社会目标,而使广大选民的利益受损。

(3)利益集团的存在导致政府决策无效率。利益集团又称压力集团,通常是指那些有某种共同目标并试图对公共政策施加影响的有组织的团体。在许多情况下,政府政策就是在许多强大利益集团的相互作用下做出的。而这些利益集团,特别是拥有政治权势背景的利益集团,通过竞选捐款、院外游说、直接贿赂等手段,对政治家产生影响,左右政府的议案和选民的投票行为,从而使政府做出不利于公众的决策。

2. 政府机构运转的无效率

公共选择理论认为,政府机构运转无效率的原因主要表现在缺乏竞争、缺乏激励两个方面。

(1) 缺乏竞争导致的无效率。首先是政府工作人员之间缺乏竞争,因为大部分官员和一般工作人员是逐级任命和招聘的,且"避免错误和失误"成为政府官员的行为准则,故他们没有竞争的压力,也就不能高效率地工作。其次是政府部门之间缺乏竞争,因为政府各部门提供的服务是特定的,无法直接评估政府各部门内部的行为效率,也不能评价各部门间的运行效率,更难以设计出促使各部门展开竞争、提高效率的机制。

(2) 缺乏降低成本的激励导致的无效率。从客观来看,由于政府部门的活动大多不计成本,即使计算成本,也很难做到准确,再加上政府部门具有内在的不断扩张的冲动,往往出现公共物品的过度提供,造成社会资源的浪费。从主观来看,政府各部门对其所提供的服务一般具有绝对的垄断性,正因为有这种垄断地位,也就没有提高服务质量的激励机制。此外,由于政府部门提供的服务比较复杂,他们可以利用所处的垄断地位隐瞒其活动的真实成本信息,所以无法评价其运行效率,也难以对他们进行充分的监督和制约。

3. 政府干预的无效率

为了确保正常而顺畅的社会经济秩序,政府必须制定和实施一些法律法规。但是,有些政府干预形式,比如政府颁发许可证、配额、执照、授权书、批文、特许经营证等,可能同时为寻租行为创造了条件。因为在这种制度安排下,政府人为地制造出一种稀缺,这种稀缺就会产生潜在的租金,必然会导致寻租行为。寻租行为一般是指通过游说政府和院外活动获得某种垄断权或特许权,以赚取超常利润的行为。寻租行为越多,社会资源浪费越大。

【同步案例 2—3】　　　　　正确处理政府与市场的关系

材料一:党的十八届三中全会通过的《中共中央关于全面深化改革若干重大问题的决定》指出,经济体制改革是全面深化改革的重点,核心问题是处理好政府与市场的关系,使市场在资源配置中起决定性作用和更好地发挥政府的作用。这是我国改革开放历史进程中具有里程碑意义的创新和发展,将对在新的历史起点上全面深化改革产生深远影响。

材料二:党的十八大以来,我国科学统筹政府与市场的关系,引领"中国号"巨轮不断破浪前行。2020年5月1日起,我国实施新修订的《中央定价目录》,包括输配电、基础交通运输、重大水利工程供水等7类16项。目录中强调:法律、行政法规明确规定实施政府定价、政府指导价的项目,自动进入本目录;法律、行政法规明确实行市场调节价的项目,自动退出本目录。2021年秋季,部分地区出现拉闸限电。关键时刻国家果断出手,深化煤电上网电价市场化改革、加强煤炭市场调控……综合措施立竿见影,煤炭价格趋于理性。2022年3月25日,国家发改委、商务部《关于印发〈市场准入负面清单(2022年版)〉的通知》指出,要强化反垄断监管,防止资本无序扩张、野蛮生长、违规炒作,冲击经济社会发展秩序。

材料三:2020年12月召开的中央经济工作会议提出:2021年我国经济工作的一项重要任务是积极发现和培育新的增长点。发现和培育新的增长点,一是市场要活,使市场在资源配置中起决定性作用,主要靠市场发现和培育新的增长点;二是创新要实;三是政策要宽。

材料四:在全国深化"放管服"改革、转变政府职能电视电话会议上,我国紧紧围绕处理好政府与市场关系,着力减少政府的微观管理、直接干预,放手让企业和群众创业创新。大幅削减行政审批事项、企业投资核准项目,彻底终结非行政许可审批;同时大幅减税降费,出台中小企业税收优惠政策,取消、停征、减免1 100多项中央和省级政府行政事业性收费,累计减轻市场主体负担超过3万亿元。

材料五:2022年4月10日,《中共中央国务院关于加快建设全国统一大市场的意见》(以下简称《意见》)发布。《意见》强调,打通制约经济循环的关键堵点,促进商品要素资源在更大范围内畅通流动,加快建设高效规范、公平竞争、充分开放的全国统一大市场,全面推动我国市场由大到强转变,为建设高标准市场体系、构建高水平社会主义市场经济体制提供坚强支撑。根据《意见》,加快建设全国统一大市场需要处理好有效市场与有为政府的关系,在强化市场的基础性作用同时,不断推进市场监管、规范不当市场竞争和干预行为。因为只有这样,才能建立起经济发展新格局,不断促进经济高质量发展。

材料六:中共二十大报告提出:"我们要构建高水平社会主义市场经济体制,充分发挥市场在资源配置中的决定性作用,更好发挥政府作用。"回望过去几十年的发展历史,正是市场与政府间的相互促进、"双轮驱动",创造了中国经济高速发展的奇迹。行之有效的措施有:实施积极的财政政策和稳健的货币政策;进一步简政放权,取消和下放行政审批事项;修订完善消费者权益保护法和公司法等一揽子法律,深入开展食品药品安全等专项整治活动,打击各类违法犯罪活动等。

课堂讨论:

(1)结合材料一,分析说明十八届三中全会的重大突破和理论创新之一,就是重塑政府与市场的关系,让市场在资源配置中起决定性作用。在市场经济中,市场是如何实施资源配置的?如何处理"政府之手"与"市场之手"的关系,一直是中国改革过程中面临的核心问题。发挥"市场之手"的决定性作用是不是不要"政府之手"呢?

(2)结合材料二,分析说明我国是如何更好地处理政府和市场的关系的?

(3)结合材料三,分析说明为什么要在发挥"市场之手"的决定作用同时也需要"政府之手"?

(4)结合材料四,分析说明深化"放管服"改革、转变政府职能的作用。

(5)结合材料五,分析说明在推动全国统一大市场建设中处理好有效市场与有为政府关系的重要意义。

(6)结合材料六,分析说明对市场与政府间的相互促进、"双轮驱动"的意义。

任务二 公共需要与公共产品

一、公共需要

(一)公共需要的概念

公共需要是指社会公众对公共产品的需要。一般情况下,社会成员可无差别地共同享受政府为满足公共需要所提供的产品和服务,且不必承担相应的费用。公共需要是一种整体的、多数人的需要。

(二)公共需要的特征

公共需要既有一般性和共同性,又有历史性和特殊性。

(1)公共需要的一般性和共同性,一方面是指公共需要在任何社会性质、发展阶段和社会形态下都是存在的;另一方面是指有些需要项目(如国防和行政管理等),在任何社会性质、发展阶段和社会形态下都属于公共需要的范畴。

(2)公共需要的历史性和特殊性,是指公共需要不是一成不变的,而是逐步发展变化的,具体存在于特定的社会形态中。对公共需要的历史性、特殊性可沿着两条线索分析:一是社会生产力或经济发展的不同阶段,公共需要的具体内容及结构有所不同;二是社会生产关系发展的不同阶段,公共需要的认定及内容也存在差异。

(三)公共需要的范围

1. 社会需要的满足方式

社会需要分为公共需要和私人需要,公共需要是客观存在的社会现象,在任何社会形态中都是如此。社会中的个人虽在外貌、性情、兴趣和爱好方面千差万别,但他们总存在某些基本的共性,总有某些共同的需要。

在公共需要中,有的是任何个人或集团都无法满足和提供的,有些虽可由个人或集团提供,但由于其消费的不可分割性或存在规模效益尚无法获得最佳的社会经济效益,因此对于这种"偏好一致性"的公共需要只能通过财政手段加以满足。从这个意义上说,财政又是满足公共需要的财政。

2. 确定公共需要的范围

在现代市场经济条件下,公共需要的范围主要是围绕实现政府职能的需要来确定的。其大体上可分为以下三个方面:

(1)政府行使其政治职能的需要。即政府财政对外防御侵略和敌对势力、对内保障社会政治经济秩序稳定的需要。例如,国防安全、国家及地方的行政管理和公检法司等,这些都属于纯粹的公共需要。

(2)政府行使其经济职能的需要。即政府财政保障市场经济顺利高效运行所必需的各种调控政策措施等的需要。现代市场经济条件下,应逐步取消或减少财政直接提供的公共产品,而以财政政策引导或控制为主。

(3)政府行使其社会职能的需要。即政府财政保障社会经济发展、提高人们生活质量和福利水平的一些公益性、基础性条件的需要。例如,文化教育、医疗卫生、社会保障、生态环境保护、公共基础设施、基础产业、支柱产业和高风险产业等,有的属纯公共需要,更多的属于介于公共需要和私人需要之间的准公共需要。

二、公共产品

(一)公共产品的概述

1. 公共产品的概念

"公共产品"一词的提出约在20世纪初,60年代成为西方财政学理论的重要组成部分。西方财政理论认为,公共产品的严格定义由美国经济学家保罗·A. 萨缪尔森在《公共支出的纯理论》一文中提出的:"公共产品是指这样一种产品,不论每个人是否愿意购买它们,它们带来的好处不可分开地散布到整个社区里。"我们认为,公共产品是指每个人对某产品的消费不会影响或减少他人对其消费的产品,即公共产品供人消费享用非不需要也不可能让这些消费者按市场的方式分担费用或成本,是真正所有社会成员共有的产品,是以整个社会为单位共同提出的需要,如国防、公路、法律、环境等。

与公共产品对应的是私人产品,是指能够分别提供给不同的个人,数量将随着人们对其消费的增加而减少的产品。

2. 公共产品的界定

(1)公共产品与私人产品的界定。人类社会需要的各种各样的产品和服务,依据需要主体和供给渠道不同,可以分为公共产品和私人产品两大类。公共产品和私人产品主要是根据消费该产品的不同特征加以区分的,而不是按产品的所有性质即公有还是私有来区分,也不是按产品提供的部门是私人部门还是公共部门来区分。

两种产品的提供者通常分别是政府部门和私人部门,但私人产品并不一定完全由私人部门提供,如政府部门提供给个人的食品和住房等;反之,公共产品也不排除由私人部门提供的可能,如个人捐建的学校和图书馆等公共设施。

(2)公共产品与社会产品的界定。社会产品是由物质生产部门创造的物质产品,通常不包括服务,更不包括精神产品。而公共产品不仅指物质产品,还指各种公共服务,包括无形产品和精神产品。一些传统意义上不认为是产品的,也具有公共产品的烙印。

例如,国防作为公共产品指的不是向军队提供武器装备和防御设施等,而是指政府通过这些物质所提供的保卫国家安全的服务等。西方经济学认为,政府是经济行为的主体且创造价值,因而西方国民经济核算体系的生产活动包括物质生产部门和提供各种服务的第三产业,如政府机关、军队、警察、教育和卫生等部门向社会提供服务也属于生产活动的范围。

(二)公共产品的特征

公共产品与其他产品尤其是与私人产品相比,具有以下四个特征:

1. 消费的非排他性

其非排他性是指某个人或企业对公共产品的消费,并不影响或阻碍其他人或企业同时消费该产品。如消除空气污染可使所有人享受新鲜的空气,让某个人不享受新鲜空气是不可能的。其内涵为:一是技术上找不到办法能够阻止他人享受公共产品;二是技术上可行而经济上不可行;三是不可拒绝性。而私人产品具有排他性,当消费者为私人产品付钱之后,其他人就不能享用该产品带来的利益。

2. 获取的非竞争性

非竞争性是指一个人或企业对公共物品的享用,不排斥、不妨碍其他人或企业同时享用,也不会因此而减少其他人或企业享用该种公共产品的数量或质量。也就是说,增加一个消费者的边际成本等于零,如国防、公用电网、灯塔等,不会因增加一个消费者而减少其他任何一个人对公共产品的消费量。

对一般私人物品来说,一个人一旦消费了某种产品,就会影响其他人对同种产品的消费数量和质量,甚至别人无法再消费此类产品,实际上就排除了其他人同时享用。其他人要享用,就得另行购买,其边际成本就不为零。

3. 效用的不分割性

公共产品是向整个社会共同提供的,具有共同受益或联合消费的特点。其效用为整个社会成员所共享,而不能将其分割为若干部分,分别归属于某些个人或企业享用;或者,不能按谁付款、谁受益的原则,将其限定为仅供付款的个人或企业享用。例如,国防所提供的国家安全保障是对所有人而不是个别人提供的,任何人都无法拒绝国防所提供的安全保障,也不能通过市场把为之付款的人和拒绝为之付款的人区别开来。道路桥梁也无法分割给个人,即使分割也失去了使用价值。

而私人物品的一个重要特征就是它可以被分割为许多能够买卖的单位,并且其效用只对为其付款的人提供,即谁付款、谁受益,如食品、服装等。

4. 目的的非营利性

其非营利性是指提供的公共产品不以营利为目的,而是为满足社会公共需要成为社会提供市场不能提供和提供不足的公共服务,并以追求社会效益和社会福利的最大化为目标,如城市公共绿地和义务教育等。而私人产品的提供则是为追求利润或利益的最大化,如个人的股票投资和家庭用车等。

公共产品的上述四个特征是密切联系的,核心特征是非排他性和非竞争性,其他两个特征是其必然延伸。

(三)公共产品的分类

1. 按照公共产品的特征分类,可分为纯公共产品、俱乐部产品和公共资源产品

(1)纯公共产品。纯公共产品是指同时具有非排他性和非竞争性的产品。它具有规模经济的特征,消费上不存在"拥挤效应",一般不能通过技术手段进行排他性使用,否则,代价将非常高昂,如国防和秩序等。只要国家建立了防务体系,就几乎不可能排除任何居住在国境内的人不受该体

系的保护,即使是罪犯也是如此。此外,多一个婴儿降生或多一个移民,也不会增加该国的国防费用或妨碍其他人享受其保护。

(2)俱乐部产品。俱乐部产品是指那些受益人相对固定、通过俱乐部形式组织起来的利益共同体所提供的公益性产品。俱乐部成员有明确的会员身份,且需要分担俱乐部的产品成本。其产品特点是消费上具有非竞争性,却可轻易排他,如公共游泳池、电影院和公园等,故而学者们将其形象地称为俱乐部产品。该公共产品可通过收费的方式把不付费的消费者排除在外,即有票者可消费,无票者则不能消费。

(3)公共资源产品。公共资源产品是指资源的公共性,公众对其具有使用权和消费权的产品。其特点是消费上具有竞争性,但无法有效排他,如学校教育、路桥和草地等。它具有"拥挤性",当消费者的数目增加到"拥挤点"后就会出现边际成本为正的情况,即每增加一个消费者将会减少原有消费者的效用。因此,谁来得早谁就可能得到满足,来得晚的可能就得不到满足,具有一定的竞争性。

【注意】俱乐部产品和公共资源产品通称为"混合产品"或"准公共产品",即不同时具备非排他性和非竞争性。在现实生活中,真正的纯公共产品并不多,多数产品属于介于公共产品与私人产品之间的"准公共产品"。

2. 按照受益范围的大小分类,可分为全球性公共产品、全国性公共产品和地方性公共产品

(1)全球性公共产品。全球性公共产品是指有很强的跨国界正外部性的产品、资源、服务和规则,如国际贸易规则、国际金融稳定、地区和世界安全、全球公共卫生等。一般而言,经济实力、军事实力、知识实力强大的世界大国特别是世界超级大国,是全球性公共产品的主要提供者。

(2)全国性公共产品。全国性公共产品是指那些与国家整体有关、各社会成员均可享用的产品。其受益范围是全国性的,如国防等。其特征为:一是全国性公共产品的受益范围限定在整个国家的疆域之内,而无论国土面积大小;二是全国性公共产品的提供者为中央政府,而不应是某级地方政府。

(3)地方性公共产品。地方性公共产品是指那些只能满足某一特定区域(而非全国)范围内居民公共需要的产品,如路灯等一系列城市基础设施。该类公共产品受益范围具有地方局限性,即受益者主要是本辖区的居民。这表明地方公共产品的提供者应是各级地方政府,而不应是中央政府。

3. 按照公共产品的形态分类,可分为有形公共产品和无形公共产品

(1)有形公共产品。有形公共产品是指公共产品以实物产品的形态存在并以其物质属性提供效用,如城市的广场、音乐喷泉、公共雕塑和防洪大堤等。

(2)无形公共产品。无形公共产品是指公共产品以某种服务形态或通过服务所产生的集合效应,如通过交警指挥提供的交通秩序、通过军队戍边服务提供的国防安全等。

通常意义上,从公共部门通过管理公共事务、解决公共问题的角度,可以将所有公共部门提供的公共利益都称为公共服务,但某些场合公共产品和公共服务被并列使用。

4. 按照消费者的意愿分类,可分为强制性公共产品和选择性公共产品

(1)强制性公共产品。强制性公共产品是指不管人们是否愿意都要强制消费的公共产品。该类产品又称优效品,即政府强制人们消费的,能增进社会和个人利益的物品,如义务教育、计划免疫和强制保险等。

(2)选择性公共产品。选择性公共产品是指消费者可以有某种程度的自由选择的公共产品。它一般属于可收费的准公共产品或混合产品,如人们对学校的选择、对接种疫苗站的选择和对公园的选择等。

(四)公共产品的提供

1. 公共产品提供的方式

公共产品提供的方式包括政府提供、私人提供、混合提供和俱乐部提供等类型。其中：

(1)政府提供即公共提供，在经济上主要依靠税收。

(2)私人提供即自愿提供，包括共同消费者根据享受的公共产品的边际效用支付公共产品的价格，个体或单位出于慈善或某种价值追求志愿提供社会所需的公共产品。

(3)混合提供即公私合作，它是在公私部门之间将"提供与生产"进行合理的分工，可广泛引入外包等市场机制。

(4)俱乐部提供即俱乐部产品只对俱乐部成员提供，只有俱乐部成员的身份才能消费俱乐部产品。公共产品提供方式的不同组合，如表2-1所示。

表2-1　　　　　　　　　公共产品提供方式的不同组合

提供方式	公共生产	私人生产
政府提供	政府生产、政府提供（如公立学校、图书馆和体育场等）	私人生产、政府提供（如监狱外包和城市环保外包等）
私人提供	政府生产、私人提供（如电力、燃气和自来水供应等）	私人生产、私人提供（如私立学校和图书馆等）
混合提供	政府生产、混合提供（如收学费的公立大学和城市公共交通等）	私人生产、混合提供（如享受政府补贴的私立学校等）

2. 纯公共产品提供的主体

纯公共产品是完全用于满足社会公众需要的，具有鲜明的、完全非排他性和非竞争性特征。学术界普遍认为，纯公共产品不能由市场提供而只能由政府提供，这是由市场和政府的运行机制不同所决定的。市场是通过买卖提供产品和服务的，在市场上谁有钱就可以购买商品或享用服务，即钱多多买、钱少少买、无钱不买，因而市场买卖要求的是利益边界的精确性。其内容主要表现在以下三个方面：

(1)完全非排他性意味着无法排斥他人消费同一产品。公共产品在非排他性的条件下所需要或消费的是公共的或集合的，每个消费者都不会自愿掏钱去购买，而是等着他人去购买而自己顺便享用其所带来的利益，即经济学所称的"搭便车"现象。由于"免费搭车"问题的存在，因而就需要政府来提供公共产品。

(2)非竞争性意味着增加消费者的边际成本为零。增加一个公共产品消费者，不减少或不影响其他消费者的消费水平，则增加消费者的边际成本为零。在非竞争性的条件下，对消费公共产品的消费者收费，会使消费者的边际效用大于零，以致违反效率定价原则。

(3)政府的责任是解决市场提供公共产品的难题。因为政府主要是通过无偿征税来提供公共产品。但征税是能精确量化的，而公共产品的享用一般是不能分割的，无法个性量化，即每一个纳税的单位和个人缴纳的税额与其对公共产品的享用数量是不对称的，不能说多纳税就可多享用、少纳税就少享用、不纳税就不享用。

3. 混合产品提供的主体

混合产品的特征是兼具公共产品和私人产品的性质，因此可采取公共提供或市场提供方式，也可采取混合提供方式。从世界各国实践看，混合产品的有效提供主要有以下三种：

(1)政府补助。对那些提供教育服务、卫生服务的私人机构及从事高新技术产品开发的私人企业，政府给予一定数量的补贴和优惠政策。这是因为教育服务、卫生服务、高新技术开发都具有正外部效应。政府补助方式主要包括财政补贴、贴息贷款和减免税等。

(2)社会组织提供。社会组织提供主要有独立提供与政府合作提供两种,前者是社会组织通过自筹资金、依靠自身力量提供各类公共产品;后者是通过公共服务社区化或与公共部门建立合作关系,政府以付费、资助或特许的方式购买,或支持社会组织提供公共服务,或通过委托方式与社会组织签约,由社会组织承担某些公共服务。

(3)私人提供公共产品。政府有意识地降低私人资本进入公共领域的门槛,以一定的利润水平作为"诱饵",以制度性的安排促进私人提供公共产品。

4. 公共产品提供的限定

由上述分析可知,市场只适用于提供私人产品和服务,对提供公共产品是失效的,而提供公共产品恰恰是政府活动的领域,是政府的首要职责。传统上是政府直接负责公共产品的生产和提供,存在着过度提供公共产品、财政赤字负担过重和无法迅速回应公众多元化需求等诸多问题,使政府承担了越来越多的对经济活动的规制、干预和生产功能,政府机构越来越庞大,财政支出规模也与日俱增。而现代财政学则关注政府提供公共产品与市场提供私人产品之间的恰当组合,政府提供公共产品所花费的成本和代价,以便合理地确定政府提供公共产品和财政支出的规模。

纯公共产品、混合产品和私人产品三种产品在产品的区别、提供和筹资等方面所进行的比较如表2—2所示。

表2—2　　　　　　　　　纯公共产品、混合产品和私人产品的比较

性　质	排他性	非排他性
竞争性	私人产品 (如个人服装与食品) (1)较低的排他性成本 (2)仅为私人企业生产 (3)运用市场进行分配 (4)通过个人收入筹资	混合产品 (如公共泳池与公园) (1)含外在性私人产品 (2)私人企业进行生产 (3)含补贴或税收分配 (4)通过销售收入筹资
非竞争性	混合产品 (如学校教育与路桥) (1)集体消费有拥挤性 (2)私人或部门的生产 (3)由市场或预算分配 (4)通过销售收入筹资	纯公共产品 (如国防安全与外交) (1)很高的排他性成本 (2)政府或其授权生产 (3)采用公共预算分配 (4)通过税收收入筹资

(五)公共产品与市场失灵

公共产品消费的非竞争性和受益的非排他性使得公共产品在消费过程中无法遵循商品市场等价交换的原则。现代西方经济学的创始人亚当·斯密极为推崇私人经济部门和市场机制的作用。他认为市场就是一只"看不见的手",可以通过价格机制和竞争机制,对经济活动进行自发、有效的组织,从而使每个人都追求个人利益,并最终给全社会带来共同利益。具体地讲,在市场机制下,每个决策者都面对着一定的价格体系进行选择,以谋求自己的利益最大化。因此,人们在消费公共物品的过程中不需要像购买私人物品一样向供给者支付享用公共产品的代价,每个人都相信他付费与否都可以享受公共产品的好处,那么,他就不会有付费的动机,而倾向于成为"免费搭乘者",从而产生了"搭便车"问题,导致公共产品的投资无法收回。

所谓搭便车,就是指在公共产品的消费过程中,某些个人虽然参与消费,但是却不愿意支付公共产品的生产成本的现象。大卫·休谟(David Hume)早在1740年提出的所谓的"公共的悲剧"形容的就是这样一种状况:在一个经济社会中,如果有公共产品或劳务存在,"免费搭车者"的出现就

不可避免，但如果所有的社会成员都成为免费搭车者，最后的结果则是没有一个人能享受到公共产品或劳务的好处。中国的"一个和尚挑水吃，两个和尚抬水吃，三个和尚没水吃"的故事，其实也形容了免费搭车这样的"公共的悲剧"。同样，以国防为例，国家一旦形成了国防体系，提供了国防服务，则要想排除任何一个生活在该国的人享受国防保护几乎是不可能的。即使拒绝为国防费用纳税的人，也依然处在国家安全保障的范围之内。因此，在自愿纳税的条件下，人们就不愿意，甚至不会为国防纳税，大家都试图在公共产品消费上做一名"免费搭车者"，尤其是在公共产品消费者为数众多的情况下更是如此。

由于搭便车问题的存在，产生了一个典型的市场失灵的情形，即在公共产品的消费过程中缺少一种协调的刺激机制，以致个人都倾向于给出错误的信息（即说谎），自称在给定的集体消费中只享有比他真正享有的要少的利益，以求产生对每个人来说都有利的结果。然而，由于每个人对公共产品都显示出较低的偏好和支付意愿，每个人都采取搭便车的策略，因而营利性企业提供公共产品的收益和数量便无法确定。

既然这种市场机制对公共产品的有效配置无能为力，那么，由政府或公共部门开支安排生产并根据社会福利原则来分配公共产品就成为解决"搭便车"问题的唯一选择。这也就是为什么公共产品通常要由政府来提供的原因。

【同步案例2—4】　　　　　公共服务、生态文明与"一带一路"

材料一：党的二十大报告指出，健全基本公共服务体系，提高公共服务水平。公共服务是公共治理参与主体为人民群众提供的一种公共产品，与其他商品不一样，不受价格机制调节，但它受到供求矛盾规律的制约。公共服务关乎民生、连接民心，应做到"应有尽有"，不漏一人，不少一户，不漏一项，不少一事，不缺一时。各级党委在领导公共治理主体健全基本公共服务体系、制定基本公共服务政策时，应特别要纠正"错位"现象，严格标准、强化管理，强弱项、补短板，让人民群众从"有"向"优"提升，使公共服务有信度、有效度、有温度。

材料二：全国生态环境保护大会于2023年7月17日至18日在北京召开。中共中央总书记、国家主席、中央军委主席习近平出席会议并发表重要讲话强调，今后5年是美丽中国建设的重要时期，要深入贯彻新时代中国特色社会主义生态文明思想，坚持以人民为中心，牢固树立和践行绿水青山就是金山银山的理念，把建设美丽中国摆在强国建设、民族复兴的突出位置，推动城乡人居环境明显改善、美丽中国建设取得显著成效，以高品质生态环境支撑高质量发展，加快推进人与自然和谐共生的现代化。

党的十八大以来，我们不断深化对生态文明建设规律的认识，形成新时代中国特色社会主义生态文明思想，实现由实践探索到科学理论指导的重大转变。经过顽强努力，我国天更蓝、地更绿、水更清，万里河山更加多姿多彩。新时代生态文明建设的成就举世瞩目，成为新时代党和国家事业取得历史性成就、发生历史性变革的显著标志。坚持生态优先、绿色发展，忠实践行"绿水青山就是金山银山"理念，统筹山水林田湖草沙系统治理，从解决突出生态环境问题入手，实现由重点整治到系统治理的重大转变，持续打好蓝天、碧水、净土保卫战。

材料三：2023年是中国提出共建"一带一路"倡议十周年。十年来，中国坚持共商共建共享原则，推动"软联通""硬联通""心联通"。截至2023年6月，中国已与151个国家、32个国际组织签署200余份共建"一带一路"合作文件。中国与沿线国家货物贸易额从1.04万亿美元扩大到2.07万亿美元，极大促进了全球贸易发展。诸多民生重点项目落地，许多老百姓也改变了以往没有电、没有路的生活，同时为当地创造了大量就业机会。中欧班列发送货物160万标箱，西部陆海新通道班列发送货物75.6万标箱，"钢铁驼队"为保障国际供应链产业链稳定畅通提供了有力支撑。如今，"一带一路"已成为重要的国际公共产品和国际合作平台，朋友圈越来越大，它犹如一支巨笔，书写出全人类携手同行的新篇章。

课堂讨论：

(1)结合材料一，分析说明应如何增强自身的领导力，使公共服务有信度、有效度、有温度。

(2)结合材料二，分析习近平生态文明思想在我国生态文明建设中的作用。用辩证思维正确认识生态文明河北实践。

(3)结合材料三，分析如何理解"一带一路"的国际公共产品性质？"一带一路"是世界人民的"幸福之路"，也是世界经济的"发展之路"。你是如何理解认识这句话的？

(4)我国是科技大国，但还不是科技强国，请你为建设科技强国提出两条政策性建议。

任务三　财政职能的基本内容

财政职能是财政作为一个经济范畴所固有的职责和功能。我国财政理论界对该问题的研究有不同的思路，其表述内容也大不相同。本书是立足于财政是政府的经济行为，并且是履行并实现政府经济职能的角度研究的。因此，财政职能就是政府的经济职能，即财政资源配置职能、财政收入分配职能、财政稳定经济职能。

一、财政资源配置职能

（一）财政资源配置的概念

财政资源配置是指政府通过财政收支及相应的财政政策，调整和引导现有经济资源的流向与流量，以达到资源的优化配置和充分利用，实现最大的经济社会效益的功能。它是国家经济职能的体现和财政职能的核心，影响社会生产中生产什么和怎样生产的问题。不论何种理解，资源配置就是运用有限的资源形成一定的资产结构、产业结构以及技术结构和地区结构，达到优化资源结构的目标。

（二）财政资源配置的范围

按公共产品的不同分类，财政资源配置的范围也不同。

1. 纯公共产品

纯公共产品对每个消费者来说有不同的"价格"（公共产品支付成本），因为公共产品对每个消费者的效用不同，其资源配置的资金由政府提供。如果公共产品提供不足，在消费中通常会发生公共产品"拥挤"的情况。

2. 准公共产品

对准公共产品来说，政府要参与资源配置，但通常也要有一部分由消费者（如受教育者）直接支付。由于准公共产品是由政府决定的，因此属于财政资源配置的范围。也可以说，生产准公共产品是政府职能的延伸。

3. 行业垄断产品

行业垄断产品的资源配置较为复杂，有时是财政进行资源配置，有时是市场进行资源配置，但市场配置资源应实行政府管制。究竟采取何种资源配置方式，要以效率优先的原则视具体情况而定。

（三）财政资源配置的内容

财政资源配置是调节资源在区域经济之间、产业部门之间和利益主体之间的合理、有效配置。其主要内容包括如下三个方面：

1. 调节资源在区域经济之间的配置

世界各国、区域之间经济发展不平衡是较为普遍的现象，包括历史、地理和自然条件等多方面的原因。这一问题在我国尤为严重,解决这一问题仅靠市场机制难以奏效,有时还产生逆向调节,即资源从落后地区向发达地区进行流动,显然不利于整个国家的经济均衡和社会稳定,这就要求政府在这方面发挥财政资源配置的职能作用,如增加落后地区的财政投资和转移支付、优化其资源配置、改善区域环境,以促进国民经济的协调与稳定发展。

2. 调节资源在产业部门之间的配置

产业部门配置包括调整产业投资结构和改变现有企业生产方向两个途径,财政都能发挥积极的调节作用。例如,增加能源、交通、原材料等基础产业和基础设施投资或减少加工部门投资,优化产业结构;利用财税政策引导企业的投资方向,如对长线和短线产品生产规定不同的税率与折旧率等,可起到对不同部门投资的奖限作用;而改变企业生产方向,除必要的"关停并转"等行政手段以外,还可主要采取有利于市场竞争和对不同产业区别对待的税收政策予以调节。

3. 调节资源在利益主体之间的配置

政府职能取决于财政收入占GDP(Gross Domestic Product,国内生产总值)的比重,即提高该比重则意味着社会资源利益主体中政府部门支配使用的部分增多,非政府部门即企业和个人可支配使用的部分减少;反之则相反。社会资源在利益主体之间的分配,主要是根据公共需要在整个社会需要中所占的比例而定的。这一比例不是固定不变的,而是随着经济发展、政府职能和活动范围的变化而变化的。政府部门支配使用的资源应当与其承担的责任相适应,政府支配使用的资源过多或过少都不符合优化资源配置的要求。

(四)财政资源配置的手段

财政资源配置职能的发挥,主要有税收、公债、财政支出。

1. 税收

政府是一个非生产性部门,它要参与到社会资源配置中,首先必须依靠国家政权的力量集中部分社会资源。税收是征收财富的一种最重要的手段,主要是国家凭借其政治权力依法向单位和个人进行的强制性征收。

2. 公债

公债是现代市场经济国家经常使用的一种财政工具。许多国家通过发行公债筹集资金,并将其配置到适宜的领域。我国1998—2004年和2008年以来实施的积极财政政策,就是通过大规模发行公债来为基础设施等"瓶颈"产业进行融资的。

3. 财政支出

政府财政支出的过程实质上是社会资源配置的过程。如财政投资是政府根据特定时期产业政策的要求,将集中起来的社会资源配置到某个行业或某个地区;财政补贴支出是政府为支持某种产业或某个地区的发展将社会资源配置到其中。

上述税收、公债和财政支出等内容,将在以后的项目中做进一步阐述。

二、财政收入分配职能

(一)财政收入分配的概念

财政收入分配是指对国民收入的再分配,即通过对国民收入的分配形成流量收入分配和存量财产分配的格局。在市场经济条件下,政府通过调节政府、企业、个人所占国民收入的份额,以改变国民收入在各利益主体之间的比例关系,以实现分配公平的目标。它对"为谁生产",即各市场主体在总收入中的份额或生产效益归谁享用产生影响。

对国民收入的分配可以分为初次分配和再分配:①初次分配是在企业单位内部进行的要素分配,即根据要素投入的数量和价格而获得相应的要素收入,如凭借劳动力的投入获得工资、凭借资本的投入获得利润或利息、凭借土地的投入获得地租等;②再分配是在初次分配的基础上进行的财政分配,如对销售(营业)收入、企业利润和个人工资等流量收入征收流转税与所得税,对拥有房产、车船等存量财产征收财产税,对贫困地区和低收入者等安排转移支付、补贴支出等给予保障。

(二)财政收入分配的目标

收入分配的目标是实现公平分配,而公平分配又包括经济公平和社会公平两个层次。经济公平(规则公平)强调要素的投入与要素的收入相对称,它是在市场竞争的条件下由等价交换来实现的,这种公平与效率相一致。社会公平(包括起点公平和结果公平)是将以上(市场)分配的偏差所造成的收入差距维持在各阶层所能承受的范围内。财政学探讨的是社会公平,因为前一个公平(经济公平)已由市场在交换中解决。

1. 财政分配公平的概念

财政收入分配的主要目标就是实现财政分配公平。财政分配公平是指财政分配符合一国社会绝大多数成员认可的正义观念。在现实社会中,用以衡量财政分配是否公平的标准,是财政合理的分配程序结果,但需要注意以下两个问题:

(1)财政分配公平不限于平等。实质意义上的公平要求在某些情况下实行法律上和财政分配上的不平等。就内容而言,财政分配公平是一般情况下财政分配平等与特殊情况下财政分配不平等的有机结合;在税收方面是平等与不平等的结合,也就是横向公平(条件相同者同等对待)和纵向公平(条件不同者区别对待)的结合。

(2)财政分配体现全过程公平。财政分配全过程的公平即指财政分配起点、过程和结果的公平。①起点的公平主要是指机会均等,包括参与财政决定的机会均等和法律适用的平等,如税法规定免税政策,则所有符合条件的人都应享受免税的优惠;②过程的公平主要是指财政行政和财政执法的公平;③结果的公平则是指财政分配结果的合理和公正。

2. 财政分配公平的依据

(1)经济基础。我国公有制经济对政府财政已长期并将继续做出重要的贡献,财政收支以绝大多数人公平地承受负担和享受利益为其目标;在市场经济条件下,公平竞争是市场机制发挥作用的必要条件,为实现公平竞争必须公平税负,并使所有的经济主体公平受益,而不应有财政上的差别待遇。

(2)政治体制。我国是人民民主专政的社会主义国家,决定了财政的民主性,也决定了财政只能是公平地为全体人民的利益服务。尤其是确定的共同富裕目标,虽然不是所有人一样的富裕或平等的富裕,但必然是所有人达到公平意义上的富裕水平,因而要求我国的财政应当是对所有人公平的财政。

(3)政策目标。我国宪法等法律中已明确公平的政策目标,如《中华人民共和国宪法》规定了公民在法律面前人人平等的原则,并在《中华人民共和国预算法》等法律中予以运用。其实质是一般情况下的平等与特殊情况下的不平等的有机结合,即公平的精神。公平是法律追求的最高价值目标,该目标在财政领域中的具体化即为财政公平原则。

(三)财政收入分配的内容

财政收入分配的主要内容是调节企业的利润水平和居民的个人收入水平。调节企业的利润水平的主要任务在于:使企业的利润水平能够反映企业的生产经营管理水平和主观努力状况,使企业在大致相同的条件下获得大致相同的利润。

调节企业的利润水平主要是通过征税来剔除或减少客观因素的影响,如通过征收消费税剔除或减少价格的影响;通过征收资源税、房产税和土地使用税等,剔除或减少由于资源、房产和土地状况的不同而形成级差收入的影响;统一企业所得税法、公平税负,也是实现企业公平竞争的重要外部条件;调节居民的个人收入水平,主要是通过征收个人所得税和遗产税等达到目的。

(四)财政收入分配的手段

财政收入分配的职能,主要有税收制度、财政支出、转移支付。

1. 税收制度

通过征收企业所得税和个人所得税,可调节不同企业、个人等微观主体的收入水平;通过征收房产税等财产税,可缓和财富在不同人群中的分布不均状况;通过征收资源税,可缩小部门和地区间资源条件的差距等。

2. 财政支出

通过财政支出可反映市场经济条件下政府活动的范围、规模、结构和方向,体现国家的社会经济政策导向。尤其是通过加大对特殊区域和重点行业、部门、项目等财政投资的力度,不断优化经济结构,以促进经济的可持续发展。

3. 转移支付

通过政府间的转移支付、社会保障、救济支出及各种补助支出,实现收入在全国范围内的转移分配,实现公共服务均等化的基本目标,保证社会成员的基本生活需要和社会福利水平,以促进和谐社会的建设与发展。

三、财政稳定经济职能

(一)财政稳定经济的概念

财政稳定经济是指财政保证经济通畅、健康和稳固的良性运行,通常包括充分就业、物价稳定和国际收支平衡。①充分就业是指有工作能力且愿意工作的劳动者能找到工作,也泛指通过自己的劳动来维持自己生活的活动;②物价稳定是指物价总水平的基本稳定,即在纸币流通条件下物价上涨幅度在社会可容忍的范围内;③国际收支平衡是指一国在进行国际经济交往时,其经常项目和资本项目的收支大体保持平衡。

应当指出的是,稳定经济并不是不要经济增长,稳定与增长是相辅相成的。这里所说的稳定经济是在经济适度增长中的稳定,即动态稳定而不是静态稳定。因此,稳定经济就包含经济增长的内容,就是指保持经济持续、稳定、协调发展。

(二)财政稳定经济的内容

1. 调节社会总供求总量上的平衡

实现稳定经济增长的关键是要实现社会总供求的平衡,如果总供求实现了平衡,物价水平基本稳定,经济运行处于良好状态,充分就业和国际收支平衡目标也较容易实现。政府预算收支总量增加或减少,可以直接影响总需求,即增收减支会抑制总需求;相反,减收增支则会扩大总需求。

2. 调节社会总供求结构上的平衡

社会总供求在总量上实现了平衡,还应再考虑其结构方面的平衡状况。社会总供求的结构包括部门结构、产业结构、产品结构、企业结构和地区结构,财政在调节总供求结构方面的原理,类似于财政通过资源配置职能的实现优化国民经济结构。

(三)财政稳定经济的手段

财政稳定经济的手段主要有政府预算政策和财政收支制度。

1. 政府预算政策

政府预算收入代表可供政府支配的商品物资量,是社会供给总量的一个组成部分;政府预算支出会形成货币购买力,是社会需求总量的一个组成部分。通过调整政府预算收支之间的关系,就可起到调节社会供求总量平衡的作用。①当社会总需求大于社会总供给时,可通过政府预算收大于支的结余政策进行调节;②当社会总供给大于社会总需求时,可通过政府预算支大于收的赤字政策进行调节;③当社会供求总量平衡时,政府预算应实行收支平衡的中性政策与之相配合。

2. 财政收支制度

通过财政制度性安排,发挥财政"内在稳定器"的作用。①在财政收入上主要是指实行累进所得税制,当经济过热、通货膨胀时,企业和居民收入增加,适用税率相应地提高,税收增长超过 GDP 的增长,从而抑制经济过热;反之,可刺激经济复苏和发展。②在财政支出上主要体现在转移性支出(社会保障、补贴、救济和福利支出等)的安排上,其效应与税收相配合,在经济高涨、失业人数减少时,转移性支出下降,对经济起抑制作用;反之,对经济复苏和发展起刺激作用。

任务四　公平与效率协调机制

一、财政职能之间的协调与矛盾

(一)资源配置职能与收入分配职能的协调和矛盾

财政的资源配置职能和收入分配职能在财政实践中是紧密结合在一起的。财政对个人收入进行公平再分配的过程,虽然有一部分是通过对高收入者多征税,然后用转移支出再分配给低收入者,但向全国居民提供公共产品,大部分是通过课征各种税收来实现的。财政行使这种形式的资源配置职能,同时也行使了分配职能,二者是协调的。但是,当伴随着国民收入的增加而提供的公共产品规模较大时,其大部分需由中等收入者与低收入者负担(征收累退性的消费税)。财政行使这样的资源配置职能,就妨害了收入公平分配,二者是矛盾的。

(二)资源配置职能与经济稳定职能的协调和矛盾

财政经济稳定的职能,一般是在经济已经发生波动或已经出现波动的苗头时行使的,这样就产生了经济稳定与资源配置的协调和矛盾的问题。当经济处于失业危机期间,财政的经济稳定职能要求扩大财政支出,以弥补社会总量需求的不足,这样就会导致社会资源过多地配置于公共产品,导致公共产品供应过剩,从而导致公共支出的浪费。当经济面临通货膨胀威胁时,财政的稳定职能要求紧缩财政支出,以压缩过分膨胀的社会总需求,这样就会导致原来计划配置于公共产品的社会资源不能到位,公共产品供应不足。这是经济稳定职能与资源配置职能的矛盾。

同样的经济波动,如果按照下述的行为方式发挥财政的稳定职能,就可能最大限度地减少与配置职能的矛盾:在失业危机期间,把需要用财政政策扩大的社会总需求,一部分用扩大财政支出来弥补,一部分用减税和增加社会福利性支出弥补;在通货膨胀期间,把需要用财政政策压缩的社会总需求,分别用减少财政支出、增加税收和减少社会福利转移支出来实现。这样,就把由于扩大或缩小社会总需求而引起的资源配置的变动适度分布在公共部门和私人部门,从而使公共产品的供应少受影响。

(三)收入分配职能与经济稳定职能的协调和矛盾

在失业危机期间,对低收入者给予较多的税收减免,则会较快地提高社会消费水平,因为低收入者比高收入者的边际消费倾向高。这种财政政策既有利于经济复苏,又有利于个人收入的公平分配。分配职能与稳定职能是协调的。在通货膨胀时期,较多地提高低收入者的增税比率,能够较快地抑制社会消费水平,其原因也在于低收入者的边际消费倾向高,他们因收入减少而减少的消费比率也高。这种财政政策虽然有利于经济稳定,但是不利于个人收入的公平分配,财政的分配职能与稳定职能是矛盾的。

二、协调公平与效率的机制

从我国改革开放的实践来看,协调公平与效率两个原则,根本问题在于有效地协调社会经济目标及其实现机制。

(1)公平与效率既然具有统一性,则两者必须兼顾,只顾某一方面而忽视另一方面,必然失之偏颇。对于一个经济不发达的国家,从总体上说,侧重于效率同时兼顾公平,是应有的选择。

(2)如何通过市场和财政两种机制的有效结合实现两种原则的兼顾,是一个关键问题。

首先,在公平分配方面,财政机制主要是通过工资、奖金、税收、补贴以及社会福利和社会保障制度,贯彻按劳分配原则并保证每个居民的最低生活需要和社会福利水平。同时,通过市场机制提供一个公平的竞争环境,使每个居民有展示自己才能的机会,只要多付出劳动,多为社会做出贡献,就可以得到更多的物质利益。

其次,在资源配置方面,我国的剩余产品价值主要集中于公有制经济,其中有相当大的部分又集中由国家支配,所以财政在积累的形成和资源的配置方面应发挥重要的支柱作用和调节作用。随着经济体制改革的深化,市场机制在配置资源中的决定性作用会日益加强是无疑的,但这种基础作用要有一个转换和形成过程也是无疑的。

(3)正确处理收入差距与效率的关系。提倡一部分人先富裕起来,拉开收入差距,但提倡一部分人先富裕起来,是指靠劳动致富;同时,收入差距要适度,防止与共同富裕这一社会主义原则相对立。适度、合理的差距,有利于推动效率的提高;差距过大,则会走向反面,影响社会安定,不利于提高效率。因此,在提倡一部分人先富裕起来的同时,还必须通过税收和社会保障制度等手段来调节收入差距,使之维持在合理的限度以内,实现共同富裕。

【同步案例2-5】　　　　　谁拥有财富?

一个车牌号要卖11万元,一盘翡翠饺子要卖3万元,两瓶可乐690元,杭州一家酒店的年夜饭19.8万元一桌,一套黄金书卖价超过2万元,南京某珠宝店推出"天价"金碗,每只238 888元。中国社会尚未全面达到小康水平,但"天价"商品却如潮水般涌来,冲击着人们的神经。

面对众多的"天价",人们不禁会问:中国到底富不富?哪些人有钱?众所周知,我国人均年收入刚刚超过1 000美元的"温饱线"。根据国际通用的贫富差距指标——基尼系数,中国超过了国际通用的0.4的安全水平,表明我国的贫富差距不小。换句话说,"天价"车牌号、"天价"年夜饭、黄金书、金碗等均与普通人无关;普通的人或生活在最低生活标准线附近的贫穷者需要的是基本的日常生活用品,但他们的收入不高,购买力有限。高收入者或先富裕起来的富人拥有一切,"天价"商品对他们来说根本就不算什么。

经济理论与人类社会的实践充分表明:贫富差距悬殊是影响社会稳定和社会发展的一个重要因素。改革开放以来,我国居民收入分配关系变化的一个重要特征是:财富越来越多地向高收入阶层集中,并由此导致贫富差距呈扩大趋势。我国目前的收入分配格局已经令人担忧。

课堂讨论:公平分配的标准是什么?财政应如何在实现公平分配中发挥作用?

▼ 应知考核

一、单项选择题

1. 某药企生产的连花清瘟胶囊某段时间曾在线下卖断货,"眼红"的企业纷纷推出了"连花清温茶""链花清温茶"等类似商标的假冒商品。这种侵权的行为说明市场调节具有(　　)。

A. 盲目性　　　　　B. 自发性　　　　　C. 滞后性　　　　　D. 法制性
2. 以下属于财政资源配置功能的是（　　）。
   A. 征收个人所得税　　　　　　　B. 建立社会保障制度
   C. 公共投资　　　　　　　　　　D. 控制货币供应量
3. 教育需要属于一种（　　）。
   A. 私人需要　　　　　　　　　　B. 集体需要
   C. 公共需要　　　　　　　　　　D. 俱乐部需要
4. 下列属于纯公共产品的有（　　）。
   A. 国防　　　　　　B. 花园　　　　　C. 教育　　　　　D. 桥梁
5. 下列属于全球性公共产品的有（　　）。
   A. 三峡工程　　　　　　　　　　B. 法律制度
   C. 大气臭氧层的保护　　　　　　D. 街道的路灯

二、多项选择题

1. 市场失灵的表现包括（　　）。
   A. 公共产品　　　　B. 垄断　　　　C. 外部效应　　　D. 信息的不对称性
2. 按照公共产品特征的分类，公共产品分为（　　）。
   A. 纯公共产品　　　B. 俱乐部产品　　C. 公共资源产品　D. 选择性公共产品
3. 政府干预失效的主要原因有（　　）。
   A. 政府决策失误　　B. 政府权力寻租　C. 政策时滞效应　D. 政府职能错位
4. 财政职能包括（　　）。
   A. 资源配置职能　　B. 收入分配职能　C. 稳定经济职能　D. 公平与效率
5. 以下属于公共产品的有（　　）。
   A. 国防　　　　　　B. 衣服　　　　　C. 教育　　　　　D. 道路

三、判断题

1. 国防作为公共产品主要体现在它的非竞争性上。（　　）
2. 财政收入分配的职能，主要有税收制度、财政支出、转移支付。（　　）
3. 由于准公共产品是由政府决定的，因此属于财政资源配置的范围。（　　）
4. 非竞争性是指一些人享用公共产品带来利益的同时不能排除其他人同时从公共产品中获益。（　　）
5. 一般认为，基尼系数处于0.4～0.5被视为合理区间，基尼系数越小，越趋于公平。（　　）

四、简述题

1. 简述公平与效率的关系。
2. 简述市场有效的概念和特征。
3. 简述公共需要的概念及包含的内容。
4. 简述公共产品的概念和特征。
5. 简述财政资源配置的概念和范围。

应会考核

■ 观念应用

【背景资料】

实现中华民族伟大复兴的中国梦

2022年10月31日,搭载空间站梦天实验舱的长征五号B遥四运载火箭发射成功,打响了我国空间站建造任务的收官之战,属于中国人的空间站时代即将到来,中华民族向着伟大复兴又迈进了坚实一步。

材料一:航天梦连着中国梦,从嫦娥飞天、夸父逐日的美好神话传说到太空行走、建造空间站,中国航天人在星辰大海追逐航天梦的步伐从未停止。他们数十年如一日,从大山深处到大海之滨,一路追随、永不言弃;从翩翩少年到白发院士,他们矢志奋斗、不胜不休。他们用时间不断丈量着一个又一个中国航天梦想,一次又一次地让五星红旗绽放在外太空,用实力兑现着中国发展航天事业的宗旨:探索外太空,扩展对地球和宇宙的认识;和平利用外太空,促进人类文明和社会进步,造福全人类;满足经济建设、科技发展、国家安全和社会进步等方面的需求。

材料二:当前,航天航空的辐射面已经深入各国经济的各行各业,参与主体也由原来单一的政府和科研院所扩展到各类用户单位、市场化公司、高校,甚至民间团体和个人。随着航天活动的机制效益拓展到"经济"的高度,加之航天活动带来科技创新,全球航天活动进入"太空经济"阶段,"新航天时代"呼之欲出。根据太空基金会统计,过去十年来,世界太空市场中的政府和商业收入共增长了73%,商业航天收入占全球太空经济80%。可以说,商业航天开辟了新场景,孵化了新产业,孕育了新技术,正通过市场化竞争降低航天活动成本,推动航天技术服务于社会和国民经济的各行各业,并构成太空经济的全新主体。然而,我国商业航天的发展仍存在缺乏较长远的统筹规划、项目的低水平重复较多等问题,只有摆正国家战略与市场配置,让政府与企业交融协作,才能把握新航天时代的发展机会,实现太空远航。

【考核要求】

(1)结合材料一,阐述中国航天人追逐"航天梦"的过程是如何体现中国梦的本质特征的。

(2)结合材料二,分析在太空经济快速发展的今天,我国应如何处理好政府与市场的关系。

(3)航天精神激励青年学子成长。请从"爱国""励志""求真""力行"的角度,结合实际谈谈青年学生如何在实现中国梦的生动实践中放飞青春梦想?

■ 技能应用

坚持和完善收入分配制度

党的十九届四中全会在论述收入分配制度时,进一步提出坚持按劳分配为主体、多种分配方式并存,并指出按劳分配为主体、多种分配方式并存等社会主义基本经济制度,既体现了社会主义制度优越性,又同我国社会主义初级阶段社会生产力发展水平相适应,是党和人民的伟大创造。这是首次把收入分配制度列入社会主义基本经济制度的范畴,是中国特色社会主义制度的重大理论创新。

党的二十大报告对中国式现代化作出全面擘画,明确全体人民共同富裕是中国式现代化的本质要求之一,指出:"共同富裕是中国特色社会主义的本质要求,也是一个长期的历史过程。我们坚持把实现人民对美好生活的向往作为现代化建设的出发点和落脚点,着力维护和促进社会公平正义,着力促进全体人民共同富裕,坚决防止两极分化。"

完善收入分配制度是实现共同富裕的重要路径。合理的收入分配制度有利于激发社会成员活力,创造更多的社会财富,把"蛋糕做大",促进实现共同富裕,合理的收入分配制度还是社会公平正义的重要体现,把"蛋糕分好",促进社会和谐稳定,有助于不断满足广大人民群众对美好生活的向往和追求。

【技能要求】
(1)收入分配是否属于财政职能?
(2)收入分配的目标是什么?
(3)政府为什么要进行收入再分配?
(4)结合材料说明收入分配制度改革对我国经济社会发展的重大意义。
(5)结合材料,说明促进社会公平正义需要坚持什么新发展理念,说明如何完善个人收入分配,促进共同富裕。

■ 案例分析

【案例情境】

认识和把握"公平与效率""先富与后富"的关系

材料一:根据世界银行的报告,中国社会的基尼系数已扩大至0.465。中国是世界上基尼系数增长最快的国家之一,接近国际公认的0.4的警戒线,这显示中国经济高速增长的成果未能被社会各阶层共享,绝大部分聚集在少数人手里。中国国家统计局最新披露,内地最富裕的10%人口占有了全国财富的45%,而最贫穷的10%人口所占有的财富仅为全国财富的1.4%。财政部官员透露,银行60%的存款掌握在10%的存户手里,这些都显示中国贫富不均的严重程度。统计局的报告预言,贫富差距在未来十年还将进一步扩大。

材料二:某村地处西北地区,农业基础薄弱,村集体经济发展滞后,村民增收困难。在党的脱贫政策支持下,通过发展果树种植、乡村旅游、养殖等产业,村民过上了幸福生活。该村脱贫致富后积极与周边的贫困村结成帮扶关系,采取村合作社带动贫困村农户的模式,为贫困村提供技术培训、产销支持,带动贫困村发展果树种植、养殖等产业,使这些贫困村摆脱贫困,昂首走上共同富裕之路。

【分析要求】
(1)正确认识和把握"公平与效率"的关系;
(2)正确认识和把握"先富与后富"的关系。
(3)结合材料二,谈谈你对"先富帮后富,实现共同富裕"的认识。进一步搜集材料,从个人收入分配角度,谈谈应该如何实现共同富裕。

▼ 项目实训

【实训内容】
国家主席习近平在谈及全球化时强调,把困扰世界的问题简单归咎于经济全球化,既不符合事实,也无助于问题解决。要适应和引导好经济全球化走向,消解经济全球化的负面影响,让它更好惠及每个国家、每个民族。我们要主动作为、适度管理,让经济全球化的正面效应更多释放出来,实现经济全球化进程再平衡;我们要顺应大势、结合国情,正确选择融入经济全球化的路径和节奏;我们要讲求效率、注重公平,让不同国家、不同阶层、不同人群共享经济全球化的好处。

【实训目标】
培养学生发现问题、分析问题、解决问题的能力;培养理论与实际应用能力。为什么既不能把困扰世界的问题归咎于经济全球化,又要消解经济全球化的负面影响?如何让不同国家、不同阶层、不同人群共享经济全球化的好处?

【实训组织】

将学生分成若干组,每组7人,每组设组长1名,组长负责组织本组成员进行实训,由组长将实训结果写成书面报告,并总结。(注意:教师提出活动前的准备和注意事项。)

【实训成果】

1. 以学习小组为单位撰写报告。
2. 评分采用学生和教师共同评价的方式,填写实训报告。

实训报告		
项目实训班级:	项目小组:	项目组成员:
实训时间:　　年　　月　　日	实训地点:	实训成绩:
实训目的:		
实训步骤:		
实训结果:		
实训感言:		

第二篇 财政支出

第二章

项目三　财政支出

● 知识目标

理解：财政支出的概念和范围；财政支出规模的概念；财政支出结构的概念；财政支出效益的概念。

熟知：财政支出的形式和原则；影响财政支出结构的因素；财政支出结构的优化、原则、措施。

掌握：财政支出的分类；衡量财政支出规模的指标；财政支出规模的确定与控制；财政支出效益的分析方法；财政支出绩效评价管理；财政支出对社会经济发展的影响。

● 技能目标

能够掌握财政支出的基本知识和基本原理，学会运用本项目的知识分析财政支出的基本问题。

● 素质目标

运用所学的财政支出知识研究相关案例，培养和提高学生在特定业务情境中分析问题与决策设计的能力；结合行业规范或标准，强化学生的职业道德素质。

● 思政目标

能够正确地理解"不忘初心"的核心要义和精神实质，树立正确的世界观、人生观和价值观，做到学思用贯通、知信行统一；通过财政支出知识，明确财政支出的精髓，通过财政支出的精神实质，树立自己乐于为国奉献的宗旨。信仰和文化，是我们的精神家园，在这个人生的复平面内，两者缺一不可。

● 项目引例

2023年上半年一般公共预算支出情况

2023年上半年，全国一般公共预算支出133 893亿元，同比增长3.9%。分中央和地方看，中央一般公共预算本级支出16 666亿元，同比增长6.6%；地方一般公共预算支出117 227亿元，同比增长3.5%。①教育支出20 164亿元，同比增长5%。②科学技术支出4 452亿元，同比增

2.5%。③文化旅游体育与传媒支出1 644亿元,同比下降1.3%。④社会保障和就业支出21 791亿元,同比增长7.9%。⑤卫生健康支出12 040亿元,同比增长6.9%。⑥节能环保支出2 425亿元,同比下降1.9%。⑦城乡社区支出9 696亿元,同比下降3.1%。⑧农林水支出10 764亿元,同比增长3.7%。⑨交通运输支出5 884亿元,同比下降7.4%。⑩债务付息支出5 919亿元,同比增长5.5%。

资料来源:财政部调研小组:2023年上半年中国财政政策执行情况报告,2023年8月30日。

引例反思:对上述国家一般公共预算支出,您有何感想?您的爱国热情和情怀有没有增加?那么毕业后您会不会为国家作出自己的一份贡献?如何知信行统一?

● **知识精讲**

任务一　财政支出概述

一、财政支出的概念和范围

(一)财政支出的概念

财政支出(financial expenditure)通常又称为政府支出或公共支出,是指政府为提供公共产品和服务、满足社会共同需要而进行的资金支付。它是财政分配活动的重要组成部分,是国家调控经济运行的重要手段。

(二)财政支出的范围

财政支出与政府职能、公共利益密切相关,在借鉴市场经济发达国家经验的基础上,根据中国调整财政预算的指导思想和客观实际,其财政支出范围可界定为以下四个领域:

1. 政权建设支出

我国国家机关包括权力机关、行政机关、审判机关、检察机关和武装警察部队等,这些都是国家机器的基本组成部分,具有社会管理、保证人身与财产安全等重要职能,属于财政支出的范围。依法成立的政党组织、政权建设领域的财政支出主要包括行政管理支出、国防支出、国家安全支出和对外事务支出等。

2. 事业发展支出

事业发展类型主要包括:①提供纯公共产品,如义务教育、基础研究、卫生防疫、妇幼保健、公共图书馆和博物馆等单位,私人不愿意或无力承担,需要政府组织管理,因而财政必须保证其经费的合理需要。②提供准公共产品,如高等学校和应用基础研究单位等提供具有一定公共性质的产品,并向消费者收费,取得一定的补偿,因而财政可对其补助部分经费。③提供私人产品,如研发型科研单位、新闻出版和社会中介机构等单位提供具有排他性与竞争性的私人产品,其耗费可通过收费来补偿并获取相应的利润,无须政府举办和出资,逐步交由市场管理。因此,公共事业发展领域的财政支出,主要包括基础教育、基础科研和卫生保健等的支出。

3. 公共投资支出

财政主要应对那些对国民经济有重大影响的非经营性和非竞争性领域进行必要的公共投资,其类型主要包括:①非营利性领域,主要是公共设施、基础设施等非营利性领域,如道路、桥梁、码头、农业水利建设、环境保护和防治污染工程等;②自然垄断产业,如铁路、航空、邮政、自来水等基础产业和城市公用事业等;③风险或高技术产业,主要是重大的技术先导产业,如航天、新能源和新材料等;④政策性产业,如军工、粮食和国企改革等;⑤农业及公益性事业,加强政府对农业的扶持和保护,加大对落后地区、环保项目和农业科技成果的推广与应用,扶持农业公益性事业的发展等。

4. 转移分配支出

对社会保障提供资金支持是公共财政的显著特征，政府应发挥保证社会分配公平、提高社会保障程度的功效。其内容主要包括：①按财政政策等要求调节不同地区和居民的收入水平，提高收入分配的公平程度，保证丧失工作能力者、无职业和低收入者的生活需要，如下岗职工基本生活费和城市居民最低收入保证等；②实行各种社会保险和福利救济，以及对欠发达地区的转移支付和扶贫支出等。因此，转移分配领域支出主要包括社会保障、价格补贴等补助和补贴性的支出。

二、财政支出的分类

财政支出按照不同的标准，可以分为不同的种类。

（一）按经济性质分类，可分为购买性支出和转移性支出

1. 购买性支出

购买性支出是指政府在商品和劳务市场上购买商品和劳务的支出，如政府各部门的事业费和政府各部门的投资拨款。这类支出具有一个共同点：政府一手付出了资金，另一手相应地购得了商品和服务，然后运用这些商品和服务，实现国家的职能和满足社会的公共需要。购买性支出主要用于维持政府部门的正常运转、国防、外交、基础科研、教育、社区设施、运输通信、农林牧副渔等支出，在这一类支出中，政府与其他经济主体一样，在市场上从事着等价交换的活动，它所体现的是政府市场性再分配活动。

2. 转移性支出

转移性支出是指政府不获得直接经济利益补偿的单方面支出，如社会保障支出、各种补贴以及捐赠、对外援助支出等。这类支出具有一个共同点：政府财政付出了资金，却无任何所得。它并不减少私人部门可支配的资源总量，而只是在结构上调整不同社会集团可支配的资源数量，以更好地促进社会公平的实现。在此，不存在交换的问题，它所体现的是政府的非市场性再分配活动。

【提示】这种分类便于分析财政支出对经济的影响，购买性支出主要是影响商品和劳务的生产和消费，可以调节经济结构，体现财政的资源配置职能，而转移性支出主要是影响收入分配，体现财政的收入分配职能。

（二）按资金在社会再生产中的作用分类，可分为补偿性支出、积累性支出和消费性支出

1. 补偿性支出

补偿性支出，即用来补偿企业在生产过程中生产资料消耗的支出。由于生产过程中的消耗补偿一般不通过集中性的财政分配进行，所以，在财政支出中，这部分支出所占的比重并不大。

2. 积累性支出

积累性支出，即用来直接增加社会物质财富和国家物资储备的支出，包括用于扩大再生产的基建投资、非生产性建设投资、增拨企业流动资金、国家物资储备资金、生产性支援农业资金等支出。

3. 消费性支出

消费性支出，即国家财政用于社会共同消费方面的支出，包括行政、文教卫生、国防战备等方面的支出。

【提示】这实际是按资金的最终用途分类，可以考察财政支出在社会再生产的最终环节各占多少比例，便于分析、研究和正确安排国民经济中积累与消费的比例关系。

（三）按政府收支分类科目，可分为按支出的功能分类和按支出的经济性质分类

根据《政府收支分类科目》（2023年），政府支出可以按功能分类或按经济性质分类。

1. 支出的功能分类

支出的功能分类主要根据政府职能对支出进行分类，反映政府活动的不同功能和政策目标。

支出按功能可分为类、款、项三级,其中,类级科目设置情况如下:一般公共服务、外交、国防、公共安全、教育、科学技术、文化旅游体育与传媒、社会保障和就业、卫生健康、节能环保、城乡社区、农林水、交通运输、资源勘探工业信息、商业服务业、金融、援助其他地区、自然资源海洋气象、住房保障、粮油物资储备、灾害防治及应急管理、预备费、其他、转移性、债务还本、债务付息、债务发行费用。

2. 支出的经济性质分类

支出的经济性质分类主要反映政府支出的经济性质和具体用途。支出的经济性质分类设类、款两级,其中,类级科目设置情况如下:工资福利支出、商品和服务支出、对个人和家庭的补助、债务利息及费用、资本性支出(基本建设)、资本性支出、对企业补助(基本建设)、对企业补助、对社会保障基金补助、其他支出。

(四)按国际货币基金组织对公共支出的分类,可分为按功能分类和按经济性质分类

1. 按功能分类

根据国际货币基金组织最新政府公共财政统计标准,政府支出按功能分类主要包括:①一般公共服务;②国防;③公共秩序和安全;④经济事务;⑤环境保护;⑥住房和社会福利设施;⑦医疗保障;⑧娱乐、文化和宗教;⑨教育;⑩社会保护。

2. 按经济性质分类

根据国际货币基金组织最新政府公共财政统计标准,政府支出按经济性质分类主要包括:①雇员补偿;②商品和服务的使用;③固定资产的消耗;④利息;⑤补贴;⑥赠与;⑦社会福利;⑧其他开支。

三、财政支出的形式

财政支出形式是指政府采用何种方式、渠道分配和使用资金,一般分为无偿拨款和有偿贷款两种。我国现阶段财政支出的形式主要有财政拨款、财政性贷款、财政补贴和生产性投资四种。

(一)财政拨款

财政拨款是指财政再分配过程中财政资金的单方面转移,即财政部门将其掌握的资金,根据批准的年度支出预算、支出用途、数额和程序,适时、正确地无偿拨付给用款单位。不要求偿还是无偿拨款这种财政支出形式的根本特征。财政拨款是政府实现其职能的前提和物质保证,各国政府包括我国财政支出历来把它作为最主要的支出形式。它主要用于包括政府自身的经费支出及社会公共需要方面的支出等,具体有社会公共事业费、行政管理费、国防费支出、用于增加固定资产和物资储备等方面的支出等。

(二)财政性贷款

财政性贷款是指财政部门以信贷方式向使用单位有偿让渡财政资金的方式。其特征是财政分配过程中财政资金的双向转移,即在一定时期内财政资金转移到有关部门和单位使用,在规定期满时这些部门和单位再把上述资金连同利息还给财政部门。它是我国经济体制改革过程中,为加强用款单位的经济责任,提高财政资金使用的效率而采用的财政支出形式。它主要适用于具有偿还贷款能力、从事生产经营活动的生产企业、单位所需要的基本建设投资贷款及农业长期贷款。

(三)财政补贴

财政补贴是指政府为了某种特定需要而向企业或居民提供的无偿补助,是财政支出的一种特殊形式,实质上它也是一种无偿性的支出。财政补贴的内容主要有三种:①价格补贴,即财政在生产和流通环节提供的价格补贴。这部分支出采用直接拨款的形式。②企业政策性亏损补贴,企业为了配合政府的某项政策意图导致经营亏损,由财政给予一定的补贴。③财政贴息,是指政府对使用某些规定用途的银行贷款的企业,就其支付的贷款利息提供的补贴。这些都是由财政直接安排

的支出。另外,从国家支付补贴与受补贴者获得补贴的预算处理方式看,补贴方式还可包括直接补贴和间接补贴,或称财政的明补和暗补。至于选用哪一种补贴形式,还应依据具体情况和有效性而定。

(四)生产性投资

生产性投资是政府以调整产业结构、优化资源配置和获取一定投资收益为目的而采用的一种财政支出形式。在发挥财政宏观调控功能的同时,取得一定的投资收益是这种支出形式的基本特征。它主要适用于国民经济中的基础产业、支柱产业的重点项目和高新技术开发项目等,在财政资金比较宽裕时,也可用于竞争性、营利性较好的行业和企业的投资。这种财政支出形式有利于积极引导社会资金、企业资金和外资的合理投向,提高财政资金使用效益和增加财政收入,保证国民经济协调、稳定、快速发展。

四、财政支出的原则

(一)量入为出原则

公共财政支出的总量不超过公共财政收入的总量。这是由社会发展水平和国民经济协调发展的客观要求决定的,是由公共财政收支平衡的良性循环要求决定的,也是由公共财政收支矛盾所决定的。

(二)效率原则

财政支出应能够有助于资源的配置,促进经济效率的提高。由于市场存在失灵现象,会使市场的资源配置功能不全,不能有效提供全社会所需要的公共产品和劳务,因而不能不要求政府以其权威来对资源配置加以调节和管理。

(三)公平原则

通过公共财政支出所产生的利益,应在社会各阶层居民中间的分配达到公平状态,能比较恰当地分别符合各阶层居民的需要。

应按照同等情况同等对待、不同情况不同对待,即横向公平和纵向公平的原则来安排公共财政支出。除了一些社会公共支出(国防、行政等),其他支出应坚持按"受益能力的原则"安排。

在市场经济条件下,财富的分配取决于财产所有权和财富积累的分布状况,而收入的分配则取决于能力、职业训练和这些技能的市场价格。如果单纯依赖市场,则不可避免地会出现贫者愈贫、富者愈富的"马太效应"(matthew effect)的局面。因此,从社会稳定的角度,就要求进行社会的再分配,实现社会的相对公平。

(四)稳定原则

财政支出应促进社会经济的稳定发展。在市场经济条件下,市场体系无法有效协调其自身的所有活动使其达到平衡,会出现经济周期的兴衰更迭、失业、通货膨胀等现象。政府可以利用财政措施进行调节,通过财政支出规模、结构的条件来调节经济、引导经济,使经济实现平稳的发展。

【同步案例3-1】 夏、商、周三代的"量入为出,多有结余"的财政原则

夏、商、周,史称三代,是中国历史上的奴隶制社会时期(主要包括夏、商、西周,东周为奴隶制向封建制过渡的时期),在经济上以农业为主要生产部门,土地的产出是国家财政的主要收入,国家的财政状况几乎完全依赖并取决于农业生产状况。然而,三代奴隶制时期,生产工具简陋落后,生产力水平极为低下,季节转换、气候变化和自然灾害都对农业收成的丰歉有严重影响。因此,三代时期的国家财政分配只能在可能取得收入的基础上来安排支出,即根据收入的数量来确定支出的规模,这就是中国历史上最早的

"制国用,量入以为出"的财政原则,据此达到以收抵支,收支平衡的目的。但是,三代的财政收支平衡,又不是简单的平衡,而是要求多有结余。其原因在于早期农业社会对自然灾害缺乏抵御能力,农业生产靠天吃饭,不可能年年风调雨顺,五谷丰登。如果没有足够的结余,势必造成国家的社会经济危机。在周代,财政遵循多有结余原则,即"三年耕,必有一年之余;八年耕,必有三年之余"。按"耕三余一"来制定财政支出总额。如果"国无九年之蓄,曰不足;无六年之蓄,曰急;无三年之蓄,曰国非其国也"。由此可见,三代时期"量入为出,多有结余"的重要地位。同时,周代还有专项储备,以待急用,即"凡邦国之贡,以待吊用;凡万民之贡,以充府库",是为保证国用的充足和社会生活的安定。

资料来源:李贺主编:《财政学》(第2版),2019年版,第51—52页。

课堂讨论:在现代社会中,是否还有必要强调财政支出的"量入为出"原则。

五、财政支出对社会经济发展的影响

(一)财政支出对就业的影响

(1)财政可通过投资性的支出,直接增加就业岗位。政府通过财政拨款兴修水利、基础设施等工程从而创造大量的就业机会,缓解失业压力。

(2)政府通过采购各种商品和劳务的购买性支出,增加对社会商品和劳务的需求,从而刺激企业的生产,促进企业的投资行为,间接增加就业机会。

(3)政府通过各种转移性支出,增加社会成员的收入,这些收入按一定的比例转化成消费和储蓄,从而增加对社会商品和劳务的需求,间接增加就业岗位。

(4)政府在再就业培训、职业介绍服务、产业结构转化等方面增加财政支出,如通过财政补贴、税式支出等手段,可以缩短工人寻找工作的时间,增强工人在不同岗位的就业适应能力,减少在流动过程中产生的摩擦性失业以及产业结构转换中造成的结构性失业。

(二)财政支出对物价的影响

(1)财政支出是构成社会总需求的重要组成部分,财政支出的增加,使得总需求曲线外移,此时是否会对物价产生影响,要视社会总供给曲线的情况而定。

(2)财政支出中的不同组成对物价的影响程度不同。购买性支出可以全部转化为社会总需求,因而对物价的影响程度更大;而转移性支出中只有一部分转化为需求,另一部分转化为积蓄,因而对物价的影响程度较小。

(三)财政支出对国民收入的影响

在整个社会经济未处于充分就业水平时,扩大财政支出可引致社会总需求的变化,使产出水平即国民收入水平发生变化。财政支出不仅自身直接影响国民收入水平,而且还通过影响消费和投资的方式间接影响国民收入水平。

任务二 财政支出规模

一、财政支出规模的概念

财政支出规模,是指在一定时期(预算年度)内,政府通过财政渠道安排和使用财政资金的绝对额及相对比率,即财政支出的绝对量与相对量。财政支出规模反映政府参与国民收入分配的状况,体现国家的职能和政府职责的活动范围,是研究和确定财政分配规模的重要指标。

二、衡量财政支出规模的指标

（一）绝对指标

绝对指标是指以一国货币单位表示的财政支出的实际数额。使用绝对指标可以直观地反映某一财政年度内政府支配的社会资源的总量。但是，这一指标不能反映政府支配的社会资源在社会资源总量中所占的比重，也不便于进行国际比较。此外，由于这一指标是以现价反映财政支出的数额，没有考虑通货膨胀因素对支出总量的影响，因而所反映的只是名义上的财政支出规模，与以前年度，特别是在币值变化比较大的年份的财政支出绝对额缺少可比性。

（二）相对指标

相对指标是指财政支出占GDP（或GNP）的比重。相对指标反映了一定时期内在全社会创造的财富中由政府直接支配和使用的数额。可以通过该指标全面衡量政府经济活动在整个国民经济活动中的重要性。由于是相对指标，因此便于进行国际比较。同时，由于这种方法是通过计算财政支出占GDP的比重来衡量财政支出规模的，剔除了通货膨胀因素的影响，反映的是财政支出的实际规模，与以前年度的财政支出规模进行比较也具有可比性。

【提示】两个指标各有所长，各有所短，一般是根据实际需要，采用不同的标准。在分析、研究财政支出规模时，通常是以相对指标作为衡量财政支出规模的主要指标。

（三）衡量财政支出增长的指标

财政支出增长是财政支出规模扩大的另外一种表述，衡量财政支出增长通常用政府财政支出规模变化的动态指标来分析。

与财政支出规模的衡量指标类似，衡量财政支出增长的指标也可以分为绝对量指标和相对量指标。同样，由于绝对量指标是以现价反映财政支出的数额，没有考虑通货膨胀因素对支出总量的影响，只有消除币值变动的影响，才能如实反映财政支出增长变化的情况，这里不再赘述。

相对量指标中，目前世界各国主要采用政府支出占GDP（或GNP）的比重以及政府财政支出对GNP的弹性和边际支出倾向等指标来衡量财政支出的增长变化情况。前面已介绍过第一种指标，这里重点介绍一下后两种指标。

1. 财政支出对国民生产总值的弹性指标

财政支出对国民生产总值的弹性指标表示由国民生产总值的增长所引起的财政支出增长幅度的大小，表现为财政支出增长幅度对国民生产总值增长幅度的比例，用公式表示为：

$$财政支出弹性系数 = \frac{财政支出增长率(\%)}{国民生产总值增长率(\%)}$$

该公式计算结果的含义是：①如果财政支出弹性大于1，则说明财政支出的增长幅度大于国民生产总值的增长幅度；②如果财政支出弹性小于1，则说明财政支出的增长幅度小于国民生产总值的增长幅度；③如果财政支出弹性等于1，则说明财政支出与国民生产总值处于同步增长状态。

2. 边际财政支出倾向指标

边际财政支出倾向指标表示在国民生产总值的增加额中，用于财政支出部分所占份额的大小。边际财政支出倾向从另一个角度反映了财政支出增长趋势的变化，用公式表示为：

$$边际财政支出倾向 = \frac{财政支出增加额}{国民生产总值增加额} \times 100\%$$

三、财政支出规模的确定与控制

财政支出规模的确定就是安排年度内政府财政支出的数量界限，确定社会资源中归政府支配使用的数量或份额。财政支出规模是否合理,不仅直接影响政府职能的实现,直接影响资源在政府与市场之间配置的结构,而且直接影响着财政宏观经济运行调控的广度和力度。因此,合理确定财政支出规模是财政分配中一个十分重要的理论和实践问题。

(一)充分保证国家职能的实现

财政分配是实现国家职能的工具。因此,财政支出规模应由国家职能大小和政府活动范围决定,凡是由政府承办的事情,都必须有相应的财政支出作保证,以保证国家职能的实现和政府工作的完成。整个合理的规模应当是既能保证国家职能的实现,又能合理、有效地节约使用资金;既不能为实现政府工作目标而积压和浪费财政资金,也不能单纯为节约财政支出而影响国家职能的实现。

(二)实现资源的合理配置

财政支出,实际上是政府对社会资源的集中和使用,财政支出规模就是政府资源配置的份额。在市场经济条件下,社会资源以市场配置为基础,以政府配置为调节,根据资源配置的效率原则确定市场与政府配置资源各自的范围。一般来说,私人产品由市场配置,公共产品由政府配置。因此,财政支出的合理规模就是政府公共产品的配置规模,就是有效弥补市场缺陷与"失灵",保证资源配置宏观效益的支出规模,这样才有利于社会资源的合理配置和有效利用。

(三)推动经济增长和社会进步

合理的财政支出规模应有效推动经济增长和社会进步。因此,财政支出安排应首先保证非生产支出,用于科教文卫、公共设施的建设,推动科技进步,提高全民文化素质,提供医疗保健和社会保障,完善公共设施;在此基础上安排生产性支出,保证国有资产规模不断扩大,与经济建设相关的基础设施和社会建设同步发展,经济能稳定增长,并逐步缩小地区差别,不断提高全体人民的物质文化生活水平,实现社会的全面发展与进步。

要保持合理的财政支出规模,就必须对财政支出过度膨胀加以控制,如对具有特定用途的财政资金实行集中管理、统一安排、合理运作、重点使用;对消费性财政支出严格审核支出的内容,确定开支标准;对公共建设工程支出按预算和工程进度严格控制,强化预算约束;等等。

任务三 财政支出结构

一、财政支出结构的概念

财政支出结构也称"财政支出构成",是指在一定的经济体制和财政体制下,财政资金用于行政各部门、国民经济和社会生活各方面的数量、比例及相互关系。它是按照不同的要求和分类标准对财政支出进行科学的归纳、综合所形成的财政支出类别构成及其比例关系。简单来说,财政支出结构就是各类财政支出占总支出的比重。2019—2023年全国、中央和地方的财政支出如表3—1所示。

表3—1　　　　　　　　2019—2023年全国、中央和地方的财政支出

指　标	2023年	2022年	2021年	2020年	2019年
全国财政支出(亿元)	274 574.00	260 552.12	245 673.00	245 679.03	238 858.37
中央财政支出(亿元)	38 219.00	35 570.83	35 049.96	35 095.57	35 115.15
地方财政支出(亿元)	236 355.00	225 039.25	210 623.04	210 492.46	203 743.22

注:数据来源于国家统计局、财政部。

对财政支出结构内涵的理解：①财政支出结构具有质的规定性和量的规定性两个方面，是质与量的统一；②财政支出结构具有多样性和多层次性；③财政支出结构具有静态性和动态性。

二、影响财政支出结构的因素

财政支出结构受多种因素的影响，其中主要有政府职能及财政资金供给范围、经济发展水平、政府在一定时期的社会经济发展政策、国际政治经济形势等。

（一）政府职能及财政资金供给范围

财政支出结构与政府职能及财政资金的供给范围有着直接的关系。在计划经济体制下，政府职能及财政资金的供给范围比较宽，既承担了"社会共同需要"方面的事务，也承担了大量具有竞争性、经营性等的事务。因此，在财政支出结构上必然体现出浓厚的计划经济体制的特点，如经济建设支出投入的比重较大，增加了一些本应由市场去办的事务性支出。在市场经济体制下，政府主要涉足市场不能办的事情或办不好的事情，着力对经济的宏观调控。因此，在财政支出中经济建设支出的比重就相对较小，同时在经济建设中用于基础设施、公用设施等投入的比重大，而几乎没有用于具有竞争性、营利性领域的支出。

（二）经济发展水平

经济是财政的基础。一方面，经济发展的水平决定财政收入及其供给水平；另一方面，财政支出的结构受到经济发展水平的影响，因为一定时期的经济发展水平决定着当时的社会需要水平及社会需要结构。按照马克思主义的观点，人们首先要解决的是衣、食、住、行这些人类生存的基本需要，而后才能考虑其他更高层次的需要。在经济发展水平不高的情况下，财政供给水平和保障能力也必然不高，财政支出结构也会相应地体现这一时期的特点。以我国为例，我国建立和发展市场经济迫切需要建立完备的社会保障制度，但限于国家财力，我国社会保障的程度和范围十分有限，国家的社会保障支出还不能做到像西方国家那样在财政支出中占有那么大的比重。这只能随着国家经济发展水平和财力水平的提高逐步解决，因而财政支出结构比较明显地反映出一个国家的经济发展水平。

（三）政府在一定时期的社会经济发展政策

财政支出反映了政府的活动范围和方向，反映了政府的政策。政府发展什么、控制什么、支持什么、限制什么，在财政支出结构中反映得十分清楚。因此，政府在一定时期的社会经济发展政策直接会影响到财政支出结构的状况。仍以我国为例，国家财政连续实施积极的财政政策，用于基础设施、公用设施的建设。为了实施"科教兴国"战略，国家规定，每年财政科技、教育投入的增幅要高于财政经常性收入的增幅，这些政策的实施，使我国财政支出结构相应地发生变化，国家财政经济建设支出增长趋缓。

（四）国际政治经济形势

在当前世界政治多极化、经济一体化大趋势的形势下，各国经济发展不能不受到国际经济形势和政治形势的影响，各国制定本国经济政策也必须充分考虑到国际形势的因素，从而对财政支出的结构产生显著的影响。早在1825年资本主义世界爆发的第一次经济危机，就说明在资本主义世界范围内各国经济的有机联系；今天，世界经济的发展已进入一个新的历史阶段，发达国家和发展中国家的经济相互联系、相互融合。一个国家的经济状况对相关国家乃至整个世界都会产生影响，如美国次贷危机引发的全球经济危机。

三、财政支出结构的优化

(一)财政支出结构优化的原则

1. 适应性原则

适应性原则是指财政支出结构与支出目的、财政体制、经济发展阶段等的适应程度。合理的财政支出结构,应该是与上述内容有较强适应性的结构。具体地说,适应性表现在以下几个方面:①财政支出结构必须与支出目的相适应;②财政支出结构必须与一定的财政体制相适应;③财政支出结构必须与特定的经济发展阶段相适应。

2. 协调性原则

协调性原则是指支出结构内部各组成要素之间的相互适度性,即指各个要素的动态平衡。理解这一原则应注意以下两点:①财政支出结构的协调是动态的协调;②支出结构的协调主要指结构内部各个要素相互适应。

3. 效益性原则

效益性原则是指支出结构的变动应该使为支持结构的"所费"与结构发展带来的"所得"之间具有低投入、高产出的特征。效益性原则要注意三个问题:①关注经济效益和社会效益;②效益衡量只能用指标体系;③实现支出结构的高效益。

(二)我国财政支出结构存在的主要问题

1. 财政收支平衡压力加大

近些年,我国持续实施大力度减税降费,加之经济增速放缓,财政收入增速受到较大影响,但财政支出具有较强刚性,并且在经济增速放缓时期更需要发挥宏观政策的逆周期调节作用,使得财政收支矛盾进一步加剧,影响财政可持续性。

2. 地方政府承担过多财政事权和支出责任

近年来,地方财政支出占比一直处于略高于85%的历史高位,在承担地方政府应有责任的同时,很多中央政府的事权也下达给地方政府,中央政府下拨的资金还要求地方配套,地方财政支出压力较大,财力与事权不匹配问题十分严重。

3. 经济事务占比依然较高

与OECD国家[①]相比,我国经济事务支出占比排名第一,比第二名高出9.5个百分点。将发展阶段因素考虑在内,我国经济事务支出占比仍比处于类似发展阶段的国家高。随着我国基础设施日趋完善,财政投资对经济的拉动作用边际递减,财政投资效率有所下降,资源配置效率有待提高。

4. 社会保障支出的潜在压力较大

2023年年末,我国0—15岁人口为24 789万人,占全国人口的17.6%;16—59岁劳动年龄人口为86 481万人,占61.3%;60岁及以上人口为29 697万人,占21.1%,其中65岁及以上人口为21 676万人,占15.4%。日本和韩国达到类似阶段时的人均GDP均显著高于我国,我国未富先老现象明显,可以预见,未来一段时期中国也将面临更严重的老龄化问题。同时,我国医疗卫生支出也将面临较大增长压力。

---

① OECD指的是经济合作与发展组织,简称经合组织,旨在共同应对全球化带来的经济、社会和政府治理挑战,抓住全球化带来的机遇,是由38个市场经济国家组成的政府间国际经济组织。成立于1961年,共有38个成员国,总部设在巴黎。1961年的20个创始成员是:美国、英国、意大利、加拿大、法国、德国、爱尔兰、荷兰、比利时、卢森堡、奥地利、丹麦、瑞典、瑞士、冰岛、西班牙、挪威、葡萄牙、希腊、土耳其。后来加入的18个成员是:(1964年)日本、(1969年)芬兰、(1971年)澳大利亚、(1973年)新西兰、(1994年)墨西哥、(1995年)捷克、(1996年)匈牙利、(1996年)波兰、(1996年)韩国、(2000年)斯洛伐克、(2010年)智利、(2010年)以色列、(2010年)斯洛文尼亚、(2010年)爱沙尼亚、(2016年)拉脱维亚、(2018年)立陶宛、(2020年)哥斯达黎加、(2020年)哥伦比亚。

（三）优化我国财政支出结构的措施

1. 稳定财政支出与国内生产总值的相对比例

当前我国应该控制财政支出规模扩张速度，适应减税降费等带来的财政收入增速放缓的情况，继续保持当前财政支出占国内生产总值比例趋稳的势头，将财政支出规模控制在合理范围，为长期可持续发展留有空间。

2. 优化中央与地方的财政事权和支出责任划分

继续推进更多财政支出领域改革，形成中央与地方以及省以下财政事权和支出责任划分的清晰框架。适时制定修订相关法律、行政法规，研究起草政府间财政关系法。按事权优先原则，进一步调整优化税收划分和转移支付制度，确保各级政府尤其是省以下政府财力与事权相匹配，提高法治化和规范化程度，为基层政府提供有效的财力保障。

3. 进一步减少对经济的直接干预

减少直接参与经济建设和财政补贴，降低对经济运行的干预，促进市场公平竞争，使市场在资源配置中起决定性作用和更好地发挥政府作用。将节约的资金更多地用于提供公共服务，推动公共服务均等化，发挥好公共财政的职能。

4. 针对社会保障支出的潜在压力做好应对预案

逐步推迟退休年龄，与我国人口平均预期寿命相比，逐步推迟至65岁退休比较适宜。在降低社保缴费率的同时，要做好相关缴费工作，切实履行参保人的缴费义务。根据人口结构和收入水平，做好养老保险精算工作，合理确定养老金待遇水平及其增长率。

任务四　财政支出效益

一、财政支出效益的概念和特性

（一）财政支出效益的概念

财政支出效益是指政府为实现一定的目标而通过财政支出手段获取最大的社会经济效益，即以最少、最节省的各项财政支出取得最佳的社会经济效益。

（二）财政支出效益的特性

1. 计算效益范围

效益是通过对"所费"与"所得"的对比分析计算出来的。对微观经济主体来说，如国有企业只计算发生在企业自身核算范围以内的直接的和有形的所费与所得；而政府除了要计算直接的和有形的所费与所得，还要考虑长期的、间接的、无形的和潜在的所费与所得。

2. 衡量效益标准

微观经济主体的支出在于追求自身经济效益的最大化，只要能获得利润（所得大于所费）就是可选择的目标；而财政支出更重要的是追求社会经济效益的最大化，即使某项支出从其自身看可能出现亏损，但对整个社会来说能取得较大的效益，这项支出也是必要的。

3. 效益表现形式

微观经济主体支出效益只采取单一的货币价值形式就可以满足决策的需要，而财政支出效益表现形式是多样的，除了可以用货币价值形式表现外，还可采取如社会管理、安全保卫、教科文卫支出，以及通过政治的、社会的、文化的等多种形式表现出来，以满足财政支出决策的需要。

二、财政支出效益的分析方法

(一)成本效益分析法

1. 成本效益分析法的概念

所谓成本效益分析法,就是针对政府确定的建设目标,提出若干实现建设目标的方案,详细列出各种方案的全部预期成本和全部预期效益,通过分析和比较,选择最优的政府投资项目。

2. 政府项目成本效益分析的特殊性

(1)政府并不是独立于纳税人而存在的,实际上,它是纳税人意志的集中表达,因此,政府项目的效益及成本不仅体现于政府收入的增减,也体现于全体社会成员福利的得失。也就是说,政府在肩负着监督项目的货币收益及损失的职责的同时,也要考虑项目是否会导致非货币的变化,如空气污染、健康及安全的损失,或者时间的浪费,这些都应同货币的收益和损失一样,作为效益和成本来衡量。简而言之,政府不仅要考虑经济效益,而且要考虑社会效益。

(2)政府项目的评估中,定价问题极为复杂。私人部门进行决策时,依据效益最大化的原则,评估的依据就是市场价格。但政府在进行决策时,必须考虑所用的价格是否真正地反映了社会的效益或成本,在很多时候,必须对所使用的价格进行调整。

(3)政府的行为目标比私人部门更为多样化。一般来说,私人部门的目标就是追求经济效益的最大化,但政府却不然,其行为目标有:减少失业、平抑物价、促进经济增长、实现收入分配公平等。如果一个项目的本意是减少失业,但同时又可促进经济增长,那么,这种间接的效益是否应包括到成本效益分析中呢?可以认为,由于政府采用了与减少失业相关的措施,那么,很可能这一政策目标就是政府的最佳选择,所以对其他政策目标的影响可以忽略不计。也可以认为,假设其他项目难以实现经济增长的政策目标,这种间接效益应包括到成本效益分析中来。

综上所述,尽管政府部门与私人部门进行成本效益分析的机理相同,但由于政府本身的职能特点,政府的成本效益分析更具特殊性和复杂性。

3. 成本效益分析评估的类型

在应用成本效益分析方法时,有两种评估方法:一种方法是在项目实施过程中应用的,用于考察项目在实施过程中是否可以有所改进;另一种方法是在项目开始实施前应用的,看项目是否可行。

在第二种评估体系中,又有两种评估方法:第一种方法是完全的成本效益分析,看项目的总效益是否超过总成本。但通常,这样的评估往往是不可能的,因为一项目的效益往往很难估价。比如,一政府项目既可减少交通事故,又可使高速公路美观,那么,其效益究竟是多少呢?这时,我们可以应用第二种方法,即最小成本法。虽然我们无法衡量其效益,但肯定我们采用的方法可以保证在实现既定目标的情况下使成本最小,也就是说,我们从该方案中取得了最大的效益。

4. 成本效益分析的基本原则

首先假设,在预算活动中没有政治影响,并且评估是在信息完备的情况下进行的。成本效益分析的目的,就是要找到使效益(包括经济效益和社会效益)最大化的切入点。简而言之,进行成本效益分析的基本原则就是"在任何情况下,选择能产生最大效益的政策"。

(二)最低费用选择法

最低费用选择法是对成本效益分析法的补充。对于那些不能应用成本效益分析法的财政支出项目,那些不易用货币度量成本的项目与社会效益突出的项目,采用最低费用选择法,也可达到提高财政支出效益的目的。所谓最低费用选择法,就是根据某项财政支出的既定目标,制订若干个支出方案,通过比较不同方案成本开支的大小,来选择确定其中费用开支最少的一个方案。其特点是不需要用货币单位度量各备选财政支出方案的社会效益,只计算每项备选方案的支出费用,并以

"费用最低"为择优的标准。

（三）公共劳务收费法

公共劳务收费法是指对政府通过财政支出,为社会提供的某些公共服务项目采取适当收费的办法,借以提高财政支出的效益。公共劳务收费法虽然与成本效益分析法及最低费用选择法一样都是为了提高财政支出的效益,但该方法的要旨并不仅在于帮助政府选择最优支出方案,还在于将市场等价交换原则部分地引入公共产品的提供和使用中去,适当地约束和限制社会对该公共产品的消费量,从而达到节约财政开支、提高预算资金使用效益的目的。

国家对公共劳务的定价,可以采取以下三种方法:

1. 免费和低价

免费和低价(价格小于价值)的价格策略,可以促进对该项"公共劳务"的最大限度的使用,使其发挥的社会效益极大化。这种价格政策,一般适用于从国家和民族利益着眼,要求必须在全国范围内普遍使用的"公共劳务",但居民尚无此觉悟的情况,如九年制义务教育、强制的免疫注射等。使用该策略可能产生的消极影响是会导致购买者贬低对该种公共劳务的评价,并因对其轻视而浪费,不能有效地节约使用,从而给财政支出造成浪费。

2. 平价

平价(价格等于价值)的价格政策,可以用收费弥补该项公共劳务的人力、物力耗费,保证其发展进步的物质基础,促进对该项公共劳务的节约使用,从而节约财政支出。这种价格政策,一般适用于从国家和民族的利益看,无须特别鼓励使用,又不必特别限制使用的"公共劳务"。

3. 高价

高价(价格高于价值)的价格政策,可以有效地限制公共劳务的使用,并为国家财政提供额外的收入。这种价格政策一般适用于从国家和民族利益看,必须限制使用的公共劳务,如金融、环境卫生、教育、高档娱乐设施等。这种价格可起到"寓禁于卖"的作用。

以上三种方法中,成本效益分析法是市场经济国家衡量政府支出效益常用的一种方法,它一般适用于政府投资项目的评价。成本效益分析法自20世纪40年代问世以来,已在世界各国或地区得到了相当广泛的运用。但正如任何事物都有两面性一样,该方法也有一定的局限性,因为无论支出项目涉及的范围多广,只有可以用货币来计量,成本和效益才能被较准确地计算出来。而有许多支出项目是难以用货币来计量的,如国防,它所带来的社会安全和国家强盛,是无法用货币来衡量的。因此,对于不能用货币来度量其效应的财政支出项目,可以用其他两种方法来衡量支出效益。

三、财政支出绩效评价管理

（一）财政支出绩效评价的基本依据

具体包括:①有关法律、行政法规及规章制度;②财政部门、主管部门和单位制定的绩效评价工作规范;③财政部门制定的专项资金管理办法;④主管部门和单位的职能、职责及绩效目标和年度工作计划与中长期发展规划;⑤主管部门和单位预算申报的相关材料和财政部门的预算批复;⑥主管部门和单位的项目预算申报论证材料和项目验收报告;⑦主管部门和单位预算执行的年度决算报告和年度审计报告;⑧其他相关资料。

（二）财政支出绩效评价的基本内容

具体包括:①绩效目标的设定情况;②绩效目标的完成情况以及财政支出所取得的经济效益、社会效益和生态环境效益等;③为完成绩效目标安排的预算资金使用情况、财务管理状况和资产配置与使用情况;④为完成绩效目标采取的加强管理的制度、措施等;⑤根据实际情况确定的其他评价内容。

（三）财政支出绩效评价的方法

（1）目标比较法，指通过对财政支出产生的实际效果与预定目标的比较，分析完成目标或未完成目标的原因，从而评价绩效的方法。

（2）成本效益法，又称投入产出法，是指将一定时期内的支出所产生的效益与付出的成本进行对比分析，从而评价绩效的方法。

（3）因素分析法是指通过列举所有影响成本与收益的因素，进行全面、综合的分析，从而得出评价结果的方法。

（4）历史比较法是指将相同或类似的财政支出在不同时期的支出效果进行比较，分析判断绩效的评价方法。

（5）横向比较法是指通过对相同或类似的财政支出在不同地区或不同部门、单位间的支出效果进行比较，分析判断绩效的评价方法。

（6）专家评议法是指通过邀请相关领域的专家进行评议，得出评价结果的方法。

（7）问卷调查法，又称公众评判法，是指通过设计不同形式的调查问卷，并在一定范围内发放，收集、分析调查问卷，进行评价和判断的方法。

（8）询问查证法是指评价人员以口头或书面、正式或非正式会谈等方式，直接或间接了解评价对象的信息，从而形成初步判断的方法。

开展财政支出绩效评价是财政管理发展到一定阶段，进一步加强公共支出管理，提高财政资金有效性的客观选择。它不仅是财政管理方法的一种创新，而且是财政管理理念的一次革命。绩效评价将财政资金的管理建立在可衡量的绩效基础上，强调的是"结果导向"，或者说强调的是责任和效率，增强了财政资源分配与使用部门绩效之间的联系，有助于提高财政支出的有效性。对政府部门来说，公众对政府机构提供公共服务的质量与成本的关注，有助于促进政府决策程序的规范化和民主化。

（四）开展财政支出绩效评价的意义

开展财政支出绩效评价有利于规范财政资金支出管理、加强对财政部门权力的约束、增强资金使用部门的责任感。它使资金使用部门从花大量时间、精力争项目、争资金转变为切实关注项目的可行性和如何用好资金。

我国借鉴发达国家的实践经验，在 2005 年提出了开展财政支出绩效评价工作，并制定了相关规定，开始了试点工作。为了全面推进预算绩效管理工作，进一步规范中央部门预算绩效目标管理，提高财政资金使用效益，根据《中华人民共和国预算法》《国务院关于深化预算管理制度改革的决定》（国发〔2014〕45 号）等有关规定，2015 年 5 月 21 日制定了《中央部门预算绩效目标管理办法》。2011 年 4 月 2 日，财政部重新修订了《财政支出绩效评价管理暂行办法》，同年 7 月 5 日，发布《关于推进预算绩效管理的指导意见》，2015 年 2 月 12 日，制定了《预算绩效管理工作考核办法》。2022 年 9 月 6 日财政部发布《关于印发〈预算指标核算管理办法（试行）〉的通知》（财办〔2022〕36 号），自 2023 年 1 月 1 日起，浙江省、云南省、河北省、河南省、陕西省、海南省、湖北省、黑龙江省全面推广实施预算指标核算管理，自 2023 年 7 月 1 日起在全国范围内统一实施。各地应按照预算管理一体化建设整体部署，积极推广落实改革工作。

2018 年 9 月 1 日，中共中央、国务院发布《关于全面实施预算绩效管理的意见》，指出全面实施预算绩效管理是推进国家治理体系和治理能力现代化的内在要求，是深化财税体制改革、建立现代财政制度的重要内容，是优化财政资源配置、提升公共服务质量的关键举措。

我国开展财政支出绩效评价改革已取得了较大成效：①从关注预算执行过程到关注预算执行结果，深化了财政支出管理改革；②从收支核算到成本核算，降低了财政运行成本；③更好地调动了各部门的积极性；④以客观、公正的绩效评估体系代替了传统的考核方式，强化了财政监督。今后这一工作还要继续推广和加强，以不断提高财政支出的使用效益。

【同步案例3—2】　　　　　　财政支出效益

某县水利局向财政局打报告，申请拨款在某乡镇打井，钱拨出去后，很快把井打出来了，但发现没有水。过了一段时间，交通局向财政局打报告，申请拨款把井填上，这样使交通畅通，且避免有人不慎落入井中，钱拨出去后，也很快把井填上了。可是有人说了，县财政花了两笔钱，群众一点好处都没得到，这钱花得值不值？从职责的角度来看，水利局、交通局都做事了，没闲着，也没有把钱贪污。

课堂讨论：
谈谈你认为应当如何评价财政支出的效益呢？

任务五　财政支出控制

对财政支出过程的控制源于政府支出中所存在的委托代理关系，为了保证代理人能够完成委托人的目标，保证支出的效率，就需要通过一系列的制度设计来保护委托人的利益和规范代理人的行为。预算监督和政府采购就是其中两个最重要的制度设计。

一、预算监督

国家预算（state budget）是指由政府编制的，经过立法机关审批，反映年度内财政收支状况的计划，是具有法律规定和制度保证的文件。预算监督是对财政支出的约束，主要体现在财政预算审批和监督两个环节上。

（一）预算审批的特点

1. 完整性

所有财政收支都应在国家预算中得到反映，并且以收支总额反映出来，不能在预算收支之外另行组织收支。

2. 可靠性

国家预算必须详细反映财政收支状况，各项收支数据必须准确，不能够笼而统之，以大的支出方向涵盖详细的支出结构。

3. 公开性

全部财政收支必须经立法机关审批，并且向社会公布，接受公众监督。

4. 年度性

应按预算年度编列财政收支，我国的预算年度采用历年制。

（二）预算审批的流程

1. 预算编制

在新的预算年度开始前，由政府预算管理部门确定公共支出总额和结构。

2. 预算审批

交由立法机关审批成为正式的预算。

3. 预算执行

各政府部门按照预算的要求，组织各项收支活动。

4. 预算决算

预算年度结束之后，由管理部门编制决算草案，经审计后提交立法机关批准，形成政府决算。

(三)预算监督的主体

1. 立法机构

立法机构通过预算审查和批准的权力对预算进行监督,这是预算监督中重要的一环。

2. 纳税人

因为纳税人实际上是财政支出的负担主体,也是政府公共物品享受的主体,对于公共物品提供的成本与效率之间的关系最为关心,除组成立法机构对预算进行监督之外,纳税人对于预算执行的效果发挥个体监督作用。

3. 行政部门

行政部门不但是预算的编制和执行机构,同时也在内部设立预算的审计机构和监督机构,督促各部门提高预算执行力。

4. 社会中介组织

社会中介组织包括各审计师事务所、会计师事务所、资产评估公司等部门,对于预算执行质量的评定有助于提高公众的认识水平。

5. 新闻媒体

新闻媒体通过对与预算相关的事件报道有助于形成社会舆论的压力,促使政府部门提高预算执行的质量。

二、政府采购

(一)政府采购的概念

政府采购(government procurement),也称公共采购,是指各级政府及其所属机构为了开展日常政务活动或为公众提供公共服务的需要,在财政的监督下,以法定的形式、方法和程序,对货物、工程或服务的购买。政府采购不仅是指具体的采购过程,而且是采购政策、采购程序、采购过程及采购管理的总称,是一种对公共采购管理的制度,是政府及其所属单位使用财政性资金以公开招投标为主要方式获得商品、劳务和工程的行为。

(二)政府采购的特点

1. 资金来源的公共性

政府采购资金来源于政府财政拨款,即公共资金,而私人采购资金来源于采购主体的私有资金。资金来源的不同,决定了政府采购与私人采购诸多方面的区别。

2. 采购行为的非营利性

政府采购具有非商业性的特点,政府采购的目的不是为了盈利,而是为了提高财政资金的使用效益,而私人采购的目的和动机是为了盈利。

3. 采购规模巨大,采购对象广泛

政府始终是各国国内市场最大的消费者,政府采购规模在国民生产总值和财政支出中都占有相当大的比重。政府采购的金额占欧盟成员国GDP的15%,政府采购支出约占美国联邦预算支出的30%。政府采购对象也非常丰富,从办公用品到武器等无所不包。

4. 公共管理性

由于采购部门使用公共资金进行采购,政府采购部门履行的是信托人的职能,因此,政府采购具有明显的公共管理性。政府采购过程是一个受监管的过程,在严格的法律和管理限制下进行。

5. 政策性

政府作为国内最大的购买者和消费者,其采购的数量、品种、频率对整个国民经济有着直接的影响。政府采购作为公共支出政策的主要内容,当经济过热时,可以减少政府采购规模,即通过紧缩性的财政政策实现经济的正常运行;当经济不景气时,可以增加政府采购规模,增加有效需求,即通过积极性的财政政策实现总供求平衡,拉动经济增长。同时,还可以保护民族工业,促进产业结构调整和优化。

6. 公开性

政府采购一般通过招标、竞标方式进行交易,而公开、公平是招标方式的基本特征,从而使政府采购活动在透明度较高的环境中运作,采购的有关法律、采购过程、采购信息全是公开的,公共官员、管理者受到财政、审计、供应商和社会公众等全方位的监督。

(三)政府采购的方式

政府采购方式(government purchase mode)是指政府为实现采购目标而采用的方法和手段。我国《政府采购法》规定,我国的政府采购方式有:公开招标、邀请招标、竞争性谈判、询价、单一来源和国务院政府采购监督管理部门认定的其他采购方式。

(1)公开招标采购,是指采购机关或其委托的政府采购业务代理机构(统称招标人)以招标公告的方式邀请不特定的供应商(统称投标人)投标,招标人根据某种事先确定并公布的标准从所有投标中评选出中标商,并与之签订合同的一种采购方式。

【提示】公开招标应作为政府采购的主要采购方式。

(2)邀请招标采购,是指招标人以投标邀请书的方式邀请5个以上的供应商投标,招标人根据某种事先确定并公布的标准从所有投标中评选出中标商,并与之签订合同的一种采购方式。

(3)竞争性谈判采购,是指采购机关直接邀请3家以上的供应商就采购事宜进行谈判的采购方式。该方法适用于紧急情况下的采购或涉及高科技应用产品或服务的采购。

(4)询价采购,是指对3家以上的供应商提供的报价进行比较,以确保价格具有竞争性的采购方式。该方法仅适用于采购现货或价值较小的标准规格的设备,或者小型、简单的土建工程。

(5)单一来源采购即没有竞争的采购,是指达到了竞争性谈判采购金额标准,但所购商品的来源渠道单一,或属专利、首次制造、合同追加等特殊情况,因此,只能由一家供应商供货。单一来源采购也称直接采购,即采购机关向供应商直接购买。

(四)影响政府采购的因素

1. 产业体系的发展状况

一个国家自身的产业体系质量和水平决定了政府能否低价优质地采购到所需要的商品。若一个国家产业体系比较完整、本国企业在价值链中占据比较有利的位置,则国家在采购中就有可能低成本地获得所需要的商品;相反,如果一个国家内部的企业竞争力不强,在价值链条中处于不利地位,则采购的价格就会相应地抬高,并且可能由于其他方面的壁垒,无法完成相应的采购任务。

2. 政府法律和制度约束力

在我国,涉及政府采购的规章制度很多,已经先后出台了预算法、政府采购法等法律,也有一些政府部门的规定。随着社会发展的需要,相关的法律制度也在不断地完善。可以说,任何一部法律、法规的制定,任何一项政府政策的出台,都是在充分考虑了社会需要后才制定的。这些法律、法规理应有社会成员不可忽视的权威性、约束力、严肃性和公权力。任何社会成员都要在这一框架内学习、工作和生活。政府采购行为要严格遵守预算法、政府采购法等相关法律,政府支出才会具有效率。从另一个角度说,只有真正发挥或体现法律和制度的权威性、严肃性,公权力和约束力才能得到真正体现。

3. 诚信文化发展程度

相应的法律规定表现为硬约束,采购人员的道德约束为软约束。在大量的交易活动中,个人价值观、潜在的追求目标、对商品价值的识别能力，以及采购价格的确定和对总体目标的认识千差万别，法律的监督作用难以发挥，必须通过道德约束才能够降低采购成本。

4. 社会监督质量

社会舆论、媒体等其他社会主体的监督对政府采购活动的监督和约束作用日益提升。网络及多媒体的发展为居民提供了能够迅速发表意见的平台，并且录音、录像等辅助取证的设备价格低廉，居民很容易获取。从纵向来看，居民及媒体的监督能力在大幅度地提升。

（五）政府采购的运行机制

1. 政府采购主管机构

政府采购按使用对象，可分为民用产品采购和军用产品采购。军用产品采购的主管机构为国防部门，而民用产品的主管机构一般都是财政部门，中央政府为财政部，地方政府为财政厅局。政府采购的主管机构的主要职责因国而异，大致包括编制采购预算、制定采购法规、对政府采购事务进行协调和管理以及进行采购统计、分析和评估等。

2. 政府采购法律体系

为了加强对政府采购的管理，各国都制定了一系列有关政府采购的法律和规章。除了基本法规外，各国还制定了大量的配套法规。

3. 政府采购模式

（1）集中采购模式。集中采购模式是指由采购主体负责本级政府的所有采购。

（2）分散采购模式。分散采购模式是指在遵守国家法令的前提下，由各需求单位自行采购，目前，完全自行分散化采购的国家不多。

（3）半集中半分散的采购模式。半集中半分散的采购模式是指部分物品由一个部门统一采购，部分物品由各需求单位自行采购的模式。大多数国家采用这种模式。一国政府究竟在多大程度上实现集中采购和分散采购并没有标准模式，采购实体的目标、资源和管理需求对采购的集中化和分散化起重要作用。

4. 采购人员管理

政府采购人员代表政府进行各种采购，手中拥有非常大的权力，但同时也要承担非常大的责任。为保证政府采购队伍的专业化和职业化，需要对采购人员进行培训和管理。负责大宗物品的采购或具有高风险的物品和服务采购的人员由中央政府培训，负责小额商品的采购人员由部门或地方培训。只有培训合格的人员才能上岗。采购人员分若干级别，签订合同时，不同级别的人员签订不同金额的合同。如此，权责对称，责任明确。另外，许多国家还制定了政府采购人员行为准则，同时对违法违纪的采购人员及供应商进行严惩。

5. 质疑与申诉机制

供应商质疑与申诉是政府采购活动中经常遇到的问题，为了妥善解决这些问题，世界贸易组织制定的《政府采购协议》以及许多国家的政府采购制度中都对质疑和申诉问题进行了特殊规定，包括申诉程序、有效时间、负责处理此类问题的机构等。

（六）我国政府采购的发展方向

1. 政府采购的范围逐步扩大

凡是存在着委托代理关系的主体都应实行政府采购。对我国而言，政府采购的范围除覆盖政府部门、事业单位之外，也应该把对国有企业的采购纳入政府采购范围。

2. 发展采购专员制度

政府采购要体现培植本国企业和引导符合政府意图的产业，而要真正实现政府采购的政策目的，需要具有大量的专业性知识、能准确判别所购买商品的质量和生产企业的国别属性的专业人员。另外,新兴商品创新和技术扩散的速度非常快,价格变化也非常剧烈。只有对所采购商品的行业发展动态非常了解的采购人员才能够在短期采购和长期订货方面有一个比较合理的价格,从而保证所采购商品的价格不高于正常的市场价格。

3. 低交易成本的电子采购

电子采购是由采购方发起的一种采购行为,是一种不见面的网上交易,如网上招标、网上竞标、网上谈判等。电子采购的优势体现在提高采购效率、节约采购成本和优化采购流程等各个方面。目前,我国的电子采购网和电子采购平台在不断地完善,电子采购范围也在不断地扩大。

(七)政府采购对提高财政支出效益的意义

(1)从财政部门自身的角度来看,政府采购制度有利于政府部门强化支出管理,硬化预算约束,在公开、公正、公平的竞争环境下降低交易费用,提高财政资金的使用效率。

(2)从政府部门的代理人角度来看,通过招标竞价方式,优中选优,具体的采购实体将尽可能地节约资金,提高所购买货物、工程和服务的质量,提高政府采购制度的实施效率。

(3)从财政部门代理人与供应商之间的关系角度来看,由于政府采购制度引入了招标、投标的竞争机制,使得采购实体与供应商之间的"合谋"型博弈转化为"囚徒困境"型博弈,大大减少了它们之间的共谋和腐败现象,在很大程度上避免了供应商(厂商)和采购实体是最大利益者而国家是最大损失者的问题。

应知考核

一、单项选择题

1. 基本建设支出属于( )。
 A. 购买性支出 B. 社会性支出 C. 消费性支出 D. 转移性支出

2. 下列属于转移性支出的是( )。
 A. 财政投资性支出 B. 补助支出 C. 社会消费性支出 D. 教育经费支出

3. 下列属于购买性支出的是( )。
 A. 国防支出 B. 捐赠支出 C. 债务利息支出 D. 补助支出

4. 下列属于积累性支出的是( )。
 A. 国家物资储备支出   B. 国防支出
 C. 行政管理支出   D. 大修理支出

5. 由采购主体负责本级政府的所有采购,这种采购称为( )。
 A. 集中采购   B. 分散采购
 C. 半集中半分散采购   D. 半集中采购

二、多项选择题

1. 公共投资支出的类型主要包括( )。
 A. 非营利性领域   B. 自然垄断产业
 C. 风险或高技术产业   D. 政策性产业

2. 按资金在社会再生产中的作用分类,财政支出包括( )。
 A. 补偿性支出 B. 积累性支出 C. 消费性支出 D. 购买性支出

3. 财政支出原则有( )。
 A. 量入为出原则 B. 效率原则 C. 效率原则 D. 稳定原则

4. 影响财政支出结构的因素有(　　)。
A. 政府职能
B. 财政资金供给范围
C. 经济发展水平
D. 国际政治经济形势

5. 政府采购模式有(　　)。
A. 集中采购模式
B. 分散采购模式
C. 半集中半分散的采购模式
D. 以上都不对

三、判断题

1. 购买性支出主要是影响收入分配,体现财政的收入分配职能。(　　)
2. 行政、文教卫生、国防战备等方面的支出属于转移性支出。(　　)
3. 公平与效率是政府财政支出应遵循的重要原则。(　　)
4. 若财政支出弹性等于1,则说明财政支出与国民生产总值处于同步增长状态。(　　)
5. 免费和低价(价格小于价值)的价格策略,适用于从国家和民族的利益看,无需特别鼓励使用的"公共劳务"。(　　)

四、简述题

1. 简述衡量财政支出规模的指标。
2. 简述财政支出结构的概念及优化的原则。
3. 简述我国财政支出结构存在的主要问题及优化措施。
4. 简述财政支出绩效评价管理的基本内容。
5. 简述政府采购的概念及影响政府采购的因素。

应会考核

■ 观念应用

【背景资料】

加大财政民生投入

材料一:在世界经济复苏乏力的背景下,为了让经济运行保持在合理区间,我国政府采取了减税降费、保持货币信贷适度增长等多项措施;坚持稳中求进工作总基调,调整优化财政支出结构,压缩一般性支出,打好防范化解重大金融风险攻坚战,实现经济中高速增长。

材料二:中共二十大报告第一次把"为民造福"作为中国共产党立党为公、执政为民的本质要求。2023年两会期间,李强总理指出,将从"加大社会保障、转移支付等调节,提高中低收入居民的消费能力,同时完善税费优惠政策,激发社会消费潜能"等政策发挥财政稳投资促消费作用,着力扩大国内需求。政府工作报告还强化基本公共服务,扎实做好民生保障。比如,中央财政就业补助资金安排668亿元,增加50亿元等。全国财政支出70%以上用于民生。我们将继续加大民生投入力度,尽全力为群众谋好事、办实事,努力让人民群众的获得感成色更足、幸福感更可持续、安全感更有保障。

【考核要求】

(1)结合材料一,分析上述措施体现了宏观调控的哪些手段,为什么要对经济进行宏观调控?

(2)结合材料二,分析我国是"人民民主专政的本质:人民当家作主",分析说明国家财政资金加大民生投入的依据。

■ 技能应用

财政支出与高质量就业

国务院印发的《关于做好当前和今后一个时期促进就业工作的若干意见》指出，必须深入贯彻习近平新时代中国特色社会主义思想和党的十九大精神，全面落实党中央、国务院关于稳就业工作的决策部署，把稳就业放在更加突出位置，坚持实施就业优先战略和更加积极的就业政策，支持企业稳定岗位，促进就业创业，强化培训服务，确保当前和今后一个时期就业目标任务完成和就业局势持续稳定。

党的二十大报告提出，强化就业优先政策，健全就业促进机制，促进高质量充分就业。为确保实现党的二十大报告提出的实现高质量充分就业的目标，必须紧紧抓住就业是最大、最基本民生这个关键点，充分把握就业和劳动力市场演变的规律和特点，继续实施就业优先战略，进一步强化就业优先政策，健全有利于更加充分更高质量就业的促进机制。

正确把握和理解高质量充分就业的内涵，是做好就业工作的基础和前提。高质量发展是全面建设社会主义现代化国家的首要任务，而高质量充分就业是高质量发展的重要内容，必须将高质量充分就业纳入高质量发展总体战略之中，从推动中国式现代化和全面建成社会主义现代化强国的高度来认识和把握做好就业工作的重要意义。实现充分就业是高质量就业的前提，如果社会没有实现充分就业，很难保证劳动者有高质量的就业。高质量就业是一项综合性工程，是更高层次的体面就业，不仅包括劳动者经济方面的获得感，而且包括心理方面的满足感。

党的十八大以来，我国在高质量就业方面取得举世瞩目的伟大成就，劳动力市场保持总体稳定，劳动者在收入水平、职业满意度等方面都有明显提升。但从统计数据看，我国离充分就业目标仍有一定差距，存在不少短板。主要表现在：一是工资水平有进一步提高的空间。虽然我国劳动者工资保持了持续的增长，并基本保持了与经济增长速度同步，但劳动者平均工资仍处于较低水平，仍有增长空间。二是工作时间长。国家统计局发布的数据显示，2023年全国企业就业人员周平均工作时间为49小时，一些灵活就业人员的工作时间甚至更长。三是社会保障体系有待进一步完善。目前，我国的社会保障尚未完全覆盖灵活就业群体，并且由于劳动关系不确定，平台企业为灵活就业者缴纳保险的动力不足。此外，对低龄老年劳动力的劳动保障也尚未形成成熟有效的保障体系。四是就业不公平现象仍然存在。五是不少灵活就业者出现"去技能化"倾向，一些灵活就业人员成为靠拼体力、拼青春的"新体力劳动者"。针对上述问题，强化就业优先政策，实现高质量充分就业目标，应当尽快补齐短板。

资料来源：李长安：强化就业优先政策 推动实现高质量充分就业，光明网，2023年4月17日。

【技能要求】

结合材料，运用所学的财政知识和二十大报告精神实质，说明国家应如何发挥财政支出的作用来促进高质量就业工作。如何补齐短板？

■ 案例分析

【案例情境】

绿色财政支出评价标准体系

为推进经济发展绿色转型，近年来，我国支持绿色发展的财政支出力度越来越大。与此同时，第三方机构越来越多参与到污染防治、生态环境保护等财政支出项目的绩效评价中，服务国家生态文明建设，助力实现"双碳"目标。

绿色财政支出是为了实现生态环境保护、资源节约、低碳等目标，包括绿色生产、绿色消费、环境污染治理、绿色低碳技术推广等方面。因此，与其他财政支出绩效评价相比，对绿色财政支出进行绩效评价的难度往往更大。由于生态环境保护是多部门、多主体共同进行的，产生的绩效并不只是财政部门的,所以只对某一单一主体进行绩效评价比较困难。同时,绿色财政支出的绩效时间周期较长,并且具有一定的滞后性,短期内很难反映实际情况。

从价值衡量上看,生态环境作为特殊的公共产品,绿色财政支出的作用很难直接在使用者身上体现,更多的是通过影响生产者和消费者行为间接实现,因此难以准确判定其价值。目前,绿色财政支出的评价标准体系还不够完善、生态产品价值核算体系不够健全,导致生态产品价值实现难,很难明确生态环境产品的价值,评价起来较难。

资料来源:张修权:借助第三方找寻绿色财政支出绩效评价"良方",《中国会计报》,2023年3月24日。

【分析要求】

结合材料,分析对绿色财政支出的评价体系标准,你能够提出合理化的建议吗?在评价时应考虑哪些因素?

项目实训

【实训内容】

进入中华人民共和国财政部网站http://www.mof.gov.cn/index.htm,检索你所在的某省或某市的上一年度的财政支出结构。

【实训目标】

培养资料查询能力、分析问题能力和语言表达能力;深刻体会财政支出的各种分类目录和分析方法。

【实训组织】

以学习小组为单位,对财政支出结构进行分析,各小组分别写出分析报告,做成PPT并在课堂上讲述。

【实训成果】

(1)考核和评价采用PPT报告资料展示和学生讨论相结合的方式。

(2)评分采用学生和教师共同评价的方式,填写实训报告。

实训报告		
项目实训班级:	项目小组:	项目组成员:
实训时间:　　年　　月　　日	实训地点:	实训成绩:
实训目的:		
实训步骤:		
实训结果:		
实训感言:		

项目四　购买性支出

● **知识目标**

理解：购买性支出的概念与特点；社会消费性支出的含义、性质、类型。
熟知：行政管理支出与国防支出、科教文卫支出、政府投资、财政农业投资。
掌握：购买性支出的经济效应；购买性支出的规模与结构；行政管理费和国防费的属性及其对经济的影响。

● **技能目标**

能够掌握购买性支出的基本知识、基本原理，能够运用本项目的知识分析现实中购买性支出存在的问题。

● **素质目标**

运用所学的购买性支出知识研究相关案例，培养和提高学生在特定业务情境中分析问题与决策设计的能力；结合行业规范或标准，强化学生的职业道德素质。

● **思政目标**

能够正确地理解"不忘初心"的核心要义和精神实质；树立正确的世界观、人生观和价值观，做到学思用贯通、知信行统一；通过购买性支出知识培养自己发现问题、分析问题和解决问题的能力，同时要领悟国家购买性支出的实质，培养为国为民办实事、做好事的情怀，我们要提高自身的觉悟，要有你中有我、我中有你的乐于奉献祖国的爱国主义热情。

● **项目引例**

七里河区整合农村教育资源　撤并教学点25个　分流学生380多名

为了推进七里河区农村教育全面均衡发展，解决七里河区农村地区孩子就学困难问题，七里河区政府投入专项资金200多万元对当地分散学校进行资源整合共享，扩建兰州29中九年一贯寄宿制学校1所，撤并教学点25个，分流学生380多名。在此次整合过程中，调配教师127名，为500余名寄宿中小学生提供免费中、晚餐，为200余名寄宿小学生免费提供校服，建成2处全免费"学生公寓"，解决了当地学子上学路途远、风险大、得不到优质教育等问题。

资料来源：申亮：七里河区调整农村学校布局　撤并教学点25个分流学生380多名，兰州新闻

网,2021年3月8日。

引例反思:
(1)结合上述例子,分析财政支持农村地区教育的目的是什么。
(2)如何看待教育公平与财政投入的关系?
(3)在国家"三支一扶"政策引导下,大学生支教既有利于缩小城乡教育差距,解决乡镇学校师资不足的问题,又能让大学生获得实践经验,得到锻炼和成长,请谈谈您愿意去农村支教吗?说说您的感想。

● 知识精讲

任务一　购买性支出概述

一、购买性支出的概念与特点

(一)购买性支出的概念

购买性支出(purchase expenditure)是指政府用于在市场上购买所需商品与劳务的支出。这类公共支出形成的货币流,直接对市场提出购买要求,形成相应的购买商品或劳务的活动。它既包括购买进行日常政务活动所需商品与劳务的支出,如行政管理费、国防费、社会文教费、各项事业费等,也包括购买用于兴办投资事业所需商品与劳务的支出,如基本建设拨款等。

(二)购买性支出的特点

1. 有偿性
政府通过购买性支出直接获得等价的商品和劳务,用于满足政府履行职能的需要。

2. 等价性
政府在市场上购买商品或劳务,是一种资金和商品或劳务的相向运动,一定数量的资金付出必须获得价值等量的商品或劳务。

3. 资产性
政府购买的商品或劳务,包括消费品及各项生产要素,在很大程度上首先要转化为国有资产,然后再用于满足政府活动的消耗。其中,消费性支出形成政府履行其政治职能、社会职能的行政事业性资产;购买生产资料的投资性支出则形成经营性国有资产。

4. 消耗性
消耗性主要是对资金的实际使用主体而言的,在政府购买支出活动中,资金和要素一经政府购买,它们将在政府职能的实现过程中被消耗掉。

二、购买性支出的经济效应

(一)购买性支出直接介入资源配置,影响资源配置效率

政府通过购买性支出提供公共产品和劳务,满足社会需要,体现了政府在社会资源和要素中的直接配置和消耗的份额。购买性支出规模的扩张和结构调整,直接刺激社会总需求的增加,引起社会资源流向变化的资源配置调整,促进社会资源的不同生产和消费组合,从而对整个社会的资源配置效率产生重要影响。

购买性支出在资源的使用方面具有排他性。政府通过购买性支出在占有、消耗资源的同时也排除了其他部门使用这部分资源的可能性,这就是购买性支出的"挤出效应"。尽管购买性支出在

资源配置中具有不可替代的作用,但是这种挤出效应的存在决定其规模不宜过大,否则会影响市场在资源配置中的基础作用。

(二)购买性支出直接引起市场供需对比状态的变化

从社会经济的循环周转角度来看,市场上必须有足够的、有支付能力的需求,产品销售才能实现。政府的购买性支出构成社会有效总需求的组成部分,形成相对应的商品和劳务需求。政府购买性支出的刺激促使私人投资的增加、企业生产规模的扩大和就业人数的增加,从而影响社会总需求与总供给之间的平衡。

(三)购买性支出对生产和就业具有刺激、扩展作用,间接影响收入分配

购买性支出的变化会对收入分配状况产生影响,但是这种影响是在前面所分析的购买性支出对资源配置、生产和就业、宏观总量平衡和经济稳定发生作用的过程中派生出来的。购买性支出使商品流通与生产规模扩大,必然给企业带来丰厚的利润;相反,购买性支出减少,企业利润会随生产流通规模的萎缩而下降。即使在支出规模不变的情况下,购买性支出结构的任何变动,都会改变不同企业的利润水平。

在一国的财政支出结构中,如果购买性支出所占的比重越高,就表明该国政府对资源配置和经济稳定的影响力度越大。因为购买性支出对社会总需求会产生直接的影响,政府公共部门占有资源越多,私人部门可支配的资源就越少;在经济萧条时期增加购买性支出或者在经济繁荣时期减少购买性支出,都能促进经济稳定。因此,购买性支出成为各国政府实施宏观调控,特别是成为反经济周期的调控手段。

三、购买性支出的规模与结构

(一)购买性支出的规模

购买性支出规模可以用购买性支出的绝对数指标和相对数指标来衡量。

1. 绝对数指标

购买性支出的绝对数量与一个国家的经济发展水平、政治环境、社会因素紧密相关。在不同的国家或同一国家的不同历史时期,政府购买性支出的绝对规模都是不相同的。从不同国家的同一历史时期来看,经济发展水平越高的国家,购买性支出的总量也会越多。从一个国家的不同历史时期来看,受经济发展水平、政治环境和社会环境诸因素的影响和推动,政府购买性支出的绝对规模也会相应地增长。

2. 相对数指标

衡量购买性支出的相对数指标有两个:一是购买性支出占 GDP 或 GNP 的比重;二是购买性支出占财政支出总量的比重。因为绝对数指标不便于比较,所以通常是以相对数指标来表示购买性支出的规模。购买性支出占 GDP 和财政总支出的比重,各个国家有所不同。一般来说,经济发达国家,由于政府较少参与生产活动,财政收入比较充裕,财政职能侧重于收入分配和经济稳定,因而购买性支出占 GDP 和财政总支出的比重与转移性支出占 GDP 和财政总支出的比重差别不大。发展中国家,由于政府较多地参与生产活动,财政收入相对匮乏,购买性支出占 GDP 和财政总支出的比重较大。

(二)购买性支出的结构

购买性支出的结构是指购买性支出各组成项目之间形成的关系。购买性支出主要由社会消费性支出与政府投资性支出构成。

1. 社会消费性支出

社会消费性支出是政府为开展日常的政务活动所需要的支出,主要包括行政管理支出、国防支

出、科教文卫支出、社会保障支出等,是非生产性的消耗支出。其结果不会形成各种形态的资产,但它是社会再生产正常运行所必需的保证与支撑,其结果大多形成各种形态的行政事业性国有资产,并逐步被消耗掉。

2. 政府投资性支出

政府投资性支出是政府用于购买社会所需的投资品的支出,属于生产性的消耗支出,其结果往往形成各种经营性的国有资产,如京九铁路、三峡工程、西气东输工程等所进行的投资。在我国的购买性支出中,投资性支出比重较高,也是我国购买性支出在财政支出中所占比重比较大的原因。

任务二 社会消费性支出

一、社会消费性支出概述

(一)社会消费性支出的概念

社会消费性支出是指政府用于满足社会公共消费需要方面的支出,是国家履行政治职能和社会职能的保证。它与财政投资支出最大的区别在于形成的资产性质不同,前者形成非经营性国有资产,后者形成经营性国有资产。

(二)社会消费性支出的性质

社会消费性支出的性质是满足社会共同需要,具有明显的正外部效应。它属于非生产的消耗性支出,其消耗或使用并不形成任何资产;本质上,社会消费性支出满足的是纯社会共同需要,所提供的服务为全体公民共同享受,具有明显的外部效应;在财政支出的安排上,保证社会消费性支出各项目的必要列支是财政工作的基本职责。它是实现社会经济的可持续发展、扩展社会发展空间、不断提高居民的生活质量的保证。

(三)社会消费性支出的类型

社会消费性支出的主要类型有行政管理费、国防费,文教、科学、卫生事业费、工交商农等部门的支出。不同国家在不同时期,其社会消费性支出的规模是有所不同的。从世界各国的一般发展趋势来看,社会消费性支出的绝对规模总体呈现一种扩张的趋势,而相对规模在一定发展阶段也呈现扩张的趋势,达到一定规模则会相对停滞。

【同步案例 4—1】 政府适当增加公共消费支出的必要性

社会最终消费由居民消费与公共消费两部分构成。一般来说,公共消费是指以政府为主体发生的、具有消耗性质的公共支出,包括政府自身消费和社会性消费。与公共投资不同,公共消费是公共支出中不能带来新价值,或不能实现增值的部分(见图 4—1)。由于世界各国人均收入水平和经济制度等方面的差异,各国公共消费率高低不一(见图 4—2)。近年来,各级政府严格落实过紧日子的要求,优化财政支出结构,大力压减一般性支出,严控"三公"经费预算,增加公共消费支出,带动和牵引经济社会发展。2021 年 3 月,《中华人民共和国国民经济和社会发展第十四个五年规划和 2035 年远景目标纲要》明确提出,要适当增加公共消费,提高公共服务支出效率。

同步案例

案例精析4-1

课堂讨论:结合材料,分析我国政府为何要适当增加公共消费支出。

二、行政管理支出

(一)行政管理支出的概念及性质

行政管理支出是财政用于各级党委、国家各级权力机关、行政管理机关、公安司法检察机关行

图 4－1　财政支出结构

图 4－2　世界主要国家的公共消费率

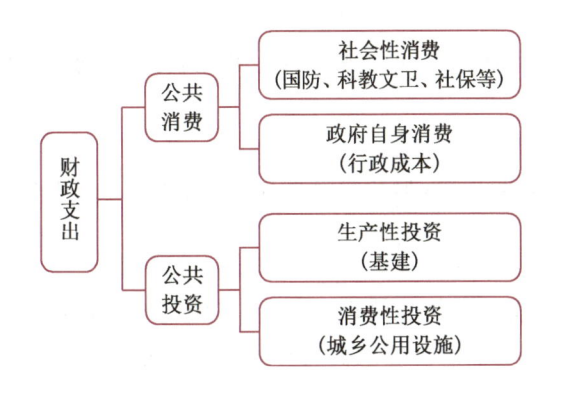

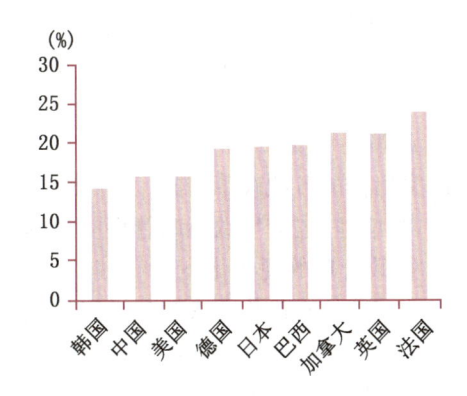

注：公共消费率即公共消费支出占 GDP 的比重。

使其职能的开支。这项开支是维持国家政权存在、保障各级国家管理机构正常运转必需的费用,是纳税人必须支付的社会成本,是政府服务社会的基础,是政府为行使其最基本的职能所必须花费的一项支出。

行政管理支出主要用于社会集中性消费,属于非生产性支出。虽然这项支出不创造任何财富,但作为财政支出的基本内容,它保证了国家机器的正常运转。在中国,这项支出对巩固人民民主专政、维护社会秩序、加强经济管理、开展对外交往等方面具有重要意义。

(二)行政管理支出的内容

行政管理支出的内容取决于国家行政管理机关的结构及其职能。以中国为例,行政管理支出按照国家政权及行政管理机构的设置划分,包括行政支出、公安支出、国家安全支出、司法检察支出、外交支出。其中:①行政支出包括党政机关经费、行政业务费、干部训练费及其他行政费等;②公安支出包括各级公安机关经费、公安业务费、警察学校和公安干部训练学校经费及其他公安经费等;③国家安全支出包括安全机关经费、安全业务费等;④司法检察支出包括司法检察机关经费、司法检察业务费、司法学校与司法检察干部训练费及其他司法检察费等;⑤外交支出包括驻外机构经费、出国费、外宾招待费和国际组织会费。

(三)影响行政管理支出的因素

行政管理费的规模是由多种因素形成的,而且具有历史的延续性。直接的影响因素有经济增长水平、政府职能和机构设置、财政收支水平、通货膨胀、政策性增支、行政管理的现代化和物价波动等。

1. 经济增长水平

随着经济增长,行政管理支出会不断地扩张,这是一个不以人的主观意志为转移的客观规律。经济增长是社会财富积累的重要前提,也是政府职能扩张的决定性物质基础。一国的经济增长水平越高,其行政支出的数量会越大,行政管理的质量和效率就越高;反之,行政管理的质量和效率就会受到影响。

2. 政府职能和机构设置

行政管理支出是保证国家管理机关正常行使其职能必需的费用。政府的职能范围和管理机构数目直接决定了行政支出的多少,是制约行政管理支出的主要因素。

3. 财政收支水平

由于行政管理支出是通过对财政收入的再分配而形成的,因此,国家财政收入的状况是制约行政管理支出规模的重要因素。国家财政收入越多,行政管理支出规模也就可能越大。

4. 通货膨胀

行政管理支出与一定时期的通货膨胀水平成正比例关系,通货膨胀水平越高,行政管理支出就会越多。

5. 政策性增支

国家出台的各项改革措施、工作人员的正常职务变动等,都会明显增加工资、补贴及各项福利开支等,相应地,也会导致行政管理支出的增加。

6. 行政管理的现代化

行政管理的现代化要求管理手段的现代化。随着计算机化管理的普及,各级行政管理部门纷纷更新设备,开发计算机软件,实行计算机网络化,在加强硬件建设的同时不断地完善软件建设,这个过程的耗费是巨大的。

7. 物价波动

政府行政管理所需商品和服务的购买必须遵循市场等价交换的原则,因此,物价的波动必然带来行政管理支出的增加或减少。当今社会,物价上涨是一种普遍存在的现象,物价上涨能推动行政管理支出规模的扩张,但增加的经费支出并不能带来国家实际消耗物资量的增长。

(四)我国行政管理费规模及国际比较

行政管理是政府的一项基本职能。它不可能从财政支出中完全消失,甚至它的绝对值规模不断增长也带有必然性。

自改革开放以来,我国的行政管理费是财政支出中增长最快的一个项目,大部分年份其增长速度超过了财政支出的增长速度,尤其反映在公检法支出上,说明我国为适应改革开放和建立市场经济体制的需要,加大了立法、执法和检查监督的力度。

通过与若干国家进行国际比较发现,我国行政管理费占财政支出的比重高于其他国家,增速也快于其他国家。从静态看,与其他国家相比,我国行政管理支出属于最高水平;从动态看,我国行政管理费所占财政总支出比重的高速爬升与其他国家这一指标的平缓上升或平缓下降形成鲜明的对比。

三、国防支出

(一)国防支出的概念及性质

国防支出是指国家预算中用于提供国防这个公共产品的费用总和。国防属于面向全体社会成员提供的公共服务,它无法通过市场配置来解决,具有非排他性和非竞争性,属于纯公共产品,必须由政府来提供。国防支出是任何一个主权国家维护其安全、独立所必不可少的开支。

国防支出属于社会消费性支出,是非生产性支出。从社会再生产的结果角度看,国防支出表现为社会资源的净消耗,就此而论,国防支出应越少越好。但是,从社会再生产的社会条件看,国防保护了国家的安全,是保证社会再生产正常运行所必需的,因此,任何国家的国防支出都保持一定的规模。

(二)国防支出的内容

在中国,国防支出主要用于国防建设、国防科研事业、军队正规化建设和民兵建设费等方面。国防支出在各国有不同的细目分类,但基本上都可以划分为维持费和投资费两大部分。维持费主要用于维持军队的稳定和日常活动,提高军队的战备程度,是国防建设的重要物质基础,包括军事人员经费、军事活动经费、武器装备维修保养费和教育训练费。投资费主要用于提高军队的武器装备水平,是增强军队战斗力的重要条件,主要包括武器装备的研制费、武器装备的采购费、军事工程建设费和防空费。近年来,我国的国防费主要用于三个方面:人员生活费、训练维护费和装备费。

（三）国防支出水平的影响因素

1. 经济发展水平的高低

国防支出规模从根本上说是由经济实力决定的，经济实力越强，能用于国防方面的支出就大；经济实力越弱，国防开支就会受到很大的限制。

2. 国家管辖控制的范围大小

一个国家领土越大，人口越多，用于保卫国土、保护国民安全的防护性开支就会越大。

3. 国际政治形势的变化情况

在爆发军事战争或处于军事对峙时期，国防开支会大幅上升，而在和平时期，国家周边外交政策制定比较成功，与邻近国家和睦相处时，则国防开支会相应地减少。

（四）我国的国防政策

我国的国防政策是依据发展与安全相统一的战略思想而制定的。长期以来，我国坚定不移地奉行防御性的国防政策。进入新时代，习近平主席站在统筹"两个大局"的战略高度，鲜明提出党在新时代的强军目标，确立新时代军事战略方针，制定到2027年实现建军一百年奋斗目标、到2035年基本实现国防和军队现代化、到本世纪中叶全面建成世界一流军队的国防和军队现代化新"三步走"战略，引领人民军队在中国特色强军之路上阔步前行，为实现中华民族伟大复兴提供了坚强有力的战略支撑。

（五）我国的国防费规模及国际比较

一国的国防支出规模是随着一个时期的国际形势和国内形势的变化而变化的，和平时期趋减，发生战争骤增，可以说没有一以贯之的增减变化规律。

我国国防支出增长总的趋势是缓慢的。在20世纪90年代中期趋减，后期又有所增加，但增减幅度不大，一般是滞后于财政支出和GDP的增幅。从国际比较来看，我国的国防费规模，无论是绝对规模还是相对规模，都是偏低的。中国政府坚持国防建设与经济建设协调发展方针，根据国防需求和国民经济发展水平，合理确定国防支出规模。近年来，中国政府在经济社会持续健康发展的同时，总体保持国防支出合理稳定增长，促进国防实力和经济实力同步提升。2023年全国一般公共预算安排国防支出1.58万亿元，比2022年执行数增长7.2%，其中：中央本级支出1.55万亿元，比2022年执行数增长7.2%。增加的国防支出主要用于以下几个方面：①按照军队建设"十四五"规划安排，全面加强练兵备战，巩固提高一体化国家战略体系和能力。②加快建设现代化后勤，实施国防科技和武器装备重大工程，加速科技向战斗力转化。③巩固拓展国防和军队改革成果，保障重要领域改革举措和急需政策制度实施，提高军事治理水平。④与国家经济社会发展水平相适应，持续改善部队工作、训练和生活保障条件。

四、科教文卫支出

（一）科教文卫支出的概念

科教文卫支出是指国家财政用于科学、教育、文化、卫生和体育等事业单位的经费支出。根据财政部制定的《政府收支分类科目》，科教文卫支出按照支出功能划分为科学技术、教育、文化体育与传媒、医疗卫生支出四个类级科目。

教育支出主要包括教育行政管理、学前教育、小学教育、初中教育、普通高中教育、普通高等教育、初等职业教育、中专教育、技校教育、职业高中教育、高等职业教育、广播电视教育、留学生教育、特殊教育、干部继续教育和教育机关服务等方面的支出；科学技术支出包括科学技术管理事务、基础研究、应用研究、科技条件与服务、社会科学、科学技术普及、科技交流与合作等方面的支出；文化体育与传媒支出包括文化、文物、体育、广播影视、新闻出版等方面的支出；医疗卫生支出包括医疗卫生管理事务支出,公立医院、基层医疗卫生机构支出,公共卫生、医疗保障、中医药、食品和药品监督管理事务等。

(二)科教文卫支出的性质

从广义上讲,科学、教育、文化、卫生和体育等属于混合产品,由于具有较强的外部正效应,有助于提高整个经济社会的文明程度和全体社会成员的素质,从而对经济的繁荣和发展起到决定性作用,因而各国尤其是发展中国家对科教文卫事业都给予较大的财力支持,且其支出规模越来越大。如 2023 年 1—9 月,全国一般公共预算支出 197 897 亿元,同比增长 3.9%。分中央和地方看,中央一般公共预算本级支出 26 666 亿元,同比增长 6.6%;地方一般公共预算支出 171 231 亿元,同比增长 3.5%。其中在科教文卫方面:①教育支出 29 643 亿元,同比增长 4.3%。②科学技术支出 6 729 亿元,同比增长 3.3%。③文化旅游体育与传媒支出 2 598 亿元,同比增长 0.8%。④社会保障和就业支出 30 795 亿元,同比增长 8.2%。⑤卫生健康支出 16 793 亿元,同比增长 3.3%。

科教文卫等事业单位是非物质生产部门,其支出是非生产性支出。需要强调的是:

(1)从某种静态的、相对的意义上说,科教文卫支出不能对当年物质财富的生产做出直接贡献。

(2)从动态的、绝对的意义上说,科教文卫事业的发展将不断提高劳动者和劳动对象的素质并改善结合方式,对物质财富生产的贡献将越来越大。

(3)从实际意义上说,科教文卫支出在社会经济发展中占有重要的地位,且应随着劳动生产率的提高和 GDP 的增长而不断地提高,其增速甚至可超过 GDP 的增长速度。

(三)科教文卫支出的意义

①科学技术是经济发展的重要推动力量。生产力发展无不是由科学技术发展而带来的,西方劳动生产率的提高,80%的因素是采用了新的科技成果,因此,"科学技术是第一生产力"。2018—2023 年,财政科技支出从 8 327 亿元增长到 10 567 亿元,年均增长 6.4%。②教育是科学技术进步和社会进步、文化艺术水平提高的源泉和基础。没有教育,就没有社会的进步。③卫生事业发展是一个民族拥有健康体魄的保证。④文化是人类精神升华的阶梯。正是因为科教文卫事业的发展对国民经济发展具有重要意义,所以各国政府无不投入大量资金支持其发展。我国这一支出近年来一直保持较高的水平。

(四)科教文卫支出的管理

政府部门财政支出的基本任务是保证有关部门的经费供应和提高财政支出的使用效果,因此,科教文卫支出管理主要是采取定员定额管理办法,并加强财务管理。

1. 科教文卫单位的定员定额管理

定员定额管理是指根据事业单位的工作任务和开展业务工作的需要,规定人员配备标准和各项经济指标的额度。它是财政安排和控制科教文卫支出的重要依据。

(1)所谓定员,即确定人员编制指标,是指根据精兵简政的原则,按照各个事业单位的不同性质及国家规定的定员比例和机构等级,规定完成一定的工作任务所需要的职工人数。定员管理对科教文卫支出管理具有重要的意义,它可以使财政部门向这些单位供应人员的经费有据可依,也有利于控制科教文卫的支出规模。

(2)所谓定额,即确定开支的限额,是指对不同的事业单位制定相应的开支标准。科教文卫单位定额包括收入定额和支出定额两大类;前者指科教文卫活动中向服务对象收取一定费用的额度,包括补偿性收入、生产性收入和代办性收入三种定额;后者按支出用途分为人员经费定额和公用经费定额,按范围包括单项定额、综合定额和扩大综合定额三类。

2. 科教文卫单位的财务管理

按现行规定,科教文卫单位财务管理要全面反映单位的收支情况,全面采取核定收支等管理办法。

(1)核定收支的办法。事业单位必须将全部收入和支出统编列入财务经费计划,报经主管部门和财政部门核定。主管部门和财政部门根据事业单位的特点、发展计划、财务收支状况及国家政策与财力可能,来核定事业单位的年度收支规模。

(2)定额补助或定项补助。定额补助是根据事业单位的收支情况,并按相应的标准确定一个总的补助数额,如对高等院校实行生均定额补助等;定项补助则是根据事业单位的收支情况确定对事业单位某些支出项目实行补助,如对医院职工的工资支出项目进行补助,或对大型修缮项目和设备购置的补助等。

(3)财务包干。事业单位经费计划经主管部门和财政部门核定后,单位经费由单位自求平衡,增收节支的结余留归单位继续使用。除特殊情况外,通常情况下,单位超支,主管部门和财政部门不予追加。

(4)收入上缴办法。这是对少数非补助事业单位实行的一种经费管理办法。收入上缴规定的上缴数可以是定额的,也可是按比例的;上缴时限可按月或季,也可在年终一次上缴。该办法主要适用于非补助事业收入大于支出较多的事业单位。

【同步案例 4—2】 我国与发达国家在社会事业支出上的比较

材料一:中国与发达国家社会事业支出占财政总支出的比重情况

	教育事业	卫生事业	社会保险	社会福利
中国	4.6%	3.7%	6.5%	2.4%
发达国家	14.2%	11.3%	10.1%	6%

材料二:对民生领域的历史欠账,有些是因为当年国家财力不够,无法解决。至今,国家出台了一系列保民生的政策和措施,改善民生被放在突出的位置。

材料三:扩内需、保民生要以雄厚的财力为后盾。财政收入增加,政府能做的事情就多了,但是财政增收终究是有限的,它并非天上掉下来的馅饼。

课堂讨论:
(1)我国与发达国家在社会事业支出方面有何差距?
(2)怎样理解材料三中"财政增收终究是有限的"?
(3)结合材料,为政府解决"民生欠账"提出几条合理化建议。

任务三 政府投资性支出

一、政府投资性支出的概念

购买性支出,大多是指政府的消费性支出。事实上,除此之外,它还包括一个十分重要的部分,就是政府的投资性支出或资本性支出。

所谓政府投资性支出(government investment expenditures),是指以政府为投资主体,以财政资金为主要投资来源的政府投资,是社会总投资(社会总投资分为政府投资与非政府投资两部分)的重要组成部分。影响政府投资规模的因素很多,但主要有政府职能范围大小、国有经济比重大小、所处的不同的经济发展时期。

二、政府投资的一般分析

(一)政府投资的特点和必要性

1. 政府投资的特点

(1)公共性和基础性

为了弥补市场失灵的固有缺陷以及克服非政府投资的局限性,政府投资的着眼点首先在于为全体居民和各类经济(市场)主体的生产、生活需要提供必要的社会性和基础性条件。这既是国家和公共财政的内在职能,是经济、社会发展的客观要求,也是不可能依靠市场和微观经济主体来解决的问题。

(2)开发性和战略性

某些新兴产业门类的开发、某些高科技与高风险领域(如航天等)的研究开发、对经济落后地区的开发等,都具有耗资大、耗时长、风险高等特点,致使私人部门望而却步,市场机制也无能为力,只能或主要由政府的投资来解决。除此之外,从对于某些关系国计民生的部门、行业和重要企业(如军工、石油及石油化工、电力等)的直接与间接资本控制,通过政府投资对国民经济发展中某些薄弱环节的加强、对国民经济整体素质特别是劳动者素质的提高以及对社会其他投资所产生的影响带动功能来看,政府投资都具有事关全局的重要战略影响作用。

(3)社会效益

社会效益是政府投资的出发点及归宿。它不可能也不应该首先把是否盈利和盈利高低作为投资选择的前提条件。这正是政府投资与非政府投资的一个明显区别。说它"不可能",就是基于政府投资的上述特点,它不可能像非政府投资那样,完全以盈利程度作为投资与否的唯一选择标准;说它"不应该",指政府投资的着眼点是为了弥补"市场失灵"的缺陷,是为了满足经济——宏观与微观经济和社会发展的客观需要,而不是纯粹为了赚钱,否则就不存在政府与非政府投资的区别。

2. 政府投资的必要性

(1)政府投资是克服市场在资金配置中所存在的某些"失灵"表现的必要手段。在那些外部效应明显以及投资数额大、周期长、回收慢、无盈利或低盈利的领域或投资项目上,政府投资的不可替代性就表现得更加突出。

(2)政府投资是进行宏观经济调控、优化资源配置、促进国民经济持续协调发展的重要手段。其最为明显的就是通过政府投资的方向选择,加强国民经济的薄弱环节,及时克服经济中的某些"瓶颈"制约,以达到促进资源优化配置和经济协调发展的目的。同时,政府还可以通过参股、持股、控股等形式,引导全社会的投资流量与流向,以达到国家的宏观调控目标。

(3)在现代市场经济和科技进步条件下,政府对教育、科研、文化、卫生等方面的投资,还是提高国民经济整体素质、推动科技进步、提高经济增长质量和效率、促进社会全面进步的重要推动力量。

(二)政府投资的原则

1. 政府投资不能对市场的资源配置功能造成扭曲和障碍

政府的投资选择,要建立在尊重市场规律,有利于充分发挥市场的资源配置功能的基础之上。原则上讲,但凡能由市场解决的问题,政府就应少加干预;能通过非政府渠道解决的筹资与投资问题,政府也可考虑退出。

2. 政府投资不宜干扰和影响民间的投资选择和投资偏好

在社会投资主体多元化、投资来源多渠道化、投资决策相对分散化的条件下,政府的投资选择,一方面要为众多的企业投资、民间投资创造必要的、与经济增长相适应的外部环境或基础条件;另一方面,又要充分考虑其对民间投资、对市场竞争格局可能带来的影响。

3. 政府投资要着眼于有利于社会经济效益和投资效益的增进

政府投资既然是一种公共性、基础性和公益性的投资,其社会效益、宏观经济效益和投资效益状况以及它的外部经济效应如何,理应成为它的出发点及归宿。一项好的政府投资计划或公共投资选择,可以而且完全应该起到所谓"四两拨千斤"的作用。

(三)政府投资的领域选择

一般来说,在市场经济条件下,社会投资大体可分为三大类别:

(1)竞争性项目投资,包括工业(不含能源)、建筑业和大部分第三产业。

(2)基础性项目投资,包括基础设施、基础产业和高新技术产业等。

(3)公益性项目投资,包括国防建设投资、政府等政权设施、科教文卫等设施。

鉴于政府投资的性质和特点,在上述三类投资项目中,一般来说,政府投资应以公益性和一部分基础性项目作为重点。

三、政府基本建设投资

(一)政府基本建设投资的概念

所谓政府基本建设投资,是指财政用于基本建设的支出所拨付的资金。财政用于基本建设的支出分为生产性支出和非生产性支出两部分。生产性支出主要用于基础设施、基础产业投资;非生产性支出主要用于国家机关、社会团体、文教科卫等部门的办公用房以及所需要的各种设备、仪器的购置和安装。

(二)政府基本建设投资的特点

(1)政府基本建设投资的目的主要是社会效益性。政府居于宏观调控的主体地位,政府投资一般不单纯从经济效益高低的角度来评估和安排自己的投资。如对一些事业单位、管理机关的投资可能是低利甚至是无利的,但政府投资项目的建成,如事业单位、基础设施投资等,具有正的"外部效益",可以极大地提高国民经济整体效益和人民的整体利益。

(2)政府投资项目的大型化和长远性。相对而言,政府财政资金力量雄厚,且资金来源大部分是无偿的,可以投资于大型项目和长期项目。这一点,是私人投资难以达到的。

(3)政府基本建设投资是调控经济运行的重要手段。政府财政投资一般要考虑国家调控经济运行的需要,考虑国家的产业政策,重点解决瓶颈制约的部门和行业,以保证国民经济健康、协调、稳定发展。

(三)政府基本建设投资的方向

从社会固定资产总投资的方向看,政府基本建设投资的方向包括三大部分:①社会公共需要类项目的投资,包括国防、政府行政机构、公检法司部门的设施,科研、教育、文化、卫生部门设施,以及环境保护和其他城市公共设施等。②经济基础类项目投资,包括能源、交通、邮电和通信业、农业、水利、气象设施及高新技术产业等。③竞争类项目的投资,包括制造业、建筑业、流通仓储业、服务业、金融保险业等。

政府财政性投资主要集中在三大领域:①社会基础设施和公用基础设施的投资领域;②经济基础产业投资;③高新技术产业投资以及重点能源和稀缺资源的开发领域。

(四)政府基本建设投资的提供方式

1. 政府直接提供

政府直接提供主要是指由公有实体直接投资基础设施的建设,并直接负责完工后的基础设施的管理和运营。采用这种方式提供的基础设施一般是因为涉及利益主体较多,受益范围较大,工程本身所需资金巨大。因此,这类基础设施往往是涉及一国国计民生的重大的水利、能源工程,如中国的三峡工程、南水北调工程等。

2. 私人或企业提供

私人或企业提供主要是指在能够获得稳定的使用者缴费收入以及商业和政治风险都不高的情况下，私人或企业直接掌握基础设施的所有权和经营权的一种提供方式。那些具有较强的竞争性的和较强的排他性的产品，如电信、电力等可以考虑由私人或企业提供。但是，由于基础设施本身容易产生跨部门的垄断，所以在准许私人部门提供时还要明确规定相应的规章制度，以防出现垄断。例如，我国的地方性公路、桥梁等公共基础设施，目前一般采取"贷款修路，收费还贷"的投资方式。

3. 公私共同提供

公私共同提供主要是指政府和私人部门通过一定的方式决定投资和经营的分配，从而共同提供基础设施的一种方式，常见的形式主要有，BOT（build-operate-transfer，即建设—经营—转让）、TOT（transfer-operate-transfer，即移交—经营—移交）、ABS（asset backed securitization，即资产证券化融资）、PPP（public-private-partnership，即公私合伙）。其中，PPP即公私合作模式，是公共基础设施中的一种项目融资模式。该模式鼓励私营企业、民营资本与政府进行合作，参与公共基础设施的建设，广义的PPP是指政府公共部门与私营部门合作过程中，让非公共部门所掌握的资源参与提供公共产品和服务，从而实现合作各方达到比预期单独行动更为有利的结果。

4. 社区和使用者提供

社区和使用者提供主要是指由社区的使用者集体商议共同提供小型基础设施，并且保证平均和无异议地分享提供服务的收益。

四、财政对农业的投资

（一）财政对农业投资的重要性

1. 农业是国民经济的基础

农业是最典型的基础产业，也是我国作为发展中国家最需要发展的产业。农业对于国民经济发展的重要性具体表现在三个方面：(1)农业生产为我们提供了基本的生存条件，为其他生产活动提供了基础；(2)农业劳动生产率的提高是工业化的起点和基础；(3)稳定农业是使国民经济持续稳定发展的重要因素。

2. 农业部门的特殊性和财政投资的必要性

农业部门是一个特殊的生产部门。一方面，从农产品供应来看，它受气候条件及其他多种条件影响，不仅波动很大，而且具有明显的周期性；另一方面，对农产品的需求却是相对稳定的。由于农业经济发展水平低下，自身财力有限，农业危机很难依靠自身的力量通过市场加以克服，这又进一步地干预国民经济的正常运行。因此，为了稳定农业，并进一步稳定整个农业经济，政府必须广泛介入农业部门的生产和销售活动，将农业部门的发展置于政府的高度关注之下。

（二）财政对农业投入的范围和重点

(1)以立法形式规定财政对农业的投资规模和环节，使农业的财政投入具有相对稳定性。

(2)财政投资范围应有明确界定，主要投资于以水利建设为核心的农业基础设施建设、农业科技推广、农村教育和培训等方面。需要说明的是，政府对农业投入的必要性，并不只在于农业部门自身难以产生足够的积累、生产率较低而难以承受贷款的负担，更重要的是许多农业投资只适于由政府提供。农业固定资产投资，如大江大河的治理、大型水库和各种灌溉工程等，因其投资额大、投资期限长、牵涉面广以及投资以后产生的效益不易分割等特点，投资成本与效益之间的关系并不十分明显，因此，需要政府通过财政手段完成投资。

(3)注重农业科研活动,推动农业技术进步。改造传统农业的关键在于引进新的农业生产要素;新的农业生产要素的形成需要靠农业科研来开发;农业科研成果应用于农业生产,必须经过推广的程序;为了使农户接受和掌握新的生产要素,还需要对农户进行宣传、教育和培训。为完成这一系列的任务,需要投入大量的资金。农业科研具有明显的外部效应,即一项农业科研成果的推出,将会使全部运用这项成果的农户受益,但从事这项科研活动的单位却无法也不可能将这项科研成果所产生的全部收益据为己有。农业科研单位的研究成果所产生的利益是"外溢"的,但科研费用需自己承担,而且在研究过程中可能会产生失败的"风险"。

因此,农业科研、农业科技推广、农户培训教育之类的对农业发展至关重要的农业投资,应由政府来完成。而对于流动资金投资(如购买农药、化肥、农用薄膜、除草剂等)、类似农机具及供农户使用的农业设施等固定资产投资,则适宜于农户自己来承担。

(三)完善财政对农业的投资政策

政府"三农"支出就是政府对农业、农村和农民的支出。广义的政府"三农"支出是政府用于农村建设、农业发展和农民补贴、福利方面的费用总和。狭义的政府"三农"支出指公共财政预算中与"三农"有关的支出。以下取狭义概念进行分析。

目前,国家财政必须进一步提高对"三农"重要性的认识,要进一步明确财政支农支出的范围和重点。将财政支农支出集中用于那些"外部效应"较强、"市场失灵"的领域,诸如农业基础设施建设,大江大河的治理,农业科技的研究开发和推广示范,农业产业化、农业社会化服务体系建设,自然灾害的防御等。国家财政还应采取以下几项财政政策支持农业发展:①多渠道筹集资金,加大对农业的投入;②城市支援农村,工业反哺农业;③改革财政对农业的投资方式。凡主要体现社会效益的农业项目,原则上采取财政无偿拨款支出。对符合国家产业政策,具有示范作用和经济效益显著的农业项目,可采取国家参股、贴息等方式。

政府"三农"支出的改进方略:必须进一步提高对"三农"问题重要性的认识,彻底改变重工轻农的政策思维,实行城乡一元化的统一税制和公共产品供给体制。为此应当采取如下策略:①进一步提高公共财政预算中对"三农"的支出比例;②在优化土地所有权和使用权制度以及提高土地征用补偿水准的前提下,将农民负担的现代"暗税"专款专用;③进行以平等的公民权、平等的物权(包括土地权)、科学的财政分权为目标的改革;④健全财政管理和监督机制。

(四)财政支出与乡村振兴

1. 加大重点领域的财政支持力度,将资金花在刀刃上

在当前面临较大经济下行压力的形势下,可重点围绕普惠性、兜底性、基础性民生建设和基础工作加大投入,牢牢守住保障国家粮食安全和不发生规模性返贫两条底线,助力农民共同富裕。一是财政资金分配重点向巩固脱贫攻坚成果任务重、乡村振兴底子薄的地区倾斜,在过渡期内保持财政支持政策的总体稳定。二是完善农业补贴制度,落实藏粮于地、藏粮于技战略,保障国家粮食安全和重要农产品的有效供给。三是立足当地特色资源,加大产业帮扶力度,引导龙头企业和要素集聚,做优乡村特色产业,推进农业绿色高质量发展。四是改善农村人居环境,继续加强乡村基础设施建设和公共服务发展,推动乡村宜居宜业水平持续提升。

2. 强化"三农"投入保障机制,优化资金配置和使用效率

坚持把农业农村作为财政支出优先保障领域,确保投入总量持续增加,同时,通过挖掘存量、优化增量,做好"盘活"和"撬动"文章。应进一步拓宽财政资金筹集渠道,按政策调整土地出让收入使用范围、建设用地增减挂钩指标所得收益等,提高用于农业农村的投入比例。应在保持合理举债规模基础上,鼓励政府债券更多用于乡村振兴项目。应深入推动涉农资金统筹整合,加强项目间、部门间的资金整合力度,实现"集中财力办大事"。落实结余结转资金清理和统筹使用政策,将存量资

金更多用于乡村振兴重点领域。应通过以奖代补、先建后补、保费补贴、财政贴息等方式,强化财政资金引导作用,提升资金整体效益。

3. 继续加强政策引导、机制创新,鼓励多元主体协同投入

未来乡村振兴投入规模巨大,亟需发挥财政资金撬动作用、创新投融资机制,加快形成财政优先保障、金融重点倾斜、社会积极参与的多元投入格局。首先,继续完善财政奖补和风险补偿机制,激发金融服务"三农"的积极性。尤其应大力支持农村普惠金融发展,完善贷款贴息、担保、保险等机制,支持农民发展生产和就业创业。其次,加快投融资模式创新应用,充分发挥社会资本投资"三农"的市场化、专业化优势。进一步挖掘投资潜力,采取特许经营、公建民营、民办公助等方式投入乡村振兴领域。此外,政府也可进一步创新财政支出方式,采取资本金注入、投资补助、贷款贴息、投资基金等方式引导社会资金投入。

【同步案例4-3】 财政解决"三农"的积极意义

某年度中央农村工作会议指出,中央支农投入力度将进一步加大,财政支出重点是支持农田水利基础设施建设;健全粮食主产区利益补偿机制和奖励政策;支持实施重大农业科技工程,提高主要农产品单产水平;扎实开展村级公益事业建设一事一议财政奖补,加强对已建成项目的后续管护。通过完善一系列强农惠农富农财税政策,积极拓展农民的增收渠道,进一步巩固农业的基础地位,促进现代农业发展,增加农产品有效供应。

课堂讨论:结合材料,运用财政的相关知识,分析财政对解决"三农"(农民、农业、农村)问题的积极意义。

▶ 应知考核

一、单项选择题

1. 下列履行职能所需经费不属于行政管理支出的部门是( )。
   A. 政府各级权力机关   B. 行政管理机关
   C. 司法检察机关   D. 企业的人力资源部门
2. 农村义务教育的资金筹集的主要承担者是( )。
   A. 农民个人   B. 国家财政   C. 银行贷款   D. 社会集资
3. 科教文卫支出属于( )。
   A. 社会消费性支出 B. 积累性支出   C. 转移性支出   D. 生产性支出
4. 社会消费性支出不包括( )。
   A. 行政管理费   B. 国防费
   C. 文教、科学、卫生事业费   D. 基础设施投资
5. 下列项目中不应属于政府财政投资范围的是( )。
   A. 京沪高铁   B. 南水北调   C. 三峡工程   D. 家用小汽车

二、多项选择题

1. 行政管理支出包括( )。
   A. 行政管理费   B. 公检法经费
   C. 武装警察部队经费   D. 外交支出
2. 中国的国防支出包括( )等用于国防建设和国家安全的支出。

A. 军费 B. 国防科研事业费
C. 民兵建设 D. 国防工程支出
3. 下列项目属于社会消费性支出的有（　　）。
A. 财政部对西部大开发的资金支持
B. 国防科工委对西安卫星测控中心行政运行的资金拨款
C. 国家药品监督管理局对联合利华所生产的立顿红茶投放市场后的食品安全检测所发生的费用支出
D. 国家发改委为长江三峡工程的某项技术论证所提供的资金支持
4. 政府投资的特点有（　　）。
A. 公共性 B. 基础性 C. 开发性 D. 战略性
5. 行政支出包括（　　）。
A. 党政机关经费 B. 行政业务费 C. 干部训练费 D. 装备费

三、判断题

1. 社会消费性支出是生产性的消耗支出。（　　）
2. 政府的投资性支出结果往往形成各种经营性的国有资产。（　　）
3. 社会消费性支出属于非生产的消耗性支出。（　　）
4. 国防支出属于社会消费性支出，是生产性支出。（　　）
5. 科教文卫等事业单位是非物质生产部门，其支出是生产性支出。（　　）

四、简述题

1. 简述购买性支出的概念与特点。
2. 简述影响行政管理支出的因素。
3. 简述政府投资性支出的概念和特点。
4. 简述政府基本建设投资的提供方式。
5. 简述完善财政对农业的投资政策。

应会考核

■ 观念应用
【背景资料】

财政支出加大民生和社会事业支持

近期召开的中央经济工作会议强调，要继续实施积极的财政政策和稳健的货币政策，加大对民生领域和社会事业的支持力度，增加对"三农"、科技、教育、卫生、文化、社会保障、保障性住房、节能环保、中小企业、居民消费、欠发达地区经济发展等方面的支持力度，保证国民经济平稳、较快地发展，避免出现大起大落。

【考核要求】
(1) 上述材料体现了财政支出的哪几种形式？
(2) 结合材料，说明财政发挥了怎样的作用。

■ 技能应用

财政增加教育支出的现实意义

2022年,我国基础教育财政性教育经费达3.2万亿元,比2015年增加1.3万亿元,年均增长7.7%。"十三五"以来,基础教育各学段财政总投入和生均支出逐年只增不减,为推动基础教育优质均衡发展提供有力支撑。

作为国民教育体系的根基,基础教育的公共需求属性和主要特征,决定了政府的责任主体地位,始终是国家教育财政投入的重中之重。"十三五"以来,在中央与地方的共同努力下,基础教育领域财政投入逐年增加。学前教育、义务教育、普通高中生均一般公共预算教育经费比2015年分别增长91%、33%、53%,生均投入水平大幅提高,有力支持了基础教育快速发展。

党的二十大报告明确提出"加快建设教育强国"。习近平总书记强调指出:建设教育强国,基点在基础教育。基础教育搞得越扎实,教育强国步伐就越稳、后劲就越足。基础教育是民族振兴的基业、国家富强的基石和共同富裕的基础。建设教育强国,基础教育必须谋求战略之道和变革之道。

中共中央办公厅、国务院办公厅印发了《关于构建优质均衡的基本公共教育服务体系的意见》,明确提出,基本公共教育服务体系包含三方面内容:一是保障义务教育,要实现"优质均衡";二是保障各级各类教育的学生资助,要实现"应助尽助";三是保障面向青少年学生的卫生健康、文化体育、就业创业等其他基本公共服务,要实现"应保尽保"。与此同时,教育部、国家发改委、财政部联合印发了《关于实施新时代基础教育扩优提质行动计划的意见》,其中主要目标是,到2027年,学前教育优质普惠、义务教育优质均衡、普通高中优质特色、特殊教育优质融合发展的格局基本形成。

【技能要求】

请分析说明国家财政不断增加教育支出的意义。

■ 案例分析

【案例情境】

习近平总书记关于"三农"工作的重要论述

"三农"支出是指财政对农业、农村、农民投入的总和。财政资金是推进乡村振兴的重要"粮草军需"。2023年中央一号文件强调,"坚持把农业农村作为一般公共预算优先保障领域,压实地方政府投入责任"。预算报告也明确,"加强乡村振兴投入保障,着力推进城乡融合和区域协调发展"。在乡村振兴过程中,财政依然发挥着主要支撑作用,有力保障国家粮食安全和重要农产品稳产保供,巩固拓展脱贫攻坚成果。

2020年是全面建成小康社会标志之年,主要看脱贫攻坚成果,看农民分享现代化的基础设施和公共服务,看农民丰产丰收。要深化农业供给侧结构性改革,推进农业高质量发展,进一步做好2020年"三农"领域重点工作,推进"三农"领域的治理体系治理能力现代化。农业高质量发展是经济高质量发展的重要内容,推进农业高质量发展必须有高质量的政策支持体系作为有力支撑。为此,必须强化支持导向,聚焦关键领域和薄弱环节,创新支持方式,加快补短板、强弱项、育优势、激活力、防风险,实现"六稳""六保"[①]。

2021年9月14日,习近平总书记在陕西榆林市绥德县张家砭镇郝家桥村考察时指出:"让乡亲们过好光景,是我们党始终不渝的初心使命,共产党就要把这件事情干好,不断交上好答卷。全

[①] 六稳指的是稳就业、稳金融、稳外贸、稳外资、稳投资、稳预期工作。"六保"分别是保居民就业、保基本民生、保市场主体、保粮食能源安全、保产业链供应链稳定、保基层运转。"六稳""六保"之间不孤立,两者彼此联系。中央首次提出"六稳"是在2018年7月,当时,中美贸易摩擦加剧,外部环境发生明显变化,经济运行稳中有变、稳中有忧。中央审时度势,未雨绸缪,旗帜鲜明提出"要做好稳就业、稳金融、稳外贸、稳外资、稳投资、稳预期工作",把"六稳"作为实现中国经济稳中求进的基本要求。在"六稳"发力下,我国经济经受住了外部环境变化的冲击,保持了平稳健康发展。鉴于此,中央及时作出新的安排,在扎实做好"六稳"的基础上,提出了"六保"的新任务。

党全国全社会都要大力弘扬脱贫攻坚精神,奋发图强、自力更生,不断夺取全面建设社会主义现代化国家新的更大胜利。"习近平总书记关于"三农"工作的重要论述,立意高远、内涵丰富、思想深刻,对于做好新时代的"三农"工作,举全党全社会之力推动乡村振兴,促进农业高质高效、乡村宜居宜业、农民富裕富足,书写中华民族伟大复兴的"三农"新篇章,具有十分重要的指导意义。

2023年是贯彻党的二十大精神的开局之年,也是加快建设农业强国的起步之年,确保粮食和重要农产品稳定安全供给具有特殊重要意义。中央明确,2023年要从供给端和流通渠道发力,扩大绿色有机、地理标志和名特优新农产品生产,着力改善农村消费硬设施、优化软环境,扩大电子商务和物流快递的农村覆盖率,让农产品"上行通畅"、工业品"下沉顺畅";要扎实推进乡村建设行动,继续加强高标准农田建设,大力发展现代设施农业,布局建设一批产地仓储保鲜设施、冷链集配中心和大型冷链物流基地,持续改善农村水电路气房等条件,优先建设既方便生活又促进生产的项目;要指导各地强龙头、补链条、兴业态、树品牌,壮大农产品加工流通业,推进农文旅融合,大力发展农村电商,加快现代农业园区建设。

【分析要求】
(1)分析财政必须介入"三农"的理由。
(2)分析我国财政支持"三农"的基本政策和财政采取的主要措施。
(3)中央的"三农"举措将如何助力稳增长扩内需、畅通工农城乡循环。

项目实训

【实训内容】

政府财政投资兴建地铁,财政政策应如何发力

材料一:交通拥堵是目前的城市化问题最为突出的矛盾点之一。如今大量二三线城市开建城市轨道交通,这不仅能够缓解交通压力,而且能够在噪音、用地等方面带来很大的改善,但也增加了地方政府的财政负担。为破解济南地铁的供需矛盾,在加快推进济南轨道交通项目建设中,形成了"济南地铁PPP"模式(public-private-partnership)。PPP模式,是指政府与私人组织之间,为了提供某种公共物品和服务,以特许权协议为基础,彼此之间形成一种伙伴式的合作关系。

在该模式下,济南市、重庆市政府通过市场化手段,引入某公司负责二期规划路线的一部分投资和后期运营。这种模式为加大地铁建设力度提供了新思路,既拓宽了民间资本的投资领域,也使政府从地铁投资者和间接经营者转变为部分投资者和监管者。

材料二:面对国内外风险挑战明显上升的复杂局面,党中央做出"积极的财政政策要更加积极有为"的决策。2024年财政支出总规模会在2023年28万亿元基础上有所增加,以体现财政适度加力。维持这一支出力度,一方面需要税收等收入来支撑,另一方面就需要通过调入资金等手段,以及通过政府举债来弥补收支缺口。2024年政府工作报告中指出,2024年财政赤字率拟按3%安排。2024年积极财政政策适度加力还体现在,加大均衡性转移支付力度,兜牢基层"三保(保基本民生、保工资、保运转)"底线;优化调整税费政策,提高精准性和针对性。同时,大力优化财政支出结构,基本民生支出只增不减,重点领域支出切实保障,一般性支出坚决压减。各级政府必须真正过紧日子,要大力提质增效,各项支出务必精打细算,一定要把每一笔钱都用在刀刃上、紧要处,一定要让市场主体和人民群众有真真切切的感受。

【实训目标】

培养学生发现问题、分析问题、解决问题的能力,培养理论与实际应用能力。运用所学的财政知识,结合材料一,说明传统上由政府财政投资兴建地铁,现在为什么要通过市场化引入民间资本。

结合材料二,从财政收入与财政支出的角度,说明当前积极的财政政策应如何更好发力。

【实训组织】

将学生分成若干组,每组 7 人,每组设组长 1 名,组长负责组织本组成员进行实训,由组长将调查结果写成书面报告,并总结。(注意:教师提出活动前的准备和注意事项。)

【实训成果】

(1)以学习小组为单位 PPT 展示撰写分析报告。

(2)评分采用学生和教师共同评价的方式,填写实训报告。

《初识资产评估》实训报告		
项目实训班级:	项目小组:	项目组成员:
实训时间:　　年　　月　　日	实训地点:	实训成绩:
实训目的:		
实训步骤:		
实训结果:		
实训感言:		

项目五　转移性支出

● **知识目标**

　　理解：转移性支出的概念、特点、影响；财政补贴的概念、特征、功能、分类。
　　熟知：社会保障支出；社会保障基金的来源与筹集模式；财政补贴的经济效应。
　　掌握：社会保障制度模式；财政补贴的内容及正负效应；财政补贴的必要性和效用；税式支出理论。

● **技能目标**

　　能够掌握转移性支出的基本知识、基本原理；能够辨析购买性支出和转移性支出的区别；能够运用本项目的知识分析现实中转移性支出存在的问题。

● **素质目标**

　　运用所学的转移性支出知识研究相关案例，培养和提高学生在特定业务情境中分析问题与决策设计的能力；结合行业规范或标准，强化学生的职业道德素质。

● **思政目标**

　　能够正确地理解"不忘初心"的核心要义和精神实质；树立正确的世界观、人生观和价值观，做到学思用贯通、知信行统一；通过转移性支出知识培养自己发现问题、分析问题和解决问题的能力，同时要领悟国家转移性支出的实质，深刻地理解宏观经济运行的基本手段，明确转移性支出带给我们的利益，我们要以一种大爱的精神风貌回馈国家，回报社会给予我们的这种无私的贡献。

● **项目引例**

城市最低生活保障

　　家住南宁的一名铁路职工全家五口人，老母亲没有收入，妻子失业，大儿子残疾，女儿尚在读书。该家庭的生活较为艰难。社区居委会了解情况后，为其办理了低保手续。按照南宁市当年每人每月230元的低保标准，每月他家可以领到300多元的低保金，生活困境得到了初步缓解。近十年来，国家为类似这名铁路职工的低收入家庭建立起了较为完善的社会保障制度，为广大城乡居民撑起了一张温暖、可靠的安全网。

资料来源：李贺主编：《财政学》（第2版），2019年版，第86页。

引例反思：
(1) 从公共产品角度分析国家为什么要提供社会保障。
(2) 从公平与效率角度讨论国家将失业应届大中专毕业生纳入社会保障范围的意义，请查阅相关政策信息，具体分析如何帮助他们效果更好。

● 知识精讲

任务一　转移性支出概述

一、转移性支出的概念

转移性支出（transfer expenditure），是指政府无偿向居民和企业、事业以及其他单位供给财政资金，是政府按照一定方式，把一部分财政资金无偿地、单方面转移给居民和其他受益者的支出。转移性支出主要由社会保障支出和财政补贴支出构成。其中，社会保障支出包括那些与相对价格结构基本没有联系或联系不密切，因而其变动也不影响相对价格结构的补助支出；财政补贴支出包括那些与相对价格结构关系密切，因而其变动将引致相对价格结构发生相应变化的补助支出。

【提示】政府之所以提供转移性财政支出，主要是为了促进社会公平。简而言之，转移性支出主要包括政府发放的养老金、各种补贴（如失业救济金、家庭津贴、食品补助等）、捐赠支出、债务利息支出等。

二、转移性支出的特点

（一）实现主体与支出主体相分离

购买性支出是政府自身直接实现的支出，因而其实现主体与支出主体均为政府。转移性支出则是政府为实现特定目的，对居民、企业和其他受益者所做的资金单方面转移，其形成的支出不由政府及其职能部门直接完成购买，而是转移给非政府主体由它们实现购买。

（二）现金支出与商品、劳务购入不对应

虽然购买性支出具体支出的用途有所不同，但都是财政一手付出了资金，另一手相应购得了商品与劳务，并运用这些商品和劳务满足国家实现其职能的需要。转移性支出就政府而言是无偿的，是政府的单方面支出，无相应的回报，在这里不存在任何等价交换的问题。

（三）实现的是政府调节性目标

购买性支出和转移性支出在财政支出中具有不同的性质和经济意义。购买性支出是政府的直接支出，它是公共收入向公共支出的直接转化，支出形成的是公共产品和服务，其实现的是资源优化配置、收入公平分配、经济稳定增长和国际收支平衡的政府宏观调控目标，因而是主导性的财政支出。转移性支出则是政府收入向非政府主体的转移，即公共收入向私人支出的转移，其实现的主要是政府的调节性目标。

（四）资源在社会成员之间的再分配

购买性支出是以政府为购买主体直接与商品和劳务相交换，形成的是社会资源在政府各部门之间的再分配。转移性支出只是资源在社会成员之间的再分配，并不反映政府部门占用资源的要求，政府在这里只充当中介人的作用。

三、转移性支出的影响

(一)政府的转移性支出对收入分配的影响

政府的转移性支出是通过税收和支出把国民经济中的一部分企业和个人的收入转移给另一部分企业和个人。其实质是在国民收入已经完成了初次分配的基础上进行的再分配。

(1)以个人或家庭为对象的转移性支出,如对居民的生活补贴,其资金来源于企业和高收入人群在国民收入初次分配中缴纳的税收;而其支出的对象是特定的,主要限于那些收入低于维持正常生活标准水平的居民。因此,通过转移性支出这一渠道,国民收入的分配格局会发生有利于享受居民生活补贴的个人或家庭收入的变化。

(2)以企业为对象的转移性支出,如企业生产补贴,也是通过征税和转移性支出过程,使国民收入中的一部分由纳税人的手中转移到享受补贴的厂商手中,从而引致纳税人和享受补贴的厂商在国民收入分配中所占份额的相应变化。显然,这种转移性支出有效地缩小了收入分配差距,有利于社会稳定。

(二)政府转移性支出对流通领域的影响

政府转移性支出对流通领域的影响,主要是通过对社会总需求构成中的私人消费需求和私人投资需求的作用来实现的。

政府的转移性支出主要由养老金、补贴、债务利息和失业救济金等方面的支出所构成,这些支出的结果是政府的一部分财政资金无偿地转移到非政府部门手中。

(1)如果转移性支出的对象是个人或家庭,那么这些支出会直接增加为个人或家庭的可支配收入,从而以这些个人或家庭的边际消费倾向的大小而形成私人消费需求。

(2)如果转移性支出的对象是厂商,那么这些支出会直接转化为厂商的可支配收入。其中部分有可能形成厂商的私人投资支出,另一部分则通过增加资本和劳动力的报酬的途径而转化为个人或家庭的可支配收入,从而进一步形成私人消费需求。这就是说,政府转移性支出的相当部分会通过各种途径直接或间接地转化为私人消费支出和私人投资支出,形成社会总需求,制约社会总供给和总需求的平衡。

(三)政府转移性支出对生产领域的影响

政府转移性支出对生产的影响因支出对象不同而有所不同。

(1)如果转移性支出的对象是个人或家庭,如居民生活补贴,对生产的影响就是间接的。它是通过受补贴居民,将其受领的补贴用于购买物品或服务后得以实现的。享受补贴的居民大多属于低收入阶层,他们所购买的一般是大众消费品或服务。当他们领到补贴金时,就形成一定数量的货币购买力,从而增加对大众消费品的需求,并促使这类物品或服务的产量相应地增加。也就是说,随着居民生活补贴规模的变动,大众消费品或服务的生产规模随之扩张或收缩。

(2)如果转移性支出的对象是企业,如企业生产补贴,对生产的影响就是直接的。政府向厂商发放补贴的目的就是保障其所得利润不低于应有的水平,以鼓励企业对利润较低或风险较大的行业进行投资,或者使亏损企业得以维持其原有的生产规模,继续经营。因此,财政对一些在国民经济中占重要地位的企业给予补贴,帮助其克服生产经营中的困难,可以在促进生产发展或遏制生产规模萎缩方面发挥重要作用。

四、购买性支出和转移性支出的区别

(一)对社会的生产和就业、国民收入分配的影响不同

购买性支出是通过支出使政府掌握的资金与微观经济主体提供的货物和劳务相交换,政府直

接以货物和劳务的购买者身份出现在市场上,因而对社会的生产和就业有直接的影响,但对国民收入分配的影响是间接的。转移性支出是通过支出使政府掌握的资金转移到接受者手中,它只是资金使用权的转移,对国民收入分配产生直接影响。个人与微观经济组织获得这笔资金以后,究竟是否用于购买货物和劳务以及购买何种货物和劳务,这已脱离了政府的控制,因此它对生产和就业的影响是间接的。

(二)对政府的效益约束不同

在安排购买性支出时,政府必须遵循等价交换的原则,因此,通过购买性支出体现出的财政分配活动对政府形成较强的效益约束。在安排转移性支出时,政府并没有什么原则可以遵循,其支出规模与结构在相当大的程度上只能根据政府与企业、中央政府与地方政府的协商而定,因此,转移性支出体现出的财政分配活动对政府的效益约束是较弱的。

(三)对微观经济主体的预算约束不同

微观经济主体在同政府的购买性支出发生联系时,也必须遵循等价交换的原则。对向政府提供商品的企业来说,它们收益的大小,唯一地取决于其销售收入同生产成本的对比关系;对向政府提供劳务的人们来说,他们收入的高低,也只取决于市场上劳务的供求状况以及全社会的劳务收入水平。因此,购买性支出对微观经济主体的预算约束是硬的。微观经济主体在同政府的转移性支出发生联系时,并无交换发生,因而,对可以得到政府的转移性支出的微观经济主体来说,它们收入的高低,在很大程度上并不取决于其能力与主观努力的结果,而取决于其经济状况及同政府讨价还价的能力。显然,转移性支出对微观经济主体的预算约束是软的。

(四)执行财政职能的侧重点不同

由于购买性支出与转移性支出对生产和就业、对国民收入分配的影响不同,因此,各自在财政总支出中比重的大小决定了财政职能的实现程度。以购买性支出占较大比重的支出结构的财政活动,执行资源配置的职能较强;以转移性支出占较大比重的支出结构的财政活动,则执行国民收入分配的职能较强。受经济发展水平等条件的影响,在发达国家和发展中国家以及在同一国家的不同发展时期,这两种支出所占比重有明显差别。

任务二 社会保障支出

一、社会保障概述

(一)社会保障的概念

社会保障,是指政府财政对丧失劳动能力、失业及遇到其他事故发生经济困难的公民提供的基本生活保障。社会保障支出(social security contribution)则是为实施社会保障制度而发生的财政支出,是指用于社会保障制度的运作,为居民的最低生活水准提供保障的一种支出形式。它是调节分配关系、减缓收入和财产差距、保障社会公平、维护社会安定的一种手段。社会保障是保障和改善民生、维护社会公平、增进人民福祉的基本制度保障。社会保障就内容上看由两大部分组成:社会保险和社会福利。

所谓社会保险,是指国家对劳动者在其退休、生病、伤残等丧失或部分丧失劳动能力时,以及在失业时给予货币或实物补助的活动。这是现代社会保障活动的核心内容。

所谓社会福利,是指国家通过货币或实物形式,向生活有困难的或处于某些特定情况的公民提供补助的活动。

【提示】社会保险有养老保险、失业保险、医疗保险、工伤保险、女工生育保险等;社会福利有社会抚恤、社会救济等。

(二)社会保障的特征

社会保障作为一种经济保障形式,具有以下几个基本特征:

1. 覆盖面的社会广泛性

社会保障的实施主体是国家,目的是满足全体社会成员的基本生活需要,因此社会保障的受益范围是广泛的,保障的辐射角度也是全方位的。完整的社会保障体系犹如一张安全网,应覆盖社会经济生活的各个层次、各个方面。从原则和道义上讲,任何一个社会成员都不应被排斥或遗漏在这张安全网之外。

2. 参与上的强制性

虽然社会保障事业惠及每一位社会成员,但每个人对社会保障的需求程度和社会保障对不同个人所产生的边际效用高低却各不一样,甚至有很大差别。这样,在经过付出与收益之间的比较权衡之后,一些社会成员可能会宁愿选择不参与社会保障,这显然不利于社会整体利益。因此,此时的强制参与就是必要的,并且应以法律形式加以确定。

3. 制度上的立法性

社会保障作为政府的社会政策,在为全体社会成员提供保障的同时,也要求全社会共同承担风险,这就牵扯到社会的各个方面,涉及各种社会关系。为了使社会保障具有权威性,正确地调整各阶层、群体以及个人的社会保障利益关系,就必须把国家、集体(雇主)、个人(雇员)在社会保障活动中所发生的各种社会关系用法律形式固定下来。

4. 受益程度的约束性

社会保障只涉及基本生存方面的风险,它所直接带来的不是享受,而只是满足基本生活保障的需要。受益程度的约束性是由社会保障存在的前提和基本出发点决定的。由于社会保障的项目、水平及制度的健全与否都受到社会化大生产发展程度的制约,因此,如果过多过滥的保障项目或受益水平过高则会影响效率,也影响社会成员的劳动积极性,从而不利于公平地兼顾及为社会成员创造相对平等的机会。

(三)社会保障支出的内容

1. 社会保险

社会保险是指政府财政在劳动者年老退休、生病、伤残等丧失劳动能力时,以及在失业时给予货币或实物补助所发生的支出。社会保险是最基本的社会保障项目,是现代社会保障制度的核心内容,也是覆盖面最广的。社会保险主要包括养老保险、失业保险、医疗保险、工伤保险和生育保险等项目。

(1)养老保险

养老保险是国家和社会根据一定的法律和法规,为解决劳动者在达到国家规定的解除劳动义务的劳动年龄界限,或因年老丧失劳动能力退出劳动岗位后的基本生活而建立的一种社会保险制度。其目的是为保障老年人的基本生活需求,为其提供稳定可靠的生活来源。它是世界各国较普遍实行的一种社会保障制度。它一般具有以下特点:①由国家立法,强制实行,企业单位和个人都必须参加,符合养老条件的人,可向社会保险部门领取养老金;②养老保险费用来源,一般由国家、单位和个人三方或单位和个人双方共同负担,并实现广泛的社会互济;③养老保险具有社会性,影响很大,享受人多且时间较长,费用支出庞大。因此,必须设置专门机构,实行现代化、专业化、社会化的统一规划和管理。

选择一个适合我国国情的养老保险基金筹集模式是非常有必要的。从目前的改革来看,根据我国的国情,逐步建立起基本养老保险、企业补充养老保险和个人储蓄性养老保险相结合的多层次养老保险体系,由过去那种现收现付制改变为基金积累制,保险基金由国家、企业和个人三方共同负担,实行社会保险统筹与个人账户结合的模式。

2020年之前基本实现对农村适龄居民的全覆盖。新农保基金由个人缴费、集体补助、政府补贴构成。这一改革意义重大:一是使养老保险基本实现全国人口全覆盖;二是实现了养老保险的城乡公平,迈出了社会保障服务基本均等化的可喜步伐;三是保障了农民的基本生存权;四是健全了农村社会保障内容,确保了农村稳定,为构建和谐社会提供了坚实基础。

(2)失业保险

失业是市场经济条件下的一种正常现象,但失业对社会的冲击非常大,如果不加以妥善解决,就可能引发社会问题,进而影响经济和社会的健康发展。在市场机制无法从根本上解决失业问题的情况下,只能通过失业保险制度方式来解决失业人口的基本生活。

失业保险制度是指国家通过立法强制实行,由社会集中建立基金,对非因本人意愿中断就业而失去工资收入的劳动者提供一定时期物质帮助及再就业服务的制度,是社会保障体系的重要组成部分。其目的是维持失业人员及其家属的基本生活,保护劳动力的正常发育以及为其早日重新再就业提供必要的条件和机会。它被形象地称为社会的"安全网""减震器"。

(3)医疗保险

医疗保险就是人们生病或受到伤害后,由国家或社会给予的一种物质帮助,即提供医疗服务或经济补偿的一种社会保障制度。2019年11月,国家医保局启动全国医保电子凭证系统,先在河北、吉林、黑龙江、上海、福建、山东、广东等地部分城市试点。《2023年国民经济和社会发展统计公报》显示,截至2023年底,全国基本医疗保险参保人数133 387万人,参保率稳定在95%以上。

(4)生育保险

生育保险是通过国家立法规定,在劳动者因生育子女而导致劳动力暂时中断时,由国家和社会及时给予物质帮助的一项社会保险制度。我国生育保险待遇主要包括两项:一是生育津贴,用于保障女职工产假期间的基本生活需要;二是生育医疗待遇,用于保障女职工怀孕、分娩期间以及职工实施节育手术时的基本医疗保健需要。

(5)工伤保险

工伤保险是社会保险制度中的重要组成部分。它是指国家和社会为在生产、工作中遭受事故伤害和患职业性疾病的劳动者及其亲属提供医疗救治、生活保障、经济补偿、医疗和职业康复等物质帮助的一种社会保障制度。

2. 社会救济

社会救济是指公民在其收入低于贫困线或因自然灾害发生其他不幸事故导致生活困难时,国家和社会按照法定的标准向其提供满足最低生活需求的一种帮助。社会救济是最早出现的社会保障项目。通过社会救济可使无生活来源的人、遭受自然灾害生活一时困难的人、生活在最低标准以下的人等获得最起码的生活保障。社会救济主要是作为社会保险的补充形式,解决一些社会保险不能解决的社会问题。社会救济的资金来源是通过财政预算拨款,或通过税收减免进行的间接补助,另外还有部分彩票公益金和一定数量的民间捐赠。

社会救济项目一般包括自然灾害救济、失业救济、孤寡病残救济和城乡困难户救济等。例如,我国目前的自然灾害救济、扶贫救济、"农村五保户"救济、城镇居民最低生活保障制度等,美国、英国、丹麦等发达国家给予"贫困线"以下的家庭和个人的救济等。

3. 社会福利

社会福利是指由国家和社会为立法或政策范围内的所有公民普遍提供旨在保证一定的生活水平和尽可能提高生活质量的资金与服务的一种社会保障形式,表现为国家和社会提供的各种福利设施、社会服务以及举办的各种社会福利事业,不带任何前提条件地提供给每一位符合规定的公民。其目的是改善公民生活,提高公民的生活质量。

4. 社会优抚

社会优抚是国家和社会按照规定对法定的优抚对象提供确保一定生活水平的资金和服务的带有褒扬和优待抚恤的特殊的社会保障项目。它属于社会保障的特殊构成部分。在中国,优抚安置的对象包括现役军人、退伍、复员、转业军人,军队离休、退休干部,现役军人家庭,烈士家庭,牺牲、病故军人家属,革命伤残军人和其他特殊对象。资金来源于国家财政拨款。

(四)社会保障的功能

1. 社会性功能

(1)社会补偿功能。社会保障的补偿功能主要体现在社会救济和社会保险两个方面。社会救济的目的在于保障最低生活水平,具有鲜明的扶贫特征。社会保险的直接功能就是对劳动者在其生命周期遇到各种失去收入的风险后进行的一种补偿,以保证其基本生活需要。虽然社会保险仍是一种对事故发生后的补救手段,但它也是一种事前的预防措施,并能有效地将这种风险分散。

(2)社会稳定功能。社会保障作为一种社会安全体系具有稳定社会生活的功能。众所周知,导致社会不安定的因素很多,其中,社会成员的生存无保障是重要因素之一。社会保障通过保证劳动者乃至全体国民的基本生活问题,从而实现整个社会乃至统治秩序的稳定。因此,世界各国都把它视为社会震动的"减震器"和"安全网",给予高度的重视。

(3)社会公平功能。社会保障的公平功能是指社会保障通过其资金的筹集和待遇的给付,把一部分高收入的社会成员的收入转移到另一部分生活陷入困境的社会成员手中,达到促进社会公平的目标。

2. 经济性功能

(1)调节投融资功能。社会保障的资金是直接来自保险费、财政负担以及资金运用增值的收入,具有较高的稳定性。经过几十年的积累,社会保障基金在许多国家的财政运用上,作用已不可忽视。比如,庞大的养老金基金都正在被广泛地运用,在财政投融资上发挥了重要的作用,这虽然是从增值保障基金考虑的行动,但客观上已成为这些国家调节投资的一大支柱。

(2)平衡需求功能。社会保障通常还被称为调节经济的"蓄水池",具有非常有效的平衡需求的作用。当经济衰退而失业人员增加时,由于失业补助给付和社会救济抑制了个人收入减少的趋势,给失去职业和生活困难的人们以购买力,从而具有唤起有效需求的效果,一定程度上促进了经济复苏。当经济高涨、失业率下降时,社会保障支出相应地缩减,社会保障基金规模因此增大,减少了社会需求急剧膨胀,最终又使社会的总需求与总供给达到平衡。可见,社会保障支出自动地随着国民经济运行变化情况呈现出反方向的增减变动,这就是社会保障支出"内在稳定器"的功能。

(3)收入再分配功能。社会保障对低收入阶层给予生活所需要的给付,或者在老年、失业、伤病、残废等情况发生时,实施必要的收入给付,结果对市场经济活动所造成的收入分配不公平进行了再分配。可以说,这是社会保障的最主要功能。社会保障对收入再分配有垂直性再分配和水平性再分配两种方式。前者是进行从高收入向低收入阶层的收入转移,后者是在劳动时与非劳动时、健康正常时与伤残时之间进行的所得转移。社会保障正是通过上述两种再分配手段来实现对收入的再调节,以尽量缩小贫富差距,缓和社会矛盾。

(4)保护和配置劳动力的功能。在市场经济条件下,社会保障是保护劳动力再生产和促进劳动力合理流动及有效配置的重要制度之一。一方面,在市场竞争中,受优胜劣汰规律的支配,必然造成部分劳动者退出劳动力市场,这部分劳动者及其家属因失去收入而陷入生存危机,社会保障通过提供各种帮助而使这部分社会成员维持基本生活需要,从而保护劳动力的生产和再生产。另一方面,通过建立全社会统一的社会保障网络,打破了靠血缘维持的家庭保障格局,超越了企业保障的局限,劳动者在变换工作和迁徙时无后顾之忧,从而促进了劳动力的合理流动,实现劳动力要素的有效配置。

(五)社会保障的重要意义

第一,社会保障可以有效地防范和应对社会风险。由于社会资源分配结构的不完善、市场经济的风险、个人能力的差异等诸多因素的存在,社会成员不可避免地会遇到各种各样的生存与发展方面的风险。社会保障可以确保每一个社会成员有一个合理的基本生活水平,以有效地应对社会风险。

第二,社会保障可以有效地增强社会的团结与合作。作为个体的人是难以生存和发展的,人们只有在社会合作中,方能得到较好的生存和发展。每一个社会成员都应当对社会负有一定的责任。同样,社会对于每一位社会成员也负有不可推卸的责任和义务,特别是对于处在困难状态的社会成员有责任和义务予以必要的帮助,使之共享由社会发展所带来的益处。

第三,社会保障可以有效地激发社会活力。对一个社会来说,社会成员潜能开发得如何,将直接影响着这个社会的持续性发展的动力,同时也事关这个社会发展的整体质量。通过社会保障,可使每一个社会成员具备正常的发展能力,使其发展潜能得到普遍的开发。

第四,社会保障可以有效地保证社会成员未来生存与发展的基本水准。从某种意义上讲,社会保障是一种预先的制度准备与安排。它不仅可以有效地解决处境不利的社会成员当前的困难,而且可以有效地增强社会成员解决未来困难的能力。因此,社会保障对于保持与促进长远的社会和谐,具有不可忽视的重要意义。

二、社会保障基金的来源与筹集模式

对于政府举办的社会保障,其资金来源在世界各国并不完全相同,筹集方式各有选择。

(一)社会保障基金的来源

对于社会保障基金的来源,世界上大多数国家或地区实行由国家、企业和个人三方负担的办法,或者依据具体情况,由这三种来源的不同组合构成。

(1)国家财政负担是指国家在财政预算中安排一部分资金,用于社会保障事业方面的开支,这是社会保障基金中重要的、稳定的来源。由于财政负担来自一般税收,一些国家还征收社会保障税,从而使财政负担与税收关系更直接,体现了人人负担的特点。作为政府的社会义务,财政负担社会保障资金是政府职能的重要体现,它对稳定社会保障给付和弥补赤字等的作用是明显的。

(2)企业(雇主)缴纳社会保障费是社会保障基金的又一重要来源。劳动者为某一企业提供了劳动力,创造了相当的社会财富,为所供职的企业单位也提供了相应的成果,而雇用劳动者的企业单位有义务为其缴纳社会保障费,这些费用可以列入企业的经营成本。

(3)个人负担一部分社会保障(特别是社会保险)费是必要的。它可以有助于减少个人收入之间的差距,收入高的人多交一些,收入低的人少交一些,发挥了社会保障的调节作用。个人负担,也可以促使人们关心社会保障事业,减轻国家和企业的负担。

(二)社会保障基金的筹集模式

1. 现收现付式

这是一种以近期横向收付平衡原则为指导的基金筹集模式。这种模式要求先做出一年(至多几年)内某项社会保障措施所需要的费用的测算,然后按一定比例分摊到参加该保障措施的所有单位和个人,当年的基金收入仅用于涉足当年支出的需要。

2. 完全基金式

这是一种以远期纵向收付平衡原则为指导的筹集模式。这种模式要求在对未来较长时间的宏观预测的基础上预计保障对象在保障期内所需享受保障待遇的总量,据此按照一定的比例将其分摊到保障对象的整个投保期间。这种方式的主要特点是在初期收费率高,筹资见效快,之后在较长的时期内收费率保持相对稳定,收大于支的部分形成储备基金,需要通过具有较高回报率的投资予以保值。

3. 部分基金式

这是一种把近期横向收付平衡原则与远期纵向收付平衡原则相结合作为指导的筹资模式,即在满足现时一定支出需要的前提下,留出一定的储备以适应未来的支出需求。这种模式一旦确定,几年不变,过几年调整一次,而收大于支的部分,通过投资取得回报。其特点是初期收费率较低,以后逐步提高,保持相对稳定。

三、社会保障基本模式

现阶段,世界各国的社会保障制度大致可以分为四种基本模式:福利型社会保障制度、保障型社会保障制度、国家保险型社会保障制度、储蓄型社会保障制度。

(一)福利型社会保障制度

这种模式按照"普遍性"原则,实行"收入均等化、就业充分化、福利普遍化、福利设施体系化"及包括"从摇篮到坟墓"的各种生活需要在内的社会保障制度。这一制度按统一标准缴费、统一标准给付,社会保障支出由国家税收解决,以政府负责、全民高福利为特征。瑞典、英国、法国、丹麦、比利时等国家实行的是这种类型的社会保障模式。

(二)保障型社会保障制度

这种模式以社会保险为核心,社会保障费用由个人、企业和国家三方负担。企业、个人和政府都是责任主体,在不同的项目中各有不同的角色。在社会保险中主要缴费(税)人为企业和个人,政府只承担最后责任人的决策;在社会救济、社会福利制度中,政府是最主要的责任人。与福利型比较,这一制度的保障对象是"有选择性"的而非全民,它提供的保障水平也较低,强调的是保障而不是高福利。美国、日本、德国、奥地利等国家实行的是这种类型的社会保障模式。

(三)国家保险型社会保障制度

这一社会保障制度强调的是国家的责任。它的社会保险对象是国有经济部门的雇员,虽然缴费的是企业(或单位),但最终的所有权人仍然是国家,最终的责任人也仍然是国家,保障的对象也是国有部门的雇员。苏联、东欧各国和中国、朝鲜、古巴等国在计划经济时期曾经都采用过这种模式。

(四)储蓄型社会保障制度

这一模式以强制储蓄为核心,政府强制雇主、雇员为雇员储蓄社会保障费用,以满足雇员个人各种社会保障项目的支付需要。与前三种模式相比,该模式有三个根本的特点:第一,它不具有再分配性质,不强调公平性;第二,财务制度是基金积累制而不是现收现付制;第三,给付水平是既定供款制度而不是既定给付制度,给付水平的高低取决于个人账户的积累,而不是社会保障计划的承诺。新加坡、智利、印度尼西亚、马来西亚等国家实行的是这种类型的社会保障模式。

四、社会保障与财政的关系

(一)从本质上讲,财政与社会保障都是以国家为主体的分配

财政是随着国家的产生而产生的,是为了实现国家的职能,凭借国家的权力并以其为主体,对社会产品进行的一种分配。社会保障是当生产力发展,劳动者之间形成了社会分工,"社会"作为一个实体出现在人们身边并制约着人们的活动时产生的,而国家是社会的发展形式或者说是最合适

的代表,因而社会保障分配与财政分配主体一样,都是国家,两者都具有强制性的特征。从资金来源形态看,社会保障资金可以由多种渠道筹集而成,但从本质上说,社会保障资金只能来源于国民收入,因此它与财政分配的客体也相同。

从具体的财政收支活动来看,财政可通过征收社会保障税(工薪税)的形式将企业和个人应该承担的并应该由全社会统筹的社会保障基金集中起来,然后再通过国家预算支出的安排,满足社会保障在运行过程中必须由国家提供资金的需要。

(二)从收入上讲,社会保障(险)税既是社会保障筹资的重要手段,也是一项财政收入形式

社会保障的筹资方式主要有两种:一是缴费,二是缴税。从保证社会保障基金的稳定增长角度来看,当然是缴税比缴费好,因为税收具有强制性和固定性。因此,社会保障税是社会保障筹资的重要手段。社会保障税既然是一种税,因而它理所当然是财政收入的一种形式。从缴费角度看,财政可强制规定缴费的各项标准,并可将其纳入财政专户管理。

(三)从财政支出上讲,社会保障支出应该是财政支出中的一项重要支出

社会保障作为社会和经济发展的稳定机制,既需要有保障劳动者和社会成员基本生活方面的经常性支出,又需要有修建各种社会福利设施的基本建设支出,前者属于消费基金支出,后者则属于积累基金的性质。在国民收入分配中,必须对消费基金和积累基金进行合理的安排,才能保证社会保障事业的健康发展,而财政支出的合理分配对该比例起决定性作用。

财政支出按经济性质划分为购买支出和转移支出两大类,转移支出主要包括社会保障支出、补贴支出、捐赠支出与债务利息支出等,西方国家社会保障支出已超过其他一切项目而位居榜首。

(四)从平衡上讲,社会保障预算应是财政预算的组成部分

社会保障基金是通过社会产品的分配和再分配形成的,以确保社会成员基本生活水平为特定目的的资金,对其应当实行独立的、专门的预算管理。西方市场经济国家都采取在财政预算中安排和组织社会保障资金的办法,使之成为重要的财政宏观调控手段。

(五)从管理上讲,社会保障预算是国家财政进行宏观调控的手段

国家财政对社会和经济发展宏观调控的基本目标是实现总供给和总需求的平衡,而实现这一目标的关键是调节社会总需求。由于社会保障的各个方面都是制度化的,社会保障的收支特别是支出与财政收支以及整个国民经济的运行构成某种函数关系,基于这种联系,使得社会保障就能对国家财政的需求调控起到配合作用,因而成为具有"内在稳定器"作用的财政宏观调控手段的组成部分。

五、西方国家的社会保障制度

西方各国社会保障制度的实施及运筹资金的方式各有特色,其共同特点则可概括为如下:

(一)保障项目名目繁多

以美国为例,迄今为止,实施的保障计有 300 项之多,仅联邦(中央)政府"帮助穷人"的项目就有 100 多项,而美国在西方世界里还不是社会保障制度最发达的国家。数以百计的社会保障项目基本可分为四类:

(1)从收入方面提供支持和援助的项目,主要包括老年退休和失业补助、贫困救济和残病补助、退伍军人安置和遗属抚恤。

(2)从开支方面提供支持和补助的项目,包括健康医疗、住房、社会服务、儿童照顾和解决家庭问题补助。

(3)教育和培训方面的支持和补助项目。

(4)对遭受某种损失者给予支持和补助的项目,如劳动保护和保健、食品和医药、妇幼营养、免

费午餐、公共卫生、交通安全、环境保护、少数民族照顾等。

西方学者曾把这样的社会保障制度概括为"从摇篮到坟墓",也就是说,保障涉及从生到死、从物质到精神、从正常生活到遭受变故的一切方面。

(二)社会保障资金有确定的资金来源

用于提供社会保障的资金主要来自社会保障税(或社会保险税),该税由取得工资收入的职工和职工的雇主各缴一半,采取"源泉扣缴法"课征,就是说,雇主在支付工资时,把工人应缴的社会保障税的税款扣下,连同雇主应缴纳的税款一并上缴国库。社会保障税不足社会保障支出的部分,由政府从其他收入中拨付。从社会保障支出的资金来源看,尽管西方国家的劳动人民享受了广泛的社会保障,看起来得到政府很多"照顾",实质上,"羊毛出在羊身上",他们所得到的不过是他们自己的劳动所创造出的一部分成果而已。

(三)社会保障支出依法由政府集中安排

在西方国家,尽管具体管理社会保障项目的机构很多,既有政府机构(中央的和地方的),也有民间团体和私人企业,但从总的倾向上看,社会保障制度是由政府集中管理的。尤其值得注意的是,实施社会保障制度的一切细节,从资金来源、运用的方向,直至保障的标准、收支的程序,大多有明确的法律规定。

(四)政府实施社会保障制度有明显的宏观调控动机

由于社会保障的各个方面都是制度化的,社会保障的收支(特别是支出)便与财政收支以及国民经济的运行构成某种函数关系。基于这种联系,社会保障支出随经济周期而发生的反向变化,可能弱化经济周期的波幅。

六、我国的社会保障制度

(一)我国社会保障制度的建立与发展

1951年2月26日,政务院颁布了《中华人民共和国劳动保险条例》(以下简称《保险条例》)。《保险条例》的颁布实施,标志着我国除失业保险外,包括养老、工伤、疾病、生育、遗属等的职工社会保险制度已初步建立。该法规适用于国有企业和部分集体企业。与此同时,国家机关工作人员的社会保险制度也以颁布单行法规的形式逐步建立起来。此后的30多年,国家也颁布了许多相关法律法规,建立起适用于计划经济时代的社会保障制度。

1978年不仅是中国发展进程中特别的一年,而且是社会保障制度变迁的重要的一年。这一年,中国共产党第十一届三中全会召开,为扭转中国的混乱状态创造了良好的政治、社会条件。

1980年10月7日,国务院发布《关于老干部离职休养的暂行规定》,一种待遇特殊的退休制度——离休制度由此建立,并与一般退休制度一起构成了中国的退休养老制度。1982年12月4日,五届人大五次会议修改的《中华人民共和国宪法》又进一步规范了公民的社会保障权益。

进入21世纪以后,社会保障逐渐成为一项基本的社会制度。尤其是在2004年3月,十届全国人大二次会议通过宪法修正案,正式将建设同经济发展水平相适应的社会保障制度写入宪法,更明确标志着社会保障制度正在成为国家发展必要的基本制度安排。2007年建立农村最低生活保障制度,2009年启动新型农村养老保险试点,《中华人民共和国社会保险法》自2011年7月1日起施行,于2018年12月29日第十三届全国人民代表大会常务委员会第七次会议修正。中国社会保障制度逐渐走上了政府主导、责任分担、社会化、多层次化的发展道路,制度框架初步形成,并日益呈现出"国家—社会保障制"的特征。

目前,我国以社会保险为主体,包括社会救助、社会福利、社会优抚等制度在内,功能完备的社会保障体系基本建成,基本医疗保险覆盖13.6亿人,基本养老保险覆盖近10亿人,是世界上规模最大的社会保障体系。这为人民创造美好生活奠定了坚实基础,为打赢脱贫攻坚战提供了坚强支撑,为如期全面建成小康社会、实现第一个百年奋斗目标提供了有利条件。

(二)我国社会保障的现状与不足

目前我国社会保障制度基本包括两大部分:

一是完全由国家财政支撑的项目,包括对社会弱势群体的救助、对军人及其军烈属的优抚安置、对无依无靠的孤老残幼、残疾人员以及社会大众举办的社会福利和有关的社区服务,完全属于国民收入再分配范畴,充分体现社会公平;

二是由用人单位、职工个人缴费、国家给予适当补助的三方共同筹资的项目,包括养老保险、医疗保险、失业保险、工伤保险和生育保险等,属于社会保险范畴,其中,养老保险和医疗保险实行个人账户与统筹相结合,其他三项保险属于完全统筹的项目。

社会保障制度是要对国家和社会的国民收入进行分配和再分配,其本质是维护社会公平,进而促进社会稳定发展。社会保障对贫富差距最大的影响:社会保障能够对社会财富进行再分配,适当缩小各阶层社会成员之间的收入差距,避免贫富悬殊,使社会成员的基本生活得到保障。社会保障制度的建立,对于保障公民的基本人权、维护社会稳定、发展社会主义市场经济、实现社会正义与公平等方面有着积极的作用。但是,必须指出的是,我国社会保障制度还面临着以下不足:

1. 我国社会保障覆盖面偏低

目前,乡镇企业职工、进城农民工、城镇私营企业就业人员以及许多灵活就业人员大多没有参加社会保险,而这部分人员占从业人员的比例逐年增大。此外,城市和农村居民享有的社会保障差距过大,甚至很多农民认为社保是城市人的,不懂得为自身谋取应享有的权利,这对于社会的健康发展也是极为不利的。

2. 社会保障制度法规不甚健全

我国社会保障制度改革已近30年,但社会保障立法还相对滞后。迄今为止,我国未颁布专门的社会保障法或社会保险法,只颁布了一些国务院行政法规。这种立法滞后的现状不符合我国社会保障制度快速发展的需要。要完善社会保障制度,必须加快社会保障立法的步伐。建立和完善社会保障法制,以法律的形式保护社会成员的合法权益,是维护社会安定的重要举措。社会保障体系是一个涉及面广、改革难度大的社会系统工程,因此它的建立和发展需要强有力的法律作为后盾。

(三)加快我国社会保障制度的改革与完善

1. 我国社会保障制度采取统账结合的模式

社会统筹和个人账户相结合的筹资模式,属于统账结合模式。这种模式在人口结构年轻化、社会保障基金要求量不大的条件下还比较适用,它可以减轻近期国家财政和企业的养老保险负担,但它难以应付人口老龄化的严重挑战。我国人口年龄结构正从"成年型"向"老年型"转变,进入21世纪以后,我国老龄人口出现快速增加的势头,人口面临老龄化问题。

因此,我国的养老保险应采取基金式筹资模式或转为部分基金式,这样才能应付人口老龄化的挑战,其基金结余可以进行投资,有利于国家经济的发展。目前可行的做法是实行部分基金式,即在保险基金收入满足支出以后留有一定的积累。

2. 社会保障资金来源要固定化、专门化和法制化

世界上大多数国家采取征税的办法。我国采取的是征收社会保险费,由劳动保障部门征收。我国企业和单位拒不缴费的现象还比较普遍。因此,未来在我国征收社会保险税有利于保障社会保障资金来源的稳定和足额上缴。

3. 要逐步扩大社会保险的范围

我国的社会保障制度要逐步扩大社会保险的范围,解决目前"只保城镇,不保农村"的问题:一

方面,广大农村人口不能享受完善的社会保障,说明我国的社会保障制度的"社会性"是不完全的;另一方面,农村人口急需社会保障,尤其是养老保障和医疗保障。因此,要重视农村的社会救济和福利事业,有条件的省(直辖市、自治区),应尽快建立农村养老和医疗保险及最低生活保障制度。

任务三　财政补贴支出

一、财政补贴概述

(一)财政补贴的概念及特征

1. 财政补贴的概念

财政补贴(subsidies),是指国家根据一定时期政治经济形势的客观要求,对某些特定的产业、部门、地区、企事业单位或事项给予的特殊补助。财政补贴是财政分配中的一种特殊形式,是国家在经济管理中的一个重要经济杠杆,它通过物质利益在国家、企业、个人之间的再分配来调节社会生产和生活,对于促进经济发展、引导人们的消费起着重要的作用。财政补助支出是指事业单位直接从财政部门取得的以及通过主管部门从财政部门取得的各类事业经费,包括正常经费和专项资金。

2. 财政补贴的特征

(1)政策性。财政补贴的依据是政府在一定时期的政治、经济和社会等政策目标,并随着国家政治经济的发展而修正、调整和更新,因而具有很强的政策性。

(2)可控性。财政补贴是政府可直接控制的经济杠杆,具有一定的可控性。具体补给谁、补贴多少、补贴环节及何时取消补贴等,由财政部门根据需要决定。

(3)灵活性。财政补贴杠杆作用的对象、范围、效果和目标,由财政部门适时确定和调整,相比价格、税收等经济杠杆的作用更为灵活、直接和迅速。

(4)时效性。当国家的某项政策发生变化时,财政补贴做出相应的调整;当某项政策实施完结、失去效力时,某项特定的财政补贴随之中止。

(5)专项性。财政补贴只对政府政策规定和指定的项目或事项进行补贴,其他以外的项目均不给予补贴。

(二)财政补贴的功能

财政补贴的功能是财政补贴在社会经济发展中所具有的能力。通常情况下,财政补贴具有以下两大功能:

1. 分配功能

财政补贴的分配功能是国家通过确定财政补贴的对象、比例、时间,改变各社会集团及成员的收入量,进而产生对国民收入进行再分配的功能。

2. 调节功能

财政补贴的调节功能是通过财政补贴改变国民收入的分配比例和使用方向,借以调节生产、流通和消费各环节,调节国民经济结构,协调社会经济生活的功能。

【同步案例5—1】　政府对冰雪产业基础设施建设财政补贴的政策

冰天雪地也是金山银山。《冰雪旅游发展行动计划(2021—2023年)》提出到2023年推动冰雪旅游形成较为合理的空间布局和较为均衡的产业结构,实现"带动三亿人参与冰雪运动"目标,满足人民对冰雪运动的需求。各地政府对冰雪产业的基础设施建设予以财政补贴的政策倾斜,调动企业的积极性,完善冰雪旅游公共基础设施建设,推动冰雪旅游与文化、教育、装备制造相关行业融合。冰雪经济呈现"冷资源"释放"热效应"的好势头。

课堂讨论：结合材料，说明冰雪经济呈现"冷资源"释放"热效应"好势头的原因。

（三）财政补贴的分类

1. 按补贴在再生产环节，可分为生产环节补贴、流通环节补贴和消费环节补贴

（1）生产环节补贴，也称生产性补贴，是指对再生产的生产环节进行的补贴。其补贴项目主要有粮、棉、油加价款补贴和农用生产资料价格补贴以及工业生产企业亏损补贴等。

（2）流通环节补贴，也称商业经营性补贴，是指对社会再生产的流通环节进行的补贴。其补贴项目主要有粮、棉、油价差补贴，平抑市场肉食、蔬菜价差补贴，民用煤销售价差补贴，国家储备粮、棉、油利息费用补贴；等等。

（3）消费环节补贴，也称消费性补贴，是指对社会再生产的消费环节进行的补贴。其补贴项目主要有房租补贴、副食品价格补贴、水电煤补贴、职工上下班交通费补贴等。

2. 按补贴的稳定性，可分为经常性补贴和临时性补贴

（1）经常性补贴是指由于政策性原因，在较长时间内给予的补贴。这类补贴往往具有自我增长的特点。

（2）临时性补贴是指由于某些临时性原因，给予一次或几次的补贴。

【注意】 经常性补贴和临时性补贴只是相对而言，如企业亏损补贴，其中属于国家规定的政策性亏损，即为经常性亏损补贴；属于经营性亏损者，在国家规定扭亏计划期限内的亏损补贴，即为临时性补贴。

3. 按补贴的隶属关系，可分为中央财政补贴和地方财政补贴

（1）中央财政补贴，是指在整个国家财政补贴项目和金额中，中央财政所承担的补贴项目和补贴额。

（2）地方财政补贴，是指在整个国家财政补贴项目和金额中，地方财政所承担的补贴项目和补贴额。

4. 按补贴的透明度，可分为明补和暗补

（1）明补，是指将全部补贴都纳入国家预算管理。财政补贴作为预算支出项目，按照正常的支出程序，直接支付给受补者。

（2）暗补，是指补贴支出不纳入国家预算管理。财政补贴不构成预算支出项目，受补者也不直接获得补贴收入，只是从减少上缴和节约支出上受益。

5. 按财政补贴对象分类，可分为价格补贴、企业亏损补贴、职工和居民生活补贴、某些公益事业补贴、外贸补贴、财政贴息等

（1）价格补贴是指由于国家价格政策造成的价格过低给生产经营者带来损失给予的财政补贴。它是我国财政补贴的主要内容，是国家自觉运用价值规律调节经济，促进经济发展的重要举措。目前列入政府预算支出的补贴项目主要有粮食加价款、国家粮油差价补贴、粮食风险基金、国家储备粮油利息费用补贴等。

（2）企业亏损补贴是指国家财政对国有企业的政策性和经营性亏损给予的补贴。在预算管理上，企业亏损补贴列入预算收入科目，作冲减收入处理。企业亏损补贴可分为政策性亏损补贴和经营性亏损补贴。所谓政策性亏损补贴，是指国家财政对由于贯彻国家政策，对某些产品实行低价政策，造成的企业亏损给予的补贴；经营性亏损补贴是指国家财政对国有企业因经营管理不善造成的亏损给予的补贴。一般而言，国家财政对经营性亏损原则上不予补贴，只对政策性亏损给予补贴。但对一些生产急需的产品和重要产品的企业，经国家财政部门审批后，可给予暂时性的补贴，并通过整顿限期，扭亏为盈，以利于促进生产及调节供给与需求平衡。

（3）职工和居民生活补贴是指国家财政为了保证人民生活维持必要的水平，对职工和居民提供的补助，主要包括城镇居民肉食价格补贴、住房补贴、交通补贴、冬季取暖补贴等。

（4）某些公益事业补贴，如公共交通、煤气、自来水等，当国家规定的收费标准低于成本时给予的财政补贴。这类补贴由地方财政管理，对其补贴数额没有包括在国家统计局的价格补贴数额之内。

（5）外贸补贴是指国家财政对外贸企业给予的补贴，包括出口补贴和进口补贴。出口补贴是财政对某种商品出口给予出口商的直接补贴和通过减免出口关税或国内商品税等的间接补贴。

（6）财政贴息是指国家财政对于某些企业、某些项目的贷款利息，在一定时期内，按全额或一定比例给予的补贴。根据国家经委、财政部、中国人民银行、中国工商银行1984年联合发布的《技术改造贴息贷款暂行管理办法》，财政贴息的范围主要有：促进企业联合，发展优质名牌的产品；沿海城市和重点城市引进先进技术和设备，改造现有企业的项目；12大类节能机电产品制造和推广以及技术改造后产品性能提高、社会效益增大而企业不受益或少受益的项目。

二、财政补贴的主要内容

（一）财政补贴的方式

财政补贴的方式主要有货币补贴与非货币补贴。货币补贴使补贴的接受者可支配收入增加，而非货币补贴则使接受者的实物支配权（量）或享受的某种服务增加。尽管这些补贴都可以使接受者的福利和效用水平提高，但提高的程度却不相同。

实行货币补贴方式，接受者可以用增加的货币额购买自己希望和可能购买的任何商品与劳务，其消费者主权是完整的，消费能力提高。在非货币补贴的情况下，接受者只能享受到所补贴的实物或劳务带来的收益，而没有其他的选择，如果接受者不需要补贴所提供的商品与劳务，那么该补贴对其是没有意义的。

（二）财政补贴的规模

一般而言，财政补贴规模越大，对接受者越有利，表明接受者的福利和效用水平也就越高。但接受者的福利水平与补贴规模并不是同步增长的，因为随着补贴规模的扩大，接受者的消费能力就会提高，推动产品需求的增加，从而改变原有的产品供求关系，导致供需矛盾的扩大，使产品出现供不应求和产品价格上涨。

实物补贴消费具有专门性和针对性，使补贴产品消费需求增加，导致该产品的价格上涨，从而使财政补贴的效用被削弱，非补贴的接受者也会因此而受损。因此，如何科学选择补贴的规模，使之既符合接受者的需要又不至于对市场产生负面影响就显得特别重要。

三、财政补贴的必要性及其作用

（一）财政补贴的必要性

财政补贴是调节经济的工具之一，它的存在有其客观必然性。在市场经济不发达的社会中，财政补贴主要是纠正不合理的价格结构，有助于价值规律正常发挥作用，如我国目前的粮棉油价格补贴、肉食价格补贴。

平抑物价补贴就是为了调整不合理的价格结构，维持社会安定和促进经济平衡运行。在发达的市场经济国家，价值规律能正常发挥作用，但由于市场供求关系发生变化也会引起经济波动。因此，为保持经济稳定和资源有序流动，同样需要借助财政补贴。欧盟坚持对农副产品进行补贴就是明显的例子。因此，财政补贴不论对非市场经济国家还是市场经济国家来说，都是必要的。

（二）财政补贴的作用

1. 纠正不合理的价格结构，有助于价值规律发挥作用

以粮食价格补贴为例，此类补贴是由提高粮食的收购价格引起的，而提高粮食收购价格，是为了纠正价格中的扭曲因素，逐步消除工农产品剪刀差，使农产品价格比较接近它的价值。从这个意义来说，粮食价格补贴是对粮食生产必要耗费的一种补贴，毫无疑问，它是符合价值规律的，但是，用补贴来改变相对价格结构，只是使价值规律部分地发挥作用。仍以粮食价格为例，在过去的情况下，粮价补贴是支付给商业部门的，商业部门得到补贴，得以维持粮食的售价不因购价的提高而提高，在这里，支付给企业（粮食部门）的补贴事实上是对消费的补贴。按照价值规律的正常要求，当粮食购价提高后，商业部门理应相应提高售价；售价提高后，职工实际工资水平下降，应相应地提高工资；提高工资，企业利润下降，上缴税利则会减少。这样一系列的反应，可能为经济社会难以承受，即便可以承受，于国家的社会福利目标也可能无益。在这里，粮价补贴切断了这一反应链条。它的作用，就在于使价值规律在一定的范围内发挥有利的作用。

2. 纠正市场缺陷，借以实现国家的社会福利目标

价值规律的最重要作用是优化资源配置，但是，如果让它自发地去起作用，就不可避免地会产生周期性的有时是剧烈的波动。当出现经济波动时，政府给某些生产者以价格补贴，如粮食生产过剩时实行保护价格，以维护生产者的利益和积极性；或者对某些超出社会需要的产品给予补贴，暂时维持生产和工人就业，以利于资源合理配置。

借助于价值规律优化资源配置，主要着眼于效率，它必然将资源导向经济效益高的部门和经济发达地区，同时会引起国民收入分配在不同收入阶层之间发生较大的差异。在这种情况下，适当运用补贴手段，有利于促进落后地区的经济发展和调节 GDP 分配。

四、财政补贴的正负效应

（一）财政补贴的正效应

1. 促进了农业生产，缩小了工农业产品之间的"剪刀差"

改革开放以来，为调动农民的生产积极性，国家曾多次提高农副产品的收购价格，同时又降低了支农工业品零售价格，由此产生的粮食加工企业和支农工业品生产企业的亏损则由财政给予补贴，从而极大地调动了广大农民的生产积极性，促进了农业生产力水平的提高，加快了农业生产发展，并缩小了工农业产品之间的"剪刀差"。

2. 促进了基础工业的发展

长期以来，我国价格体系一直没有理顺，表现为基础工业产品价低利小，加工工业产品价高利大。在这种扭曲的价格机制诱导下，微观主体必然把资金大量投向加工工业，而财政因财力制约又无法保证基础工业发展所需资金，长此以往，势必造成基础工业发展缓慢，最终成为国民经济发展的"瓶颈"。在这种情况下，财政通过对基础工业部门进行补贴，使相等的投资在基础工业可以获得与加工工业大致相等的利润，就可以调动起企业的生产积极性，促进基础工业的发展。

3. 保证了人民生活的安定

国家为了增加农民收入，几次提高农副产品收购价格；同时，为了使城镇居民生活水平不受影响，对其进行补贴。具体做法是 1992 年 4 月以前国家采取"暗补"形式，对收购农副产品的粮食加工企业进行补贴，以保证以农副产品为原料的副食品价格保持不变。1992 年 4 月后，国家放开农副产品的零售价格，并采取"明补"形式，直接对消费者进行补贴。这些措施既保证了城乡人民生活水平的稳定，又保证了粮食加工业的正常经营，提高了补贴效益。

4. 促进社会资源的优化配置

国家通过调整财政补贴的对象和数量,可以促进生产要素的合理配置,主要表现在:①促进资源合理流向价低利微,甚至亏本,但为社会所必需的行业或企业,如邮政、农业等;②促进资源合理流向行业或企业风险大、投资预期效益难以确定的行业或企业,如高新技术产业;③促进资源合理流向经济不发达地区,如边远山区、少数民族地区;④在经济不景气或遇到特大自然灾害时,政府向遭受严重经济打击的重要行业或企业提供必要的补助,可以维持其生产经营活动,促进生产要素的合理利用,如针对2020年新冠肺炎疫情,国家制定了4050①补贴政策。

(二)财政补贴的负效应

1. 财政补贴加重了财政负担,削弱了财政的宏观调控能力

财政补贴不是减少财政收入,就是增加财政支出,而且具有刚性增长特征。如果把其当作政策手段长期运用而不加以控制,势必加重财政负担,进而削弱其宏观调控能力。

2. 财政补贴掩盖了不同商品的真实比价,不利于企业间的平等竞争

财政补贴是在商品价格之外,对该商品由于国家价格体制和政策原因导致价格低于价值或盈利水平低于全国平均水平的部分进行补贴,这就不能真实地反映补贴商品的成本、利润以及相关商品的比价关系,不利于正确评价企业的经营管理水平和促进企业间开展公平竞争。

3. 不利于企业加强经营管理,提高经济效益

由于财政补贴在管理上存在许多弊端,如补贴对象难以划分、补贴方法简单等,致使一些受补企业钻补贴政策的空子,有的甚至借补求存,不仅没有促进受补企业生产发展,提高企业的生产积极性,反而使受补企业心安理得吃补贴大锅饭,从而淡化了企业经营管理观念,不利于企业提高经济效益。

4. 不利于劳动工资制度的改革

物价变动以后,国家对职工个人消费支出的补贴是平均分配的,并带有"福利支出"性质,容易保护个人既得利益,刚性较强。加上近几年各地区自行出台了一些补贴措施,造成地区间的补贴不平衡,这都给推进以按劳分配原则为核心的劳动工资制度改革带来困难。

【同步案例5-2】 "暗补"变成了"明补"

哈尔滨市对中低收入市民的住房补贴由"暗补"变成了"明补",即从原来的政府直接建设经济适用房,取而代之以货币形式直接补贴给低收入购房者。哈尔滨市房地产住宅局局长认为,这种货币直接补贴的办法,使购房者可以根据自身的实际需求,灵活选择住房的地点、面积,既可以买新房,也可以买二手房,能够提高居民的福利。

课堂讨论:
(1)简要解释为什么一般来说"暗补"不如"明补"。
(2)哈尔滨市的做法是否一定能提高居民的福利?如果不能,可能是什么原因?

任务四 税式支出理论

一、税式支出的概念

税式支出又称税收补贴,是财政对某些纳税人和课税对象给予的税收优惠,包括减税、免税、退税、税收抵免等。税式支出之所以被纳入财政补贴的范畴,是因为政府在决定减免税时,是从财政

---

① "4050"人员是国家对于大龄就业困难人员的称呼,女性年龄满40岁、男性年龄满50岁就可以申请社会保险缴费补贴,补贴在原则上不超过实际缴费数额的2/3。

支出的角度考虑的,是那些决定政府财政支出的因素影响着政府的税收减免政策。

二、税式支出的特点

(一)时效性

税式支出与受益人的相关程度很高,纳税人本身直接受益。税式支出与直接支出相比,其间差异即在于前者无时间滞后效果,而后者具有财政政策的内在落后效果。此种差异的结果造成许多国家偏好采用税式支出。同时,税式支出是一种激励措施,只能作为短期使用的工具,倘使其激励对象与手段长久不变,则必会在资源调配与所得分配的公平上产生若干扭曲现象,反而有损国民经济的均衡成长,因此,采用税式支出固然有利于某种特定目标的达成,但亦须顾及可能带来的无效率与不公平性。

(二)广泛性

税收的触角无处不在,凡有经济活动的地方,就有税收的存在,因而税式支出具有广泛性,比财政支出的范围要广得多。

(三)弹性

经济作用于税收,税收又反作用于经济。税式支出可以做到具体问题具体对待,可以因事制宜、因地制宜、因纳税人制宜,从而保持经济的稳定发展。

三、税式支出与负所得税的不同

税式支出与负所得税虽然都是政府的转移性支出,但它们是两个不同的含义。首先,税式支出是纳税人在履行纳税义务时,政府为了激励或照顾某种活动,减少或免除其纳税义务,少收一部分税款;而负所得税则是,如果一个家庭的收入不足以达到一种低收入水平,就可享受"负所得税"付款,使其达到那种水平。负所得税实际上是提供一种有保证的最低限度的收入。因此,实行负所得税时,政府不但得不到税收收入,还要多增加一笔转移支出。

因此,税式支出是税内支出,而负所得税是一种税外支出;税式支出体现着税收的经济调节作用,既有照顾,更有激励,而负所得税完全是从照顾出发,是税收救济,它试图利用个人所得税税制来实现税收制度和社会福利制度的合并。另外,税式支出是就整个税收制度来说的,存在于商品税制、所得税制、财产税制等之中,作用的范围是整个国民经济,而负所得税,仅是从个人所得来说的,只在个人纳税方面发生作用,涉及的范围较小。

四、税式支出的分类

(一)照顾性税式支出

照顾性税式支出,主要是针对纳税人由于客观原因在生产经营上发生临时困难而无力纳税所采取的照顾性措施。例如,国有企业由于受到扭曲的价格等因素的干扰,造成政策性亏损,或纳税人由于自然灾害造成暂时性的财务困难,政府除了用预算手段直接给予财政补贴外,还可以采取税式支出的办法,减少或免除这类纳税人的纳税义务。由此可见,这类税式支出明显带有财政补贴性质,目的在于扶植国家希望发展的亏损或微利企业以及外贸企业,以求国民经济各部门的发展保持基本平衡。

(二)刺激性税式支出

刺激性税式支出,主要是指用来改善资源配置、提高经济效率的特殊减免规定,主要目的在于正确引导产业结构、产品结构、进出口结构以及市场供求,促进纳税人开发新产品、新技术以及积极安排劳动就业等。这类税式支出是税收优惠政策的主要方面,税收调节经济的杠杆作用也主要表现于此。刺激性税式支出又可分为两类：①针对特定纳税人的税式支出；②针对特定课税对象的税式支出。前者主要是那些享受税式支出的特定纳税人，不论其经营业务的性质如何，都可以依法得到优惠照顾，如我国对城市知青或伤残人创办的集体企业以及所有的合资、合作经营企业，在开办初期给予减免税照顾；后者则主要是从行业产品的性质来考虑，不论经营者是什么性质的纳税人，都可以享受优惠待遇，如我国对农、牧、渔业等用盐可减征盐税等。

五、税式支出的形式

（一）税收豁免

税收豁免是指在一定期间内，对纳税人的某些所得项目或所得来源不予课税，或对其某些活动不列入课税范围等，以豁免其税收负担。至于豁免期和豁免税收项目，应视当时的经济环境和政策而定。最常见的税收豁免项目有两类：一类是免除关税与货物税；另一类是免除所得税。免除机器或建筑材料的进口关税，可使企业降低固定成本；免除原材料以及半成品的进口关税，可增强企业在国内外市场的竞争能力；免除货物税同样也可降低生产成本，增强市场的价格竞争力。

（二）纳税扣除

纳税扣除是指准许企业把一些合乎规定的特殊支出以一定的比率或全部从应税所得中扣除，以减轻其税负。换言之，纳税扣除是指在计算应课税所得时，从毛所得额中扣除一定数额或以一定比率扣除，以减少纳税人的应课税所得额。

（三）税收抵免

税收抵免是指允许纳税人从其某种合乎奖励规定的支出中，以一定的比率从其应纳税额中扣除，以减轻其税负。

对于这种从应纳税额中扣除的数额，税务当局可能允许也可能不允许超过应纳税额。若在后一种情况下，它被称为"有剩余的抵免"；若是在前一种场合，即将没有抵尽的抵免额返还给纳税人，就称之为"没有剩余的抵免"。

（四）优惠税率

优惠税率是对合乎规定的企业课以较一般为低的税率。其适用的范围，可视实际需要而予以伸缩。这种方法，既可以是有期限的限制，也可以是长期优待。一般来说，长期优惠税率的鼓励程度大于有期限的优惠税率，尤其是那些需要巨额投资且获利较迟的企业，常可从长期优惠税率中得到较大的利益。在实践中，优惠税率的表现形式很多，例如，纳税限额即规定总税负的最高限额，事实上就是优惠税率的方式之一。

（五）延期纳税

延期纳税也称"税负延迟缴纳"，是指允许纳税人对那些合乎规定的税收延迟缴纳或分期缴纳其应负担的税额。这种方式一般可适用于各种税，且通常都应用于税额较大的税收。在施以这种办法的场合，因可延期纳税，纳税人等于得到一笔无息贷款，能在一定程度上帮助纳税人解除财务上的困难。采取这种办法，政府的负担也较轻微，因为政府只是延后收款而已，充其量只是损失一点利息。

（六）盈亏相抵

盈亏相抵是指准许企业以某一年度的亏损抵销以后年度的盈余，以减少其以后年度的应纳税款；或是冲抵以前年度的盈余，申请退还以前年度已纳的部分税款。一般而言，抵销或冲抵前后年度的盈余，都有一定的时间限制，例如，美国税法曾规定，前后可以抵冲的时间是前3年后7年内；我国台湾地区则有前4年后5年的规定。这种方式对具有高度冒险性的投资有相当大的刺激效果。因为在这种方式下，如果企业发生亏损，按照规定就可从以前或以后年度的盈余中得到补偿。

当然,正因为这种方式是以企业发生亏损为前提,它对一个从未发生过亏损但利润确实很小的企业来说,没有丝毫鼓励效果,而且就其应用的范围来看,盈亏相抵办法通常只能适用于所得税方面。

六、税式支出的原则

(一)适度原则

在一定的社会经济条件下,税收收入和税式支出互为消长。因此,税式支出必须有度。首先,实施税式支出必须先考虑政府的财政承受能力。如果因采取税式支出而过多影响国家的财政收入,则势必给国家财政带来困难。其次,不能单独考虑企业的物质利益,随便给予税式支出,否则不仅不会发挥税收优惠的作用,反而不利于企业加强经营管理和经济核算,不利于企业提高经济效益和开展竞争。因此,税式支出必须有利于搞活企业经济和调动企业的生产经营积极性,有利于加强经营管理和经济核算,有利于企业在公平的基础上开展竞争。同时,税式支出的方向和结构必须以保证产业政策的实现为前提。当前重点支持的产业和产品应当是农业、能源工业、交通运输业、原材料工业以及出口产品,因此,税式支出政策应重点放在这些方面。对那些限制或禁止发展的产业和产品则不应有税式支出。当然,税式支出还要顾及地域经济。我国幅员辽阔,经济差别大,为了促使各地扬长避短,也需适当进行税式支出。综上所述,税式支出无论是从方向上和结构上,还是从地域上看都必须在适度的前提下使用。

(二)配合原则

税式支出是作为税收的一种经济调节手段来发挥作用的。然而,在市场经济条件下,为了使经济得以顺畅发展,要有许多调节手段从不同的方面来影响经济,如价格、贷款、工资、财政补贴等。因此,实施税式支出要注意与各种调节手段有机配合、相辅相成。

(三)倾斜原则

税式支出的目的是促进国民经济的持续稳定、协调发展。因此,实施税式支出必须以国家的政治经济任务为前提,否则,就易与经济的发展方向背道而驰,不仅不会促进经济发展,反而会阻碍国民经济的增长。税式支出所要鼓励的经济活动,其政策都必须立足于促进经济的发展,同国家的政治经济任务相一致。通过税式支出实现税收激励,实际上就是一种倾斜。鼓励先进、鞭策落后是实施税式支出的一个重要原则。如果掌握不好这一原则,就易造成"鞭打快牛、保护落后",不利于调动企业各方面的积极性和促使企业通过主观努力改变落后状况。

(四)效益原则

适度的税式支出可以促进经济的发展,培养税源,在宏观、微观上都有利。但是,过度的税式支出,不仅损害全局利益,而且从微观上看,也不能有效地激励纳税人挖掘自身潜力的积极性,从而增大对税式支出的依赖性,可能会带来短期效益,却失去了长期效益。

七、税式支出的预算控制

(一)科学界定税式支出范围

税式支出的政策目的是促进产业结构的优化,激励科技进步。因此,应根据本国不同时期的经济发展需要及税式支出的内涵和外延,按照一定的标准,从纳税单位、税基、税率、纳税期限、管理措施、国际交易准则等诸要素方面,科学确定税式支出的范围和形式,以达到税式支出政策与本国经济形势、经济政策的完美配合。

(二)合理确定税式支出规模

确定一个适度的税式支出规模是税式支出管理的一个关键问题。一国的税式支出规模过大不利于财政其他职能的发挥;若税式支出过小,则不利于税式支出功能的发挥,一些社会经济政策目标不能得到有效的实施。要确定一个适度的税式支出规模就需要运用一定的测算技术和统计方法，对税式支出进行数量估算。

目前，世界上实行税式支出管理的国家主要有以下三种估算方法：

1. 收入放弃法

收入放弃法(revenue foregone method)，即计算政府在每一年度内由于实施税收优惠而减少的税收收入，或者是国家放弃某一征税权力，而给予纳税人的退税额，也就是纳税人获得政府税收优惠之后少缴纳的税款。这是对某种税收优惠成本的事后测量。

【注意】利用收入放弃法来估算税式支出规模，适用于所有的税式支出项目。

2. 收入获得法

收入获得法(revenue gains method)，即计算政府由于取消税收优惠而增加的税收收入，这是假定取消减免、收入预期增加的一种事先测量。收入获得法不同于收入放弃法，要考虑税收优惠的取消对纳税人行为和税收结构的影响，即必须熟知纳税人的行为以及有关弹性标准的资料。

3. 等额支出法

等额支出法(outlay equivalent method)，即计算政府如果以相应的直接财政支出取代一项税式支出需要多少的政府直接支出才能达到相同的受益或者效果，如此估算的直接支出额即为税式支出的成本。这种方法是假定纳税人行为不改变，测量通过财政直接支出提供与税式支出同样经济效益的成本。此方法有利于与相应的直接财政支出相比较。

三种税式支出数量估算方法中，收入放弃法是一种对某种特定的税收优惠成本的事后检验方法，相对于另外两种而言，简便易行。因此，大多数国家主要选用收入放弃法进行税式支出成本核算。

(三) 规范税式支出的评价

税式支出效果评价是考察税式支出政策的利弊得失，决定其存废去留选择的依据。国际经济学界通常采用成本效益分析法进行税式支出效果的评价。从税收实践看，要完整地确定税收优惠的成本与收益，由于技术上和资料上的原因，既无必要，也无可能。因此，在进行税收优惠的成本效益分析时，主要是确定其直接的、内部的、有形的、实际的成本与效益来评价税式支出的效率。

(四) 选择相应的预算管理模式

1. 全面预算管理

将各种税式支出项目纳入统一的账户，按规范的预算编制方法和程序编制税式支出预算，并作为政府预算报告的组成部分送交议会审批。

2. 重点项目的预算管理

国家只对重要的税式支出项目编制定期报表，虽也有政府的评估意见和统计数据，但不直接纳入正式的财政预算程序，只作为预算法案的参考和说明。

3. 非制度化的临时监控

政府决定以税式支出方式对某一部门或者行业提供财政补助时，才对因此而放弃的税收收入参照预算方法进行估价和控制。

应知考核

一、单项选择题

1. 下列不属于转移性财政支出的是(　　)。
A. 失业救济支出　　B. 财政补贴　　C. 债务利息支出　　D. 行政经费支出

2. 财政补贴是一种(　　)。

A. 购买性支出　　　B. 转移性支出　　　C. 社会保障性支出　　　D. 经济建设性支出
3. 社会保障制度的核心是（　　）。
A. 社会救济　　　B. 社会保险　　　C. 社会福利　　　D. 社会优抚
4. 我国现行社会养老保险的筹资模式是（　　）。
A. 现收现付式　　　B. 完全基金式　　　C. 部分基金式　　　D. 财政拨款解决
5. 国家财政在医疗保险方面资金的支出属于（　　）。
A. 债务支出　　　B. 卫生事业支出　　　C. 行政管理支出　　　D. 社会保障支出

二、多项选择题
1. 社会保障资金的筹集方式包括（　　）。
A. 完全基金制　　　B. 企业积累制　　　C. 现收现付制　　　D. 部分基金制
2. 社会保障支出包括（　　）。
A. 社会救济　　　B. 社会福利　　　C. 社会保险　　　D. 社会优抚
3. 属于社会保障的经济性功能的有（　　）。
A. 调节投融资功能　　　B. 平衡需求功能　　　C. 社会补偿功能　　　D. 社会稳定功能
4. 下列属于财政补贴特征的有（　　）。
A. 政府性　　　B. 时效性　　　C. 专项性　　　D. 灵活性
5. 财政补贴主要包括（　　）。
A. 价格补贴　　　B. 捐赠支出　　　C. 企业亏损补贴　　　D. 财政贴息

三、判断题
1. 社会保障制度的核心是社会救济。　　　　　　　　　　　　　　　　　　　　（　　）
2. 社会保险的资金完全来自财政拨款。　　　　　　　　　　　　　　　　　　　（　　）
3. 社会保障的筹资方式主要有两种：一是缴费，二是缴税。　　　　　　　　　　（　　）
4. 利用收入放弃法来估算税式支出规模，适用于所有的税式支出项目。　　　　　（　　）
5. 财政补贴的性质属于购买性财政支出。　　　　　　　　　　　　　　　　　　（　　）

四、简述题
1. 简述转移性支出的含义和特征。
2. 简述社会保障的含义和特征。
3. 简述社会保障的功能。
4. 简述我国社会保障的现状与不足及改革与完善。
5. 简述财政补贴的正负效应。

应会考核

■ 观念应用
【背景资料】

供暖价格实行补贴

材料一：10月，A城区供热工作推进会决定，对供暖价格实行调整。城区居民供热价格按建筑面积由每月2.7元/平方米调整为每月3.3元/平方米。

材料二：为解决困难居民的冬季取暖问题，政府出台了《A城区困难居民集中采暖补贴办法(试行)》，给予这一人群每平方米3元的价格补贴，补贴对象为享受A城区居民最低生活保障和低收入家庭住房补贴的人群。

【考核要求】

(1)分析政府对困难居民给予采暖补贴的原因。

(2)分析说明政府出台补贴政策的意义。

■ 技能应用

发展养老事业，取得双赢

材料一：国务院发布《关于加快发展养老服务业的若干意见》，明确提出要以政府为主导，发展居家养老、社区养老、机构养老、医养结合等多种养老服务模式，办好公办保障性养老机构，完善农村养老服务托底的措施，完善公共财政补贴支持政策。

材料二：养老既是社会问题，也是经济问题。养老服务是一个巨大的产业，在吸纳劳动力就业和第三产业发展方面具有很大的潜力。如果政策得当，处理得好，可以取得社会和谐与经济发展双赢。

【技能要求】

(1)结合材料一，分析我国加快发展养老事业政策措施的意义。

(2)结合材料，谈谈如何在养老问题上"取得社会和谐与经济发展的双赢"。

■ 案例分析

【案例情境】

成品油价格财政补贴

财政部等四部门联合发布《关于完善新能源汽车推广应用财政补贴政策的通知》，国家新能源汽车购置补贴政策于2022年12月31日截止，在此日期之后上牌的车辆将不再给予补贴。

我国是世界第一大新能源汽车市场，新能源补贴政策功不可没。2010年，我国开始实施对新能源汽车的政策补贴，补贴达到顶峰时，购买一辆续航里程超过250千米的纯电动车最高可获得11万元购车补贴。国家补贴的效力近两年大幅降低，如今，这项补贴最终画上句号。"这意味着2023年1月1日起，再购买续航里程在300—400千米的新能源车要多花9 100元，续航400千米以上的要多花12 600元。不过有一个好的消息是，明年的新能源购置税依然是减免的，依然可以帮大家省下万把块。"一名销售人员说。

【分析要求】

(1)简述财政补贴的主要特征。

(2)试分析财政补贴的正面和负面经济效应。

(3)未来中国新能源车的市场前景如何？做出你的预测，运用所学说明理由。

项目实训

【实训内容】

材料一：我国社会保障支出总量以及我国的年GDP总量如图5—1所示。

材料二：随着人口结构的变化，养老金支出不断增加，而缴费人口相对减少，养老金制度面临着严峻的挑战。目前，我国老年人口规模已经超过2.4亿人，其中，低收入老年人群体占据很大比例。而当前我国的养老金制度存在着高收入人群的领取额偏高、低收入人群领不到足够养老金的问题。根据最新消息，2023年养老金的调整方案将实施"限高拉低"政策。具体来说，就是指对职工基本养老保险的缴费上限进行调整，通过降低养老金最高领取标准，逐步减少高薪人群的领养老金比

单位：万亿元

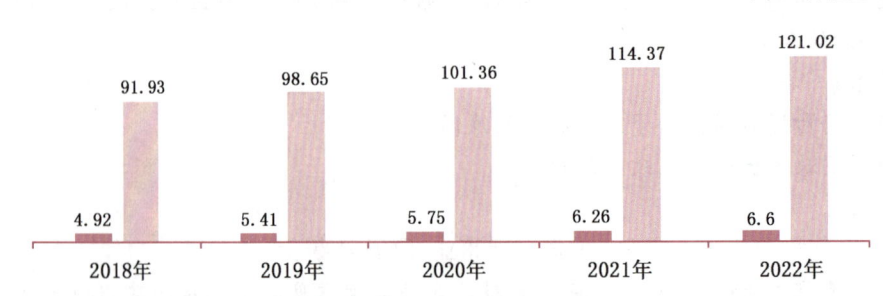

	2018年	2019年	2020年	2021年	2022年
GDP	91.93	98.65	101.36	114.37	121.02
社会保障支出	4.92	5.41	5.75	6.26	6.6

注：①据人力资源和社会保障部统计：近五年来，我国社会保障支出金额年平均增速为28.8%，同期发达国家的平均增速为15.6%。②据世界银行2022年度报告统计：2022年中国社会保障性支出占GDP比重为3.02%，同期发达国家这一支出占比平均值为26.75%。

图5-1　2018—2022年我国社会保障支出总量以及GDP总量

例；同时加大对低收入老年人的养老金补贴力度，提高其领取养老金的比例，从而实现养老金的平衡发展。这一政策将从2023年开始实施，预计未来几年内将逐步推进。

【实训目标】

培养学生分析问题和解决问题的能力。结合材料一分析反映的经济信息，结合材料二分析养老金制度属于社会保障的哪种形式？结合材料二，谈谈"限高拉低"政策如何促进经济高质量发展。

【实训组织】

将学生分成若干组，每组7人，每组设组长1名，组长负责组织本组成员进行实训，由组长将写成书面实训报告，并总结。（注意：教师提出活动前的准备和注意事项。）

【实训成果】

(1)考核和评价采用PPT报告资料展示和学生讨论相结合的方式。

(2)评分采用学生和教师共同评价的方式，填写实训报告。

实训报告		
项目实训班级：	项目小组：	项目组成员：
实训时间：　　年　　月　　日	实训地点：	实训成绩：
实训目的：		
实训步骤：		
实训结果：		
实训感言：		

第三篇

财政收入

项目六　财政收入

● **知识目标**

理解：财政收入的概念；财政收入的形态及依据；财政收入的形式和分类。
熟知：财政收入的原则、功能；财政收入规模的确定；财政收入结构的分类。
掌握：财政收入规模的衡量指标；制约财政收入规模的因素；财政收入结构划分的标准、价值结构、经济结构。

● **技能目标**

能够掌握财政收入的基本知识，运用本项目的知识解决财政收入方面的基本问题；具备分析我国的财政收入规模的现状及其发展趋势的能力。

● **素质目标**

运用所学的财政收入知识研究相关案例，培养和提高学生在特定业务情境中分析问题与决策设计的能力；结合行业规范或标准，强化学生的职业道德素质。

● **思政目标**

能够正确地理解"不忘初心"的核心要义和精神实质；树立正确的世界观、人生观和价值观，做到学思用贯通、知信行统一；通过财政收入知识培养自己发现问题、分析问题和解决问题的基本素养，深刻理解国家财政收入的内涵，发挥自己对社会主义核心价值观的认识。

● **项目引例**

31省（区市）2023年上半年财政数据

日前，全国31省（自治区、直辖市）公布了2023年上半年财政收支情况，有16个省份一般公共预算收入同比增速跑赢了全国13.3%的水平，其中，有10个省份上半年财政收入增速超过了20%。

上半年地方财政收入增速普遍走高，除了经济恢复性增长带动外，主要是2022年4月份开始实施大规模增值税留抵退税政策、集中退税较多，拉低了基数。

吉林省财政厅称，上半年，全省一般公共预算收入535.8亿元，同比增加156.5亿元，增长

41.2%。财政收入增速较高,除经济恢复性增长带动外,主要是2022年4月国家开始实施大规模增值税留抵退税政策,集中退税较多,2023年相关退税恢复常态,上半年同比少退79.3亿元等因素影响。

湖南省财政厅称,自2022年4月中央部署启动大规模增值税留抵退税政策以来,湖南省退税力度大、收入基数较低,2023年起全省财政收入逐步企稳回升,4月后增速急剧加快,总体呈由负到正、由低到高趋势。

从增速排名来看,2022年上半年位列全国第二、三的山西、陕西两省2023年风光不再,一般公共预算收入同比分别增长7.4%、8.0%,远低于全国平均水平,这在很大程度上是受到上半年煤炭价格大幅下跌的影响。

从两年平均复合增长率来看,绝大部分省份公共财政收入取得个位数增长,贵州、上海、广东、天津、吉林等八个省份呈负增长,表现最好的四个省份——内蒙古、新疆、山西、陕西均为资源大省。从地区来看,增速靠前的省份集中在中西部。

资料来源:王珍:31省上半年财政盘点,界面新闻,2023年08月14日。

引例反思:(1)通过上述的数据显示了什么问题?请分析这种现象。

(2)增加财政收入的途径有哪些?财政收入＞财政支出、财政收入＜财政支出,会出现什么结果?

(3)当我们看到这些数据时,如果有你所在的省份,作为正在读书的莘莘学子,我们想到了什么?谈谈你有没有意愿将来回到把我们培养长大的家园贡献出自己的力量。

● 知识精讲

任务一　财政收入概述

一、财政收入的概念

财政收入(financial revenue)是指政府为满足社会公共需要,依据一定的权力原则,从国民经济各部门集中的一定量的社会产品价值。财政收入在货币经济条件下包含四层意思:①财政收入表现为一定量的货币收入;②财政收入也是一个过程,它是财政分配的第一阶段或基础环节;③财政分配包括财政收入和财政支出两个过程,其中,财政收入是财政支出的前提;④财政收入是政府重要的调控工具。

二、财政收入的原则

(一)财政原则

财政原则指的是财政收入应当以满足政府履行其职能的需要为主要目的,或者说财政收入应当满足财政支出的需要。根据这一原则,政府应根据财政支出的需要确定财政收入的规模,即以支定收。通常情况下,尽量做到收支平衡,避免产生赤字。随着社会经济的发展,政府职能不断扩大,政府可以通过增税或税收的自然增收相应增加财政收入,以满足财政支出不断增长的资金需要。

财政原则的主要优点是,如果它能够得以成功地贯彻,可以避免财政赤字,实现财政收支平衡。应注意的是,执行这一原则应以合理界定财政支出规模为前提,否则,可能产生财政收入取之无度的不良后果。

(二)受益原则

受益原则指的是政府所提供的产品和劳务的成本费用的分配,要与社会成员从政府提供的产品和劳务中获得的收益相联系。

受益原则的主要优点在于,如果它能够得以成功地贯彻,那么政府提供产品和劳务的每个单位成本可以与社会成员从这些产品和劳务中获得的边际收益挂钩。所有社会成员都依据其从政府提供公共产品和劳务中所得的边际收益的大小做出相应的缴纳,就能避免"免费搭车"的问题。然而,问题在于,政府提供的大多数产品和劳务具有整体消费或共同受益的性质,客观上很难分清每一社会成员的受益多少。因此,这一原则的适用范围具有局限性,主要适用于个别成员或少部分社会成员受益的产品和劳务的成本费用的分配。根据这个原则,规费和使用费是最理想的财政收入形式。

(三)支付能力原则

支付能力原则指的是政府提供的产品和劳务的成本费用的分配,要与社会成员的支付能力相联系。按照这一原则,政府所提供的产品和劳务的成本费用的分配与社会成员所获得的边际收益大小无关,而只与其支付能力相联系。例如,收入多的多纳税,收入少的少纳税。

支付能力原则的优点在于,如果它能够得以成功地贯彻,政府提供产品和劳务的成本费用的分配可以改变国民收入的分配状况,使其向收入分配的公平目标转变,可以使社会成员的境况达到相对公平的状态。但支付能力原则的实施存在一定的困难:一是测度社会成员支付能力有困难;二是按照社会成员的支付能力确定其所承担的政府支出成本的份额同样有困难。

三、财政收入的功能

(一)收入功能

政府从事财政收入活动的首要目的就是获取国家机器运转必需的财政资金,因此,筹集财政收入资金的功能是其最基本的功能。同时,财政收入活动的收入功能是政府支出的保障。

(二)调节功能

在市场经济中,政府需要通过一定的再分配手段来调节初次分配产生的收入差距。在所有手段中,政府首先选择的就是财政收入调节方式,其中,税收就是常见的调节手段,如建立累进课征的个人所得税和财产税,加强对奢侈品课税等,这被称为财政收入调节收入分配的工具。

(三)稳定和发展经济的功能

财政收入是政府重要的宏观调控手段。政府的宏观调控主要是通过财政政策和货币政策来进行的,而财政收入政策是财政政策的重要组成部分。现代市场经济国家普遍运用税收、公债等手段调节资源在公共部门与私人部门之间的配置结构,促进整个社会资源的合理配置与充分利用、平缓经济周期波动以及促进经济增长与发展,并通过财政收入政策来调节收入和财富在社会成员之间的分配,促进收入分配趋于合理,维护社会稳定。

四、财政收入的形态及依据

(一)财政收入的形态

财政收入表明政府获取社会财富的状况,也就是说,社会物质财富是财政收入的实质内容。但在不同的历史条件下,财政收入的形态存在很大的区别:在自然经济时期,财政收入主要以劳役和实物的形态存在;在商品经济时期,财政收入一般以货币形式取得;在现代社会,财政收入均表现为一定量的货币收入。

(二)财政收入的依据

政府取得财政收入主要凭借公共权力,包括:①政治管理权:这是最主要和最基本的形式,取决于政府供给的公共商品性质;②公共资产所有或占有权;③公共信用权,如发行国债、股票等。

五、财政收入的形式及分类

(一)财政收入的形式

财政收入的形式反映社会生产力发展水平,体现社会经济结构,与社会经济形式和管理体制有密切关系。进一步讲,它是由社会再生产过程中各种经济利益关系的相互作用形成的。每一种收入形式的产生都是社会经济运行的客观需要,都有其经济根源和历史根源。那么,在一定的社会经济条件下取得财政收入的形式受到哪些因素制约呢?

第一,生产资料所有制是决定财政收入形式的主要因素。由于生产资料占有形式不同,反映的分配关系的性质不同,采取的分配形式也不相同。

第二,国家取得收入的目的是决定财政收入形式的又一重要因素。国家的某些财政收入形式的设立,不仅是为了取得收入,而且也是为了达到某种特定的目的。比如发行国债,有时是为了弥补财政赤字,平衡财政收支,有时是为了国家的经济建设筹集资金。

【提示】财政收入的形式是由收入所体现的分配关系和取得财政收入的目的共同决定的。

(二)财政收入的分类

1. 按收入形式分类,可分为税收收入、国有资产收益、债务收入、收费收入

(1)税收收入。税收是国家为了实现其职能,凭借政治权力依照法律规定标准取得财政收入的一种比较固定的形式。它具有强制性、无偿性、固定性的基本特征,不受生产资料所有权归属的限制,因此是国家取得财政收入的一种最可靠的基本形式。同时,税收在取得财政收入的过程中还能起到调节经济运行、资源配置和收入分配的重要作用。

(2)国有资产收益。国有资产收益是国家凭借国有资产所有权所应获取的经营利润、租金、股息(红利)等收入的总称。在现代企业制度下,企业是独立于投资者、享有民事权利、承担民事责任的经济实体,具有法人资格。企业中的国有资产属于国家,企业则拥有包括国家在内的出资者投资形成的全部法人财产权。财政与企业的分配关系,除了对各类企业的税收关系外,对国有企业或拥有国有股份的企业还有一层规范的资产收益分配关系,即国家以国有资产所有者身份采用上缴利润、国家股分红等形式,凭借所有权分享资产收益,然后通过国有资产经营预算支出用于新建国有企业投资,对股份制企业的参股、控股以及对国家股的扩股、增资,兼并购买产权或股权等,保持公有制资产在社会总资产中的优势。

(3)债务收入。债务收入是指国家以债务人的身份,按照信用的原则从国内外取得的各种借款收入。它包括在国内发行的各种公债(国库券、财政债券、保值公债、特种国债等)和向外国政府、国际金融组织、国外商业银行的借款以及发行国际债券等取得的收入。在现代社会中,公债因具有有偿性、自愿性、灵活性和广泛性等基本特征,并具有弥补财政赤字、调剂国库余缺、筹集财政资金和调控经济运行等多种功能,已成为一种不可缺少的重要财政收入形式。

(4)收费收入。一般来说,收费形式是国家政府机关或国家事业机构等单位,在提供公共服务、产品、基金或批准使用国家某些资源时,向受益人收取一定费用的一种财政收入形式。它主要包括规费收入、国家资源管理收入、公产收入等。收费收入涉及面广,收入不多,在财政收入中占有比重较小,但政策性强。国家采用收费这种形式,主要是促进各单位和个人注重提高效益,发挥其调节社会经济生活的作用。

2. 按经济性质分类,可分为无偿收入和有偿收入

无偿收入主要包括国家凭借政治权力征收的税收收入,占整个财政收入相当大的份额。无偿取得的收入主要用以满足国家行政管理、国防、科教文卫等消费性的经费支出。

有偿收入主要指债务收入,主要用于国家的经济建设支出和弥补财政赤字。

3. 按财政收入的层次分类,可分为中央财政收入与地方财政收入

中央财政收入是指按照财政预算法律和财政管理体制规定由中央政府集中和支配使用的财政资金。中央财政收入主要来源于国家税收中的属于中央的税收、中央政府所属企业的国有资产收益、中央和地方共享收入中的中央分成收入、地方政府向中央政府的上解收入以及国债收入等。

地方财政收入是指按照财政预算法或地方财政法规定划归地方政府集中筹集和支配使用的财政资金。地方财政收入主要来源于地方税、地方政府所属企业的国有资产收益、共享收入中的地方分成收入以及上级政府的返还和补助收入等。

任务二　财政收入规模

一、财政收入规模的含义及衡量指标

(一)财政收入规模的含义

财政收入规模是指财政收入的总水平,通常用某一时期(一个财政年度)财政收入总额(绝对数额)或用财政收入占国内生产总值(GDP)的比重及财政收入占国民生产总值(GNP)的比重(相对数额)来反映。财政收入规模是衡量一个国家财力和政府在社会经济生活中的职能范围的重要指标。财政收入规模和速度受一国政治、经济等条件影响和制约。财政收入规模是衡量政府公共事务范围和一国财政状况的基本指标。

(二)财政收入规模的衡量指标

1. 财政收入规模的绝对量及其衡量指标

财政收入规模的绝对量是指一定时期内财政收入的实际数量。从静态考察,财政收入的绝对量反映了一国或一个地区在一定时期内的经济发展水平和财力集散程度,体现了政府运用各种财政收入手段调控经济运行、参与收入分配和资源配置的范围和力度;从动态考察,即把财政收入规模的绝对量连续起来分析,可以看出财政收入规模随着经济发展、经济体制改革以及政府机制在调控经济运行、资源配置和收入分配中的范围、力度的变化趋势。

衡量财政收入规模的绝对指标是财政总收入,它是一个有规律、有序列、多层次的指标体系。

2. 财政收入规模的相对量及其衡量指标

财政收入规模的相对量是指在一定时期内财政收入与有关经济和社会指标的比例。体现财政收入规模的指标主要是其相对量,即财政收入与国民经济和社会发展有关指标的关系。衡量财政收入相对规模的指标通常有两个:一是财政收入占国民生产总值(GNP)或国内生产总值(GDP)的比例;二是税收收入占 GNP 或 GDP 的比重。

二、影响财政收入规模的因素

(一)影响财政收入规模的绝对量因素

1. 经济发展水平

经济发展水平对财政收入的影响是最为基础的。经济发展水平从总体上反映一个国家的社会产品的丰富程度和经济效益的高低,只有经济发展水平提高,才能使财政收入的总额增大。

2. 生产技术水平

生产技术水平是指生产中采用先进技术的程度,它对财政收入规模的制约包括:一是技术进步导致生产速度加快、生产质量提高,技术进步速度越快,社会产品和 GNP 的增长也加快,财政收入的增长就有充分的财源;二是技术进步必然带来物耗降低,经济效益提高,剩余价值所占的比例扩

大。由于财政收入主要来自剩余产品价值,所以技术进步对财政收入的影响更为直接和明显。

3. 收入分配政策

制约财政收入规模的另一个重要因素是政府的分配政策和分配体制。分配政策对财政收入规模的制约主要表现在两个方面:一是收入分配政策决定剩余产品价值占整个社会产品价值的比例,进而决定财政分配对象的大小,即在国民收入既定的前提下,M 占国民收入的比重;二是分配政策决定财政集中资金的比例,即 M 中财政收入所占的比重。

4. 价格因素

价格因素对财政收入的影响是产品或劳务的价格上涨会引致名义财政收入的增加。具体来说,①价格上涨会相应地扩大税基,使名义税收增加。在税率一定时,价格上涨,税基扩大,财政收入增加。②名义收入的增加和税基的扩大,会引起税率的变化。在累进税制下,较高的收入会使纳税人自动地进入较高的纳税等级,甚至原来不纳税的人也会因名义税收的增加而自动进入纳税人行列,因而也会使名义财政收入增加。

(二)影响财政收入规模的相对量因素

影响财政收入规模的相对量因素包括直接因素与间接因素两个方面。仅就直接因素作分析,它包括体制因素和财政政策因素。

1. 体制因素

体制因素直接影响财力集中度。在其他因素一定时,一般来说,实行计划经济体制的国家,其财政集中度要高于实行市场经济体制的国家;同一国家如中国,在计划经济体制时期与在社会主义市场经济体制时期,其财政集中度也大不相同。其差异源于不同财政经济体制下的政府职能和财政职能的不同。

2. 财政政策因素

财政收入占 GNP 的比例还受到财政政策的制约。在财政支出一定时,若经济运行状况需要政府实施扩张性的财政政策,则要求减税,降低财政收入占 GNP 的比例;或者说,这一比例的降低反映了财政政策的扩张性。同理,紧缩性的财政政策要求提高这一比例,或者说,这一比例的提高反映了财政政策的紧缩性。

【同步案例 6—1】　　　　　财政收入呈增长模式

材料一:《2023 年国民经济和社会发展统计公报》公告显示,2023 年,全国一般公共预算收入 216 784 亿元,同比增长 6.4%。其中,税收收入 181 129 亿元,同比增长 8.7%;非税收入 35 655 亿元,同比下降 3.7%。分中央和地方看,中央一般公共预算收入 99 566 亿元,同比增长 4.9%;地方一般公共预算本级收入 117 218 亿元,同比增长 7.8%。

材料二:财政部预算司相关负责人表示,保持适度支出强度,加强财政资源统筹,着力保障国家重大战略任务资金需求,发挥财政资金在支持科技创新、加快经济结构调整、调节收入分配等方面的重要作用。大幅压减非刚性、非重点项目支出和公用经费,重点项目和政策性补贴也按照从严从紧、能压则压的原则审核,腾出更多财政资源用于改善基本民生等重点领域。在中央财力有限的条件下,通过压减本级、调整结构,增加对地方转移支付规模,特别是增加一般性转移支付规模,加大对欠发达地区的财力支持,支持地方做好基层"三保"工作。严格按照全国人大批准的预算安排支出,严禁无预算超预算拨款,除应急救灾等特殊事项外,执行中一般不再追加预算,确保年初预算安排的重点领域支出得到有效保障。

课堂讨论:

(1)结合材料一,概括影响 2023 年财政收入增速的主要因素。

(2)结合材料二,分析在过"紧日子"背景下,财政如何保障重点领域支出。

三、财政收入规模的确定

（一）合理确定财政收入规模的重要性

1. 财政收入占 GNP 的比例影响资源的有效配置

在市场经济中，市场主体主要包括企业、居民和政府三个部分。各个主体对国民经济和社会发展具有不同的职能作用，并以一定的资源消耗为实现其职能的物质基础。然而，社会经济资源是有限的，各利益主体对资源的占有、支配和享用客观上存在着此增彼减的关系。理想状态的集中度，应是政府集中配置的资源与其他利益主体分散配置的资源形成恰如其分的互补关系，或者说，形成合理的私人产品与公共产品结构，使一定的资源消耗获得最优的整体效益。

2. 财政收入占 GNP 的比例影响经济结构的优化

在一定时期内，可供分配使用的国民生产总值是一定的，但是，经过工资、利息、利润、财政税收等多种分配形式的分配和再分配最终形成的 GNP 分配结构则有可能是多种多样的。分配结构不同，对产业部门结构的影响也就不同。在 GNP 一定时，若政府财政集中过多，就会改变个人纳税人的可支配收入用于消费与投资的结构，税负过高，也会降低企业纳税人从事投资经营的积极性。若消费因政府加税而变得相对较低，人们就愿意选择消费和休息，而不是投资和工作，致使国民生产总值在投资与消费之间的结构失衡。

3. 财政收入占 GNP 的比例既影响公共需要的满足，也影响个别需要的满足

经济生活中的任何需要（公共需要和个别需要）都要以 GNP 所代表的产品和劳务来满足。政府征集财政收入的目的在于实现国家职能，满足公共需要。公共需要是向社会提供的安全、秩序、公民基本权利和经济发展的社会条件等方面的需要。满足公共需要实际上形成了推动经济、社会发展的公共动力。GNP 中除财政集中分配以外的部分，主要用于满足个别需要。个别需要是企业部门和家庭的需要，满足个别需要是经济生活中形成个别动力的源泉。个别动力对国民经济发展具有直接的决定作用，实际上，公共动力对经济社会的推动作用最终也要通过个别动力来实现，而个别动力对经济的决定作用也需借助于公共动力的保障来实现。在 GNP 一定时，需要寻找公共需要满足程度与个别需要满足程度的最佳结合点，实际上也就是财政收入占 GNP 的合理比例。

4. 财政收入占 GNP 的比例是财政政策的中介目标，是财政收入政策的直接目标

财政收支作为一个整体，其运作必须服从财政政策目标；财政收支作为相对独立的财政活动，不仅要有财政政策目标作为终极目标指向，而且还要有更为明确、具体的直接目标分别指示其运作的方向和力度，这些直接目标决定于财政政策目标，并具体指导着财政分配活动，可将其称为中介目标。指导财政收入活动的中介目标是财政收入政策目标，而最主要的财政收入政策目标就是财政收入占 GNP 的比例。

（二）财政收入规模的确定

在一定的时间和条件下，衡量一国财政收入规模是否适度、合理，大致有一个客观标准，这个标准主要包括以下两个方面：

1. 效率标准

效率标准是指政府财政收入规模的确定应以财政收入的增减是否有助于促进整个资源的充分利用和经济运行的协调均衡为标准。

（1）资源利用效率。征集财政收入的过程，实际上是将一部分资源从企业和个人手中转移到政府手中的过程，转移多少应考察是否有助于提高整个资源的配置效率。财政转移资源所产生的预期效率应与企业和个人利用这部分资源所产生的预期效率进行比较，若国家利用的效率高，则可通过提高财政收入占 GNP 的比重来实现转移；否则应降低这一比例。

(2)经济运行的协调均衡。一般来说,当经济处于良好的态势时,财政收入规模应以不影响市场均衡为界限,即这时的财政收入规模应该既能满足公共财政支出需要,又不对市场和经济发展产生干扰作用。当经济运行处于失衡状态时,财政收入规模就应以能够有效地矫正市场缺陷、恢复经济的协调均衡为界限。

2. 公平标准

公平标准是指在确定财政收入规模时应当公平地分配财税负担。具体地说,就是财政收入占 GNP 的比例要以社会平均支付能力为界限,具有相同经济条件的企业和个人应承担相同的财税负担,具有不同经济条件的企业和个人应承担不同的财税负担。在公平负担的基础上,确定社会平均支付能力,并据以确定财政收入规模尤其是财政收入占 GNP 的比例。

四、我国财政收入规模变化的分析

(一)从绝对额来看

改革开放以来,我国财政收入的规模随着经济的增长而不断增长。1978—2013 年,我国财政收入绝对数的增长可以分为三个阶段:水平徘徊阶段(1978—1982 年);缓慢发展阶段(1982—1992 年);高速增长阶段(1992—2013 年)。

(二)从相对数额(财政收入占 GDP 的比重)来看

从相对数额(财政收入占 GDP 的比重)来看,表现出 U 形的发展态势。下面我们分时间段进行分析。

1. 改革开放到 20 世纪 90 年代中期

我国财政收入占 GDP 的比重下降与财政支出的持续增长形成尖锐的矛盾,下降的主要原因有:

(1)分配制度发生了急剧的变化。改革以后,GDP 分配格局明显向个人倾斜,这导致了我国财政收入的下降。

(2)经济运行不正常。财政收入占 GDP 的比重下降,这在一定程度上反映了经济结构问题。财政是经济结构的"晴雨表",经济结构越合理,财政收入占 GDP 的比重就越大。我国财政收入占 GDP 的比重之所以明显低于发达国家的平均水平,差距就在经济结构上。靠粗放发展,靠过分消耗资源与环境来实现增长,导致我国的财政收入占 GDP 的比重越来越低。

(3)财政管理体制不完善、思想理论上的失误以及税收征管不严、财政监督不力等均导致财政收入占 GDP 的比重下降。

这一时期财政收入下降的后果是:①政府财力下降,制约社会公共事业的发展,最终影响民众的根本利益;②宏观调控能力下降;③资金分散,难以保证国家重点建设等问题。

2. 20 世纪 90 年代中期至今

此时间段内,财政收入占 GDP 的比重一直在上升。1995 年以来,国民收入的分配格局越来越向国家倾斜。居民收入占 GDP 的比重日益下降,而国家财政收入连续以超过 GDP 增长幅度 1 倍以上的速度增长。我国财政收入占 GDP 的比重从 1995 年的 10.7% 增长到 2017 年的 21.03% 左右。2018 年我国财政收入 183 352 亿元,同比增长 6.2%,2019 年我国财政收入超 19 万亿元,占 GDP 比重为 28.14%,比美国 32.66% 低了 4.5 个百分点。2020 年美国财政收入高达 7.34 万亿美元,占 GDP 比重为 33%,稳居世界第一。2021 年,我国财政收入突破 20 万亿元,但与 2019 年相比,两年平均增长 3.1%,增幅低于 GDP 增长,财政收入占 GDP 的比重持续下降,财政支撑经济社会发展的压力仍然较大。2022 年,我国财政总收入接近 28.73 万亿元,占 GDP 比重为 24%,在发展中国家里处于中等水平,低于发达国家。

任务三 财政收入结构

一、财政收入结构的概念

财政收入结构是指财政收入在国民经济各部门、各行业和各地区之间的比例和数量。它反映通过国家预算集中财政资金的不同来源、规模和所采取的不同形式以及各类财政收入占财政总收入的比重和增加财政收入的途径。

二、财政收入结构的分类

（一）财政收入的产业结构

国民经济按产业可分为第一产业、第二产业和第三产业。第一产业包括农业、牧业、林业、渔业等；第二产业包括工业和建筑业；第三产业包括第一、第二产业以外的各业，主要有服务业、旅游业、交通运输业、金融保险业等。三大产业在国民经济整体中的地位不同，在财政收入中的地位也不同。研究财政收入的产业结构以及与之相关的价格结构的变化对财政收入的影响，便于根据各部门的发展趋势和特点，客观地组织财政收入，开辟新的财源。

（二）财政收入的所有制结构

财政收入的所有制结构，指的是财政收入作为一个整体，是由不同所有制的经营单位各自上缴的税金、利润和费用等构成的。

财政收入按经济成分分类，有国有经济收入、集体经济收入、私营经济收入、个体经济收入、外资经济收入等。改革开放之前，我国是以国有经济为主导地位的，国有经济提供的财政收入占2/3以上。集体经济和其他经济占财政收入的1/3。改革开放以后，特别是20世纪90年代中期实行社会主义市场经济体制以来，私营经济、个体经济、外国投资企业发展迅猛，财政收入来自非国有经济的部分逐步上升。目前这些经济成分占财政收入的50%左右（含私营经济、个体经济、中外合营经济、外商独资经济成分），而来自国有经济的财政收入也只有50%左右，各占半壁江山。因此，非国有经济是我国财政收入的重要来源。随着经济体制进一步改革，国有企业将进一步减少，国有经济占财政收入的比重也将进一步降低。

（三）财政收入的地区结构和生产力布局

财政收入的地区结构和生产力布局是否合理，不仅关系到国民经济的平衡发展，而且是影响财政收入的重要因素。我国各地区的发展很不平衡，按经济发展水平、交通运输条件、技术水平、地理位置等方面的区别，全国可分为东部、中部、西部三大经济地带。由于经济发展程度不一，积累水平相差悬殊，东部地区是我国财政收入的主要来源地带。因此，只有将东部的资金、技术、人才优势与中西部的资源优势有机结合起来，帮助中西部地区发展经济、培植财源，才能实现中西部地区财政收入较快增长，改变西部地区财政收入过低、靠中央财政转移支付过多的局面。

三、财政收入结构划分的标准

财政收入结构是指财政收入的来源结构，它反映了财政收入的基本构成内容及其各类收入在财政收入总体中的地位。

财政收入的来源结构包括财政收入的价值结构和经济结构。财政收入的经济结构包括财政收入的社会经济结构和国民经济结构。社会经济结构即所有制结构。国民经济结构包括部门结构、产品结构、地区结构、技术结构等，其中，部门结构是最主要的。财政收入在这两方面的结构，实际上是生产关系结构和生产力结构,若结构合理,生产就能有效发展,财政收入也能不断地增长。

四、财政收入的价值结构

市场经济条件下的财政分配是价值分配,因此,财政分配所体现的价值分配与社会产品价值的关系极大,有必要对财政收入的价值构成进行理性分析。

按照马克思的产品价值构成理论,社会总产品由 c、v 和 m 三个部分组成,其中,c 是补偿在生产过程中消耗的生产资料的价值;v 是支付给劳动者个人的报酬;m 则是剩余产品价值,是财政收入主要的来源,但不是唯一的来源。c 和 v 的一部分也可以构成财政收入的主要来源。

(一)c 与财政收入

c 是补偿社会产品消耗掉的生产资料的价值。它可以分为两个部分:一部分是补偿在生产中消耗掉的原材料(如材料、燃料、辅助材料等)的价值,这部分价值在循环周转中具有一次性全部转移到新产品中、一次性从产品销售收入中得到足额补偿的特征,是进行简单再生产的物质条件,一般不可能也不需要通过财政分配;另一部分是补偿在生产中消耗的固定资产的价值,固定资产运动的特点决定了其价值补偿和实物更新在时间、空间上不一致,尤其是新投产使用的固定资产更是如此,这样折旧基金实际上可以作为积累基金使用。改革开放以前,我国在传统的高度集中的财政体制下,国有企业的折旧基金曾全部或部分地上缴财政,作为财政收入的一个来源。

(二)v 与财政收入

v 是在社会产品生产过程中以薪金报酬形式支付给劳动者个人的必要劳动转移的价值,即劳动者个人所得的各种报酬。在发达国家,v 是构成财政收入的主要来源,但是在发展中国家,v 在财政收入中的比重远远低于发达国家,在我国现阶段,这个比重甚至还低于一些发展中国家。

从我国目前的情况来看,来自 v 部分的财政收入主要有以下几条渠道:①直接向个人征收的税收(如个人所得税);②直接向个人收取的规费、社会保障费和罚没收入;③国家出售高税率的消费品(如烟、酒、化妆品等)所获得的一部分收入,这部分收入实质上也是由 v 转化而来的;④服务性行业和文化娱乐业等企事业单位上缴的税收和利润,其中一部分是通过对 v 的再分配转化而来的;⑤居民购买的国债。

今后,随着我国社会主义市场经济体制的不断完善和国民经济的全面发展,个人收入水平将不断提高,财政收入来源于 v 的部分将会逐步扩大。

(三)m 与财政收入

m 是新创造的、归社会支配的剩余产品价值,它是财政收入的基本源泉。从社会总产品的价值构成来看,财政收入主要来自 m,只有 m 多了,财政收入的增长才有坚实的基础。在我国社会主义市场经济条件下,财政收入规模的增减是以整个国民经济盈利水平为转移的,它直接反映着国民经济的综合效益。因此,提高财政收入规模的根本途径就是增加 m。

五、财政收入的所有制结构

(一)财政收入所有制结构的理论分析

财政收入的所有制结构也称为财政收入的经济成分构成,是指财政收入来自国有经济、集体经济、涉外经济、个体经济和其他经济成分的比重关系。这种结构分析的意义,就在于说明国民经济成分对财政收入规模和结构的影响及其变化趋势,从而采取相应的增加财政收入的有效措施。

一般来说,国有化程度较高的国家,其财政收入中国有财产收入和国有企业收入的份额较高。20世纪40年代以来,伴随世界各国国有化运动的不断变化,财政收入的所有制结构也处于不断的变化之中,但总的变化趋势是世界各国尤其是发达国家的非国有经济提供的财政收入占财政总收入的比重始终保持相当高的比例。

(二)财政收入所有制结构的实践分析

中华人民共和国成立后,国有经济始终是我国财政收入的支柱。国有经济提供的财政收入占整个财政收入的比重,从国民经济恢复时期的50.1%稳步增长,至"四五"时期达到顶峰87.4%后逐步下降。例如,财政部数据显示,2023年1—8月,全国国有及国有控股企业经济运行保持稳定发展态势,利润增速略有回升。1—8月,国有企业营业总收入543 920.0亿元,同比增长4.0%。国有企业利润总额30 923.7亿元,同比增长4.3%;国有企业应交税费38 713.7亿元,同比下降3.1%;国有企业资产负债率64.8%,上升0.3个百分点。

可见,国有经济财政收入比重的下降趋势,以及集体经济、个体经济和其他经济特别是涉外经济比重的上升趋势,是与我国经济体制改革和发展趋势相一致的,其主体地位是不可动摇的。

六、财政收入的部门构成

财政收入的部门构成,是指国民经济中各部门对财政收入的贡献程度,即财政收入是从哪些部门集中的,集中的比例有多大。

(一)农业与财政收入

农业是国民经济的基础,也是财政收入的一个基本源泉。农业的状况如何,对于整个国民经济的发展、市场物价的稳定及人民生活的改善等关系重大,农业直接或间接地提供财政收入,是财政收入的基本源泉之一。由于农业与工业、商业、外贸出口等有密切的联系,农业的丰歉直接影响整个国民经济的发展,进而成为影响财政收入的一个重要条件。

(二)工业与财政收入

工业是国民经济的主导,也是财政收入最直接的主要源泉。工业产值在国民生产总值中占的比重最大;同时,工业部门的劳动生产率和剩余产品价值率都比农业高。因此,来自工业部门上缴的各项税收和国有资产收益成为财政收入的支柱。工业部门增长速度、质量、效益的变化,以及财务制度和利润分配制度的调整,都成为影响整个国民收入增长态势的基本因素。

(三)交通运输业、商业服务业与财政收入

交通运输业和商业是连接生产与消费的桥梁和纽带,从总体上讲属于流通过程。流通过程是生产过程的继续。在市场经济条件下,实现商品价值和使用价值是运输业、邮电业、内外贸企业的基本职能。

交通运输作为生产在流通领域的继续,是一种特殊的生产活动,交通运输部门提供的财政收入,是交通运输部门的劳动者在商品运输的劳动中创造的价值;同时,交通运输沟通商品交换,促进商品流通,对最终实现工农业产品价值和财政收入起着重要的保护作用。

商业是以货币为媒介从事的商品交换活动,是商品的价值和使用价值实现的过程。商业活动的劳动有一部分如商品流通中的商品搬运、包装、仓储、简单加工等属于价值创造活动,直接为国家创造一部分财政收入,但更重要的是通过商品交换实现工农业生产部门创造的纯收入,实现国家财政收入。因此,交通运输业和商业是财政收入的重要源泉。

随着社会生产力的发展和产业结构的变化,包括金融保险、旅游、饮食服务、娱乐业等在内的各个产业部门也迅速发展,这些部门提供的GNP及占GNP的比重有不断扩大的趋势。随着我国服务业的加速发展和服务价格的市场化,来自服务业的财政收入呈日益增长趋势。

七、财政收入的地区构成

(一)国家集中的财政收入在中央和地方之间的分布

中央支配的财政收入比例称为中央财政集中度,不但制约中央财政的宏观调控能力,而且直接影响地方积极性的发挥。集中度的高低影响着经济发展、产业选择、公共服务均等化、民族团结、社会和谐等方面,中央财政一般倾向于提高集中度,而地方财政则希望提高自身的财权和自主权。一个国家中央财政集中度的高低多少为合适,学术界没有统一意见,各个国家的情况也不一样。从统计数据看,部分发达国家全口径[①]中央财政收入占全国财政收入的比重如下:英国为91.3%,法国为85.4%,澳大利亚为74.4%,德国为66.7%,日本为60.0%,美国为55.8%,加拿大为47.3%。就我国来说,1985—1993年,集中度呈明显下降趋势,1994年分税制改革极大地提高了中央财政收入的比重,目的是增强中央政府的宏观调控能力(见表6—1)。1994年以后,这一比重基本维持在50%~55%;从2011—2023年数据来看,地方财政所占的比重维持在50%~54%,中央财政所占的比重维持在45%~49%。

表6—1　　　　　　　　　　　中央和地方财政收入及比重

年份	财政收入(亿元)	财政收入(亿元) 中央	财政收入(亿元) 地方	比重(%) 中央	比重(%) 地方
1978	1 132.26	175.77	956.49	15.5	84.5
1980	1 159.93	284.45	875.48	24.5	75.5
1985	2 004.82	769.63	1 235.19	38.4	61.6
1990	2 937.10	992.42	1 944.68	33.8	66.2
1991	3 149.48	938.25	2 211.23	29.8	70.2
1992	3 483.37	979.51	2 503.86	28.1	71.9
1993	4 348.95	957.51	3 391.44	22.0	78.0
1994	5 218.10	2 906.50	2 311.60	55.7	44.3
1995	6 242.20	3 256.62	2 985.58	52.2	47.8
1996	7 407.99	3 661.07	3 746.92	49.4	50.6
1997	8 651.14	4 226.92	4 424.22	48.9	51.1
1998	9 875.95	4 892.00	4 983.95	49.5	50.5
1999	11 444.08	5 849.21	5 594.87	51.1	48.9
2000	13 395.23	6 989.17	6 406.06	52.2	47.8
2001	16 386.04	8 582.74	7 803.30	52.4	47.6
2002	18 903.64	10 388.64	8 515.00	55.0	45.0
2003	21 715.25	11 865.27	9 849.98	54.6	45.4
2004	26 396.47	14 503.10	11 893.37	54.9	45.1

---

① 全口径财政收入是指在预算年度内,按照国家有关法律法规通过一定的形式和程序,有计划地通过政府组织并取得的,由本级政府实现的各项收入的总和。它主要包括上划收入、地方财政一般预算收入(不含一般预算调拨收入)和基金收入。全口径财政收入是最大统计口径的财政收入,也称作大口径财政收入。

续表

年份	财政收入（亿元）	财政收入（亿元） 中央	财政收入（亿元） 地方	比重（%） 中央	比重（%） 地方
2005	31 649.29	16 548.53	15 100.76	52.3	47.7
2006	38 760.20	20 456.62	18 303.58	52.8	47.2
2007	51 321.78	27 749.16	23 572.62	54.1	45.9
2008	61 330.35	32 680.56	28 649.79	53.3	46.7
2009	68 518.30	35 915.71	32 602.59	52.4	47.6
2010	83 101.51	42 488.47	40 613.04	51.1	48.9
2011	103 874.43	51 327.32	52 547.11	49.4	50.6
2012	117 209.75	56 132.42	61 077.33	47.9	52.1
2013	129 209.64	60 198.48	69 011.16	46.6	53.4
2014	140 370.03	64 493.45	75 876.58	45.9	54.1
2015	152 269.23	69 267.19	83 002.04	45.5	54.5
2016	159 604.97	72 365.62	87 239.35	45.3	54.7
2017	172 592.77	81 123.36	91 469.41	47.0	53.0
2018	183 359.84	85 456.46	97 903.38	46.6	53.4
2019	190 390.08	89 309.47	101 080.61	46.9	53.1
2020	182 894.92	82 771.08	100 123.84	45.3	54.7
2021	20 2554.64	91 470.41	11 1084.23	45.2	54.8
2022	20 3703.48	94 884.98	10 8818.50	46.6	53.4
2023	216 784.00	99 566.00	117 218.00	45.9	54.1

资料来源：国家统计局，http://data.stats.gov.cn。

(二)70余年各省市财政排名变化的特征

地方财政收入取决于其经济基础和财政体制。自1949年新中国成立以来，我国经历了从计划经济到市场经济、从农业到工业化和城镇化的进程。从高度集中统收统支的财政体制到分税制，这一系列体制的变革直接影响了各地的财政收入。财政收入与经济发展高度相关。2001年至今，财政收入前五名为广东、江苏、浙江、上海和山东。其中，广东、江苏、浙江和山东财政收入排名与地方GDP排名基本匹配，体现地方财政收入水平与地区整体经济活动水平密切相关；而上海GDP 2022年受疫情冲击排名跌出前十，但其发达的房地产、批发零售、金融、商务服务、交通运输等产业财政贡献率高，使其财政收入保持前五。

东北财政历经兴衰，背后是经济体制之变。改革开放以前，在计划经济体制下东北经济发展领先全国，财政收入排名靠前。1953年第一个五年计划使东北成为新中国的工业摇篮，之后大批工业落户东北，地区工业经济发展带动财政收入增长。1959年，辽宁财政收入排名跃居前二，仅次于上海，并保持前三水平至1991年；1971年黑龙江财政收入跃居第四，并保持前五至1979年。但改革开放以后，东北的市场经济体制改革进程缓慢，传统经济结构老化，长期的计划经济体制和思维导致营商环境改善程度不及东部沿海地区，国企占比高、人口老龄化突出，市场活力不足，重工业等产业发展动力不足，导致财政收入相较沿海地区而言增速缓慢。1980年黑龙江财政收入从第五跌出前十榜单,此后再未跻身前十。辽宁财政收入于1992年跌出前三,2000年跌出前五,2015年跌出前十,2022年排名继续下滑至全国第18位。

沿海地区财政长期相对丰裕,广东、江苏、上海、浙江和山东等沿海地区的财政收入长期名列前茅。1950—1957年,山东、广东、江苏三省财政收入保持前三名,三者间排名或有更替。1959年,上海财政收入突跃榜首,并保持第一至1990年。1991年以后,广东超过上海,位居第一并保持至今,2022年近13万亿元,直接源于广东省GDP长达34年排全国第一。广东凭借机械、纺织、制药、服务等优势产业发展,以及全国第一的人口、丰富资源、技术优势、"粤港澳"国家战略优势等实现了连续34年GDP牢居全国第一,因此也占据财政收入榜首。2001年浙江升至前五,2002江苏升至前三。江苏凭借与广东相似的外向型经济模式以及其独有的"苏南模式",经济发展较好。浙江的民营经济活跃,对经济和财政收入的带动作用明显。山东财政收入在1956—1958年一度占据第一位置,此后相继被辽宁、江苏等超越,近年经济转型困难,财政收入排名次于浙江。

2023年全国一般公共预算收入216 784亿元,比2022年增长6.4%,22个省份(直辖市)地方财政收入出现负增长。各省市财政收入(亿元)前十名的地区较2022年并未发生变化,分别为:广东(13 851)、江苏(9 930)、浙江(8 600)、上海(8 313)、山东(7 465)、北京(6 181)、四川(5 529)、河南(4 512)、河北(4 286)、安徽(3 939)。前十大省份(直辖市)中,仅有安徽的地方一般公共预算收入自然口径正增长,其他均为负增长。紧随其后分列第11－15名的依次是湖北(3 692)、福建(3 592)、山西(3 479)、陕西(3 437)、湖南(3 361)。

应知考核

一、单项选择题

1.( )是国家取得财政收入的一种最可靠的基本形式。
 A. 企业收入　　　B. 债务收入　　　C. 收费收入　　　D. 税收收入
2. 对财政收入的影响最为基础的是( )。
 A. 税率标准　　　B. 纳税人数量　　C. 经济发展水平　D. 居民收入水平
3. 财政收入中,凭借国有资产所有权获得的收入是( )。
 A. 税收收入　　　B. 国有资产收益　C. 债务收入　　　D. 其他收入
4. 在财政收入中,通过信用的原则从国内外取得的各种借款收入是( )。
 A. 税收收入　　　B. 国有资产收益　C. 债务收入　　　D. 专项收入
5.( )主要包括规费收入、国家资源管理收入、公产收入等。
 A. 税收收入　　　B. 国有资产收益　C. 债务收入　　　D. 收费收入

二、多项选择题

1. 按财政收入的形式分类,我国的财政收入分为( )。
 A. 税收　　　　　B. 中央财政收入　C. 债务收入　　　D. 地方财政收入
2. 第三产业包括( )。
 A. 流通部门　　　B. 旅游业　　　　C. 交通运输业　　D. 金融保险业
3. 影响财政收入规模变动的经济因素有( )。
 A. 经济发展水平　B. 经济体制　　　C. 价格因素　　　D. 收入分配政策
4. 政府取得财政收入主要凭借公共权力,包括( )。
 A. 政治管理权　　　　　　　　　　　B. 公共资产所有或占有权

C. 公共信用权 　　　　　　　　　　　　D. 以上都不对
5. 下列关于财政收入的表述,正确的有(　　)。
A. 财政分配的对象是全部社会产品
B. 我国现阶段财政收入的形式主要是税收
C. 使用费是指为交换公共部门所提供的特殊商品和服务而进行的支付
D. 可以近似地用税收收入的分析来观察整个财政收入的状况

三、判断题

1. 农业是国民经济的基础,也是财政收入的基础,所以我国的财政收入主要来自农业。(　　)
2. 一般来说,国有化程度较高的国家,其财政收入中国有财产收入和国有企业收入的份额较高。(　　)
3. 政府取得财政收入最主要和最基本的形式是政治管理权。(　　)
4. GNP中除财政集中分配以外的部分,主要用于满足公共需要。(　　)
5. 财政收入的形式是由收入所体现的分配关系和取得财政收入的目的共同决定的。(　　)

四、简述题

1. 简述财政收入的概念和原则。
2. 简述财政收入的功能。
3. 简述财政收入规模的衡量指标。
4. 简述影响财政收入规模的因素。
5. 简述财政收入的价值结构。

应会考核

应会考核
■ 观念应用
【背景资料】

财政本质与财政收入

材料一:2023年全年,全国一般公共预算收入216 784亿元,同比增长6.4%。其中,税收收入181 129亿元,同比增长8.7%;非税收入35 655亿元,同比下降3.7%。

材料二:每年的全国人大会议都要审议财政部长作的关于上年财政执行情况和当年财政预算情况的报告。

【考核要求】
(1)根据资料一,算算2023年全年税收收入占财政收入的比例。谈谈你的感想。
(2)根据资料二,①什么是财政、财政预算、财政决算? 财政的本质是什么? ②财政在经济社会发展中发挥怎样的作用? ③财政收入的主要来源是什么? 影响财政收入的因素有哪些? ④财政支出包括那些方面?

■ 技能应用
材料一

表6—2　　　　　　　2019—2023年我国GDP总量、税收收入、财政收入及其增长情况

年份 项目	GDP 总量(亿元)	GDP 同比增长	税收收入 总额(亿元)	税收收入 同比增长	财政收入 总额(亿元)	财政收入 同比增长
2019	990 865	6.1%	157 992	1.0%	190 382	3.8%
2020	1 015 986	2.3%	154 310	-2.3%	182 895	-3.9%
2021	1 143 670	8.1%	172 731	11.9%	202 539	10.7%
2022	1 210 207	3.0%	166 614	-3.5%	203 703	0.6%
2023	1 260 582	5.2%	181 129	8.7%	216 784	6.4%

材料二：近年来，我国经济保持中高速发展，人均国内生产总值从1978年的156美元提升至2021年的1.2万多美元。同时，我国也存在城乡收入差距过大的问题。2023年，我国城镇居民人均可支配收入为51 821元，农村居民人均可支配收入为21 691元，城乡居民收入仍然存在较大差距。2021年8月17日，中央财经委员会举行会议，研究扎实促进共同富裕等问题。会议强调，"必须把促进全体人民共同富裕作为为人民谋幸福的着力点"。共同富裕是中华民族千百年来的梦想，是中国共产党人矢志不渝的追求。

【技能要求】

(1) 概述材料一蕴含的经济信息。

(2) 结合材料一、二，结合收入分配与社会公平，说明我国应如何扎实促进共同富裕。

■ 案例分析

【案例情境】

经济发展水平与财政

《中国财经报》曾载文指出，经济与财政是相辅相成的，财政来自整个经济的发展，经济的发展又促进了财政的增加，财政的增加反过来又支持扩大内需，支持经济建设。

【分析要求】

(1) 分析经济发展水平与财政的关系。

(2) "财政的增加反过来又支持扩大内需，支持经济建设。"据此有人认为，财政收入越多越好，谈谈你的看法。

(3) 分析国家财政在社会经济发展中有何作用。

▼ 项目实训

【实训内容】

《国务院关于扶持小型微型企业健康发展的意见》提出，要"认真落实已经出台的支持小型微型企业税收优惠政策"。国家税务总局出台十大措施，确保小微企业税收优惠政策落实。数据显示，全国享受企业所得税减半征收政策的小微企业有216万户，受惠面在90%以上，减税51亿元；享受暂免征收增值税和消费税政策的小微企业和个体工商户共有2 700万户，减税189亿元。

【实训目标】

培养学生分析问题和解决问题的能力。结合材料和所学的知识，分析当前对小微企业实施税收优惠的理由。有人认为，税收是财政收入的主要来源，如此减税会影响财政收入，因此应提高税率。请运用所学的知识对这一观点进行评析。

【实训组织】

将学生分成若干组,每组 7 人,每组设组长 1 名,组长负责组织本组成员进行实训,由组长将写成书面实训报告,并总结。(注意:教师提出活动前的准备和注意事项。)

【实训成果】

(1)考核和评价采用 PPT 报告资料展示和学生讨论相结合的方式。

(2)评分采用学生和教师共同评价的方式,填写实训报告。

实训报告		
项目实训班级:	项目小组:	项目组成员:
实训时间:　　年　　月　　日	实训地点:	实训成绩:
实训目的:		
实训步骤:		
实训结果:		
实训感言:		

项目七 税收收入

- **知识目标**

  理解：税收的概念、本质、职能；税收体系与分类；税收的原则。
  熟知：税收制度；税收负担的概念和分类。
  掌握：宏观税收负担指标；合理的税负水平；税收中性；税收的经济影响；影响宏观税负的因素；税负转嫁与税负归宿；税收制度结构。

- **技能目标**

  能够掌握税收的基本知识、基本原理，解决税收的基本问题；能够将相关税种的具体内容应用于实际并学会计算。

- **素质目标**

  运用所学的税收知识研究相关案例，培养和提高学生在特定业务情境中分析问题与决策设计的能力；结合行业规范或标准，强化学生的职业道德素质。

- **思政目标**

  能够正确地理解"不忘初心"的核心要义和精神实质；树立正确的世界观、人生观和价值观，做到学思用贯通、知信行统一；通过税收收入知识，培养自己的纳税意识和观念，塑造完美的人生。人生，就是分段函数，不同阶段，有着不同的姿态，活出自己的精彩。

- **项目引例**

减税降费显"温度"——透视 2023 年上半年财政账本

2023 年上半年，全国一般公共预算收入 119 203 亿元，同比增长 13.3%。财政收入增幅较高，除经济恢复性增长带动外，主要是 2022 年 4 月份开始实施大规模增值税留抵退税政策、集中退税较多，拉低了基数，2023 年相关退税恢复常态，上半年同比少退 15 236 亿元。受此影响，税收收入特别是国内增值税大幅增长，相应拉高财政收入增幅。

从税收收入看，2023 年上半年，全国税收收入 99 661 亿元，同比增长 16.5%。其中，国内增值税增长 96%，主要是去年同期退税较多、基数较低。国内消费税下降 13.4%，进口货物增值税、消费税下降 9.5%，主要是 2021 年末部分收入在 2022 年一季度入库，抬高了基数，2023 年一季度国内消费税和进口货物增值税、消费税分别下降22.2%、14.4%,二季度国内消费税转为正增长,进口货物增值税、消费税降幅也明显收窄。

近年来,明星艺人、网络主播偷逃税现象备受诟病,前有郑爽、薇娅,后有邓伦。近日,上海市税务局依据相关法律法规,对邓伦追缴税款、加收滞纳金并处罚款,共计1.06亿元。国家税务总局坚决支持上海税务局的做法,并要求各级税务机关依法严查严处涉税违法行为,切实维护国家税收安全,营造法治公平的税收环境。

资料来源:惠民生、补短板、强弱项 上半年地方政府专项债支持项目近2万个,央视网,2023年7月19日。赵建华:艺人邓伦被追缴税款、加收滞纳金并处罚款共计1.06亿元,中国新闻网,2022年3月15日。

引例反思:

(1)如何保障国家税收收入及时足额地上缴。

(2)"依法纳税是公民的基本义务",分析税务机关依法查处涉税违法行为的原因。

(3)从政府和个人角度为维护税法权威各提一条建议。

(4)谈谈对于违反税法的行为,除了国家要承担打击的责任之外,作为公民的我们应该如何做?

● **知识精讲**

任务一 税收概述

一、税收的概念

税收(tax revenue)是指国家为了满足一般的社会公共需要,凭借政治权力,按照法律规定的标准和程序,无偿地参与社会产品或国民收入的分配,以取得财政收入的一种形式。税收的本质是"取之于民、用之于民、造福于民"。

动漫视频

税收伴你成长
助你圆梦

二、税收的本质

税收本质是指税收的根本性质,是税收现象中最深刻、最稳定的方面。

(一)税收的基本属性

税收的基本属性是一种财富转移方式。在文明社会,财富的转移有三种基本类型:①政府之间的财富转移,包括下级政府对上级政府的贡献和上级政府对下级政府的补助。②经济活动主体之间的财富转移,包括以贡献为依据的收入分配和以货币为媒介的商品交换。③政府与经济活动主体之间的财富转移,包括由政府到经济活动主体的财富转移和由经济活动主体到政府的财富转移。其中,由经济活动主体到政府的财富转移又有两种类型:(a)以私人权利为依据的财富转移,如经济活动主体因占有或使用国家所有的资源或资产而向政府交纳的租金、使用费。(b)以公共权力或权利为依据的财富转移,包括没收、罚款、强制赔偿、课征等。其中,课征又有征用和征收两种方式:征用是政府直接占有经济活动主体的劳动力、土地等生产要素的形式与过程;征收是政府直接占有经济活动主体的产品或收入的形式与过程,一部分采取税收形式,另一部分采取行政收费的形式。

(二)税收的主体

税收的主体包括课征主体与缴纳主体两个方面。

1. 税收的课征主体

税收的课征主体是代表社会全体成员行使公共权力的政府。政府成为税收课征主体,是因为政府具有征税的需要和权力。政府为了执行其职能，必须占有一部分经济资源，而为了获得这部分经济资源，就必须向经济活动主体征税。同时，政府执行公共职能为人们创造了生产与消费共同的外部条件，保护并增进了经济活动主体的利益，由此取得了征税的权力。

2. 税收的缴纳主体

税收的缴纳主体为经济活动主体。在任何经济社会，经济资源总是归经济活动主体占有和使用，物质财富总是由经济活动主体创造，实现收入也总是首先归经济活动主体所有，只有经济活动主体才具有纳税的能力。同时，经济活动主体从事经济活动总离不开政府提供的和平环境、安定秩序和便利设施。经济活动主体创造的财富和实现的收入，不仅包含经济活动主体自身的贡献，还包含政府通过提供和平环境、安定秩序和便利设施的贡献。因此，任何一个经济活动主体都有义务将一部分收入缴纳给政府。

（三）税收的客体

税收的客体是国民收入。国民收入是社会存在与发展的经济基础。居民的消费、企业的投资、政府执行公共职能所发生的各种支出都是以国民收入为基础，因此，只有国民收入才能成为税收的客体。同时，国民收入的创造，既离不开经济活动主体的贡献，也离不开政府提供的各种外部条件。因此，社会在一定时期所创造的国民收入，应当作为税收客体在政府与经济活动主体之间进行合理的分配。

（四）税收的特性

税收的特性是指税收所具有的无偿性、固定性和强制性，也称税收的"三性"。它是税收区别于政府其他财政收入形式的标志。

1. 无偿性

税收的无偿性是指国家征税后，税款即成为国家的财政收入，国家不向纳税人支付任何直接的报酬。税收的无偿性具有两层含义：

第一，税收所体现的政府与经济活动主体之间的利益关系是一种互利关系，即政府一方面向经济活动主体提供和平、秩序和便利，另一方面向经济活动主体征税；经济活动主体一方面向政府纳税，另一方面享受政府提供的和平、秩序和便利。

第二，政府与各个经济活动主体之间的互利关系并不像商品的等价交换那样是一种完全对等的互利关系，而是一种不完全对等的互利关系，即纳税多的经济活动主体并不必然享受较多的利益，纳税少的经济活动主体也非必然享受较少的利益。

【提示】无偿性是税收的本质和体现，是"三性"的核心，是由财政支出的无偿性决定的。

2. 固定性

税收的固定性是指国家在征税之前，以法律形式预先确定征税对象、征收标准、征税方法等基本内容，除国家特定权力机构外，任何单位与个人都不能随意改变。税收只有具备固定性，生产者才能从长远出发安排自己的生产经营活动，消费者才能从长远出发安排自己的消费活动，经济才能持续发展，社会才能不断进步。

3. 强制性

税收的强制性是指国家凭借政治权力，通过法律形式强制参与经济活动主体的收入分配，而非纳税人的自愿缴纳。具体来说，任何纳税主体都必须依法纳税，任何征税机关都必须依法征税，否则就要受到法律制裁。

三、税收的职能

（一）收入分配职能

收入分配职能是指税收在参与社会产品或国民收入分配过程中，将一部分社会产品从社会成员手中转移到国家手中,形成国家的财政收入,同时影响社会成员之间收入的再分配。收入分配职能是税收首要的、基本的职能。

在市场经济条件下,以效率为准则的分配机制,使经济实体和个人受客观因素的制约,出现收入分配不公的现象。这种现象是市场经济本身难以消除的,必须借助于以国家为主体的社会分配来协调,从而使税收等财政收入手段成为调节收入分配的重要职能。

(二)资源配置职能

资源配置职能是指通过一定的税收政策、法律、制度来影响纳税人的经济活动,从而使社会资源得到重新组合。

在市场经济条件下,资源的流向主要依靠市场价格来引导,然而,由于受利益驱动,在资源配置过程中,存在着广泛的市场失效领域。这种领域只有通过国家运用税收政策加以引导和保护,才能使供求关系平衡、经济结构合理、资源利用有效。

(三)经济调控职能

经济调控职能是指通过一定的税收政策、法律、制度,影响社会经济运行,促进社会经济稳定发展。

在市场经济条件下,微观经济实体的趋利倾向成为经济增长的微观动力,使得市场机制天然存在着调节滞后、视野狭窄等局限性。正是这一局限性又使市场调节难以反映和把握经济增长的节奏,进而产生"萧条—高涨—再萧条"的周期性波动,整个经济处于无政府状态,造成社会经济的混乱。为了弥补市场在稳定经济方面的缺陷,国家借助于税收经济杠杆,通过控制需求总量、调节供给结构来促进经济稳定增长。

四、税收体系与分类

(一)税收体系

税收体系是构成税收制度的具体税收种类。一个国家一定历史时期的税收体系,是在综合公平、效率、适度、简便等税收原则基础上,对可供选择的征税对象进行筛选确定的。我国现行已开征的税种有增值税、消费税、关税、企业所得税、个人所得税、资源税、房产税、城镇土地使用税、车船税、土地增值税、车辆购置税、印花税、城市维护建设税、耕地占用税、契税、烟叶税和环境保护税。

(二)税收分类

1. 以征税对象为标准,可分为流转税、所得税、财产税、资源税、行为税、特定目的税和烟叶税

(1)流转税,是指以商品或劳务的流转额为征税对象征收的一种税。此税种主要在生产、流通和服务领域中发挥调节作用,包括增值税、消费税和关税。

(2)所得税,是指以所得额为征税对象征收的一种税。此税种主要对生产经营者的利润和个人的纯收入发挥调节作用,包括企业所得税和个人所得税。

(3)财产税,是指以纳税人所拥有或支配的财产为征税对象征收的一种税。此税种主要对特定财产发挥调节作用,包括房产税和车船税等。

(4)资源税,是对开发、利用和占有国有自然资源的单位和个人征收的一种税。此税种主要对因开发和利用自然资源而形成的级差收入发挥调节作用,包括资源税、土地增值税和城镇土地使用税等。

(5)行为税,是指为了调节某些行为,以这些行为为征税对象征收的一种税。此税种主要对特定行为发挥调节作用,包括印花税、契税、车辆购置税等。

(6)特定目的税,是指为了达到特定目的而征收的一种税。此税种主要是为了特定目的,对特定对象发挥调节作用,包括城市维护建设税、耕地占用税、环境保护税等。

(7)烟叶税,是指国家对收购烟叶的单位按收购烟叶金额征收的一种税。

2. 以税负能否转嫁为标准,可分为直接税和间接税

(1)直接税,是指税负不能转嫁,只能由纳税人承担的一种税,如所得税、财产税等。

(2)间接税,是指纳税人能将税负全部或部分转嫁给他人的一种税,如流转税。

3. 以计税依据为标准,可分为从量税、从价税和复合税

(1)从量税,是以征税对象的自然实物量(重量、容积等)为标准,采用固定单位税额征收的一种税,如啤酒的消费税。

(2)从价税,是以征税对象的价值量为标准,按规定税率征收的一种税,如高档化妆品的消费税。

(3)复合税,是同时以征税对象的自然实物量和价值量为标准征收的一种税,如白酒的消费税。

4. 以税收管理与使用权限为标准,可分为中央税、地方税、中央地方共享税

(1)中央税,是指管理权限归中央,税收收入归中央支配和使用的一种税,如关税、消费税、车辆购置税等。

(2)地方税,是指管理权限归地方,税收收入归地方支配和使用的一种税,如车船税、房产税、土地增值税等。

(3)中央地方共享税,是指主要管理权限归中央,税收收入由中央和地方共同享有,按一定比例分成的一种税,如增值税、资源税、企业所得税、印花税等。

5. 以税收与价格的关系为标准,可分为价内税和价外税

(1)价内税,是指商品税金包含在商品价格之中,商品价格由"成本＋税金＋利润"构成的一种税。价内税有利于国家通过对税负的调整,直接调节生产和消费,但往往容易造成对价格的扭曲。

(2)价外税,是指商品价格中不包含商品税金,商品价格仅由成本和利润构成的一种税。价外税与企业的成本利润、价格没有直接联系,能更好地反映企业的经营成果。

五、税收的原则

(一)税收原则理论的发展

1. 亚当·斯密的税收四项原则

亚当·斯密在《国民财富的性质和原因的研究》一书中列举了税收的四项原则。

(1)平等原则。纳税人应按各自能力(收入)的比例来负担税款。

(2)确定原则。纳税人的应纳税赋是确定的,不得随意变更。

(3)便利原则。纳税手续尽量从简、便利。

(4)节约原则。即最少征收费原则。

2. 瓦格纳提出的税收四项九端原则

德国经济学家阿道夫·瓦格纳在《财政学原理》中提出了税收原则。

(1)财政收入原则:指税收应充分满足财政需要且随财政支出需要的变动而增加或减少。其两个具体原则为:①财政充分原则;②弹性原则。

(2)国民经济原则:指税源的选择应有利于保护税本,尽可能选择税负难以转嫁或转嫁方向明确的税种。两个具体原则为:①选择税源原则;②选择税种原则。

(3)社会公平原则:规定每一公民都有纳税义务并按照负担能力大小征税。其具体原则为:①普遍原则;②平等原则。

(4)税务行政原则:指税法应当简明,纳税手续应简便,征税费用和纳税费用尽可能节省。其具体原则为:①确定原则;②便利原则;③最小费用原则。

(二)我国现行税收的原则

1. 财政原则

税收的财政原则是指要保证国家财政收入及时、足额取得,而且取得的收入还要适度、合理。

组织财政收入是税收的重要职责,保证国家的财政收入是税务部门义不容辞的任务,也是制定税收政策、设计税收制度的基本出发点。税收制度的效率原则、公平原则等都只能在组织财政收入的过程中实现。从这个意义上来看,财政原则应是税法的基本原则。

2. 法定原则

税收的法定原则就是政府征税,包括税制的建立、税收政策的运用和整个税收管理应以法律为依据,以法治税。法定原则的内容包括两个方面:税收的程序规范原则和征收内容明确原则。前者要求税收程序法定,后者要求征收内容法定。强调税收的法定原则非常重要,目前在税收领域,我国的法制建设还不够健全,而市场经济实质是法治经济,我国要发展市场经济,就需要以法治国,更需要以法治税。因此,在我国建立和完善符合市场经济发展要求的税制过程中,提倡和强调税收的法定原则就显得更为重要和迫切。

3. 公平原则

税收的公平原则是指创造平等、竞争的环境,按照受益征税,依据能力负担。简单地说,公平原则可以概括为受益原则、竞争原则和能力原则。

(1)受益原则。税收的受益原则是指根据市场经济所确立的等价交换原则,把个人向政府支付税收看作分享政府提供公共产品利益的价格,因此,个人税收负担应根据个人分享的公共产品的受益大小来确定。受益原则的运用是假定市场所决定的收入分配是合理的,税收分配是一种资源的转移,因而需要依据对等原则进行。

(2)竞争原则。税收的竞争原则着眼于收入分配的前提条件,通过税收为市场经济的行为主体创造公平竞争的环境,鼓励平等竞争。由于企业资源条件的差异、所处行业的差异、个人的遗产继承等原因而导致不平等竞争形成收入和财富的差异时,税收就应对形成不平等竞争和收入财富差异的条件进行调节,以促进平等竞争。

(3)能力原则。税收的能力原则是以个人纳税能力为依据行使征税。能力原则包括普遍征税和能力负担两个方面:

①普遍征税。依据普遍征税原则,市场经济中的行为主体凡是具有纳税能力的,都必须普遍征税,而不论其所有制性质等差异,这体现了在税收法律面前人人平等的思想。

②能力负担。依据能力负担原则,凡是具有同等负担能力的纳税人应同等纳税,以体现税收的横向公平;凡是具有不同负担能力的纳税人应区别纳税,以体现税收的纵向公平。

4. 效率原则

国家在征税过程中,一方面取得了一定的财政收入,另一方面又必须付出一定的征收费用,我们称前者为税收收益,称后者为税收成本。税收效率就是通过税收成本与税收收益之间的比率关系来加以衡量的。税收收益的大小直接取决于经济效率的高低,税收对经济的干预正确与否又反过来影响着经济效率。当税收对经济进行正确、积极的干预时,就会避免或减少效率损失;当税收对经济进行错误、消极的干预时,就会增加效率损失。

(三)税收中性

1. 税收中性的概念

税收中性是针对税收的超额负担提出的一个概念,是指政府课税使社会付出的代价应以征税数额为限,不给纳税人带来超出税款之外的负担,不干扰市场机制的正常运行。具体而言,一般包含两种含义:一是国家征税使社会所付出的代价以税款为限,尽可能不给纳税人或社会带来其他的额外损失或负担;二是国家征税应避免对市场经济的正常运行进行干扰,特别是不能使税收超越市场机制而成为资源配置的决定因素。

2. 税收中性的前提

税收中性的前提是市场机制的有效性。在市场对资源的配置能达到"帕累托最优"的领域,税收应尽量保持中性。

3. 保持税收的中性和发挥税收的调节作用的一致性

在市场机制条件下,保持税收的中性和发挥税收的调节作用是一致的。因为税收的调节作用是针对市场"失效"而言的,即在市场机制难以有效作用的领域,通过税收干预来实现资源配置,达到"帕累托最优"状态。

因此,在市场经济条件下,由于市场机制在资源配置中具有基础性作用,从而使税制结构具有中性是首要的。税收必须在这个前提下发挥调节作用。传统体制下那种税收替代价格甚至超越价格对经济和经济结构发生调节作用的思路和做法必须彻底改变。但是,也应明确,在现实生活中保持完全税收中性是不可能的。

4. 税收中性原则的实践意义

保持税收中性,在于尽量减少税收对市场经济正常运行的干扰,使市场机制在资源配置中发挥基础性作用,在这个前提下,有效发挥税收的调节作用,使税收机制与市场机制两者取得最优的结合。

5. 税收超额负担或无谓负担

税收中性与税收超额负担相关,或者说,税收中性就是针对税收超额负担而言的。税收的超额负担会降低税收的效率。而减少税收的超额负担从而提高税收效率的重要途径,在于尽可能保持税收的中性原则。

税收超额负担,是指政府通过征税将社会资源从纳税人向政府部门转移的过程中给纳税人造成了相当于纳税税款以外的负担。其主要表现在两个方面:

(1)国家征税一方面减少纳税人的支出,同时增加政府部门的支出,若因征税而导致纳税人的经济利益损失大于因征税而增加的社会经济效益,则发生在资源配置方面的超额负担。

(2)由于征税改变了商品的相对价格,对纳税人的消费和生产行为产生了不良影响,则发生经济运行方面的超额负担。

六、税收对经济的影响

政府对企业或个人征税,将使得企业或个人的可支配收入减少,这会影响企业或个人的诸多行为,包括企业的生产、个人的消费,表现为收入效应和替代效应两个方面,并由此产生一系列的影响。这也是税收发挥调节作用的原理所在。

征税总会给纳税人带来税收负担,但简单地把各种税的税率加起来,然后得出税负很重的结论是不对的。并非每个企业和每个人都要缴纳所有税种,也不是每个税种都是按照同一个征税依据计算征税。国与国之间、行业与行业之间的比较都是如此,把每个国家征收的税种的税率简单相加,然后进行比较,这是不科学的。那么怎么比较才合适呢? 一种办法是将税收总额除以国内生产总值,也就是看政府从社会财富这个大蛋糕中拿走多少比例作为税收,这个指标称作宏观税负;另一种办法是用企业缴税总额除以产值或利润,看企业创造的财富中有多大比例交给政府,或者用个人缴纳的税收除以个人收入总额,这两个指标都称作微观税负。比如,张三全年收入15万元,缴纳个人所得税1.6万元,总的税收负担大约为10.7%。

为了便于理解税收的经济影响,下面通过图7—1来表示。

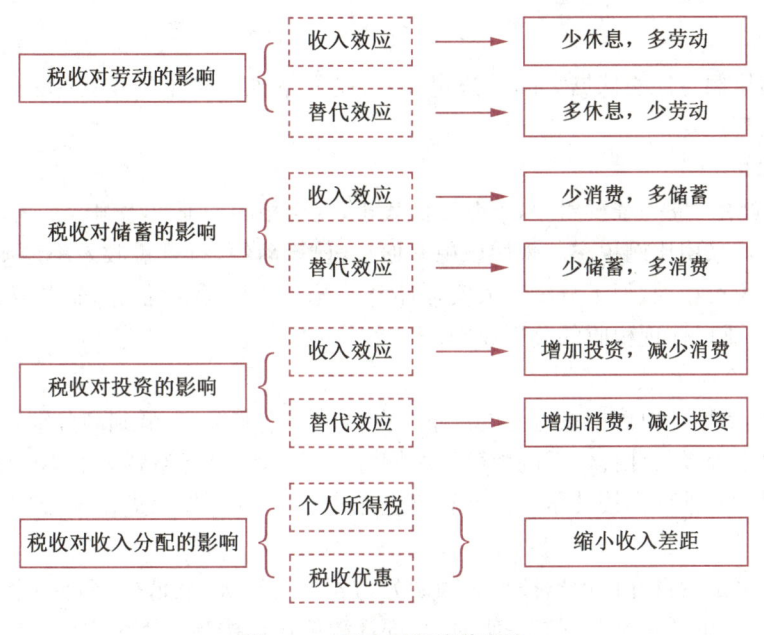

```
税收对劳动的影响 ── 收入效应 → 少休息，多劳动
                替代效应 → 多休息，少劳动

税收对储蓄的影响 ── 收入效应 → 少消费，多储蓄
                替代效应 → 少储蓄，多消费

税收对投资的影响 ── 收入效应 → 增加投资，减少消费
                替代效应 → 增加消费，减少投资

税收对收入分配的影响 ── 个人所得税
                    税收优惠    } → 缩小收入差距
```

图 7-1　税收对经济的影响

任务二　税制要素

税收制度的核心是税法。税法是国家向一切纳税义务人征收税款的法律依据，也是调整税收关系的准绳。税法由税制（税收制度简称"税制"）的基本要素构成，一般包括纳税人、征税对象、税目、税率、纳税环节、纳税期限、减免税或加征加成、违章处理等，其中，纳税人、征税对象、税率是构成税收制度的三个最基本的要素。税制构成要素是指构成一个完整实体税种的法定基本要素，具体包括以下内容：

一、纳税义务人

纳税义务人简称纳税人，是指税法规定的直接负有纳税义务的单位和个人，包括法人和自然人。法人是指基于法律规定享有权利和行为能力，有独立的财产和经费，能独立承担民事责任的社会组织，如机关法人、事业法人、企业法人和社团法人。自然人是基于自然规律而产生，有民事权利和义务的主体，如本国公民、外国人和无国籍人。

二、征税对象

征税对象是指征税的目的物。征税对象体现不同税种征税的基本界限，决定不同税种的名称及各税种的性质，回答对什么征税的问题，是一种税区别于另一种税的主要标志。

税目是征税对象的具体化，反映各税种的具体征税范围，体现每个税种的征税广度。设置税目的目的：①为了明确征税对象的具体范围；②便于确定差别税率。

计税依据简称税基，是指计算应纳税额的基数。税额计算的基本等式是"税基×税率＝应纳税额"。在该等式中，税基的计量单位有实物计量、价值计量及同时考虑实物计量与价值计量三种形式，即从量税、从价税和复合税。

三、税率

税率是应纳税额与计税依据之间的法定比例,是衡量税负轻重的重要标志,是税收制度的核心。其基本形式有:

(一)比例税率

比例税率,是指对同一征税对象,不分数额大小,规定相同的征收比例。我国现行的增值税、企业所得税等税种均采用比例税率。采用该税率形式,计算简便,符合税收效率原则,对同一征税对象的不同纳税人税负相同,但不分纳税人实际环境差异,按同一税率征税,这与纳税人的实际负担能力不完全相符,难以体现税收的公平原则。

(二)累进税率

累进税率,是指把计税依据按一定的标准划分为若干个等级,从低到高分别规定逐级递增的税率。其特点是税率等级与计税依据的数额等级同方向变动,考虑了纳税人的不同负担能力,更加符合税收公平原则。累进税率按其累进依据和累进方式不同,有全额累进税率、超额累进税率和超率累进税率三种形式。

全额累进税率是指将计税依据按绝对额划分为若干个等级,从低到高每一个等级规定一个适用税率,当计税依据由低一级升到高一级时,全部计税依据均按高一级税率计算应纳税额。该方式计算简便,但累进程度急剧,特别是在两个等级的临界处,会出现应纳税额增加超过计税依据增加的不合理现象。

超额累进税率是指将计税依据按绝对额划分为若干个等级,从低到高每一个等级规定一个适用税率,一定数额的计税依据可以同时适用几个等级的税率,每超过一级,超过部分按高一级税率计税,各等级应纳税额之和为纳税人应纳税总额。该方式既考虑了纳税人的不同负担能力,累进程度也比较缓和,是一种比较理想的税率形式。如我国工资、薪金个人所得税税率,个体工商户生产经营所得个人所得税税率,承包、承租经营所得个人所得税税率。

超率累进税率是指将计税依据按相对率划分为若干个等级,从低到高每一个等级规定一个适用税率,各个等级的计税依据分别按照本级的适用税率计算,各等级应纳税额之和为纳税人应纳税总额。超率累进税率的计税原理与超额累进税率相同,但以征税对象的相对数为累进依据,如土地增值税税率。

(三)定额税率

定额税率,是按征税对象确定的计算单位直接规定一个固定税额。其特点是税率与征税对象的价值量无关,不受征税对象价值量变化的影响。它适用于价格稳定或质量等级较为单一的征税对象,如城镇土地使用税税率、车船税税率等。

四、纳税地点

纳税地点是指纳税人缴纳税款的地点。纳税地点的确定必须遵守方便征税、利于源泉控税的原则。

五、纳税期限

纳税期限是指纳税人缴纳税款的期限,包括税款计算期和税款缴纳期。

税款计算期是指计算税款的期限,分为按次计算和按时间计算两种形式。按次计算是以发生纳税义务的次数作为税款计算期。按时间计算是以发生纳税义务的一定时段作为税款计算期,如增值税税款按时间计算可分为1日、3日、5日、10日、15日、1个月和1个季度。

税款缴纳期是税款计算期满后实际缴纳税款的期限。如增值税按时间计算税款时,以1个月为一期纳税的,自期满之日起15天申报缴税;以其他间隔期纳税的,自期满之日起5天内预缴税款,于次月1日起15天内申报纳税并结清上月税款。不能按固定期限纳税的,可根据纳税行为发生次数确定纳税期限。

六、税收减免

税收减免是税率的重要补充,是税法普遍性与特殊性、统一性和灵活性的有机结合。税收减免的具体形式包括税基式减免、税率式减免、税额式减免三种。

1. 税基式减免

税基式减免,是通过直接缩小计税依据的方式来实现的税收减免,包括起征点、免征额、项目扣除等形式。其中,起征点是征税对象达到一定数额开始征税的起点。对征税对象数额未达到起征点的,不征税;达到起征点的,按全额征税。免征额是在征税对象的全部数额中免予征税的数额。对免征额的部分不征税,仅对超过免征额的部分征税。

【做中学7-1】 某纳税人某月取得的应税收入为500元,假设税法规定的起征点为300元,税率为10%,则应纳税额是多少?若税法规定免征额为300元,其应纳税额又是多少?

解:
(1)起征点为300元时:
应纳税额=500×10%=50(元)
(2)免征额为300元时:
应纳税额=(500-300)×10%=20(元)

2. 税率式减免

税率式减免,是通过直接降低税率的方式实现的税收减免,包括重新确定税率、选用其他税率、零税率等形式。

3. 税额式减免

税额式减免,是通过直接减少应纳税额的方式实现的税收减免,包括全部免征、减半征收、核定减免率、抵免税额等形式。

七、税收加征

税收加征方式有地方附加与加成征收两种方式。

(1)地方附加是指地方政府按国家规定的比例随同正税一起征收的列入地方预算外收入的一种款项,如教育费附加。

(2)加成征收是指在应纳税额基础上额外征收一定比例的税额。加成实际上是税率的一种延伸,增强了税制的灵活性与适应性。如劳务报酬个人所得税适用税率为20%,但对劳务报酬所得一次收入畸高的,实行加成征收,即对应纳税所得额超过20 000元至50 000元的,加五成,实际税率为30%;超过50 000元的,加十成,实际税率为40%。

八、违章处理

违章处理是指对纳税人不依法纳税、不遵守税收征管制度等违反税法行为采取的处罚性措施。税务机关可以根据有关责任人违法情节轻重、后果大小,采取批评教育、经济处罚或提请司法机关依法追究刑事责任等处罚措施。这对于保证税收政策、法令制度的贯彻执行具有重要的现实意义。

任务三 税制结构

一、税制结构概述

我国现行税制,是指从1994年1月1日以来实行的税收制度,是适应社会主义市场经济体制的税制。目前的税收体系按照课税对象的性质划分,可分为五大类:流转额课税、所得额课税、资源课税、财产课税和行为课税。我国现行税制是以流转额课税、所得额课税为主体,以其他税类为辅助和补充的复合税制体系。

(一)流转额课税

流转额课税,简称流转税,是以商品或劳务为征税对象,以流通过程中发生的流转额为计税依据而课征税款的若干税种的统称,主要包括增值税、消费税、关税等。流转税是对流转额进行课征的,只要纳税人取得应税收入就必须依法纳税,不受商品的种类、劳务形式、所有制、地区等条件的限制,也不受生产经营成果的影响。相应地,税额也会随着收入的增加而增长,有助于财政收入的稳定筹集。一般而言,流转税通常采用比例税率,也有部分采用定额税率,计征方法比较简便。因此,这类税收具有收入的及时性、稳定性和税源的广泛性等特点。目前,我国流转税的收入占税收总收入的一半以上。

(二)所得额课税

所得额课税,又称收益额课税,是以纳税人的所得(收益)额为征税对象课征的一类税。我国现行税制中的所得额课税主要包括企业所得税、个人所得税、外商投资企业和外国企业所得税等。与流转税相比,它主要有以下几个特点:①课税公平。它以纳税人的所得(收益)额为课税对象,所得多的多征,所得少的少征,无所得的不征,体现了税负公平原则。②它一般采用累进税率。③它一般就全年所得额征税,采用按期(月或季)预征、年终汇算清缴的办法。当前,我国所得额课税的收入占税收收入的30%~40%。随着市场经济的进一步发展、企业经济效益的提高和人民收入水平的逐步提高,所得额课税在我国税制中的地位将会越来越重要。

(三)资源课税

资源课税,简称资源税,是指以各种自然资源(如城市土地、矿藏、水流、森林等)为课税对象征收的一系列税种的统称。它具有以下特点:①对特定的资源课税;②具有对绝对地租(收入)和级差地租(收入)征税的性质;③实行从量定额征税。开征资源税,对于促进资源合理开采、节约使用国有资源、合理调节不同资源条件下的级差收入、促进企业公平竞争、拓宽税收调节领域、增加财政收入等都具有重要的作用。我国现行税种中的资源课税主要包括资源税、土地使用税、土地增值税和耕地占用税等。

(四)财产课税

财产课税,是根据纳税人拥有或支配的财产而课征的若干税种的统称。目前,我国属于财产税的税种主要有房产税、契税和车船税等。

(五)行为课税

行为课税,是指以纳税人的某种特定行为作为课税对象而征收的一类税。开征行为税的主要目的是达到国家某种特定的政策要求。在我国现行税制中行为课税主要包括印花税、城市维护建设税、证券交易税等。

二、我国现行税制结构主要税种

(一)增值税

1. 增值税的概念

增值税是世界上普遍适用的一个税种。它始于1954年的法国,20世纪60年代为西欧各国纷纷采纳,20世纪70年代在拉丁美洲风靡一时并影响一部分亚洲国家,20世纪80年代以来其实施范围已遍布世界各大洲。

增值税是以销售货物、加工修理修配劳务(简称为"劳务")、服务、无形资产以及不动产过程中产生的增值额作为计税依据而征收的一种流转税。具体而言,增值税是对在我国境内销售货物、加工修理修配劳务、服务、无形资产、不动产以及进口货物的企业单位和个人,就其取得货物、加工修理修配劳务、服务、无形资产、不动产的销售额,以及进口货物的金额为计税依据计算税款,并实行税款抵扣的一种流转税。

2. 增值税的分类

按外购固定资产处理方式不同,可将增值税分为消费型增值税、收入型增值税和生产型增值税三种类型。三种类型增值税的特点和适用范围如表7-1所示。

表7-1　　　　　　　　　三种类型增值税的特点和适用范围

类　型	特　点	适用范围
消费型增值税	(1)当期购入的固定资产价值允许全部扣除;(2)彻底消除重复征税,有利于设备更新和技术进步	我国于2009年1月1日起实行
收入型增值税	对外购固定资产只允许扣除当期折旧部分	
生产型增值税	(1)不允许扣除任何外购固定资产价值;(2)存在重复征税,抑制固定资产投资	我国于2008年12月31日之前实行

【提示】我国现行增值税属于消费型增值税。

3. 增值税的征税范围

(1)销售或者进口货物

销售货物是指有偿转让货物的所有权。进口货物是指申报进入中国海关境内的货物。我国增值税法规规定,只要是报关进口的应税货物,均属于增值税的征税范围,除享受免税政策外,在进口环节缴纳增值税。

(2)提供(销售)加工修理修配劳务

"加工"是指接受来料承做货物,加工后的货物所有权仍属于委托方的业务,也就是通常所说的委托加工业务,即委托方提供原材料及主要材料,受托方按照委托方的要求制造货物并收取加工费的业务;"修理修配"是指受托对损伤和丧失功能的货物进行修复,使其恢复原状和功能的业务。

提供加工、修理修配劳务是指有偿提供加工修理修配劳务,但单位或个体经营者聘用的员工为本单位或雇主提供加工修理修配劳务不包括在内。

在中华人民共和国境内销售货物或者提供加工、修理修配劳务,是指:①销售货物的起运地或者所在地在境内;②提供的应税劳务发生地在境内。

(3)销售服务、无形资产或者不动产

销售服务、无形资产或者不动产,是指有偿提供服务、有偿转让无形资产或者不动产,但属于下列非经营活动的情形除外:①行政单位收取的同时满足以下条件的政府性基金或者行政事业性收费:A. 由国务院或者财政部批准设立的政府性基金,由国务院或者省级人民政府及其财政、价格主管部门批准设立的行政事业性收费；B. 收取时开具省级以上（含省级）财政部门监（印）制的财政票据；C. 所收款项全额上缴财政。②单位或者个体工商户聘用的员工为本单位或者雇主提供取得工资的服务。③单位或者个体工商户为聘用的员工提供服务。④财政部和国家税务总局规定的其他情形。

在境内销售服务、无形资产或者不动产，是指：①服务（租赁不动产除外）或者无形资产（自然资源使用权除外）的销售方或者购买方在境内；②所销售或者租赁的不动产在境内；③所销售自然资源使用权的自然资源在境内；④财政部和国家税务总局规定的其他情形。

4. 增值税的纳税人

增值税纳税人是指税法规定负有缴纳增值税义务的单位和个人。在中华人民共和国境内销售货物或者加工修理修配劳务（简称劳务）、服务、无形资产、不动产以及进口货物的单位和个人，为增值税的纳税人。

按照经营规模的大小和会计核算健全与否等标准，增值税纳税人可分为一般纳税人和小规模纳税人。

（1）增值税一般纳税人

一般纳税人是指年应征增值税销售额（以下简称年应税销售额）超过税法规定的小规模纳税人标准（自 2018 年 5 月 1 日起，为 500 万元）的企业和企业性单位。一般纳税人的特点是增值税进项税额可以抵扣销项税额。

增值税纳税人，年应税销售额超过财政部、国家税务总局规定的小规模纳税人标准的，除税法另有规定外，应当向其机构所在地主管税务机关办理一般纳税人登记。

在税务机关登记的一般纳税人，可按税法规定计算应纳税额，并使用增值税专用发票。对符合一般纳税人条件但不办理一般纳税人登记手续的纳税人，应按销售额依照增值税税率计算应纳税额，不得抵扣进项税额，也不得使用增值税专用发票。

【提示】增值税一般纳税人的特点是在一般计税方法下增值税进项税额可以抵扣销项税额（扣税法），并可使用增值税专用发票。

（2）小规模纳税人

小规模纳税人是指年销售额在规定标准以下，并且会计核算不健全，不能按规定报送有关税务资料的增值税纳税人。小规模纳税人的标准如下：①自 2018 年 5 月 1 日起，增值税小规模纳税人标准统一为年应征增值税销售额 500 万元及以下。②年应税销售额超过小规模纳税人标准的其他个人（指个体工商户以外的个人）按照小规模纳税人纳税。③年应税销售额超过小规模纳税人标准的非企业性单位、不经常发生应税行为的企业可选择按照小规模纳税人纳税（针对销售货物、加工修理修配劳务的纳税人）；年应税销售额超过规定标准但不经常发生应税行为的单位和个体工商户可选择按照小规模纳税人纳税（针对销售服务、无形资产或者不动产的纳税人）。

小规模纳税人会计核算健全，能够提供准确的税务资料的，可以向主管税务机关办理一般纳税人资格登记，成为一般纳税人。

除国家税务总局另有规定外，一经登记为一般纳税人后，不得转为小规模纳税人。按照《中华人民共和国增值税暂行条例实施细则》第二十八条规定，已登记为增值税一般纳税人的单位和个人在 2018 年 12 月 31 日前可转登记为小规模纳税人，其未抵扣的进项税额作转出处理。

5. 增值税的扣缴义务人

中华人民共和国境外（以下简称境外）的单位或者个人在境内提供应税劳务，在境内未设有经营机构的，以其境内代理人为扣缴义务人；在境内没有代理人的，以购买方为扣缴义务人。

境外的单位或者个人在境内发生应税行为（销售服务、无形资产或不动产），在境内未设有经营机构的，以购买方为增值税扣缴义务人。财政部和国家税务总局另有规定的除外。

上述扣缴义务人按照下列公式计算应扣缴税额：

$$应扣缴税额＝购买方支付的价款÷(1＋税率)×税率$$

6. 增值税税率和征收率

(1)增值税税率

自2019年4月1日起,增值税一般纳税人适用税率为13%、9%、6%和0共4档,具体如表7—2所示。

表7—2　　　　　　　　　　增值税适用税率表

税　率		适用范围
基本税率	13%	(1)销售或进口货物(除低税率适用范围外) (2)销售劳务:加工、修理修配劳务 (3)现代服务:有形动产租赁服务
低税率	9%	(1)销售或者进口下列货物:①粮食等农产品、食用植物油、食用盐;②自来水、暖气、冷气、热水、煤气、石油液化气、天然气、二甲醚、沼气、居民用煤炭制品;③图书、报纸、杂志、音像制品、电子出版物;④饲料、化肥、农药、农机、农膜;⑤国务院规定的其他货物 (2)交通运输服务:陆路运输服务、水路运输服务、航空运输、管道运输服务、无运输工具承运业务 (3)邮政服务:邮政普遍服务、邮政特殊服务和其他邮政服务 (4)电信服务:基础电信服务 (5)建筑服务:①工程服务;②安装服务;③修缮服务;④装饰服务;⑤其他建筑服务 (6)销售不动产:转让建筑物、构筑物等不动产产权 (7)现代服务:不动产租赁服务 (8)销售无形资产:土地使用权
	6%	(1)销售无形资产:转让技术、商标、著作权、商誉、自然资源和其他权益性无形资产所有权或使用权 (2)金融服务:①贷款服务;②直接收费金融服务;③金融商品转让服务;④保险服务 (3)生活服务:①文化体育服务;②教育医疗服务;③旅游娱乐服务;④餐饮住宿服务;⑤居民日常服务;⑥其他生活服务 (4)现代服务:①研发和技术服务;②信息技术服务;③文化创意服务;④物流辅助服务;⑤鉴证咨询服务;⑥广播影视服务;⑦商务辅助服务;⑧其他现代服务 (5)电信服务:增值电信服务
零税率	0	出口货物(但国务院另有规定的除外)、跨境销售国务院规定范围内服务、无形资产

注:自2018年5月1日起,对进口抗癌药品,减按3%征收进口环节增值税。自2018年5月1日起,增值税一般纳税人生产销售和批发、零售抗癌药品,可选择按照简易办法依照3%征收率计算缴纳增值税。

【提示】销售货物、劳务、提供跨境应税行为,符合免税条件的,免税。

【注意】销售适用增值税零税率的服务或无形资产的,可以放弃适用增值税零税率,选择免税或按规定缴纳增值税。放弃适用增值税零税率后,36个月内不得再申请适用增值税零税率。

【注意】购进农产品进项税额扣除率:对增值税一般纳税人购进农产品,原适用10%扣除率的,扣除率调整为9%。对增值税一般纳税人购进用于生产或者委托加工13%税率货物的农产品,按照10%扣除率计算进项税额。

(2)征收率

增值税小规模纳税人以及采用简易计税的一般纳税人计算税款时使用征收率,目前增值税征收率一共有4档,0.5%、1%、3%和5%。小规模纳税人增值税征收率为3%,国务院另有规定的除外。这是小规模纳税人销售货物或者提供应税劳务最常见的一种征收率。

计算公式为：

$$销售额＝含税销售额/(1＋3\%)应纳税额$$
$$＝销售额×3\%$$

7. 增值税应纳税额的计算

我国增值税一般纳税人在一般计税方法下应纳税额的计算实行购进扣税法。一般纳税人在一般计税方法下销售货物、劳务、服务、无形资产、不动产(统称应税销售行为),应纳税额为当期销项税额抵扣当期进项税额后的余额。其应纳增值税税额的计算公式为:

$$应纳增值税税额 = 当期销项税额 - 当期准予抵扣进项税额$$
$$= 当期销售额 \times 适用税率 - 当期准予抵扣进项税额$$

小规模纳税人发生应税销售行为,实行按照销售额乘以征收率计算应纳税额的简易计税方法,并不得抵扣进项税额。其应纳税额计算公式为:

$$应纳税额 = 销售额 \times 征收率$$

简易计税方法的销售额不包括其应纳增值税税额。纳税人采用销售额和应纳增值税税额合并定价方法的,按照下列公式计算销售额。

$$销售额 = 含税销售额 \div (1 + 征收率)$$

【做中学7-2】 甲咨询公司为小规模纳税人,2023年7月至9月取得含税修理收入309 000元。计算甲咨询公司2023年第3季度的应纳增值税。

解:应纳增值税 = 309 000 ÷ (1 + 3%) × 3% = 9 000(元)

(二)消费税

1. 消费税的概念

消费税是一个古老的税种,其雏形最早产生于古罗马帝国时期。当时,由于农业、手工业的发展,以及城市的兴起与商业的繁荣,盐税、酒税等产品税相继开征,这就是消费税的原型。早在公元前81年,汉昭帝为避免酒的专卖"与商人争市利",改酒专卖为征税,允许地主、商人自行酿酒卖酒,每升酒缴税四文,征收环节为酒的销售环节,而非生产环节,此即中国早期的消费税。我国早在唐代就对鱼、茶、燃料等征收过消费税。发展至今,消费税已成为世界各国普遍征收的税种。

消费税是对在我国境内从事生产、委托加工、进口、批发或者零售应税消费品的单位和个人征收的一种流转税,是对特定的消费品和消费行为在特定的环节征收的一种流转税。

2. 消费税的纳税人

消费税纳税人是指在中华人民共和国境内(起运地或者所在地在境内)生产、委托加工和进口《中华人民共和国消费税暂行条例》(简称《消费税暂行条例》)规定的应税消费品的单位和个人,以及国务院确定的销售《消费税暂行条例》规定的某些应税消费品的其他单位和个人。

3. 消费税的税目和税率

(1)消费税的税目

我国消费税的税目共有15个,分别是:①烟;②酒;③高档化妆品;④贵重首饰及珠宝玉石;⑤鞭炮、焰火;⑥成品油;⑦摩托车;⑧小汽车;⑨高尔夫球及球具;⑩高档手表;⑪游艇;⑫木制一次性筷子;⑬实木地板;⑭电池;⑮涂料。其中,有些税目还包括若干子目。

(2)消费税的税目和税率

消费税税率采取比例税率、定额税率和从量定额(定额税率)与从价定率(比例税率)相结合的复合征收三种形式,以适应不同应税消费品的实际情况。多数消费品采用的是比例税率,如雪茄烟、烟丝、高档化妆品、贵重首饰及珠宝玉石、摩托车、小汽车、高档手表等;对成品油、黄酒和啤酒等,则实行定额税率;对卷烟和白酒,则采取了比例税率和定额税率相结合的复合计税方法来征收消费税。

应税消费品名称、税率和计量单位对照表如表7—3所示。

表7—3　　　　　　　应税消费品名称、税率和计量单位对照表

应税消费品名称	比例税率	定额税率	计量单位
一、烟			
1. 卷烟			
(1)工业			
①甲类卷烟[调拨价70元(不含增值税)/条以上(含70元)]	56%	30元/万支	万支
②乙类卷烟[调拨价70元(不含增值税)/条以下]	36%	30元/万支	
(2)商业批发	11%	50元/万支	
2. 雪茄烟	36%	—	支
3. 烟丝	30%	—	千克
4. 电子烟			
(1)生产(进口)环节	36%	—	盒
(2)批发环节	11%	—	盒
二、酒			
1. 白酒	20%	0.5元/500克(毫升)	500克(毫升)
2. 黄酒	—	240元/吨	吨
3. 啤酒			
(1)甲类啤酒[出厂价格3 000元(不含增值税)/吨以上(含3 000元)]	—	250元/吨	吨
(2)乙类啤酒[出厂价格3 000元(不含增值税)/吨以下]	—	220元/吨	
4. 其他酒	10%	—	吨
三、高档化妆品	15%	—	实际使用计量单位
四、贵重首饰及珠宝玉石			
1. 金银首饰、铂金首饰和钻石及钻石饰品	5%	—	实际使用计量单位
2. 其他贵重首饰和珠宝玉石	10%	—	
五、鞭炮、焰火	15%	—	实际使用计量单位
六、成品油			
1. 汽油	—	1.52元/升	升
2. 柴油	—	1.20元/升	
3. 航空煤油	—	1.20元/升	
4. 石脑油	—	1.52元/升	
5. 溶剂油	—	1.52元/升	
6. 润滑油	—	1.52元/升	
7. 燃料油	—	1.20元/升	

续表

应税消费品名称	比例税率	定额税率	计量单位
七、摩托车			
1. 气缸容量(排气量,下同)≤250毫升	3%	—	辆
2. 气缸容量>250毫升	10%	—	
八、小汽车			
1. 乘用车			
(1)气缸容量(排气量,下同)≤1.0升	1%	—	辆
(2)1.0升<气缸容量≤1.5升	3%	—	
(3)1.5升<气缸容量≤2.0升	5%	—	
(4)2.0升<气缸容量≤2.5升	9%	—	
(5)2.5升<气缸容量≤3.0升	12%	—	
(6)3.0升<气缸容量≤4.0升	25%	—	
(7)气缸容量>4.0升	40%	—	
2. 中轻型商用客车	5%	—	
3. 超豪华小汽车	10%	—	
九、高尔夫球及球具	10%	—	实际使用计量单位
十、高档手表	20%	—	只
十一、游艇	10%	—	艘
十二、木制一次性筷子	5%	—	万双
十三、实木地板	5%	—	平方米
十四、电池	4%	—	只
十五、涂料	4%	—	吨

【提示】15个税目中,黄酒、啤酒、成品油实行的是单一的定额税率,其他大多数应税消费品为单一的比例税率。卷烟、白酒实行"复合税率"复合征收("复合税率"是同时适用比例税率与定额税率的一种特殊形式,其本身并不是一种税率)。

【注意】《财政部、海关总署、税务总局关于对电子烟征收消费税的公告》(2022年第33号公告)规定,电子烟生产(进口)环节的消费税税率为36%,电子烟批发环节的消费税税率为11%。

4. 消费税应纳税额的计算

(1)从价定率征收应纳税额的计算

从价定率征收,即根据不同的应税消费品确定不同的比例税率。

应纳消费税税额＝应税消费品的销售额×比例税率

应税消费品的销售额＝含增值税的销售额÷(1+增值税税率或征收率)

【做中学7-3】甲实木地板厂为增值税一般纳税人。2024年3月1日,向当地一家大型装修批发商场销售一批实木地板,开具增值税专用发票一张,发票上注明不含增值税销售额20万元,增值税税额2.6万元。实木地板的消费税税率为5%。计算甲实木地板厂上述业务的应纳消费税。

解:应纳消费税＝20×5%＝1(万元)

(2) 从量定额征收应纳税额的计算

从量定额征收，即根据不同的应税消费品确定不同的单位税额。

应纳消费税税额＝应税消费品的销售数量×单位税额

【做中学7－4】 甲啤酒厂自产啤酒40吨，无偿提供给某啤酒节，已知每吨成本为1 500元，无同类产品售价。税务机关核定的消费税单位税额为250元/吨。计算甲啤酒厂上述业务的应纳消费税。

解： 应纳消费税＝250×40＝10 000(元)

(3) 从价定率和从量定额复合征收应纳税额的计算

从价定率和从量定额复合征收，即以两种方法计算的应纳税额之和为该应税消费品的应纳税额。我国目前只对卷烟和白酒采用复合征收方法。

应纳消费税税额＝应税消费品的销售额×比例税率＋应税消费品的销售数量×单位定额税率

【做中学7－5】 甲公司是一家白酒生产企业，为增值税一般纳税人，2024年5月销售粮食白酒10吨，取得不含增值税的销售额为60万元；销售薯类白酒20吨，取得不含增值税的销售额为80万元。白酒消费税的比例税率为20％，定额税率为0.5元/500克。计算甲公司本月的应纳消费税。

解： 从价定率应纳消费税＝(60＋80)×20％＝28(万元)

从量定额应纳消费税＝(10＋20)×1 000×2×0.5÷10 000＝3(万元)

应纳消费税合计＝28＋3＝31(万元)

(三) 企业所得税

1. 企业所得税的概念

企业所得税是对我国企业和其他组织的生产经营所得和其他所得征收的一种税。

2. 企业所得税的纳税人

企业分为居民企业和非居民企业。居民企业是指依法在中国境内成立，或者依照外国(地区)法律成立但实际管理机构在中国境内的企业。非居民企业是指依照外国(地区)法律成立且实际管理机构不在中国境内，但在中国境内设立机构、场所的，或者在中国境内未设立机构、场所，但有来源于中国境内所得的企业。

【提示】 个人独资企业和合伙企业不适用《中华人民共和国企业所得税法》，不作为企业所得税的纳税人。对个人独资企业和合伙企业的投资者只征收个人所得税。

3. 企业所得税的征税对象

居民企业应就来源于中国境内、境外的所得缴纳企业所得税。

非居民企业在中国境内设立机构、场所的，应当就其所设机构、场所取得的来源于中国境内的所得，以及发生在中国境外但与其所设机构、场所有实际联系的所得，缴纳企业所得税。

非居民企业在中国境内未设立机构、场所的，或者虽设立机构、场所但取得的所得与其所设机构、场所没有实际联系的，应当就其来源于中国境内的所得缴纳企业所得税。

4. 企业所得税的税率

(1) 基本税率

企业所得税的基本税率为25％，适用于居民企业和在中国境内设有机构、场所且取得的所得与其所设机构、场所有实际联系的非居民企业。

(2)优惠税率

①对符合条件的小微企业,减按20%的税率征收企业所得税。

【提示】自2022年1月1日至2024年12月31日,对小型微利企业年应纳税所得额超过100万元但不超过300万元的部分,减按25%计入应纳税所得额,按20%的税率缴纳企业所得税。

②对国家需要重点扶持的高新技术企业,减按15%的税率征收企业所得税。

③非居民企业在中国境内未设立机构、场所的,或者虽设立机构、场所但取得的所得与其所设机构、场所没有实际联系的所得,适用税率为20%,但实际征税时减按10%的税率征收企业所得税,以支付人为扣缴义务人。

5. 企业所得税的应纳税所得额和应纳税额的计算

企业所得税应纳税所得额是企业所得税的计税依据。按照《企业所得税法》的规定,应纳税所得额为企业每一个纳税年度的收入总额减去不征税收入额、免税收入额、各项扣除额,以及准予弥补的以前年度亏损额之后的余额。企业的应纳税额取决于应纳税所得额和适用税率两个因素。

企业应纳税所得额有如下两种计算方法:

直接计算法下的计算公式为:

$$应纳税所得额=收入总额-不征税收入额-免税收入额-各项扣除额-准予弥补的以前年度亏损额$$

间接计算法下的计算公式为:

$$应纳税所得额=利润总额\pm纳税调整项目金额$$

企业所得税应纳税额的计算公式为:

$$应纳税额=应纳税所得额\times适用税率-减免税额-抵免税额$$

减免税额和抵免税额,是指依照《企业所得税法》和国务院的税收优惠规定减征、免征和准予抵免的应纳税额。

(1)收入总额

企业以货币形式和非货币形式从各种来源取得的收入,为收入总额,包括销售货物收入,提供劳务收入,转让财产收入,股息、红利等权益性投资收益,利息收入,租金收入,特许权使用费收入,接受捐赠收入,其他收入。

(2)不征税收入

收入总额中的下列收入为不征税收入:财政拨款;依法收取并纳入财政管理的行政事业性收费、政府性基金;行政事业性收费;国务院规定的其他不征税收入。

(3)免税收入

免税收入是指属于企业的应税所得但按照税法规定免予征收企业所得税的收入。

企业的下列收入为免税收入:国债利息收入;符合条件的居民企业之间的股息、红利等权益性投资收益(该收益是指居民企业直接投资于其他居民企业取得的投资收益,且该收益不包括连续持有居民企业公开发行并上市流通的股票不足12个月取得的投资收益);在中国境内设立机构、场所的非居民企业从居民企业取得与该机构、场所有实际联系的股息、红利等权益性投资收益(该收益不包括连续持有居民企业公开发行并上市流通的股票不足12个月取得的投资收益);符合条件的非营利组织的收入;非营利组织的其他免税收入。其具体包括:接受其他单位或者个人捐赠的收入;除《企业所得税法》第七条规定的财政拨款以外的其他政府补助收入,但不包括因政府购买服务取得的收入;按照省级以上民政、财政部门规定收取的会费;不征税收入和免税收入孳生的银行存款利息收入;财政部、国家税务总局规定的其他收入。

(4)准予扣除项目

税前扣除项目包括成本、费用、税金、损失和其他支出。

(5) 不得扣除项目

向投资者支付的股息、红利等权益性投资收益款项；企业所得税税款；税收滞纳金；罚金、罚款和被没收财物的损失；企业发生的公益性捐赠支出以外的捐赠支出；赞助支出，是指企业发生的与生产经营活动无关的各种非广告性支出；未经核准的准备金支出，是指企业未经国务院财政、税务主管部门核定而提取的各项资产减值准备、风险准备等准备金；企业之间支付的管理费、企业内营业机构之间支付的租金和特许权使用费，以及非银行企业内营业机构之间支付的利息；与取得收入无关的其他支出。

(6) 准予限额扣除项目

准予限额扣除项目包括但不限于以下内容：工资、薪金；社会保险费和住房公积金；职工福利费、工会经费、职工教育经费；业务招待费；广告费和业务宣传费；利息费用；借款费用；公益性捐赠支出。

(7) 亏损弥补

纳税人发生年度亏损的，可以用下一纳税年度的所得弥补；下一纳税年度的所得不足弥补的，可以逐年延续弥补，但是延续弥补期最长不得超过5年。5年内不管是盈利还是亏损，都作为实际弥补期限。税法所指亏损的含义，不是企业财务会计报告中反映的亏损额，而是企业财务会计报告中的亏损额经税务机关按税法规定核实调整后的金额。自2018年1月1日起，将高新技术企业和科技型中小企业亏损结转年限由5年延长至10年。

(四) 个人所得税

1. 个人所得税的概念

个人所得税是以个人(自然人)取得的各项应税所得为征税对象所征收的一种税。个人所得税于1799年诞生于英国，直到1874年，才逐渐趋于稳定并发展成熟，正式成为英国的"永久性税收"。由于个人所得税同时具有筹集财政收入、调节个人收入和维持宏观经济稳定等多重功能，因而成为世界上大多数国家，尤其是西方发达国家税制结构中最为重要的税种。

2. 个人所得税的纳税人

个人所得税的纳税人，以住所和居住时间为标准分为居民个人和非居民个人。

(1) 居民个人

在中国境内有住所，或者无住所而一个纳税年度内在中国境内居住累计满183天的个人，为居民个人。居民个人从中国境内和境外取得的所得，依照本法规定缴纳个人所得税。

在中国境内无住所的居民个人，在境内居住累计满183天的年度连续不满五年的，或满五年但期间有单次离境超过30天情形的，其来源于中国境外的所得，经向主管税务机关备案，可以只就由中国境内企事业单位和其他经济组织或者居民个人支付的部分缴纳个人所得税；在中国境内居住累计满183天的年度连续满五年的纳税人，且在五年内未发生单次离境超过30天情形的，从第六年起，中国境内居住累计满183天的，应当就其来源于中国境外的全部所得缴纳个人所得税。

(2) 非居民个人

在中国境内无住所又不居住，或者无住所而一个纳税年度内在中国境内居住累计不满183天的个人，为非居民个人。非居民个人从中国境内取得的所得，依照本法规定缴纳个人所得税。

在中国境内无住所，且在一个纳税年度中在中国境内连续或者累计居住不超过90天的个人，其来源于中国境内的所得，由境外雇主支付并且不由该雇主在中国境内的机构、场所负担的部分，免予缴纳个人所得税。

3. 个人所得税的应税项目

个人所得税的征税范围包括个人取得的各项应税所得,《中华人民共和国个人所得税法》列举了如下九项个人应税所得:

(1)工资、薪金所得,是指个人因任职或者受雇取得的工资、薪金、奖金、年终加薪、劳动分红、津贴、补贴以及与任职或者受雇有关的其他所得。

(2)劳务报酬所得,指个人从事劳务取得的所得,包括从事设计、装潢、安装、制图、化验、测试、医疗、法律、会计、咨询、讲学、新闻、广播、翻译、审稿、书画、雕刻、影视、录音、录像、演出、表演、广告、展览、技术服务、介绍服务、经纪服务、代办服务以及其他劳务取得的所得。

(3)稿酬所得,是指个人因其作品以图书、报刊形式出版、发表而取得的所得。

(4)特许权使用费所得,是指个人提供专利权、商标权、著作权、非专利技术以及其他特许权的使用权取得的所得,提供著作权的使用权取得的所得不包括稿酬所得。

(5)经营所得,是指:

①个体工商户从事生产经营活动取得的所得,个人独资企业投资人、合伙企业的个人合伙人来源于境内注册的个人独资企业、合伙企业生产经营的所得;

②个人依法从事办学、医疗、咨询以及其他有偿服务活动取得的所得;

③个人对企业、事业单位承包经营、承租经营以及转包、转租取得的所得;

④个人从事其他生产经营活动取得的所得。

(6)利息、股息、红利所得,是指个人拥有债权、股权等而取得的利息、股息、红利性质的所得。

(7)财产租赁所得,是指个人出租不动产、土地使用权、机器设备、车船以及其他财产而取得的所得。

(8)财产转让所得,是指个人转让有价证券、股权、合伙企业中的财产份额、不动产、土地使用权、机器设备、车船以及其他财产取得的所得。

(9)偶然所得,是指个人得奖、中奖、中彩以及其他偶然性质的所得。

居民个人取得第一项至第四项所得(以下称综合所得),按纳税年度合并计算个人所得税;非居民个人取得第一项至第四项所得,按月或者按次分项计算个人所得税。纳税人取得第五项至第九项所得,依照规定分别计算个人所得税。个人取得的所得,难以界定应纳税所得项目的,由主管税务机关确定。

4. 个人所得税的税率

国家税务总局发布《个人所得税扣缴申报管理办法(试行)》的公告(国家税务总局公告2018年第61号)。个人所得税预扣率,如表7—4、表7—5、表7—6所示。

表7—4　　　　　　　　　　个人所得税预扣率(一)
(居民个人工资、薪金所得预扣预缴适用)

级数	累计预扣预缴应纳税所得额	预扣率(%)	速算扣除数(元)
1	不超过36 000元	3	0
2	超过36 000元至144 000元的部分	10	2 520
3	超过144 000元至300 000元的部分	20	16 920
4	超过300 000元至420 000元的部分	25	31 920
5	超过420 000元至660 000元的部分	30	52 920
6	超过660 000元至960 000元的部分	35	85 920
7	超过960 000元的部分	45	181 920

表 7-5 个人所得税预扣率（二）
（居民个人劳务报酬所得预扣预缴适用）

级数	预扣预缴应纳税所得额	预扣率(%)	速算扣除数(元)
1	不超过 30 000 元	5	0
2	超过 30 000 元至 90 000 元的部分	10	1 500
3	超过 90 000 元至 300 000 元的部分	20	10 500
4	超过 300 000 元至 500 000 元的部分	30	40 500
5	超过 500 000 元的部分	35	65 500

表 7-6 个人所得税税率
（非居民个人工资、薪金所得，劳务报酬所得，稿酬所得，特许权使用费所得适用）

级数	应纳税所得额	税率(%)	速算扣除数(元)
1	不超过 3 000 元	3	0
2	超过 3 000 元至 12 000 元的部分	10	210
3	超过 12 000 元至 25 000 元的部分	20	1 410
4	超过 25 000 元至 35 000 元的部分	25	2 660
5	超过 35 000 元至 55 000 元的部分	30	4 410
6	超过 55 000 元至 80 000 元的部分	35	7 160
7	超过 80 000 元的部分	45	15 160

5. 下列各项个人所得免征个人所得税

具体包括：①省级人民政府、国务院部委和中国人民解放军军以上单位，以及外国组织、国际组织颁发的科学、教育、技术、文化、卫生、体育、环境保护等方面的奖金；②国债和国家发行的金融债券利息；③按照国家统一规定发给的补贴、津贴；④福利费、抚恤金、救济金；⑤保险赔款；⑥军人的转业费、复员费、退役金；⑦按照国家统一规定发给干部、职工的安家费、退职费、基本养老金或者退休费、离休费、离休生活补助费；⑧依照有关法律规定应予免税的各国驻华使馆、领事馆的外交代表、领事官员和其他人员的所得；⑨中国政府参加的国际公约、签订的协议中规定免税的所得；⑩国务院规定的其他免税所得。

第⑩免税规定，由国务院报全国人民代表大会常务委员会备案。

6. 个人所得税应纳税额的计算

(1)居民个人的综合所得。居民个人的综合所得，以每一纳税年度的收入额减除费用 6 万元以及专项扣除、专项附加扣除和依法确定的其他扣除后的余额，为应纳税所得额。专项扣除，包括居民个人按照国家规定的范围和标准缴纳的基本养老保险、基本医疗保险、失业保险等社会保险费和住房公积金等；专项附加扣除，包括子女教育、继续教育、大病医疗、住房贷款利息或者住房租金、赡养老人等支出，具体范围、标准和实施步骤由国务院确定，并报全国人民代表大会常务委员会备案。

劳务报酬所得、稿酬所得、特许权使用费所得以收入减除 20% 的费用后的余额为收入额。稿酬所得的收入额减按 70% 计算。

(2)非居民个人的工资、薪金所得。非居民个人的工资、薪金所得以每月收入额减除费用 5 000 元后的余额为应纳税所得额；劳务报酬所得、稿酬所得、特许权使用费所得，以每次收入额为应纳税所得额。

(3) 经营所得。经营所得,以每一纳税年度的收入总额减除成本、费用以及损失后的余额,为应纳税所得额。

(4) 财产租赁所得。财产租赁所得,每次收入不超过 4 000 元的,减除费用 800 元;4 000 元以上的,减除 20%的费用,其余额为应纳税所得额。

财产租赁所得一般以个人每次取得的收入,定额或定率减除规定费用后的余额为应纳税所得额。每次收入不超过 4 000 元的,减除准予扣除项目、修缮费用(800 元为限),再减除费用 800 元;每次收入 4 000 元以上的,减除准予扣除项目、修缮费用(800 元为限),再减除 20%的费用,其余额为应纳税所得额。其计算公式分别为:

每次(月)收入不足 4 000 元的:

应纳税额＝[每次(月)收入额－准予扣除项目－修缮费用(800 元为限)－800]×20%

每次(月)收入在 4 000 元以上的:

应纳税额＝[每次(月)收入额－准予扣除项目－修缮费用(800 元为限)]×(1－20%)×20%

(5) 财产转让所得。财产转让所得,以转让财产的收入额减除财产原值和合理费用后的余额,为应纳税所得额。

财产转让所得应纳税额的计算公式为:

应纳税额＝应纳税所得额×适用税率＝(收入总额－财产原值－合理税费)×20%

(6) 利息、股息、红利所得和偶然所得

利息、股息、红利所得和偶然所得,以每次收入额为应纳税所得额。其应纳税所得额即为每次收入额。其计算公式为:

应纳税额＝应纳税所得额×适用税率＝每次收入额×20%

(五) 城市维护建设税和教育费附加及地方教育附加

1. 城市维护建设税和教育费附加及地方教育附加的概念

城市维护建设税(简称城建税)是以纳税人实际缴纳的增值税和消费税(简称"两税")税额为计税依据所征收的一种税,主要目的是筹集城镇设施建设和维护资金。《中华人民共和国城市维护建设税法》已由中华人民共和国第十三届全国人民代表大会常务委员会第二十一次会议于 2020 年 8 月 11 日通过,自 2021 年 9 月 1 日起施行。

教育费附加、地方教育附加是以纳税人实际缴纳的增值税和消费税税额为计征依据所征收的附加费。

2. 城市维护建设税的纳税人、教育费附加和地方教育附加的缴纳人

城市维护建设税的纳税人、教育费附加和地方教育附加的缴纳人,是负有缴纳增值税和消费税义务的单位和个人。

3. 城市维护建设税的税率、教育费附加和地方教育附加的征收率

(1) 城市维护建设税的税率。

城市维护建设税按纳税人所在地区的不同,设置了三档比例税率。城市维护建设税税率表如表 7-7 所示。

表 7-7　　　　　　　　　　　城市维护建设税税率表

纳税人所在地	税率
市区	7%
县城和镇	5%
市区、县城和镇以外的其他地区	1%

（2）教育费附加和地方教育附加的征收率。

教育费附加的征收率为3%，地方教育附加的征收率为2%。

（六）土地增值税

1. 土地增值税的概念

土地增值税最早起源于18世纪中叶的法国。土地增值税是对转让国有土地使用权、地上建筑物及其附着物并取得收入的单位和个人，就其转让房地产所取得的增值额征收的一种税。1993年12月13日国务院颁布《中华人民共和国土地增值税暂行条例》（2011年1月8日国务院令第588号修订，以下简称《土地增值税暂行条例》），1995年1月27日财政部印发《中华人民共和国土地增值税暂行条例实施细则》。之后，财政部、国家税务总局又陆续发布了一些有关土地增值税的规定、办法。财政部、国家税务总局2019年7月16日起草了《中华人民共和国土地增值税法（征求意见稿）》。

2. 土地增值税的纳税人

土地增值税的纳税人为转让国有土地使用权、地上建筑物及其附着物（以下简称"转让房地产"）并取得收入的单位和个人。

3. 土地增值税的征税范围

土地增值税征税范围的一般规定有：

（1）土地增值税只对转让国有土地使用权及其地上建筑物和附着物的行为征税，对出让国有土地使用权的行为不征税。

（2）土地增值税既对转让国有土地使用权的行为征税，也对转让地上建筑物及其他附着物产权的行为征税。

（3）土地增值税只对有偿转让的房地产征税，对以继承、赠与等方式无偿转让的房地产不予征税。

不征土地增值税的房地产赠与行为包括以下两种情况：

①房产所有人、土地使用权所有人将房屋产权、土地使用权赠与直系亲属或承担直接赡养义务人的行为。

②房产所有人、土地使用权所有人通过中国境内非营利的社会团体、国家机关将房屋产权、土地使用权赠与教育、民政和其他社会福利、公益事业的行为。

4. 土地增值税的税率

土地增值税实行四级超率累进税率。土地增值税税率表如表7-8所示。

表7-8　　　　　　　　　　土地增值税税率表

级数	增值额与扣除项目金额的比率	税率（%）	速算扣除系数（%）
1	不超过50%的部分	30	0
2	超过50%~100%的部分	40	5
3	超过100%~200%的部分	50	15
4	超过200%的部分	60	35

5. 土地增值税的计税依据

土地增值税的计税依据是纳税人转让房地产所取得的增值额。转让房地产的增值额，是纳税人转让房地产的收入减除税法规定的扣除项目金额后的余额。土地增值额的大小，取决于转让房地产的收入额和扣除项目金额两个因素。

(七)房产税

1. 房产税的概念

房产税,是以房产为征税对象,按照房产的计税价值或房产租金收入向房产所有人或经营管理人等征收的一种税。

2. 房产税的纳税人

房产税的纳税人,是指在我国城市、县城、建制镇和工矿区内拥有房屋产权的单位和个人,其具体包括产权所有人、承典人、房产代管人或者使用人。房产税的征税对象是房屋。

3. 房产税的征税范围

房产税的征税范围是城市、县城、建制镇和工矿区的房屋,不包括农村。

【提示】独立于房屋之外的建筑物,如围墙、烟囱、水塔、菜窖、室外游泳池等不属于房产税的征税范围。

4. 房产税的税率

我国现行房产税采用比例税率。从价计征和从租计征实行不同标准的比例税率。从价计征的,税率为1.2%。从租计征的,税率为12%。从2001年1月1日起,对个人按市场价格出租的居民住房,可暂减按4%的税率征收房产税。

5. 房产税的计税依据

房产税以房产的计税价值或房产的租金收入为计税依据。按房产计税价值征税的,称为从价计征;按房产租金收入征税的,称为从租计征。

6. 房产税应纳税额的计算

(1)从价计征的房产税应纳税额的计算。从价计征是按房产的原值减除一定比例后的余值计征,其计算公式为:

$$从价计征的房产税应纳税额 = 应税房产原值 \times (1-扣除比例) \times 1.2\%$$

公式中,扣除比例幅度为10%~30%,具体扣除比例幅度由省、自治区、直辖市人民政府规定。

(2)从租计征的房产税应纳税额的计算。从租计征是按房产的租金收入计征,其计算公式为:

$$从租计征的房产税应纳税额 = 租金收入 \times 12\%(或 4\%)$$

(八)资源税

1. 资源税的概念

资源税是对在我国境内从事应税矿产品开采或生产盐的单位和个人征收的一种税。《中华人民共和国资源税法》已由中华人民共和国第十三届全国人民代表大会常务委员会第十二次会议于2019年8月26日通过,自2020年9月1日起施行。

2. 资源税的纳税人

资源税的纳税人,是指在中华人民共和国领域及管辖海域开采《资源税暂行条例》规定的矿产品或者生产盐(以下称开采或者生产应税产品)的单位和个人。

3. 资源税的征税范围

目前我国资源税的征税范围仅涉及矿产品和盐两大类,具体包括:

(1)原油。开采的天然原油征税;人造石油不征税。

(2)天然气。开采的天然气和与原油同时开采的天然气征税。

(3)煤炭,包括原煤和以未税原煤加工的洗选煤。

(4)其他非金属矿,包括石墨、硅藻土、高岭土、萤石、石灰石、硫铁矿、磷矿、氯化钾、硫酸钾、井矿盐、湖盐、提取地下卤水晒制的盐、煤层(成)气。

(5)金属矿,包括铁矿、金矿、铜矿、铝土矿、铅锌矿、镍矿、锡矿及其他金属矿产品原矿或精矿等。

(6)海盐,指海水晒制的盐,不包括提取地下卤水晒制的盐。

纳税人开采或者生产应税产品,自用于连续生产应税产品的,不缴纳资源税;自用于其他方面的,视同销售,缴纳资源税。

4.资源税的税目

现行资源税税目包括原油、天然气、煤炭等非金属矿和金矿、铁矿等金属矿,以及海盐等资源、品目。

5.资源税的税率

资源税采用比例税率和定额税率两种形式,如表7—9所示。

表7—9 资源税税目税率表

(2020年9月1日起执行)

税目			征税对象	税率
能源矿产	原油		原矿	6%
	天然气、页岩气、天然气水合物		原矿	6%
	煤		原矿或者选矿	2%~10%
	煤成(层)气		原矿	1%~2%
	铀、钍		原矿	4%
	油页岩、油砂、天然沥青、石煤		原矿或者选矿	1%~4%
	地热		原矿	1%~20%或者每立方米1~30元
金属矿产	黑色金属	包括铁、锰、铬、钒、钛	原矿或者选矿	1%~9%
	有色金属	铜、铅、锌、锡、镍、锑、镁、钴、铋、汞	原矿或者选矿	2%~10%
		铝土矿	原矿或者选矿	2%~9%
		钨	选矿	6.5%
		钼	选矿	8%
		金、银	原矿或者选矿	2%~6%
		铂、钯、钌、锇、铱、铑	原矿或者选矿	5%~10%
		轻稀土	选矿	7%~12%
		中重稀土	选矿	20%
		铍、锂、锆、锶、铷、铯、铌、钽、锗、镓、铟、铊、铪、铼、镉、硒、碲	原矿或者选矿	2%~10%

续表

税　目			征税对象	税　率
非金属矿产	矿物类	高岭土	原矿或者选矿	1%～6%
		石灰岩	原矿或者选矿	1%～6%或者每吨（或者每立方米）1～10元
		磷	原矿或者选矿	3%～8%
		石墨	原矿或者选矿	3%～12%
		萤石、硫铁矿、自然硫	原矿或者选矿	1%～8%
		天然石英砂、脉石英、粉石英、水晶、工业用金刚石、冰洲石、蓝晶石、硅线石(矽线石)、长石、滑石、刚玉、菱镁矿、颜料矿物、天然碱、芒硝、钠硝石、明矾石、砷、硼、碘、溴、膨润土、硅藻土、陶瓷土、耐火黏土、铁矾土、凹凸棒石黏土、海泡石黏土、伊利石黏土、累托石黏土	原矿或者选矿	1%～12%
		叶蜡石、硅灰石、透辉石、珍珠岩、云母、沸石、重晶石、毒重石、方解石、蛭石、透闪石、工业用电气石、白垩、石棉、蓝石棉、红柱石、石榴子石、石膏	原矿或者选矿	2%～12%
		其他黏土(铸型用黏土、砖瓦用黏土、陶粒用黏土、水泥配料用黏土、水泥配料用红土、水泥配料用黄土、水泥配料用泥岩、保温材料用黏土)	原矿或者选矿	1%～5%或者每吨（或者每立方米）0.1～5元
非金属矿产	岩石类	大理岩、花岗岩、白云岩、石英岩、砂岩、辉绿岩、安山岩、闪长岩、板岩、玄武岩、片麻岩、角闪岩、页岩、浮石、凝灰岩、黑曜岩、霞石正长岩、蛇纹岩、麦饭石、泥灰岩、含钾岩石、含钾砂页岩、天然油石、橄榄岩、松脂岩、粗面岩、辉长岩、辉石岩、正长岩、火山灰、火山渣、泥炭	原矿或者选矿	1%～10%
		砂石(天然砂、卵石、机制砂石)	原矿或者选矿	1%～5%或者每吨（或者每立方米）0.1～5元
	宝玉石类	宝石、玉石、宝石级金刚石、玛珊、黄玉、碧玺	原矿或者选矿	4%～20%
水气矿产	二氧化碳气、硫化氢气、氦气、氡气		原矿	2%～5%
	矿泉水		原矿	1%～20%或者每立方米1～30元
盐	钠盐、钾盐、镁盐、锂盐		选矿	3%～15%
	天然卤水		原矿	3%～15%或者每吨（或者每立方米）1～10元
	海盐			2%～5%

(九)城镇土地使用税

1. 城镇土地使用税的概念

城镇土地使用税是国家在城市、县城、建制镇和工矿区范围内,对使用土地的单位和个人,以其实际占用的土地面积为计税依据,按照规定的税额计算征收的一种税。1988年9月27日国务院颁布《中华人民共和国城镇土地使用税暂行条例》(以下简称《城镇土地使用税暂行条例》),自1988

年11月1日起施行。2006年12月31日、2011年1月8日、2013年12月7日、2019年3月2日国务院对《城镇土地使用税暂行条例》进行了四次修订。

2. 城镇土地使用税的纳税人

城镇土地使用税的纳税人,是指在税法规定的征税范围内使用土地的单位和个人。

3. 城镇土地使用税的征税范围

城镇土地使用税的征税范围是税法规定的纳税区域内的土地。凡在城市、县城、建制镇、工矿区范围内的土地,不论是属于国家所有的土地,还是集体所有的土地,都属于城镇土地使用税的征税范围。

【注意】自2009年1月1日起,公园、名胜古迹内的索道公司的经营用地,应按规定缴纳城镇土地使用税。

4. 城镇土地使用税的税率

城镇土地使用税采用定额税率,即采用有幅度的差别税额,按大、中、小城市和县城、建制镇、工矿区分别规定每平方米城镇土地使用税年应纳税额。

大、中、小城市以公安部门登记在册的非农业正式户口人数为依据,按照国务院颁布的《城市规划条例》中规定的标准划分。人口在50万人以上者为大城市;人口在20万至50万人之间者为中等城市;人口在20万人以下者为小城市。城镇土地使用税税率表如表7-10所示。

表7-10　　　　　　　　　　城镇土地使用税税率表

级　别	人　口	每平方米税额(元)
大城市	50万人以上	1.5～30
中等城市	20万～50万人	1.2～24
小城市	20万人以下	0.9～18
县城、建制镇、工矿区		0.6～12

5. 城镇土地使用税的计税依据

城镇土地使用税以纳税人实际占用的土地面积为计税依据,土地面积计量标准为每平方米,即税务机关根据纳税人实际占用的土地面积,按照规定的税率计算应纳税额,向纳税人征收城镇土地使用税。

6. 城镇土地使用税应纳税额的计算

城镇土地使用税是以纳税人实际占用的土地面积为计税依据,按照规定的适用税额计算征收。其应纳税额计算公式为:

$$年应纳税额 = 实际占用应税土地面积(平方米) \times 适用税额$$

(十) 耕地占用税

1. 耕地占用税的概念

耕地占用税,是为了合理利用土地资源,加强土地管理,保护耕地,对占用耕地建房或者从事非农业建设的单位或者个人征收的一种税。《中华人民共和国耕地占用税法》于2018年12月29日第十三届全国人民代表大会常务委员会第七次会议通过,自2019年9月1日起施行。

2. 耕地占用税的纳税人

耕地占用税的纳税人为在我国境内占用耕地建房或者从事非农业建设的单位或者个人。

3. 耕地占用税的征收范围

耕地占用税的征收范围包括纳税人为建房或从事其他非农业建设而占用的国家所有和集体所

有的耕地。

4. 耕地占用税的税率

耕地占用税实行地区幅度差别定额税率,以县为单位,按人均占有耕地面积分设 4 档定额。耕地占用税税率表如表 7－11 所示。

表 7－11　　　　　　　　　　耕地占用税平均税额表

人均耕地占用面积(以县级行政区域为单位)	每平方米年税额(元)
不超过 1 亩的地区	10～50
超过 1 亩但不超过 2 亩的地区	8～40
超过 2 亩但不超过 3 亩的地区	6～30
超过 3 亩以上的地区	5～25

5. 耕地占用税的计税依据

耕地占用税以纳税人实际占用的耕地面积为计税依据,按照适用税额标准计算应纳税额,一次性缴纳。

纳税人实际占用耕地面积的核定以农用地转用审批文件为主要依据,必要的时候应当实地勘测。

6. 耕地占用税应纳税额的计算

耕地占用税应纳税额的计算公式为:

$$应纳税额＝实际占用耕地面积(平方米)×适用税率$$

(十一)关税

1. 关税的概念

关税是海关依法对进出境货物、物品征收的一种税。所谓"境"指关境,又称"海关境域"或"关税领域",是国家《海关法》全面实施的领域。在通常情况下,一国关境与国境是一致的,包括国家全部的领土、领海、领空,但是也有不一致的情况。

2. 关税的纳税人

进口货物的收货人、出口货物的发货人、进出境物品的所有人,是关税的纳税义务人。

3. 关税的征税对象和税目

关税的征税对象是指准许进出我国关境的货物和物品。凡准许进出口的货物,除国家另有规定的以外,均应由海关征收进口关税或出口关税。对从境外采购进口的原产于中国境内的货物,也应按规定征收进口关税。

关税的税目、税率都由《中华人民共和国海关进出口税则》规定。它主要包括三个部分:归类总规则、进口税率表和出口税率表。其中,归类总规则是对进出口货物分类的具有法律效力的原则和方法。

进出口税则中的商品分类目录为关税税目。按照税则归类总规则及其归类方法,每一种商品都能找到一个最适合的对应税目。

4. 关税的税率

(1)税率的种类

关税的税率分为进口税率和出口税率两种。其中,进口税率又分为普通税率、最惠国税率、协定税率、特惠税率、关税配额税率和暂定税率。

(2)税率的确定

进出口货物应当依照《海关进出口税则》规定的归类原则归入合适的税号,按照适用的税率征税。其中:

①进出口货物,应按纳税义务人申报进口或者出口之日实施的税率征税;

②进口货物到达之前,经海关核准先行申报的,应该按照装载此货物的运输工具申报进境之日实施的税率征税;

③进出口货物的补税和退税,应按该进出口货物原申报进口或出口之日所实施的税率征税,但有特例情况,本书从略。

5. 关税的计税依据

我国对进出口货物征收关税,主要采取从价计征的办法,以商品价格为标准征收关税。因此,关税主要以进出口货物的完税价格为计税依据。

6. 关税应纳税额的计算

(1)从价税计算方法。从价税是最普遍的关税计征方法,它以进(出)口货物的完税价格作为计税依据。其应纳税额的计算公式为:

$$应纳税额＝应税进(出)口货物数量\times 单位完税价格\times 适用税率$$

(2)从量税计算方法。从量税是以进(出)口货物的数量为计税依据的一种关税计征方法。其应纳税额的计算公式为:

$$应纳税额＝应税进(出)口货物数量\times 关税单位税额$$

(3)复合税计算方法。复合税是对某种进(出)口货物同时使用从价和从量计征的一种关税计征方法。其应纳税额的计算公式为:

$$应纳税额＝应税进(出)口货物数量\times 关税单位税额$$
$$＋应税进(出)口货物数量\times 单位完税价格\times 适用税率$$

(4)滑准税计算方法。滑准税是指关税的税率随着进(出)口货物价格的变动而反方向变动的一种税率形式,即价格越高,税率越低,税率为比例税率。因此,对实行滑准税的进(出)口货物应纳税额的计算方法与从价税的计算方法相同。其应纳税额的计算公式为:

$$应纳税额＝应税进(出)口货物数量\times 单位完税价格\times 滑准税税率$$

(十二)印花税

1. 印花税的概念

印花税是对经济活动和经济交往中书立、领受、使用的应税经济凭证征收的一种税。因纳税人主要是通过在应税凭证上粘贴印花税票来完成纳税义务,故名印花税。

2. 印花税的纳税人

印花税的纳税人包括在中华人民共和国境内书立应税凭证、进行证券交易的单位和个人,以及在中华人民共和国境外书立在境内使用的应税凭证的单位和个人。

3. 印花税的征税范围

《中华人民共和国印花税法》于 2021 年 6 月 10 日第十三届全国人民代表大会常务委员会第二十九次会议通过,自 2022 年 7 月 1 日起施行。列举的凭证分为四类,即合同类、产权转移书据类、营业账簿类、证券交易类。

4. 印花税的税目和税率

根据应纳税凭证性质的不同,印花税分别采用比例税率和定额税率,具体税目、税额标准如表 7—12 所示。此外,根据国务院的专门规定,股份制企业向社会公开发行的股票,因买卖、继承、赠与所书立的股权转让书据,应当按照书据书立时证券市场当日实际成交价格计算的金额,由出让方按照 1‰的税率缴纳印花税。印花税实行比例税率。合同,适用税率为 0.05‰;购销合同、建筑安装工程承包合同、技术合同等,适用税率为0.3‰;加工承揽合同、建设工程勘察设计合同、货物运输合同、产权转移书据合同、记载资金数额的营业账簿等,适用税率为0.5‰;财产租赁合同、仓储保管合同、财产保险合同等,适用税率为1‰;因股票买卖、继承、赠与而书立"股权转让书据"(包括A股和B股),适用税率为1‰。

表7—12　　　　　　　　印花税税目、税率表(2022版,2022年7月1日起执行)

税　目		税　率	备　注
合同(指书面合同)	借款合同	借款金额的万分之零点五	指银行业金融机构、经国务院银行业监督管理机构批准设立的其他金融机构与借款人(不包括同业拆借)的借款合同
	融资租赁合同	租金的万分之零点五	
	买卖合同	价款的万分之三	指动产买卖合同(不包括个人书立的动产买卖合同)
	承揽合同	报酬的万分之三	
	建设工程合同	价款的万分之三	
	运输合同	运输费用的万分之三	指货运合同和多式联运合同(不包括管道运输合同)
	技术合同	价款、报酬或者使用费的万分之三	不包括专利权、专有技术使用权转让书据
	租赁合同	租金的千分之一	
	保管合同	保管费的千分之一	
	仓储合同	仓储费的千分之一	
	财产保险合同	保险费的千分之一	不包括再保险合同
产权转移书据	土地使用权出让书据	价款的万分之五	转让包括买卖(出售)、继承、赠与、互换、分割
	土地使用权、房屋等建筑物和构筑物所有权转让书据(不包括土地承包经营权和土地经营权转移)	价款的万分之五	
	股权转让书据(不包括应缴纳证券交易印花税的)	价款的万分之五	
	商标专用权、著作权、专利权、专有技术使用权转让书据	价款的万分之三	
营业账簿		实收资本(股本)、资本公积合计金额的万分之二点五	
证券交易		成交金额的千分之一	

5.印花税应纳税额的计算

(1)实行比例税率的凭证,印花税应纳税额的计算公式为:

$$应纳税额＝应税凭证计税金额\times 比例税率$$

(2)实行定额税率的凭证,印花税应纳税额的计算公式为:

$$应纳税额＝应税凭证件数\times 定额税率$$

(3)营业账簿应纳税额的计算。印花税应纳税额的计算公式为:

$$应纳税额＝(实收资本＋资本公积)\times 0.5‰\times 50\%$$

(十三)契税

1. 契税的概念

契税在我国有悠久的历史,起源于东晋时期的"估税"。北宋时期,契税逐渐趋于完备。元、明、清等时期都征收契税。《中华人民共和国契税法》(以下简称《契税法》)已由中华人民共和国第十三届全国人民代表大会常务委员会第二十一次会议于 2020 年 8 月 11 日通过,自 2021 年 9 月 1 日起施行。契税是以境内土地、房屋权属发生转移的不动产为征税对象,以当事人双方签订的合同为依据,向产权承受人一次性征收的一种财产税。

2. 契税的纳税人

契税的纳税人,是指在我国境内承受土地、房屋权属转移的单位和个人。

契税由权属的承受人缴纳。这里所说的"承受",是指以受让、购买、受赠、交换等方式取得土地、房屋权属的行为。

转让房地产权属行为的转让方和承受方的纳税情况如表 7—13 所示。

表 7—13　　　　　转让房地产权属行为的转让方和承受方的纳税情况一览表

转让方	承受方
(1)增值税(销售不动产、转让土地使用权)	(1)印花税(产权转移书据)
(2)城市维护建设税和教育费附加及地方教育附加	(2)契税
(3)印花税(产权转移书据)	
(4)土地增值税	
(5)企业所得税(或个人所得税)	

3. 契税的征税范围

契税以在我国境内转移土地、房屋权属的行为作为征税对象。土地、房屋权属未发生转移的,不征收契税。

契税的征税范围主要包括:①国有土地使用权出让;②土地使用权转让;③房屋买卖;④房屋赠与;⑤房屋交换。

4. 契税的税率

契税采用比例税率,并实行 3%～5% 的幅度税率。具体税率由各省、自治区、直辖市人民政府在幅度税率规定范围内,按照本地区的实际情况确定,以适应不同地区纳税人的负担水平和调控房地产交易的市场价格。

【提示】个人购买 90 平方米及以下普通住房,且该住房属于家庭唯一住房的,契税税率暂统一为 1%。

5. 契税的计税依据

按照土地、房屋权属转移的形式、定价方法的不同,契税的计税依据确定如下:

(1)国有土地使用权出让、土地使用权出售、房屋买卖,以成交价格作为计税依据。

(2)土地使用权赠与、房屋赠与,由征收机关参照土地使用权出售、房屋买卖的市场价格核定。

(3)土地使用权交换、房屋交换,以交换土地使用权、房屋的价格差额为计税依据。

(4)以划拨方式取得土地使用权,经批准转让房地产时应补缴的契税,以补缴的土地使用权出让费用或土地收益作为计税依据。

6. 契税应纳税额的计算

契税应纳税额依照省、自治区、直辖市人民政府确定的适用税率和税法规定的计税依据计算征收。其计算公式为：

$$应纳税额＝计税依据×税率$$

（十四）车船税

1. 车船税的概念

车船税是对在中华人民共和国境内属于车船税法规定的车辆、船舶的所有人或管理人征收的一种财产税。我国分别在2011年2月25日和2011年11月23日通过了《中华人民共和国车船税法》（以下简称《车船税法》）和《中华人民共和国车船税法实施条例》（以下简称《车船税法实施条例》），2012年1月1日开始施行。2019年3月2日国务院修订了《车船税法实施条例》。2019年4月23日第十三届全国人民代表大会常务委员会第十次会议修订了《车船税法》。

2. 车船税的纳税人

车船税的纳税人，是指在中华人民共和国境内属于税法规定的车辆、船舶（以下简称"车船"）的所有人或者管理人。

从事机动车第三者责任强制保险业务的保险机构为机动车车船税的扣缴义务人。

【提示】外商投资企业、外国企业、华侨、外籍人员和港、澳、台同胞，也属于车船税的纳税人。

3. 车船税的征收范围

车船税的征收范围是指在中华人民共和国境内属于车船税法所规定的应税车辆和船舶，具体包括：

(1)依法应当在车船登记管理部门登记的机动车辆和船舶；

(2)依法不需要在车船登记管理部门登记的在单位内部场所行驶或者作业的机动车辆和船舶。

4. 车船税的税目

车船税的税目分为五大类，包括乘用车、商用车、其他车辆、摩托车和船舶。

【提示】纯电动乘用车和燃料电池乘用车不属于车船税的征收范围，对其不征收车船税。

5. 车船税的税率

车船税采用定额税率，又称固定税额。根据《中华人民共和国车船税法》的规定，对应税车船实行有幅度的定额税率，即对各类车船分别规定一个最低到最高限度的年税额。

6. 车船税的计税依据

车船税以车船的计税单位数量为计税依据。《车船税法》按车船的种类和性能，分别确定每辆、整备质量每吨、净吨位每吨和艇身长度每米为计税单位。其具体如下：

①乘用车、商用客车和摩托车，以辆数为计税依据。②商用货车、专用作业车和轮式专用机械车，以整备质量吨位数为计税依据。③机动船舶、非机动驳船、拖船，以净吨位数为计税依据。④游艇以艇身长度为计税依据。

（十五）车辆购置税

1. 车辆购置税的概念

车辆购置税，是对在中国境内购置规定车辆的单位和个人征收的一种税。就其性质而言，属于直接税的范畴，它由车辆购置附加费演变而来。2018年12月29日第十三届全国人民代表大会常务委员会第七次会议通过《中华人民共和国车辆购置税法》，自2019年7月1日起施行。

2. 车辆购置税基本法律

(1)车辆购置税的征收范围

车辆购置税的征收范围包括汽车、摩托车、电车、挂车、农用运输车。车辆购置税实行一次性征收。购置已征车辆购置税的车辆，不再征收车辆购置税。

(2)车辆购置税的纳税人

在我国境内购置规定的车辆(以下简称应税车辆)的单位和个人,为车辆购置税的纳税人。

购置,包括购买、进口、自产、受赠、获奖或者以其他方式取得并自用应税车辆的行为。

【提示】"单位",包括国有企业、集体企业、私营企业、股份制企业、外商投资企业、外国企业以及其他企业、事业单位、社会团体、国家机关、部队以及其他单位;"个人",包括个体工商户以及其他个人。

(3)车辆购置税税收优惠

下列车辆免征车辆购置税:①依照法律规定应当予以免税的外国驻华使馆、领事馆和国际组织驻华机构及其有关人员自用的车辆;②中国人民解放军和中国人民武装警察部队列入装备订货计划的车辆;③悬挂应急救援专用号牌的国家综合性消防救援车辆;④设有固定装置的非运输专用作业车辆;⑤城市公交企业购置的公共汽电车辆。

【注意】根据国民经济和社会发展的需要,国务院可以规定减征或者其他免征车辆购置税的情形,报全国人民代表大会常务委员会备案。

(4)车辆购置税税率

车辆购置税采用10%的比例税率。

3. 车辆购置税的计税依据

车辆购置税的计税依据为应税车辆的计税价格。计税价格根据不同情况,按照下列规定确定:

(1)纳税人购买自用的应税车辆的计税价格,为纳税人购买应税车辆而支付给销售者的全部价款和价外费用,不包括增值税税款。

【注意】价外费用是指销售方价外向购买方收取的基金、集资费、违约金(延期付款利息)和手续费、包装费、储存费、优质费、运输装卸费、保管费以及其他各种性质的价外收费,但不包括销售方代办保险等而向购买方收取的保险费,以及向购买方收取的代购买方缴纳的车辆购置税、车辆牌照费。

(2)纳税人进口自用的应税车辆的计税价格的计算公式为:

$$计税价格 = 关税完税价格 + 关税 + 消费税$$

(3)纳税人自产、受赠、获奖或者以其他方式取得并自用的应税车辆的计税价格,由主管税务机关参照国家税务总局规定的最低计税价格核定。

【提示】最低计税价格是指国家税务总局依据机动车生产企业或者经销商提供的车辆价格信息,参照市场平均交易价格核定的车辆购置税计税价格。

(4)纳税人购买自用或者进口自用应税车辆,申报的计税价格低于同类型应税车辆的最低计税价格,又无正当理由的,计税价格为国家税务总局核定的最低计税价格。

(5)国家税务总局未核定最低计税价格的车辆,计税价格为纳税人提供的有效价格证明注明的价格。有效价格证明注明的价格明显偏低的,主管税务机关有权核定应税车辆的计税价格。

4. 车辆购置税应纳税额的计算

车辆购置税实行从价定率的方法计算应纳税额。计算公式如下:

$$应纳税额 = 计税依据 \times 税率$$

$$进口应税车辆应纳税额 = (关税完税价格 + 关税 + 消费税) \times 税率$$

【提示】纳税人购买自用应税车辆的计税价格,为纳税人实际支付给销售者的全部价款,不包括增值税税款。

(十六)环境保护税

1. 环境保护税的概念

环境保护税是我国首个明确以环境保护为目标的独立型环境税税种,有利于解决排污费制度存在的执法刚性不足等问题,有利于提高纳税人环保意识和强化企业治污减排责任。环境保护税是指对在我国领域以及管辖的其他海域直接向环境排放应税污染物的企事业单位和其他生产经营者征收的一种税。环境保护税法是调整环境保护税征纳关系法律规范的总称。我国现行环境保护税的基本规范是 2016 年 12 月 25 日第十二届全国人民代表大会常务委员会第二十五次会议通过的《中华人民共和国环境保护税法》(以下简称《环境保护税法》)和 2017 年 12 月 30 日国务院颁布的《中华人民共和国环境保护税法实施条例》(自 2018 年 1 月 1 日起施行)。环境保护税由此成为我国的第 18 个税种。

实行环境保护费改税,有利于解决排污费制度存在的执法刚性不足、地方政府干预等问题,有利于提高纳税人的环保意识和遵从度,强化企业治污减排的责任,有利于构建促进经济结构调整、发展方式转变的绿色税制体系,有利于规范政府分配秩序,优化财政收入结构,强化预算约束。

2. 纳税人

自 2018 年 1 月 1 日起,在中华人民共和国领域和中华人民共和国管辖的其他海域,直接向环境排放应税污染物的企事业单位和其他生产经营者为环境保护税的纳税人,应当依《环境保护税法》的规定缴纳环境保护税。

依照《环境保护税法》规定征收环境保护税的,不再征收排污费。

3. 征税对象

环境保护税的征税对象为应税污染物。应税污染物是指《环境保护税法》所附"环境保护税税目税额表""应税污染物和当量值表"规定的大气污染物、水污染物、固体废物和噪声。

有下列情形之一的,不属于直接向环境排放污染物,不缴纳相应污染物的环境保护税:企事业单位和其他生产经营者向依法设立的污水集中处理、生活垃圾集中处理场所排放应税污染物的;企事业单位和其他生产经营者在符合国家和地方环境保护标准的设施、场所贮存或者处置固体废物的。

依法设立的城乡污水集中处理、生活垃圾集中处理场所超过国家和地方规定的排放标准向环境排放应税污染物的,应当缴纳环境保护税。企事业单位和其他生产经营者贮存或者处置固体废物不符合国家和地方环境保护标准的,应当缴纳环境保护税。

4. 税目与税率

环境保护税采用定额税率。环境保护税税目税额表如表 7—14 所示。

表 7—14　　　　　　　　　　　　环境保护税税目税额表

税　目		计税单位	税　额
大气污染物		每污染当量	1.2～12 元
水污染物		每污染当量	1.4～14 元
固体废物	煤矸石	每吨	5 元
	尾矿	每吨	15 元
	危险废物	每吨	1 000 元
	冶炼渣、粉煤灰、炉渣、其他固体废物(含半固态、液态物)	每吨	25 元

续表

税 目		计税单位	税 额
噪声	工业噪声	超标 1~3 分贝	每月 350 元
		超标 4~6 分贝	每月 700 元
		超标 7~9 分贝	每月 1 400 元
		超标 10~12 分贝	每月 2 800 元
		超标 13~15 分贝	每月 5 600 元
		超标 16 分贝以上	每月 11 200 元

备注事项：

(1)一个单位边界上有多处噪声超标，根据最高一处超标声级计算应纳税额；当沿边界长度超过 100 米有两处以上噪声超标，按照两个单位计算应纳税额。

(2)一个单位有不同地点作业场所的，应当分别计算应纳税额，合并计征。

(3)昼夜均超标的环境噪声，昼夜分别计算应纳税额，累计计征。

(4)声源一个月内超标不足 15 天的，减半计算应纳税额。

(5)夜间频繁突发和夜间偶然突发厂界超标噪声，按等效声级和峰值噪声两种指标中超标分贝值高的一项计算应纳税额。

任务四 税收负担

一、税收负担的概念

税收负担简称"税负"，指的是纳税人因纳税而相应地减少了纳税人的可支配收入，从而对其造成经济利益的损失或使其承受的经济负担的程度加重。从现象上看，税收负担表现为因国家征税使纳税人承担了一定量的税额，从而给纳税人造成了经济利益上的损失。但在更深层次上，税收负担是国家、企业、个人对创造的国民收入分割份额确定归属的问题，其实质是国民收入分配中国家与纳税各方的分配关系，以及由国家与纳税人之间的分配关系派生出来的纳税人之间的分配关系。

二、税收负担的分类

（一）从不同的经济层面看，可分为宏观税收负担与微观税收负担

1. 宏观税收负担

从国民经济总体看，税收负担水平反映一国社会成员税收负担的整体状况。其衡量指标是宏观税率。宏观税率一般是指一定时期内(一年)的国税收入总额与同期国民(国内)生产总值的比率。

2. 微观税收负担

从纳税人个体看，税收负担水平反映具体纳税人因国家课税而做出的牺牲。其衡量指标是公司、个人所得税的负担率。

宏观税收负担与微观税收负担二者具有紧密的内在联系。微观税收负担是基础，宏观税收负担是微观税收负担的综合反映。

（二）从具体的表现形式看，可分为名义税收负担和实际税收负担

1. 名义税收负担

名义税收负担又称法定税收负担，是从税制规定看纳税人应承担的税收负担水平，表现为纳税人依据税法应向国家缴纳的税款与课税对象的比值。名义税收负担可以用名义税负率来衡量。

2. 实际税收负担

在税收征管过程中考虑影响纳税人向政府实际缴付税款的各种因素后，纳税人实际承受的税负水平，一般表现为纳税人实纳税额与课税对象的比值。影响纳税人实际税收负担的因素有税收扣除、减免、退税等合法因素和税收偷逃、以费代税等不合理或不合法因素。实际税收负担可以用实际税负率来衡量。

（三）根据税收负担是否可以转嫁，可分为直接税收负担和间接税收负担两类

1. 直接税收负担

直接税收负担是指纳税人直接向国家纳税而承受的税收负担。

2. 间接税收负担

在存在税负转嫁机制的条件下，纳税人依法直接向国家缴纳的税款，并不意味着最终全部由纳税人自己负担，纳税人有可能通过某些途径全部或部分地将税收负担转嫁出去。这样，被转嫁者虽然没有直接向国家交税，却实际负担了一部分由他人转嫁过来的税款，这种税收负担就称为间接税收负担。

三、影响宏观税收负担的因素

（一）经济发展水平

经济发展水平是税收负担的最根本的决定因素。一国宏观税负水平的高低关键要看本国经济效益水平和人均国民收入水平的高低。

作为税收体制中的动态要素，税负的高低说到底应由税源决定。发达资本主义国家的税负水平一般高于发展中国家，主要原因就在于发达资本主义国家的生产力发达，社会财富丰富，人均国民收入高，能够为国家征税提供广阔的税源；而广大发展中国家，由于历史和现实的原因，生产力发展水平相对较低，社会财富并不丰富，人均国民收入较少，难以为国家征税提供充足的税源，因而其宏观税负水平相对低一些。很明显，如果一国生产力发展水平较低，即使影响其宏观税负水平的其他因素已达到理想化目标，该国的宏观税负水平也不会很高。一国宏观税负水平的确定，不仅应立足于本国的经济发展水平，而且应充分考虑到对经济发展实际的影响效果，要有利于经济的运行，促进国民经济的稳定增长和微观经济效益的提高。税负过高，超过纳税人的承受能力，会直接影响纳税人在投资、消费及储蓄领域里的信心，会助长有条件的纳税人为减轻税负而向国外进行税收移民或者偷逃税行为，在一定程度上影响经济的发展。

（二）国家职能定位

由于人们对政府与市场关系的认识处于不断深化的过程中，不同的国家或政府，以及不同时期的同一国家与政府，其职能范围是不同的。政府职能的变化必然影响到宏观税负水平。通常来说，随着政府职能的扩大，政府的财政支出势必会增加，宏观税负水平也将相应地呈上升趋势。

（三）经济体制与财政体制的模式

1. 经济体制不同，宏观税负也就不同

传统计划经济体制下，政府不仅担负着社会管理职能，而且承担着大量的经济建设任务，因此宏观税负水平也就很高。随着我国不断完善现代税收制度，持续推进减税降费，按国际可比口径计算，我国宏观税负水平已从 2016 年的 28.1% 降至 2021 年的 25.4%，税收占国内生产总值比重从

17.5%降至15.1%,已处于世界较低水平。在全面建设社会主义现代化国家新征程中,政府公共服务保障水平需要不断提高,宏观税负宜保持总体稳定,为推动高质量发展提供坚实财力保障。

2. 一国税收制度对宏观税负水平也有影响

税制对宏观税负的影响主要体现在以下几个方面:

(1)税种设置。当各税种税率保持在一个较合理的程度上,税种设置较多,将使得征税范围变宽,税基扩大,宏观税负水平就会得以提高。

(2)税制设计。在税制设计中,主体税种和辅助税种的不同选择和搭配对宏观税负水平的影响也比较明显。以商品税作为主体税种,尽管税负可能转嫁,在一些方面或个别环节存在不公平,但对宏观税负水平的影响相对来说要小一些。以所得税作为主体税种,由于所得税尤其是个人所得税具有累进性,对经济变化的反应比较敏感,因而对宏观税负水平的影响相对来说要大一些。

(3)税率。从税率角度考虑,税收体系中适度的整体税率同宏观税负水平具有方向趋同的关系:整体税率提高将会引起宏观税负水平的提高;反之,宏观税负水平则下降。

(4)税基。从税基角度考虑,扩大税基,会使税收收入增加,引起宏观税负水平提高;缩小税基,则会造成税收收入的减少,使宏观税负水平降低。值得一提的是,作为税制要素中的两个重要因素,税率和税基的设计如何,不但直接影响到宏观税负水平的高低,而且会对税负公平产生重要影响。

(5)税收征管机制。一国税收征管机制的高效性对减少偷逃税现象、维护税收和宏观税负水平的稳定性发挥着非常重要的作用。

四、宏观税收负担指标

(一)我国衡量宏观税负的指标

目前,我国对宏观税负的认识有三个口径。

1. 小口径的宏观税负

小口径的宏观税负,是指税收收入占 GDP 的比重。小口径的宏观税负能真实、具体地表明政府财政能力的强弱,但不能准确地反映我国宏观税负的全貌。

2. 中口径的宏观税负

中口径的宏观税负,是指财政收入占 GDP 的比重,即预算内收入,包括税收收入和其他财政收入。

3. 大口径的宏观税负

大口径的宏观税负,是指政府收入占 GDP 的比重。大口径的宏观税负能衡量整个国民经济的负担水平,考察企业的负担程度,全面反映政府从微观经济主体取得收入的状况和政府参与国民收入分配的受信任程度。但政府收入并没有全部形成财政可支配财力,不能反映政府的财力状况或财政能力。

(二)国际衡量宏观税负的指标

1. T/GDP

在国际通行做法中,一般将税收总额占国内生产总值的比率(T/GDP),即国内生产总值税收负担率作为衡量宏观税负的标准。

2. 世界各国税负的分类

(1)高税负国家

这些国家国内生产总值税收负担率一般在 35%～45%,主要是经济发达国家,如英国、瑞典、德国、法国、意大利等。这些国家的高税负政策通常是随着国家经济力量的增强逐步演进而成的。

它们之所以实行重税,有以下两个重要的条件:

第一,这些国家都属于发达资本主义国家,人均国民生产总值在世界各国中是较高的,公民及法人的税负承受能力较强,国家有充分的余地征收较多的税收以满足财政支出需要。

第二,这些国家的公共服务及社会福利支出较大,特别是社会保障的享受面广、标准高,加之国家其他职能的需要,造成了政府庞大的财政支出,需要大量的财政收入。

(2) 中等税负国家

这些国家国内生产总值税收负担率一般在20%～30%,一般是发展中国家,非洲和拉美诸国多属此类。这一类国家由于经济发展水平较低,个人及法人的税负承担能力较差,政府的税收收入受税源的影响常常呈不足状态,并且受税收征管体制的限制,税负占国内生产总值的比值不太容易提高。

(3) 轻税负国家

国内生产总值税收负担率多为15%左右,不超过20%。轻税负国家通常包括三类:

第一,经济不发达国家,国民生产总值少,税源少,造成财政收支紧张。

第二,实行低税模式的国际避税港,如巴拿马、列支敦士登等国家和地区,这些国家和地区一般行使单一税管辖权,税种少、税基窄、税率低,税收负担水平较低。

第三,以非税收入为主的资源国,如石油输出国,因为其税收占财政收入的比重很低,因而其税负水平也就比较低。

五、合理的税负水平

确定合理的税负水平是一国税收制度设计所要解决的中心问题。从宏观上判断一国税负水平是否合理,主要有以下两个标准:

(一) 经济发展标准

美国供给学派代表人物阿瑟·拉弗所提出的"拉弗曲线"较为形象地说明了经济发展、税收收入和税率之间的内在联系。如图7-2所示,随着税率增加,税收先增加后减少。图中阴影部分表示税率禁区,税率进入禁区后,税率与税收收入成反比关系。

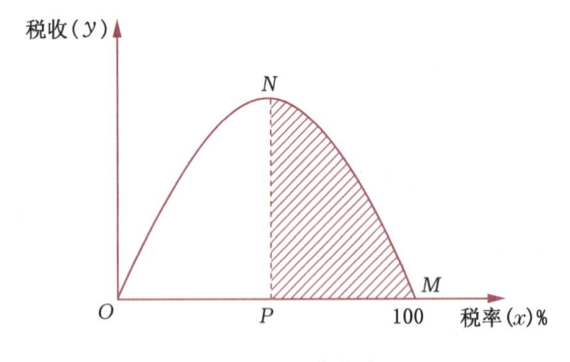

图7-2 拉弗曲线

拉弗曲线实际上体现的是税收负担与经济增长或发展的关系。税率过高导致税收收入下降,税收负担过重抑制了经济活动,损害了税基。

(二) 政府职能标准

一国总体税负水平的高低,要视政府职能范围的大小而定。因为政府的职能范围不同,对税收的需要量也不一样。

从各国的实践看,随着社会经济的发展,政府职能范围有所扩大,公共支出需要也不断增加,而税收作为筹集财政资金的主要手段,相应地也呈现了一种日益增长的趋势。但在经济发展达到一定高度后,税负水平也会出现相对稳定的状态。

【同步案例7-1】　　　　　拉弗曲线的应用

材料一:2023年1—9月累计,全国一般公共预算收入166 713亿元,同比增长8.9%。其中,税收收入139 105亿元,同比增长11.9%;非税收入27 608亿元,同比下降4.1%。分中央和地方看,中央一般公共预算收入75 886亿元,同比增长8.5%;地方一般公共预算本级收入90 827亿元,同比增长9.1%。

材料二:1974年,美国经济学家拉弗在一次午餐中向当时的一位白宫官员解释税率与税收的关系时,在餐桌上画出了拉弗曲线,如图7-3所示。

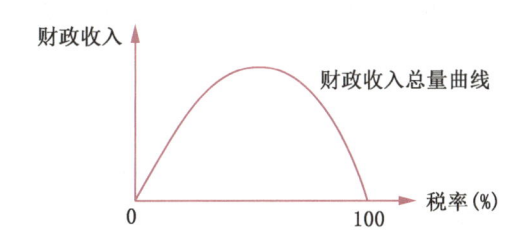

图7-3　拉弗曲线(用以解释税率与税收的关系)

课堂讨论:
(1)材料一、材料二分别反映了什么经济现象?
(2)结合材料一,说明拉弗曲线对我国经济发展的启示。

六、税负转嫁与税负归宿

(一)税负转嫁的概念

税负转嫁是指纳税人将其所缴纳的税款以一定方式转嫁他人承受的过程。商品交换是税负转嫁的基础。

税负归宿是指经过转嫁后税负的最终落脚点。在这一环节,税收承担者已不能把其所承受的税负再转嫁出去。

(二)税负转嫁的方式

1. 前转

前转也称顺转,是指纳税人通过提高商品的销售价格将税负转嫁给购买者。这是税负转嫁中最为普通的一种形式。如在产销环节对消费品征税,生产企业就可以通过提高该消费品的出厂价格,把税负转嫁给批发商,批发商再将税负转嫁给零售商,零售商又把税负转嫁给消费者。从这一过程看,虽然名义上的纳税人是生产企业,而实际的税收负担者是各种商品和劳务的消费者。

【提示】税负前转是税收转嫁的最典型也是最普遍的形式。

2. 后转

后转也称逆转,是指纳税人通过压低商品购进价格将税负转嫁给供应者。如政府在零售环节对某种商品征税,但该种商品由市场供求关系所决定,不能因征税而相应地提高价格,零售商就可以通过压低进货价格而将税收负担向后转嫁给批发商。同样,批发商也可通过压低进货价格把税收负担转嫁给生产企业,生产企业再通过压低原材料和劳动力的价格,把税收负担转嫁给原材料和劳动力的供应者。

3. 辗转转嫁

辗转转嫁是指从进行课税后到实现最后归宿的这一过程中,税负的转移可以发生数次,具体又可分为向前辗转转嫁(如从木材加工企业到家具生产企业,最终把税负转嫁给消费者)和向后辗转转嫁(如从家具生产企业到木材加工企业,最终把税负转嫁给林木生产企业)。

4. 混合转嫁

混合转嫁又称为散转,是指同一税额一部分前转,另一部分后转。例如,政府对汽车销售商征收的税收,一部分可以通过抬高售价,将税收前转给消费者;一部分可以通过压低进价,将税收后转给汽车生产企业。

5. 消转

消转又称为转化或扩散转移,是指纳税人通过改进生产工艺、改善经营管理或改进生产技术等方式,使纳税额在生产发展和收入增长中自我消化,不归任何人承担。从税收转嫁的本意说,消转并不能作为一种税负转嫁方式。

6. 税收资本化

税收资本化也称税收还原,是指要素购买者将所购资本品(主要是指固定资产)的未来应纳税款在购入价中预先扣除,由要素出售者实际承担税负。其实际上是税负后转的一种特殊形式。

(三)影响税负转嫁和归宿的因素

1. 商品的需求弹性和供给弹性

(1)税负转嫁的主要途径是价格的变动,转嫁的幅度取决于供求弹性。

(2)需求弹性对税负转嫁的影响表现在:①需求弹性较大的商品,商品价格更多地取决于买方,税负不易转嫁;②需求弹性较小的商品,商品价格更多地取决于卖方,税负容易转嫁。

决定商品需求弹性大小的因素一般有三个:第一,该商品替代品的数量和相似程度。一般而言,如果某种商品存在较多的替代品,且功能较为近似,则该商品的需求弹性就会较大,转嫁就较困难;反之,商品的替代品较少,或功能不相似时,该商品的需求弹性就较小,向消费者转嫁税负就更为容易。第二,商品对消费者而言是必需品还是非必需品。如果某商品对消费者来说很重要,如基本生活必需品,价格上升就不会对该种商品的需求量产生很大的影响,这时的需求弹性相对较小,卖方向消费者转嫁税负就比较容易;反之,某商品并不十分必需,消费者可以根据自己的收入和商品的价格来决定是否有必要购买该种商品,这类商品的需求弹性较大,因此向消费者转嫁税负的困难较大。第三,商品用途的广泛性和耐用性。一种商品的用途越多,使用寿命越长,其需求弹性越大;而一种商品的用途越少,并且是使用寿命非常短的非耐用品,其需求弹性越小。

(3)供给弹性对税负转嫁的影响表现在:

①供给弹性较大的商品,生产者有较大的灵活性,税负容易转嫁。

②供给弹性较小的商品,生产者没有较大的灵活性,税负不容易转嫁。

决定商品供给弹性大小的因素有两个:时间和该商品的性质。一般来说,商品的长期供给弹性大于短期供给弹性。因为就供给方而言,短期内产量对价格的反应能力有限,要改变供给量只能依靠调整可变投入,如劳动力、原材料等;而从长期看,供给方通过改变生产计划和固定资产投入,如土地、厂房建筑物、机器设备等,可以极大地增强产量的变动能力。

从商品的性质看,供给弹性取决于三个因素:第一,该商品生产的难易程度。在一定时期内,容易生产的商品,当价格变动时其产量变动的速度快,因而供给弹性较大;较难生产的产品,则供给弹性较小。第二,商品的生产规模和规模变化的难易程度。一般而言,生产规模大的资本密集型企业,其生产规模较难变动,生产调整的周期长,因而其产品的供给弹性小;而规模小的劳动密集型企业,则应变能力强,其产品的供给弹性大。第三,生产成本的变化。如果随着产量的提高,单位成本只有少量提高,该商品的供给弹性较大;而如果单位成本随着产量的提高而明显上升,则供给弹性较小。

(4)税负转嫁的程度取决于征税后的价格变动。图7-4仅就税负转嫁的基本形式——前转进行讨论。

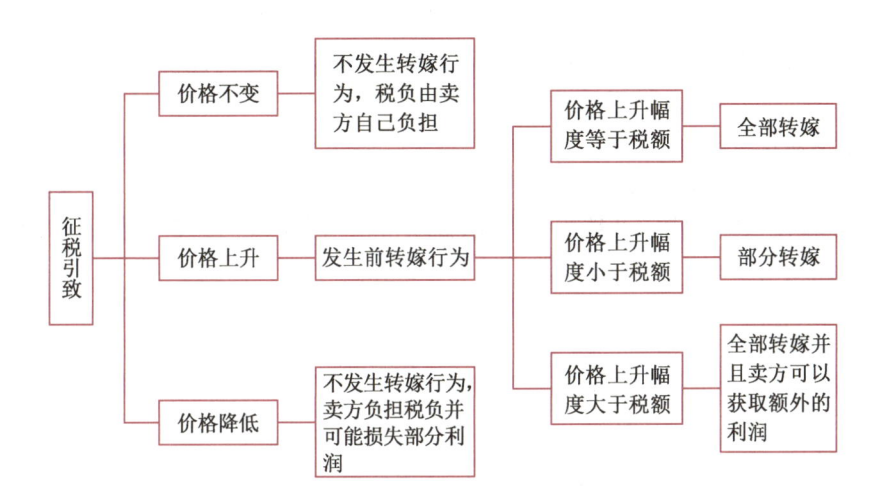

```
                    ┌─ 价格不变 ── 不发生转嫁行为,税负由卖方自己负担
                    │
                    │                              ┌─ 价格上升幅度等于税额 ── 全部转嫁
                    │                              │
征税引致 ───────────┼─ 价格上升 ── 发生前转嫁行为 ─┼─ 价格上升幅度小于税额 ── 部分转嫁
                    │                              │
                    │                              └─ 价格上升幅度大于税额 ── 全部转嫁并且卖方可以获取额外的利润
                    │
                    └─ 价格降低 ── 不发生转嫁行为,卖方负担税负并可能损失部分利润
```

图7-4 税负转嫁程度与税后价格变动

2. 税负转嫁与被征产品的价格决定模式

价格决定模式主要有两大类:市场定价和计划定价。一般来说,计划价格一经确定,短期内不会改变。虽然政府也有可能根据市场的变化,对计划价格做一些相应的调整,但是计划价格的变动始终是不受市场各种变量影响的。因此,在计划价格下,税收难以通过变动的价格而发生税负转嫁。

3. 税负转嫁与税收方式

(1)税种对税负转嫁的影响

税收制度中有直接税(如所得税、财产税)和间接税(主要是流转税)两种分类。一般认为,在商品流转过程中直接对商品征收的税负,即流转税或间接税,较容易进行税负转嫁;而在分配过程中对企业利润和个人征收的税,即收益税或直接税,则较难加以税负转嫁。间接税较为容易转嫁,是因为商品课税后会改变该商品的边际成本。

(2)课税范围对税负转嫁的影响

课税范围广的商品税容易转嫁(难以找到不征税的替代商品);课税范围窄的商品税不易转嫁(容易找到不征税的替代商品)。

这是因为,课税范围越广,涉及大部分甚至全部可作为替代品的商品或生产要素,就越不易产生对商品或生产要素购买的替代效应,需求就越缺乏弹性,因此,被课税商品或生产要素的价格就可能提高,税负较易向消费者转嫁;反之,若课税范围越窄,对商品或生产要素购买的替代效应越大,需求富有弹性,购买者可以去购买无税或低税的商品来替代被征税的商品,课税商品价格较难提高,税负也难向消费者转嫁。课税范围对税负转嫁的影响具体体现在以下方面:

①就同类商品而言,如同类商品中各种商品都含税,税负易于转嫁;如果只有其中某些商品含税,且该商品有其他代用品,则税负不易转嫁。

②就不同种类商品而言,对生产资料课税,税负流转次数多,较易转嫁;税负流转次数少,较难转嫁。

③就征税区域而言,如果某税在相邻的几个区域都课征,消费者则无从选择,税负较易转嫁;如果只在某一区域课征,则税负较难转嫁。

(3) 课税对象对税负转嫁的影响

由于各种商品具有不同的供给与需求弹性,所以选择不同的商品作为课税对象就会对税负的转嫁和归宿产生不同的影响。如果选择供给弹性大、需求弹性小的商品作为课税对象,那么承担赋税的主要是消费者;反之,若选择供给弹性小、需求弹性大的商品作为课税对象,税负主要由生产者承担。

(4) 计税依据对税负转嫁的影响

从量税和从价税对供给和需求曲线的变动有着不同的影响,自然对税负的转嫁和归宿有着不同的影响。从量税使供给或需求曲线平行移动;而从价税因为是按一定的比例征收,因此会改变原有的供给、需求曲线的斜率。

▶ 应知考核

一、单项选择题

1. 税收的"三性"是一个完整的统一体,(　　)是税收的核心特征。
   A. 合法性　　　　B. 固定性　　　　C. 无偿性　　　　D. 强制性
2. "纳税人必须依法纳税,征税机关必须依法征税",这是税收(　　)的要求。
   A. 合法性　　　　B. 固定性　　　　C. 无偿性　　　　D. 强制性
3. 以商品或服务的流转额为征税对象征收的一种税叫(　　)。
   A. 所得税　　　　B. 流转税　　　　C. 间接税　　　　D. 增值税
4. 以下税种中,主要对生产经营者的利润和个人纯收入发挥调节作用的税种是(　　)。
   A. 所得税　　　　B. 流转税　　　　C. 行为税　　　　D. 资源税
5. 按(　　)的不同,税收可分为从量税、从价税和复合税。
   A. 征税对象　　　　　　　　　　B. 税负能否转嫁
   C. 计税依据　　　　　　　　　　D. 税收管理与使用权限

二、多项选择题

1. 下列税种中,由海关负责征收的有(　　)。
   A. 关税　　　　　　　　　　　　B. 船舶吨税
   C. 进口环节的增值税和消费税　　D. 房产税
2. 下列各项中具有间接税特征的有(　　)。
   A. 增值税　　　B. 企业所得税　　C. 消费税　　　D. 关税
3. 下列税种中,属于行为税的有(　　)。
   A. 印花税　　　B. 城市维护建设税　C. 车辆购置税　D. 船舶吨税
4. 下列税种中,属于中央税的有(　　)。
   A. 关税　　　　B. 消费税　　　　C. 车辆购置税　D. 增值税
5. 假设某税种的税率为10%,张三的应税收入为999元,李四的应税收入为1 001元。当起征点为1 000元时,下列说法正确的有(　　)。
   A. 张三应纳税额为0元　　　　　B. 李四应纳税额为100.1元
   C. 李四应纳税额为0.1元　　　　D. 张三应纳税额为99.9元

三、判断题

1. 税收的客体是国家。（   ）
2. 纳税人、征税对象、税率是构成税收制度的三个最基本的要素。（   ）
3. 商品交换是税负转嫁的基础。（   ）
4. 纯电动乘用车和燃料电池乘用车属于车船税的征税范围，对其征车船税。（   ）
5. 《中华人民共和国环境保护税法》于2016年12月25日起施行。（   ）

四、简述题

1. 简述税收的含义和职能。
2. 简述税收体系与分类。
3. 简述我国现行税收的原则。
4. 简述税制构成要素的内容。
5. 简述影响税负转嫁和归宿的因素。

应会考核

■ 观念应用

【背景资料】

"税收法定"原则

资料一：《诗经·小雅·甫田》：今适南亩，言民之治田则岁取十千，宜为官之税法。

资料二：新华社北京2019年12月28日：十三届全国人大常委会组成人员27日分组审议城市维护建设税法草案和契税法草案，常委会委员普遍认为，将城市维护建设税暂行条例和契税暂行条例平移上升为法律，保持现行税制框架和税负水平总体不变，有利于推动完善我国税收法律制度。

资料三：新华社北京2020年8月11日电：城市维护建设税法、契税法来了！十三届全国人大常委会第二十一次会议11日表决通过的这两部税法，进一步推进了我国"税收法定"的进程。

资料四：当前，我国18个税种中已有12个立法，除了资料三中的两部税法外，还包括车辆购置税法、车船税法、船舶吨税法、个人所得税法、耕地占用税法、环境保护税法、企业所得税法、烟叶税法、资源税法、印花税法。另外，如果加上税收程序法《税收征收管理法》，总共是13部税收法律。

【考核要求】

结合所学知识，谈谈你对"税收法定"原则的认识。

■ 技能应用

专项附加扣除的经济社会意义

材料一：2022年3月28日，《国务院关于设立3岁以下婴幼儿照护个人所得税专项附加扣除的通知》发布。自2023年1月1日起，提高3岁以下婴幼儿照护、子女教育和赡养老人3项专项附加扣除标准。其中，3岁以下婴幼儿照护专项附加扣除标准由现行每孩每月1 000元提高到2 000元。子女教育专项附加扣除标准，由每个子女每月1 000元提高到2 000元。赡养老人专项附加扣除标准，由每月2 000元提高到3 000元。这是在原有个人所得税法规定的子女教育、继续教育、大病医疗、住房贷款利息、住房租金和赡养老人六项专项附加扣除基础上新增的一个项目。

材料二：加强社会保障和服务。建立基本养老保险基金中央调剂制度，连续上调退休人员基本养老金，提高城乡居民基础养老金最低标准，稳步提升城乡低保、优待抚恤、失业和工伤保障等标准。积极应对人口老龄化,推动老龄事业和养老产业发展。发展社区和居家养老服务,在税费、用房、水电气价格等方面给予政策支持。推进医养结合。实施三孩生育政策及配套支持措施。完善退役军人管理保障制度,提高保障水平。加强妇女、儿童权益保障。健全残疾人关爱服务体系。健全社会救助体系,加强低收入人口动态监测,对遇困人员及时给予帮扶,年均临时救助1 100万人次,坚决兜住了困难群众基本生活保障网。——《2023年政府工作报告》摘录

【技能要求】

结合材料,谈谈新增3岁以下婴幼儿照护专项附加扣除的经济社会意义。

■ 案例分析

【案例情境】

减税降费政策

材料一:近年来,我国一系列减税降费措施陆续推出。从下好新个人所得税法"先手棋",到打好小微企业普惠性减税措施"主动仗",再到全盘布局深化增值税改革,人们已接连享受几波"减税降费大红包"。

个人所得税起征点提高,让6 000多万纳税人不再缴纳个人所得税,并实行了个人所得税专项附加扣除政策,使符合政策的8 000万人应享尽享,增强了广大人民的获得感;对小微企业实施普惠性税收减免,提高增值税小规模纳税人起征点,从月销售额10万元调整到15万元,并对初创科技型小微企业实施税收优惠政策;增值税优惠政策落地,制造业等现行行业16%的税率降至13%,将交通运输业、建筑业等行业现行10%的税率降至9%,增值税一项减税政策便可带来年化1.3万亿元的减税规模;降低涉企收费,涉企收费由2013年的106项减少至31项,共减少75项。

材料二:2023年是共建"一带一路"重大倡议提出十周年。中欧班列作为共建"一带一路"国家互联互通的重要交通纽带,描绘出新形势下共建"一带一路"御风前行的生动画面。

作为"一带一路"倡议的重要组成部分、国际物流陆路的重要载体和运输骨干,中欧班列以统一运输组织、统一服务标准等措施,创造了安全快捷的全新陆路运输方式,不仅有力促进了中国对外开放和"一带一路"沿线国家经贸往来,而且进一步优化了沿线国家铁路场站、物流园区、联运港口、过境口岸等关键节点布局,全面提升基础设施保障能力。中欧班列开通十年来,已打通73条运行线路,通达欧洲25个国家的208个城市,累计开行超4.6万列,运行货品达到50 000余种,累计货值超过2 000亿美元,同时,中欧班列也创造了数以万计的就业岗位。即使是在俄乌冲突、苏伊士运河拥堵等重大突发事件中,中欧班列仍保持安全稳定畅通运行。

【分析要求】

(1)结合材料一,说明减税降费政策能够促进我国经济发展的原因。

(2)结合材料二,分析中欧班列对沿线国家经济社会发展的积极影响。

(3)就中国企业怎样更好走出去提两点政策性建议。

项目实训

【实训内容】

小李的纳税申报问题

小李投资300万元开了一家塑料公司(生产包装袋)。两年之后,小李的塑料公司逐渐打开了销路,并开拓了欧洲市场。但是,小李遇到了两件苦恼事:一是税务局通知本公司工人进行纳税申报。原来工人工资都超过了个人所得税的起征点5 000元,应该缴税;二是小李提前进了一批生产原料,该原料公司除了催要货款外,还为小李开了一张5万元的增值税发票,并要求公司将税款连

同货款一块付给原料公司。小李不知如何是好。

【实训目标】

培养学生分析问题和解决问题的能力,分析税务局通知工人进行纳税申报的是一种什么税?小李可以不交增值税吗?

【实训组织】

将学生分成若干组,每组7人,每组设组长1名,组长负责组织本组成员进行实训,由组长将写成书面实训报告,并总结。(注意:教师提出活动前的准备和注意事项。)

【实训成果】

(1)考核和评价采用报告资料展示和学生讨论相结合的方式。

(2)评分采用学生和教师共同评价的方式,填写实训报告。

实训报告		
项目实训班级:	项目小组:	项目组成员:
实训时间:　　年　　月　　日	实训地点:	实训成绩:
实训目的:		
实训步骤:		
实训结果:		
实训感言:		

项目八　非税收入

- **知识目标**

  理解：非税收入的概念；非税收入与税收收入的比较；非税收入的功能。

  熟知：公共收费的类型；行政事业性收费管理存在的问题与对策；行政事业性收费的特点和分类。

  掌握：公共定价的概念和功能；公共产品定价的方法；国有资产收入；国有企业亏损补贴。

- **技能目标**

  能够掌握非税收入的基本知识、基本原理，学会运用本项目的知识解决现实基本问题，并具备分析非税收入的能力。

- **素质目标**

  运用所学的非税收入知识研究相关案例，培养和提高学生在特定业务情境中分析问题与决策设计的能力；结合行业规范或标准，强化学生的职业道德素质。

- **思政目标**

  能够正确地理解"不忘初心"的核心要义和精神实质；树立正确的世界观、人生观和价值观，做到学思用贯通、知信行统一；通过非税收入知识，具备辨析税收收入和非税收入的能力，能够理解在新时代背景下政府对公产品定价和行政事业性收入的相关规定，从而具有全面分析观察经济事务的素养。人生的发展，也要遵从空间几何学："点"——人生的定位，"线"——人生的轨迹，"面"——观察的视野，"体"——生存的空间。

- **项目引例**

四项政府非税收入将划转税务部门征收

2023年上半年，全国一般公共预算收入 119 203 亿元，同比增长 13.3%。其中，税收收入 99 661 亿元，同比增长 16.5%；非税收入 19 542 亿元。

财政部、自然资源部、税务总局、人民银行联合发布通知称，将由自然资源部门负责征收的国有土地使用权出让收入、矿产资源专项收入、海域使用金、无居民海岛使用金四项政府非税收入，全部划转给税务部门负责征收。自然资源部（本级）按照规定负责征收的矿产资源专项收入、海域使用金、无居民海岛使用金，同步划转税务部门征收。

自2021年7月1日起，选择在河北、内蒙古、上海、浙江、安徽、青岛、云南以省（区、市）为单位开展征管职责划转试点，探索完善征缴流程、职责分工等，为全面推开划转工作积累经验。暂未开展征管划转试点地区要积极做好四项政府非税收入征收划转准备工作，自2022年1月1日起全面实施征管划转工作。

四项政府非税收入划转给税务部门征收后，由税务部门负责征缴入库，税务部门应当按照国库集中收缴制度等规定，依法依规开展收入征管工作，确保非税收入及时足额缴入国库。

资料来源：汪文正：四项政府非税收入将划转税务部门征收，人民网，2021年6月7日。

引例反思：如何看待非税收入？非税收入与税收收入一样吗？作为当代大学生的我们，如何在新时代的背景下接受政策的调整和接纳新政策带来的环境的革新，我们将如何去适应政策的调整，谈谈您的想法。

● 知识精讲

任务一　非税收入概述

一、非税收入的概念和范围

（一）非税收入的概念

非税收入（non-tax revenue）是指除税收和政府债务收入以外的财政收入，是由各级政府、国家机关、事业单位、代行政府职能的社会团体及其他组织依法利用政府权力、政府信誉、国家资源、国有资产或提供特定公共服务、准公共服务取得的财政资金。

（二）非税收入的范围

1. 政府性基金收入

政府性基金收入是指各级政府及其所属部门根据法律、行政法规和中共中央、国务院有关文件的规定，为支持某项公共事业发展，向公民、法人和其他组织无偿征收的具有专项用途的财政资金。

2. 专项收入

专项收入是指具有特定来源，按照特定目的建立并规定有专门用途的收入，包括排污费收入、水资源费收入、教育费附加收入、内河航道养护费收入等。

3. 彩票资金收入

彩票资金收入是政府为支持社会公益事业发展，通过发行彩票筹集的专项财政资金。

4. 行政事业性收费收入

行政事业性收费收入是指国家机关、事业单位、代行政府职能的社会团体及其他组织根据法律、行政法规、地方性法规等有关规定，依照国务院规定的程序批准，在向公民、法人提供特定服务的过程中，按照成本补偿和非营利原则向特定服务对象收取的费用。

5. 罚没收入

罚没收入是指国家司法机关、依法具有行政处罚权的国家行政机关、法律法规授权的具有管理公共事务职能的组织等依据法律、法规和规章规定，对公民、法人或者其他组织实施处罚所取得的罚款、没收的违法所得、没收的非法财物及其变价收入等。

6. 国有资本经营收入

国有资本经营收入是政府非税收入的重要组成部分,包括国有资本分享的企业税后利润,国有股股利、红利、股息,企业国有产权(股权)出售、拍卖、转让收益和依法由国有资本享有的其他收益。

7. 国有资源有偿使用收入

国有资源有偿使用收入包括新增建设用地土地有偿使用费,,探矿权和采矿权使用费及价款收入,场地和矿区使用费收入,出租汽车经营权、公共交通线路经营权、汽车号牌使用权等有偿出让取得的收入,政府举办的广播电视机构占用国家无线电频率资源取得的广告收入,以及利用其他国有资源取得的收入。

8. 国有资产有偿使用收入

国有资产有偿使用收入包括国家机关、实行公务员管理的事业单位、代行政府职能的社会团体以及其他组织的固定资产和无形资产出租、出售、出让、转让等取得的收入,世界文化遗产保护范围内实行特许经营项目的有偿出让收入和世界文化遗产的门票收入,利用政府投资建设的城市道路和公共场地设置停车泊位取得的收入,以及利用其他国有资产取得的收入。

9. 以政府名义接受的捐赠收入

以政府名义接受的捐赠收入是指以各级政府、国家机关、实行公务员管理的事业单位、代行政府职能的社会团体以及其他组织名义接受的非定向捐赠货币收入,不包括定向捐赠货币收入、实物捐赠收入以及以不实行公务员管理的事业单位、不代行政府职能的社会团体、企业、个人或者其他民间组织名义接受的捐赠收入。

10. 主管部门集中收入

主管部门集中收入主要是指国家机关、实行公务员管理的事业单位、代行政府职能的社会团体及其他组织集中所属事业单位收入。

11. 政府财政资金产生的利息收入

政府财政资金产生的利息收入是指税收和非税收入产生的利息收入,按照中国人民银行规定计息,统一纳入政府非税收入管理范围。

二、非税收入与税收的联系和区别

(一)非税收入与税收的联系

非税收入与税收作为财政收入的两种形式,有很多共同特点,主要表现为:非税收入与税收的主体都是行政主体,即政府及其授权机构。非税收入与政府在行政、经济领域的垄断力有关。非税收入与税收在本质上都是政府参与社会产品价值的分配和再分配,并影响着国民收入分配的格局。非税收入与税收都是政府实现其职能的重要财力来源。税收是为了保证国家机器正常运转、满足社会公共需要和实施经济调控的主要手段;非税收入在很大程度上体现着各公共部门的职能、权力和利益。

(二)非税收入与税收的区别

1. 执行主体不同

税收一般是通过立法确定的,是由税务机关、财政机关和海关按照国家规定的分管范围,依照税法的规定代表政府征收的,在时效上有一定的稳定性;非税收入却是由政府行政、司法机关以及某些被授予行政管理职权的企事业单位收取的。除部分法律、法规有规定的外,大量的非税收入是由政府行政部门或者事业单位以政策或行政决定收取的,在时效上一般不够稳定。

2. 收入性质不同

税收是政府凭借政治权力,强制地取得财政收入的一种手段,是无偿的;非税收入则是政府行政部门或者事业单位因为向社会提供了特定的服务而收取的,是有偿取得的收入,是采取"谁受益,谁付费"的办法来征收的,体现了受益原则和受益与付费的对应关系。

3. 款项使用的方法和用途不同

税收在征收范围和征收对象上具有普遍适用性,纳税人缴纳的各种税款,列入中央或地方预算统一安排,用于满足社会公共需要;而大多数的非税收入只适用于某些特定的对象和特定区域,所收资金的使用一般要受指定用途和征收范围的限制,纳入预算后一般也有指定用途。

4. 依据原则不同

税收的征收兼顾公平与效率两方面功能;收费作为财政收入的补充形式,则主要强调效率功能。

三、公共收费的类型

(一) 按收费的性质不同,可分为规费和使用费

1. 规费

规费是公共部门向居民或企业提供某种特定服务或实施行政管理所收取的手续费和工本费。规费通常包括行政规费和司法规费两类。

行政规费,是公共部门各种行政活动的收费,名目繁多、范围广泛,一般包括内务规费(如户籍规费)、外事规费(如护照费)、经济规费(如商标登记费、商品检验费、度量衡鉴定费)、教育规费(如毕业证书费)以及其他行政规费(如注册会计师、律师、医师等执照费)。

司法规费又可分为两类:①诉讼规费,如民事诉讼费、刑事诉讼费;②非诉讼规费,如结婚登记费、出生登记费、财产转让登记费、继承登记费和遗产管理登记费等。

2. 使用费

使用费是政府根据既定标准,向享受政府所提供的特定公共产品或服务的使用者收取的费用。使用费按照使用者的受益程度来分配,收费的标准一般通过特定的程序制定,通常低于该种产品或劳务的平均成本,如公路使用费、公共交通的车票、公园门票费、水费、电费、煤气费、教育收费、使用体育设施收费、到公共医院看病收费等。使用费的目的主要在于提高政府提供的公共设施的使用效率或避免公共产品的拥挤问题。

(二) 按收费的主体不同,可分为行政性收费、事业性收费与经营性收费

1. 行政性收费

行政性收费是指政府行政部门在履行职能、进行社会与经济管理时依法收取的费用。政府机关提供的服务种类繁多,但并非都要收取费用。只有当政府提供的服务能给某人或单位带来某种特定的权益时,如证明一种权利或身份等,才予以收费。行政性收费包括管理性收费、惩罚性收费、资源性收费。

2. 事业性收费

事业性收费是指政府授权实行事业管理的单位向服务对象收取的费用,其实质是对劳务服务的部分补偿,如学校、医院、科研单位、文化馆、体育馆、图书馆、剧院、出版社等单位向服务对象收取的费用。事业性收费对象与服务对象是统一的,征收单位不能向未享受其服务的单位或个人收取费用。

3. 经营性收费

经营性收费是国有企事业单位向社会提供劳务时按市场原则所收取的费用。

(三) 按收费的经济效应不同,可分为限制性收费、准入性收费与校正性收费

1. 限制性收费

限制性收费是指政府针对自然垄断行业边际成本递减、边际成本低于平均成本的特点,为提高

社会净得益,由政府直接提供或委托经营,按公共定价方法定价所收取的费用。

2. 准入性收费

准入性收费是指政府从社会管理的角度出发,对某些行业往往实行必要的市场准入制度,通过颁发或拍卖许可证而收取的费用。准入性收费,一方面可以将一些资源使用效益不高的经营者排除在外;另一方面也可以规范经营行为,如资源开发许可、建筑许可、烟草专卖许可等。

3. 校正性收费

校正性收费是指政府针对外部不经济行为而收取的公共收费,一般按照社会治理外部负效应所需成本来核定收取。校正性收费可以迫使企业将这部分惩罚性收费打入生产成本,从而校正社会成本和私人成本的差异,使生产者负担起其真实的活动成本,能有效地遏制外部不经济行为,使生产达到适度规模。

(四)按公共收费的层次不同,可分为中央政府收费和地方政府收费

中央政府收费是指由中央政府统管的全国性收费。

地方政府收费是指由地方各级政府统管的收费。地方政府收费又分为省级政府收费、地市级政府收费、县级政府收费和乡镇政府收费。

四、非税收入的功能

(一)分配功能

非税收入的分配功能是指非税收入通过改变国民收入分配格局为政府筹集财政收入的固有能力。其目的在于弥补税收分配功能的局限。非税收入的分配功能各有分工、相互协调、相辅相成,共同完成资金筹集和资源配置任务。

(二)调节功能

一般来说,非税收入的调节功能具体体现在以下几个方面:

1. 提高资源配置效率的功能

对可以收取使用费的准公共产品,政府如果不收费,则社会成员对其的需求就会增大到边际收益为零的数量,这对社会而言会导致严重的效率损失。因为政府提供准公共产品也是要花费成本的,且边际成本递增,按照"帕累托标准"的要求,资源配置达到边际收益和边际成本相等时才是有效率的,而在准公共产品的边际收益为零时,边际成本是大于边际收益的,这意味着资源配置量过多、产量过大而导致了效率损失。如果政府按照边际收益和边际成本相等的原则确定收费标准,则可实现资源配置的帕累托最优。即便政府有意识地要增加低收入者的消费量,从而提高社会福利水平,适当收取一定的费用(该收费标准低于边际收益和边际成本相等时的收费标准)也比政府免费提供要有效率。比如,在卫生方面,按服务成本的一定比例收取一定的费用,与完全免费医疗相比,会大大减少一些不必要的对药品和医疗服务的需求。

2. 公平收入分配的功能

从理论上讲,公共产品或准公共产品由政府通过"税收—财政支出"机制向消费者提供,使低收入者和高收入者都消费到这些产品,有助于公平收入分配。但是,在现实经济生活中,有些低收入者却可能消费不到这些产品,或者不如高收入者消费的数量大、受益程度高,这就大大制约了该机制公平收入分配功能的实现。比如,政府对高等教育给予财政拨款或补助,降低学校的收费标准,或者实行高等教育免费,则得到好处的只能是那些已经完成中等教育和能够通过大学入学考试的学生,而这些学生大部分来自富裕家庭。这说明"税收—财政支出"机制在公平收入分配方面的确存在一定的局限性。如果收入征集标准和方法不能合理界定,则非税收入也很难公平收入分配,比如,政府通过向生产者提供补贴降低水、电价格,受益多的很可能是那些城市里的用水、用电大户,

这包括大量的高收入者,而低收入者却由于水、电消费量少而得到较少的好处。因此,非税收入公平分配功能的实现必须与确定合适的收入征集方式结合起来。比如,政府如果规定水的消费在规定限额以内,可以免费,而超过规定用量则按平均成本收费,就可以很好地达到公平收入分配的效果。

3. 避免和减轻"拥挤"的功能

如果政府提供的某种准公共产品面临拥挤问题,则社会福利水平就会因此而降低。此时,政府通过收取一定数量的使用费将有助于避免和减轻拥挤。比如,某公园如果游客数量超过 1 000 人就会出现拥挤,则 1 000 人就是该公园的拥挤点。如果在不收费的情况下,游客的数量不超过 1 000 人,则政府就可不收费。但若超过 1 000 人,政府则应通过收费来解决拥挤问题。显然,政府收费并不是为了弥补修建公园的成本开支,而仅仅是为了解决公园使用过程中的拥挤问题,因而收费标准的确定就应该以恰好能把游客的人数控制在 1 000 人为宜。收费标准过低,游客人数大大超过拥挤点,会使每位游客的消费质量都降低,从而使拥挤的边际成本大于消费的边际收益,由此而导致的效率损失表明社会福利最大化未能实现;而收费标准过高,固然解决了拥挤问题,但由于游客过少,而使公园这种公共设施的利用率下降,出现了资源闲置,此时消费的边际收益大于拥挤的边际成本,由此而导致的效率损失表明社会福利最大化也未能实现。因此,要保证非税收入避免或减轻拥挤功能的顺利实现,关键是要解决好收费的标准问题。

任务二　行政事业性收费

一、行政事业性收费概述

(一)行政性收费的概念和特点

1. 行政性收费的概念

行政性收费是指政府机关及其授权单位在行使政府管理职能中依法收取的费用,实质是国家意志和权威的一种经济体现。

2. 行政性收费的特点

(1)强制性和稳定性。行政性收费是国家意志和权威的经济体现,而国家的意志和权威又集中通过有关的法律、法规表现出来。因此,行政性收费必须以拥有立法权的省级以及以上人大或人大常委会所颁布的各种法律,或省级以上人民政府颁布的各种行政法规为收费依据。因此,通过依法收费,既体现和维护了国家的意志和权威,又有利于规范和约束收费行为。

(2)行政性。行政性收费的主体是政府机关及其授权单位,即除政府行政、司法机关以及某些被授予行政管理职权的企事业单位外,任何单位都不得进行行政性收费。

(3)不等价性。行政性收费是收费主体在行使行政管理职能中依法产生的,收费是为了实现政府的行政管理,这就决定了行政性收费主体与收费对象之间通过收费与缴费联结起来的关系,主要是管理与被管理的行政关系,而不是等价交换的经济关系。有效地实施行政管理职能是行政性收费主体的首要任务,其收费是为实现行政管理目标,而不是为了补偿收费主体行使行政管理所耗费的管理成本,这种补偿只居于次要的地位。

(二)事业性收费的概念和特点

1. 事业性收费的概念

事业性收费是指非营利的政府事业单位及其类似机构在社会公共服务中依照有关政策规定收取的费用,其实质是对服务性劳动的部分补偿。

2. 事业性收费的特点

（1）公益性。政府举办各项事业，在于维持社会的存在和再生产的正常运转，因为必须以社会为单位，由社会来提供公共服务。这种服务具有以下三个特点：①只有社会出面组织实施才能实现；②私人部门或企业部门不愿意干而又为社会存在和发展所必需；③只有以社会为主体来实施才能有效地协调全体社会成员的利益。由政府投资或拨款兴建的承担社会公共服务的事业单位，经营目标必须服从社会所规定的公共目标，经营的首要原则是社会公益而不是经济利益。事业性收费涉及国家的政治、经济、文化教育等各个方面，直接关系到人民群众的切身利益和身心健康，其制定依据具有强烈的政策性。

（2）非营利性与补偿性。事业性收费的非营利性，主要表现为政府有意识地将收费标准约束在保本或略有微利的水平上，从而使事业性收费成为不足值的收费。对享受到事业服务的消费者来说，不足值的收费体现了政府的福利优惠；对提供事业服务的单位来说，其服务价值的补偿，一方面有赖于收费的收入，不足值部分则有赖于财政的资助。事业服务的补偿性，要求事业服务应遵循价值规律，讲求经济核算和等价交换，但事业服务的公益性则要求事业服务应服从公共利益，不能追求完全的等价交换。

（三）行政性收费与事业性收费的区别

1. 收费的目的不同

行政性收费是政府行政部门行使其职能，进行社会与经济管理时依法收取的费用，出于"以费促管"或"以权取利"多重目的；而事业性收费是政府授权实行事业管理的单位向服务对象收取的费用，是出于公益性目的而对劳务服务的部分补偿。

2. 收费主体与对象间关系不同

行政性收费是为了实现政府的行政管理，这就决定了行政性收费主体与收费对象之间通过收费与缴费联结起来的关系，主要是管理与被管理的行政关系，而不是等价交换的经济关系。而事业性收费则不然，事业性收费主体与收费对象之间通过收费与缴费形式联结起来的关系，是一种服务与被服务的平等经济关系。

3. 收费标准不同

行政性收费与事业性收费的收费主体与对象间关系的不同，决定了两者的收费标准不同。行政性收费标准的制定出于"以费促管"或"以权取利"多重目的，不与管理的成本以及补偿直接挂钩；事业性收费标准的制定，除了考虑政策性因素外，还要考虑到经济的补偿，做到收费的补偿性和政策性的良好结合。当两者发生矛盾时，则必须坚持补偿性服从政策性的原则。

二、行政事业性收费的分类

（一）行政性收费的分类

按收费部门划分行政性收费类别，是现行物价、财政部门对行政性收费分类管理的主要方法。

1. 管理型收费

管理型收费是一种以经济性调节为手段，以履行收费主体的行政管理职能为目的的"以费促管"型的收费。根据管理目标的不同，管理型收费又可分为以下形式：

（1）证照性收费。证照性收费是指行政主体在管理活动中为甄别、界定、认证、许可被管理人的某方面事实、行为或身份特征，而通过颁发证照形式所收取的费用，如各种许可证费、证书执照费、登记注册费等。

（2）规范性收费。规范性收费是指行政主体为统一规范社会经济运行的某方面秩序，而统一印刷、制作各种发票、单据、表格、账簿等所收取的费用。此类收费存在的依据应是出于社会统一规范的目的,以及财政无此项专项拨款,收费标准也应严格控制在印刷工本费之内。

(3)惯例性收费。惯例性收费是指行政主体参照国际惯例或对等原则向公民、法人所收取的费用,如护照、签证、海关报单等涉外活动的收费。此类收费及其收取标准一般参照国际惯例或对等原则而定,旨在体现国家的主权和尊严,并不与其管理费用支出的大小挂钩。

(4)界定性收费。界定性收费是指行政主体为界定公民、法人的合法权益及各种公共资源权属所收取的费用,如各类仲裁费、土地管理费、无线电频率占用费等。界定性收费应该从有利于维护人们的合法权益、保证资源合理使用出发,按放弃或损失该权益或资源的机会成本来核定收费。

(5)惩罚性收费。惩罚性收费是指行政主体运用经济手段校正"负外部效应"、制止某些有害社会的行为而收取的费用,如排污费、各种罚没款等。此类收费旨在调整私人成本与社会成本的差距,故其收费标准理论上可按治理成本即社会边际成本与私人边际成本之差来核定。

2. 财政型收费

财政型收费属于一种弥补政府财力不足的行政性收费。它是以行政干预为手段实现经济调节目的的一种"以权取利"型的收费。根据目前实际的情况,财政型收费大体分为补偿性收费和集资性收费两大类。

(1)补偿性收费。补偿性收费是收费主体为弥补行政经费的不足,经批准以管理费、手续费等形式向被管理者收取的费用,如劳动用工管理费、公路运输管理费、集贸市场管理费等。当前,这类收费应严格控制,要以财政确无拨款或极少拨款以及收费主体与收费对象间有较固定、正常的管理关系为依据,其收费标准应根据财政拨款缺口的大小而定。

(2)集资性收费。集资性收费是指政府通过集资方式兴办某项事业而向社会或特定受益对象所收取的费用,如公路养路费、机场建设费及各种基金、附加等。这类收费往往是针对一些特定事业或项目设置的,这些事业或项目对于整个社会的发展具有重要作用,但由于政府财力不足,于是经批准,通过收费方式来集资解决。

(二)事业性收费的分类

1. 补偿性收费

补偿性收费是指以补偿服务成本为基本要求的事业性收费。这类收费在确定立项依据和收费标准时侧重于补偿因素,大体根据服务成本的高低来核定收费标准,政策性要求则是通过个别开支项目不计或少计成本来实现的。属于补偿性收费的项目,或是涉及面较小、关系国计民生不大的项目;或是收费对象有较多选择余地、具有竞争机制约束的项目;或是收费对象虽无选择,但通过缴费可以获得社会的确认和许可,从而能获得更多经济效益的项目,如咨询费、培训费、代理费等。

2. 公益性收费

公益性收费是指在考虑补偿因素的同时适当兼顾政策因素的事业性收费。这类收费在审定立项依据时,既要考虑服务成本,又要兼顾政策因素,收费标准一般可按略低于服务成本的原则核定,即收费对象负担大头,政府负担小头。属于公益性收费的项目一般为政府兴办的社会公益事业单位,如普通高中及大学学费、环卫收费、防疫检疫收费等。通过收费标准略低于服务成本,体现其公益性质,服务成本中收费不足的部分,则通过财政拨款来弥补。

3. 福利性收费

福利性收费是指在主要考虑政策因素的同时适当考虑补偿因素的事业性收费。这类收费在审定立项依据和收费标准时,侧重于政策约束,适当兼顾服务成本的补偿,按照政府负担大头、收费对象负担小头的原则进行核定。属于福利性收费的项目一般为政府兴办的社会福利事业单位及政府政策规定的低收费项目,如医疗收费、计划生育收费、九年制义务教育收费、师范教育收费等,有些项目甚至免费,如小学、初中的学费,或在某些"老、少、边、穷"地区免费,如卫生防疫,以体现政府的福利政策。

三、行政事业性收费管理存在的问题与对策

(一)行政事业性收费管理存在的问题

1. 地方财政困难

一些部门收费项目多、标准高,甚至出现乱收费现象,除自身原因外,也与地方税源不足、机构臃肿、人员超编、财政无法承担公职人员的工资和福利待遇有关。一些部门甚至存在给执法执收单位层层下达收费和罚款任务的现象。

2. 受利益驱使

一些行政机关(包括有行政职能的其他机构)出于部门利益,往往以改善职工待遇和办公条件为由,互相攀比,从而不顾大局和群众利益进行乱收费,甚至利用社团组织和中介机构的名义变着法子收费。

3. 管理体制存在缺陷

目前,行政事业性收费实行中央和省两级审批,价格、财政部门双重管理。收费立项审批以财政部门为主,收费标准审批以价格部门为主。在收费管理上还没有一套完整、统一的法律法规,规范行政事业性收费缺乏必要的法律依据。

4. 监管力度不够

一些乱收费现象之所以屡纠屡犯,与执法部门监管不力有关。各级政府为治理乱收费现象出台了许多切实可行的制度措施,但在贯彻执行中,由于监督不到位、查处不严格,发现问题以清退为主,很少对单位和个人进行责任追究,使这些强有力的措施没有充分发挥作用。

(二)加强行政事业性收费管理的措施

1. 加强行政事业性收费管理,真正规范收费项目

(1)逐步取消一批不合理的收费项目。对合法不合理的或既不合法又不合理的,或虽合法但已不能适应目前经济形势的需要,甚至会阻碍社会进步的收费管理规定、收费项目、标准等,则应坚决予以取消。

(2)逐步调整一批不规范的收费项目。对以按费率收费的,改为按定额收费,定额标准要从低确定;对一些有上下限幅度的收费,应缩小幅度范围或按下限收费;对有些收费频次过多的收费要通过减少频次来减少收费数额。比如,年检收费要改变每年年检、每年收费的做法,可适当延长年检年限;对重叠、重复、交叉、相近的收费项目,应用"合并同类项"或确定一个主要部门收费的办法加以解决。

(3)逐步推进一批收费项目实行税改。把具有税收特点的政府收费项目或基金、附加等,逐步改为税收,如对一些与税的征收范围相同、内容相近,计费方法相同或相似的,要尽快合并或改为税等。

2. 加快行政审批制度改革,着力削减行政事业性收费项目

行政事业性收费工作需要不断加以改革,其基本方向为:

(1)加快行政审批制度的改革,进一步清理和确认非行政许可审批制度,规范审批程序,减少审批环节,实现非行政许可审批的法定化和标准化,以削减历年递增的行政事业性收费。

(2)严格执行行政事业性收费收支两条线的管理制度,剪除职能部门行政行为与部门利益相结合的利益链。

3. 加大对乱收费的查处力度,严格规范收费行为

(1)要加强规范收费工作的考核。将规范收费工作纳入各级政府、各部门、各单位年度工作考

核之中,并与该地领导、该单位负责人的政绩评定、升迁晋级等相挂钩,用完善的机制来杜绝乱收费行为的发生。

(2)要不断加大对乱收费的经济惩罚力度。对违反收费政策法规、自立项目、擅自扩大收费范围、擅自提高收费标准的单位或个人要依法严惩。同时,要加大对乱收费的社会监督和纪律处分,对典型案例进行公开曝光。

4. 完善财务管理制度,不断规范行政事业性收费工作

行政事业性收费执收单位要按照"收费许可证"规定的收费项目、收费标准、收费范围进行合理收费,同时进一步健全和完善单位内部财务管理制度,规范工作秩序。

任务三 公共定价

一、公共定价的概念

公共定价(public pricing),是指政府相关管理部门通过一定的程序和规则制定提供公共产品的价格和收费标准,即公共产品价格和收费标准的确定。

从定价政策来看,公共定价实际上包括两个方面:①纯公共定价,即政府直接制定自然垄断行业(如通信和交通等公用事业和煤、石油、原子能、钢铁等基本品行业)的价格;②管制定价或价格管制,即政府规定竞争性管制行业(如金融、农业、教育和保健等行业)的价格。政府通过公共定价法,目的不仅在于提高整个社会资源的配置效率,而且更重要的是使这些物品和服务得到最有效的使用,提高财政支出的效益。

二、公共定价的功能

(一)改进资源配置效率

在现实经济生活中,完全竞争的市场结构几乎不存在,垄断现象随处可见。垄断会产生效率损失,因为垄断者面临的是一条向下倾斜的需求曲线,按照边际收益等于边际成本的原则来定价,虽然能实现利润最大化目标,但会给社会带来效率损失。

如图8-1所示,纵、横轴分别为价格和产量,平均成本曲线和边际成本曲线均向右下方倾斜,且边际成本曲线低于平均成本曲线。如果由企业自主定价,为了追求利润最大化,企业必然确定价格为 P_0,产量为 Q_0,从而产生 ABC 面积的效率损失。

为了减少或避免效率损失,由公共部门依据平均成本定价法,把价格确定为 P_1,这时产量相应地变为 Q_1,效率损失为 $\triangle EFC$ 的面积($\triangle EFC < \triangle ABC$);也可依据边际成本定价法,把价格确定为 P_2,这时产量相应地变为 Q_2,效率损失为零。

不过按边际成本定价,企业会亏损,为了弥补亏损,公共部门要增加税收,而征税本身也会造成效率损失。因此,自然垄断行业的公共定价要在平均成本定价法与边际成本定价法之间权衡。

(二)促进市场稳定

在某些行业,由于其产品的特殊性,市场价格和产量很不稳定,如农业虽是竞争性行业,但农产品市场极不稳定。这是因为农产品从开始生产到完成产出周期较长,其间生产规模难以改变;同时,当期产量决定当期价格,当期价格又决定下期产量,在供求弹性既定的情况下,就会形成特定的蛛网市场(Cobweb Market)。

为了消除市场的不稳定性,需要采取政府规制政策。

如果供给弹性小于需求弹性,价格和产量的波动越来越小,最后自发地趋向均衡水平,这种市

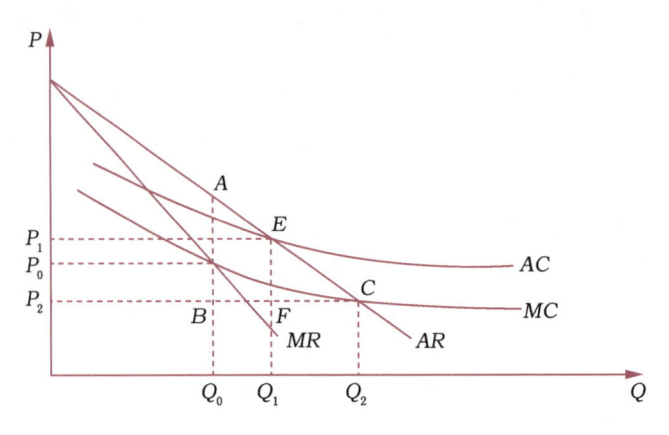

图 8—1　公共定价与资源配置

场称为收敛型蛛网市场,如图 8—2 所示。

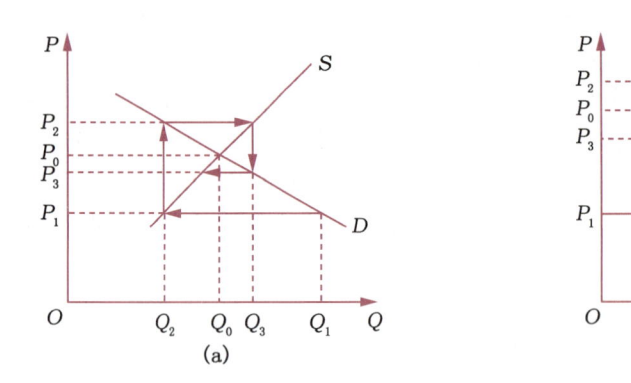

图 8—2　收敛型蛛网市场

如果供给弹性大于需求弹性,价格和产量的波动越来越大,最后越来越偏离均衡水平,这种市场称为发散型蛛网市场,如图 8—3 所示。

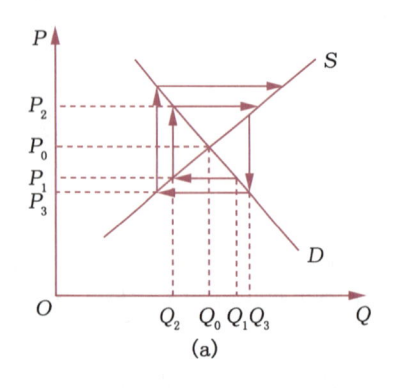

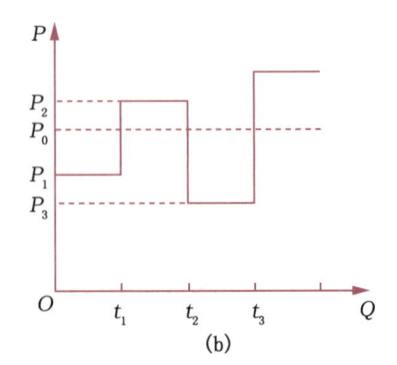

图 8—3　发散型蛛网市场

如果供给弹性等于需求弹性,价格和产量的波动始终相同,既不趋向均衡水平,也不偏离均衡水平,这种市场称为封闭(震荡)型蛛网市场,如图 8—4 所示。

公共部门利用公共定价稳定市场,首先要找到这种产品的长期均衡价格,据此定价,并根据短

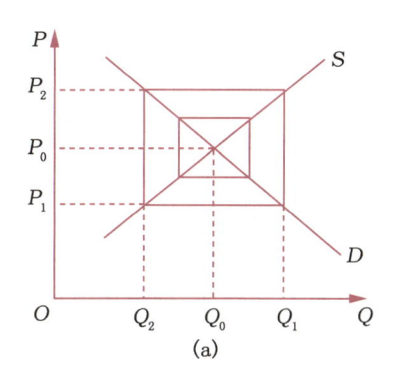

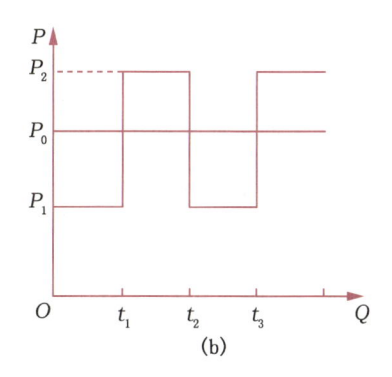

图 8—4 封闭型蛛网市场

期供给量的波动做出相应的调整。

(三) 协调收入分配

公共定价对于收入分配的调节作用是通过价格差别实现的。所谓价格差别(Price Discrimination),是指在同一时期具有相同平均成本的同类商品,对不同的买主采取不同的价格。

根据收入的边际效用递减规律,对低收入者消费较多的必需品规定较低的价格,使其以同等的收入购买到更多的商品与劳务;对高收入者消费较多的奢侈品规定较高的价格,使其以同等的收入购买到较少的商品与劳务。

如图 8—5 所示,纵、横轴分别为奢侈品和必需品,图(a)说明的是高收入者的情况,AB 为初始时的预算线,E 为均衡点。如果政府通过公共定价把奢侈品的价格提高 1 倍,但适当降低必需品的价格,则新的预算线变为 $A'B'$,它与无差异曲线相切于 E_1 点。公共定价使高收入者的实际收入减少了。图(b)说明的是低收入者的情况,AB 为初始时的预算线,E_2 为均衡点。如果政府通过公共定价把奢侈品的价格提高 1 倍,但适当降低必需品的价格,则新的预算线变为 $A'B'$,它与无差异曲线相切于 E_1 点。公共定价使低收入者的实际收入增加了。

【注意】与征税和补贴相比较,公共定价在调节收入分配过程中没有充分实现效率目标。

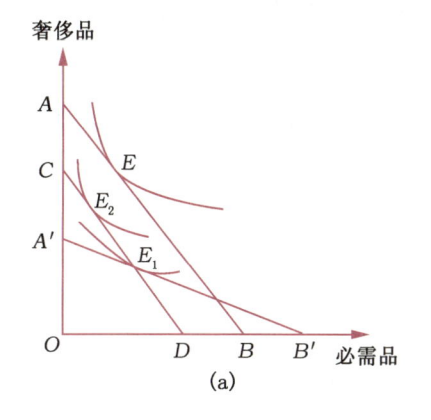

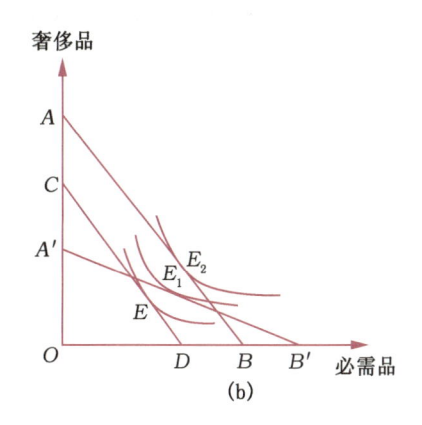

图 8—5 公共定价与收入分配

在图(a)中,若对高收入者征收所得税,则新的预算线变为 CD,它与无差异曲线相切于 E_2 点。可见,同样是减少高收入者的实际收入,公共定价比所得税造成更大的福利损失。

在图(b)中,若对低收入者发放补贴,则新的预算线变为 CD,它与无差异曲线相切于 E 点。可见,同样是增加低收入者的实际收入,公共定价比补贴造成更大的福利损失。

三、公共定价的方法

(一)二部定价法

二部定价法由两种要素构成定价体系:①与使用量无关的按月或按年支付的"基本费";②按使用量支付的"从量费"。因此,二部定价是定额定价和从量定价二者合一的定价体系,也是反映成本结构的定价体系。由于二部定价法中"基本费"是不管使用量的多少而收取的固定费,所以有助于企业财务的稳定;由于二部定价法具有"以收支平衡为条件实现经济福利最大化"的性质,现在几乎所有受管制的行业(特别是电力、城市煤气、自来水、电话等自然垄断行业)都普遍采用这种定价方法。

(二)平均成本定价法

平均成本定价法是指政府在保持企业收支平衡的情况下,采取尽可能使经济福利最大化的定价方式。从理论上看,按公共产品的边际成本定价是最理想的定价方式,但这种定价方式会使企业长期处于亏损状态,必须依靠财政补贴维持运行,长此以往,很难保证企业按质按量地提供公共产品。因此,在成本递减行业,为了使企业基本保持收支平衡,公共定价或管制定价一般采取按高于边际成本的平均成本定价。

(三)负荷定价法

负荷定价法是根据不同时间段或时期的需要制定不同的价格。在电力、煤气、自来水、电话等行业,按需求的季节、月份、时区的高峰和非高峰的不同,有系统地制定不同的价格,以平衡需求状况。在需求处于最高峰时,收费最高;而处于低谷时,收费最低。

【同步案例8-1】　　　　水价上涨带来的思考

目前各地水价确实已经"涨"声四起。第一阶梯水价从3.6元/立方米调整至4.5元/立方米,上涨25%。非居民生活用水统一调整至2.55元/立方米,上涨约70%。特种行业用水从2.5元/立方米调整至5元/立方米,上涨100%。广州自来水全面涨价,4月1日,南京上调水价后,无锡、扬州、常州等地水价上调方案也提上日程;4月27日,上海发改委举行居民用水价格听证会;5月6日,沈阳物价局召开调整自来水价格和污水处理费征收标准听证会。总的来说,水价上调在全国大部分城市已经是大势所趋。

课堂讨论:

(1)结合上述材料,从经济生活角度说明此次水价上调的原因。

(2)面对成本价格的上涨,供水企业健康发展不能一味依靠涨价。运用经济与生活知识,为供水企业的发展提几条合理化建议。

任务四　国有资产管理

一、国有资产概述

(一)国有资产的概念

国有资产是法律上确定为国家所有并能为国家提供经济和社会效益的各种经济资源的总和,即属于国家所有的一切财产和财产权利的总称。

(二)国有资产的分类

1. 经营性国有资产和非经营性国有资产

经营性国有资产是指以保值为基础,以增值为目的,直接投入企业用于生产经营活动的国有资产。

非经营性国有资产是指不直接参与商品生产和流通，由国家机关、军队、社会团体、文化教育和科研机构等行政事业单位占有使用的国有资产。非经营性国有资产不具有保值增值的特点，是国家履行行政管理职能和社会管理职能的物质基础。

2. 有形资产和无形资产

有形资产是指具有价值形态和实物形态的资产，如房屋、建筑物、机器设备及各种自然资源等。

无形资产是指不具有实物形态而有经济价值形态的资产，主要有政府信誉、特许权和版权等专利权。

3. 资源性国有资产和开发利用形成的国有资产

资源性国有资产是指在人们现有的认识和科技水平条件下，通过开发利用能给人们带来经济价值的国有自然资源。根据宪法规定，除属于集体所有的森林、草原、荒地、滩涂外，其余自然资源都属于国家所有，一般包括土地资源、矿产资源、森林资源、水资源、草原资源和野生动物资源等。

开发利用形成的国有资产是指国家通过加工、改制、开发利用形成的国有资产，一般包括房屋建筑物、机器设备、器具、工具、技术和知识产权等。

4. 境内国有资产和境外国有资产

境内国有资产是指在一国国境范围内的国有资产，是一国国有资产的主体。

境外国有资产是指一国拥有的在国境范围以外的国有资产。

二、国有资产收入

（一）国有资产收入的概念

国有资产收入是指国家凭借其所拥有的资产产权取得的财政收入，即经营和使用国有资产的企业、事业单位和个人交给资产所有者——国家的一部分收入。国家在这里是以国有资产所有者的代表而不是以社会管理者的身份取得收入。

（二）国有资产收入的形式

1. 经营性国有资产收入

经营性国有资产收入主要包括企业上缴的利润、租金、股利和国有资产产权转让收入等。

（1）利润。利润是我国国有资产收益的一般上缴形式，主要适用于国家直接经营和实行承包经营的国有企业。

（2）租金。在实行租赁经营方式下，国家在一定时期内让渡了国有资产的使用权和经营权，必然要求承租者对国家的这种让渡给予价值补偿。这种价值补偿量的多少取决于出租国有资产的价值、收益能力和出租国有资产的供求状况等因素。

（3）股利。股利是国家作为股东，凭借其持有的股份参与股份制企业利润分配取得的收入。股利包括股息和红利两部分。

（4）国有资产产权转让收入。国有资产产权转让收入既包括国家通过国有资产产权转让、出售、拍卖、兼并等方式取得的产权转让收入，也包括国家通过国有资产使用权转让取得的收入，如特许垄断经营收取的特许权使用费、土地使用费、国家资金贷款取得的利息收入以及其他使用权转让收益。

2. 行政事业单位的国有资产收入

行政事业单位国有资产收入的形式主要有事业收入、行政事业单位国有资产的转让收入、事业单位的投资性收入等。

3. 资源性国有资产收入

资源性国有资产收入主要包括矿产资源管理收入、水资源管理收入、土地资源管理收入、海洋资源管理收入、草原资源管理收入、河流航道使用费收入、森林采伐管理收入及其他资源管理收入等。

三、国有企业亏损补贴

国有企业在生产经营中如果收不抵支就会出现亏损。产生亏损的原因有很多，但总的来说，无非是两个方面的原因：①执行国家的有关经济政策造成的，称为政策性亏损；②由于企业自身经营管理不善造成的，称为经营性亏损。这两种亏损的性质不同，相应的亏损弥补方法也有所区别。

（一）政策性亏损的弥补

政策性亏损不是企业主观原因造成的，根据社会经济职能的履行由社会共同支付费用的原则，应由国家财政予以补贴。政策性亏损补贴一般由财政部门会同相关主管部门，根据有关政策规定，核定补贴范围、补贴形式和确定实施补贴时间。

补贴的形式分为定额补贴和计划补贴两种。定额补贴是按产品核定单位亏损补贴额，再乘以销量来确定补贴总数。计划补贴是按计划核定的亏损总额给予补贴。无论哪种方法都需要财政部门认真核定，并编制年度国有企业政策性亏损补贴计划。对核批到企业的亏损补贴，一般都实行"亏损补贴包干，超额不补，减亏分成或全部留用"的办法，以促进企业挖掘内部潜力，减少亏损，提高国有资产经营收益。

（二）经营性亏损的处理

对国有企业的经营性亏损，国家财政原则上不予补贴，由国有企业自负盈亏。国有资产管理部门应以积极的态度对待企业出现的经营性亏损，及时帮助企业具体分析出现经营性亏损的原因，分别不同情况，采取相应的措施，改善企业经营管理，扭亏为盈。对确属于国家宏观调控需要、遇到暂时经营困难的，国家可适当给予追加投资，帮助企业解决实际困难。对处于竞争性行业或国有经济退出部门的企业，因经营不善发生亏损，可采取转让、拍卖直至破产等形式，实现国有资本的退出和国有资源的优化配置。

▼ 应知考核

一、单项选择题

1. 下列不属于公共定价方法的是（　　）。
   A. 负荷定价　　　B. 平均成本定价　　C. 二部定价　　　D. 一次定价
2. 下列费用属于补偿性收费的是（　　）。
   A. 排污费　　　　B. 公路管理费　　　C. 过路过桥费　　D. 机场建设费
3. 下列项目中属于使用费的是（　　）。
   A. 律师执照费　　B. 商标登记费　　　C. 出生登记费　　D. 公园门票收费
4. 下列政府收费项目中，属于使用费的项目是（　　）。
   A. 高速公路通行费　　　　　　　　　B. 工商执照费
   C. 药品生产许可证费　　　　　　　　D. 护照费
5. 罚款是政府的一种（　　）。
   A. 专项筹集性收费　　　　　　　　　B. 事业服务性收费
   C. 行政管理性收费　　　　　　　　　D. 行为特许性收费

二、多项选择题

1. 政府非税收入中包括(　　　)。
   A. 公共债务收入　　B. 社会保险基金　　C. 专项收入　　D. 彩票资金收入
2. 非税收入与税收的区别有(　　　)。
   A. 执行主体不同　　　　　　　　　B. 收入性质不同
   C. 款项使用的方法和用途不同　　　D. 依据原则不同
3. 按收费的主体不同分为(　　　)。
   A. 行政性收费　　B. 事业性收费　　C. 经营性收费　　D. 非经营性收费
4. 非税收入的调节功能具体体现在(　　　)。
   A. 提高资源配置效率的功能　　　　B. 公平收入分配的功能
   C. 避免和减轻"拥挤"的功能　　　　D. 以上都对
5. 事业性收费分为(　　　)。
   A. 补偿性收费　　B. 公益性收费　　C. 福利性收费　　D. 规范性收费

三、判断题

1. 负荷定价法是指政府在保持企业收支平衡的情况下,采取尽可能使经济福利最大化的定价方式。　　　(　　)
2. 所谓公共定价,是指政府提供的大量满足私人需要的"市场性物品(包括服务)"的价格的确定。　　　(　　)
3. 过桥费属于补偿性收费,而公路运输管理费属于集资性收费。　　　(　　)
4. 规费是行政单位对违规和不法行为予以的惩戒。　　　(　　)
5. 事业性收费是指非营利的事业单位及其类似机构在社会公共服务中依照有关政策规定收取的费用。　　　(　　)

四、简述题

1. 简述非税收入与税收的联系和区别。
2. 简述非税收入的功能。
3. 简述行政性收费与事业性收费的区别。
4. 简述公共定价的功能和方法。
5. 简述国有企业亏损补贴的方法。

▼ 应会考核

■ 观念应用

【背景资料】

"高房价"与"房价回落"

"高房价"是近些年来人们一直所关注的焦点。房价不断提高主要是由于一方面土地、建筑材料、劳动力成本的不断上升及房产质量的不断提高所致,另一方面又受人们的生活水平不断提高、国家政策及其他多种因素的影响。但近年来,以房贷新政为转折点,全国一些房价涨幅过快的城市出现了调整性回落,各楼盘的优惠幅度不断加大,新推出的楼盘价格也逐渐趋向合理。

【考核要求】

(1) 结合材料分析哪些因素推动了房价的不断上涨。
(2) 如果房价回落,则它对人们的生活和房地产企业会有哪些影响?

■ 技能应用

政府与房价

材料一:相关内容如图 8—6 和图 8—7 所示。

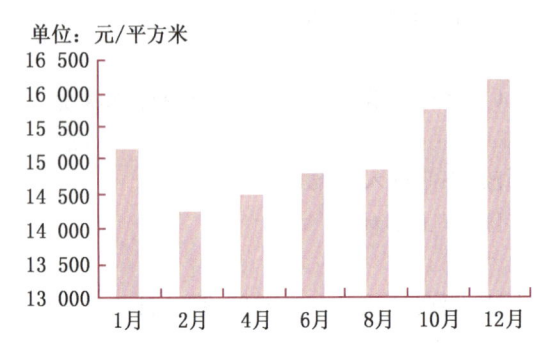

图 8—6　某市 2023 年商品房平均价格走势图

图 8—7　房价与收入

材料二:根据国务院相关要求,各地要根据当地的经济发展目标、人均可支配收入增长速度和居民住房支付能力,合理确定本地区年度新建住房价格控制目标,大规模实施保障安居工程,支持居民自住性住房消费。2024 年 2 月,中国人民银行授权全国银行间同业拆借中心公布,1 年期 LPR 为 3.45%,5 年期以上由 4.2%降为 3.95%。

【技能要求】
(1) 材料一中的走势图和漫画,分别反映了什么经济现象?
(2) 请分析影响居民住房消费水平的因素并提出政府控制房价的做法。
(3) LPR 由 4.2%降为 3.95%,贷款利率大幅下降,传递出哪些信号?

■ 案例分析

【案例情境】

十四届全国人大常委会关于国有资产管理情况监督工作的五年规划(2023—2027)

国有资产是全国人民的共同财富,是推进强国建设、民族复兴伟业的重要物质基础和政治基础。2017 年《中共中央关于建立国务院向全国人大常委会报告国有资产管理情况制度的意见》(以下简称《意见》)印发以来,全国人大常委会认真贯彻落实党中央决策部署,制定专项监督工作五年规划对落实《意见》作出统筹安排,在国务院等有关方面的大力支持和积极配合下,实现了县级以上地方建立和实施国有资产管理情况报告制度的全覆盖,圆满完成了第一个五年周期报告和监督工作,确保了党中央的改革部署落地落实、见行见效。初步摸清了全口径国有资产家底,有效推动了国有资产管理体制改革完善与管理绩效的提高,中国特色国有资产治理体系正在初步形成,治理效能不断提升。特别是出台《全国人民代表大会常务委员会关于加强国有资产管理情况监督的决定》(简称《决定》)等一系列制度规范,实现了人大国有资产管理情况监督的法定化、制度化、常态化,为更加全面落实党中央"加强人大国有资产监督职能"决策部署奠定了坚实基础。十四届全国人大常委会任期的五年,正处于全面建设社会主义现代化国家开局起步的关键时期。为深入贯彻落实党的二十大关于国资国企改革发展、人大依法行使监督权等决策部署,全面依法履行人大国有资产监督职能,推进国有资产管理情况报告制度深化拓展,实现人大国有资产监督工作提质增效,做好本届全国人大常委会任期内听取和审议国务院关于国有资产管理情况报告等监督工作,制定五年规划。

【分析要求】

根据上述资料,请分析如何推动持续规范和完善国有资产管理。

项目实训

【实训内容】

大数据提高政府效能

信息技术的快速发展推动"大数据时代"的到来,大数据具有数据体量大、类型多、处理快、价值高等特征。人们借助互联网、云计算等先进技术手段,多视角、全方位地挖掘数据,梳理、分析相关信息,为生产和生活服务。

大数据正在成为政府改革和转型的技术支撑,甲市民政局用大数据核对 17.4 万保障房申请户的户籍人口、住房等海量信息,很快检出 1.7 万不符合条件的申请户。乙市整合卫星、气象、交通、市政等方面的信息数据,合理调配公安、消防、城管等方面的力量,协同应对一场百年未遇的台风和暴雨,避免了生命财产的巨大损失。

【实训目标】

培养学生分析问题和解决问题的能力,结合材料和所学知识分析大数据对提高政府公共服务能力的作用。大数据促进了认识的发展,运用创新推动思维发展的知识加以说明。

【实训组织】

将学生分成若干组,每组 7 人,每组设组长 1 名,组长负责组织本组成员进行实训,由组长将写成书面实训报告,并总结。(注意:教师提出活动前的准备和注意事项。)

【实训成果】

(1)考核和评价采用报告资料展示和学生讨论相结合的方式。

(2)评分采用学生和教师共同评价的方式,填写实训报告。

实训报告		
项目实训班级:	项目小组:	项目组成员:
实训时间: 年 月 日	实训地点:	实训成绩:
实训目的:		
实训步骤:		
实训结果:		
实训感言:		

第四篇

财政管理

项目九　公　债

- **知识目标**

  理解:公债、公债规模、公债市场的概念;公债的功能。
  熟知:公债的分类、公债规模的衡量指标;公债的发行与管理。
  掌握:公债市场;公债与财政;公债的经济效应;国外公债。

- **技能目标**

  能够掌握公债的基本知识、基本原理,学会运用本项目的知识解决现实的基本问题,并具备分析现实的公债市场环境的能力。

- **素质目标**

  运用所学的公债知识研究相关案例,培养和提高学生在特定业务情境中分析问题与决策设计的能力;结合行业规范或标准,强化学生的职业道德素质。

- **思政目标**

  能够正确地理解"不忘初心"的核心要义和精神实质;树立正确的世界观、人生观和价值观,做到学思用贯通、知信行统一;通过公债知识,分析发行公债的目的和意义以及所产生的经济效应,用理性的观点分析公债与财政的关系。未来,若是空白,就来填补;若不是,就去点缀,不管怎样,都该昂首向前。

- **项目引例**

2023 年 9 月地方政府债券发行和债务余额现状

2023 年 9 月,全国发行新增债券 4 240 亿元,其中一般债券 620 亿元、专项债券 3 620 亿元。全国发行再融资债券 3 511 亿元,其中一般债券 506 亿元、专项债券 3 005 亿元。合计,全国发行地方政府债券 7 751 亿元,其中一般债券 1 126 亿元、专项债券 6 625 亿元。

2023 年 9 月,地方政府债券平均发行期限 12.5 年,其中一般债券 7.6 年、专项债券 13.3 年。2023 年 9 月,地方政府债券平均发行利率 2.81%,其中一般债券 2.73%、专项债券 2.82%。截至 2023 年 9 月末,全国地方政府债务余额 388 996 亿元,控制在全国人大批准的限额之内。其中,一般债务 149 731 亿元、专项债务 239 265 亿元;政府债券 387 338 亿元、非政府债券形式存量政府债务1 658亿元。

截至2023年9月末,地方政府债券剩余平均年限9.2年,其中一般债券6.4年、专项债券11.0年;平均利率3.29%,其中一般债券3.29%、专项债券3.29%。

资料来源:财政部:9月全国发行地方政府债券7 751亿元,中新经纬,2023年10月27日。

引例反思:
(1)为什么要发行政府债券?
(2)未来,政府债券发展呈现哪些趋势?
(3)专项债具有"四两拨千斤"的撬动作用,请用习近平总书记的经济思想,谈谈你的感想。

● 知识精讲

任务一　公债概述

一、公债的概念

公债(Government Debt)是指国家或政府以债务人的身份,采取信用的方式,向国内外取得的一种债务。它是国家财政收入的一种特殊形式,是调节经济的一种重要手段。但公债与税收等收入形式不同,它具有自愿、有偿、灵活的特点。公债与公司债券、金融债券都属于债券。在我国,国家信用主要采取以下几种形式:①国家对内发行公债或其他政府债券;②国家在国外发行或推销公债;③国家财政向国家银行借款;④国家向国外借款和对国外贷款;⑤一部分财政支出以信用方式加以运用,如财政资金用作经济建设方面的贷款等。

世界上许多国家的中央政府与地方政府有权发行公债。①中央政府发行的公债,称为"国债",它是中央政府借以筹措财政资金的重要方式,其收入列入中央政府预算,资金的使用调度权归中央政府。国债包括记账式国债和储蓄国债两大类,一般个人投资者购买的是储蓄国债,其中又包括凭证式储蓄国债和电子式储蓄国债。②地方政府发行的公债,称为地方公债,它是地方政府为筹措财政收入而发行的,其收入列入地方政府预算,资金的使用调度权归属地方。

动漫视频

国债

【注意】我国《预算法》规定地方政府无权发行公债。

二、公债的特征

(一)有偿性

有偿性,是指通过发行公债筹集的财政资金,政府必须作为债务如期偿还。除此之外,还要按事先规定的条件向认购者支付一定数额的利息。在这里,政府是以债务人的身份,以国家的信誉为担保而举借债务的。而通过税收取得的财政资金,政府既不需要偿还,也不需要向纳税人付出任何代价。

(二)自愿性

自愿性,是指公债的发行或认购建立在认购者自愿承购的基础上。认购者买与不买、购买多少,完全由认购者自己根据个人或单位情况自主决定,国家并不能指派具体的承购人。此时,是否充当承购人须以自愿为前提,进而在购买数量、利率高低及何时兑现等方面,承购者均有选择的相对自由(相对指限制于公债品种设计的范围内),而税收的课征以政府的政治权力为依托,政府征税就要以国家的法律、法令的形式加以规定,并依法强制征收,任何个人或单位都必须依法纳税,否则就要受到法律的制裁,因而强制性是税收的形式特征之一。

(三)灵活性

灵活性，是指公债发行与否以及发行多少，一般完全由政府根据国家财政资金的丰裕程度灵活加以确定，而不通过法律形式预先加以规定。这是公债所具有的一个非常重要的特征，形成与税收的固定性的明显区别。税收的取得只能按照法律规定的税种、税率来征收，不能随意改变，收入的多少取决于经济发展的状况，如果出现自然灾害、战争等事件，不仅满足不了国家急需大量资金的要求，还将受经济发展水平的制约，减少税收收入。

【提示】公债的有偿性、自愿性和灵活性是统一的整体，缺一不可。只有同时具备三个特征，才能构成公债。

三、公债的功能

(一)弥补财政赤字，平衡财政收支

从历史上看，公债是与财政赤字相联系的经济范畴，是作为弥补财政收支差额的资金来源而产生的。因此，弥补财政赤字是公债最原始的功能，而公债的其他功能则是在此基础上派生出来的。在各国的财政实践活动中，各种难以预料的原因都有可能使财政出现收不抵支的问题，而随着国家职能的扩大和社会事务的增加，即使是正常的财政活动也会导致财政赤字不断扩大。为了弥补财政赤字，政府通常可以采用三种方法，即增加税收、增发货币和举借债务。但是，增加税收的方法在面临经济衰退、国民收入减少的情况下很难实施；而增发货币则很容易引发通货膨胀。因此，举借债务是弥补财政赤字最好的方法。它以有偿的方式动员社会闲置资金，既容易为民众所接受，又有利于迅速而有效地弥补财政赤字。

(二)为非经常性重大支出需要筹措资金

非经常性重大支出最典型的表现是战争引起的支出。当一个国家面临战争时，军费支出会急剧上升，导致政府财政支出的规模可能迅速扩张。战争期间政府仅靠相对稳定的税收来筹集资金，显然难以满足支出需要。因此，根据战时需要向社会发行公债则成为一种较好的选择。公债所具有的有偿性和战争所产生的民族向心力都有助于公债的顺利发行。从西方各国的公债发展史来看，20 世纪 50 年代以前公债的每一次急速增长几乎都与战争和军费的膨胀直接相关。在和平时期，非经常性重大支出通常表现为规模较大的基础设施工程项目支出或重大灾害的重建支出。基础设施工程项目和灾后重建对资金的需求很大，各国政府通常会考虑在正常收入以外通过公债为其筹措资金。这不仅可以将公债的使用限定在资本项目上，而且可以通过公债负担的转移，使财政支出在更多的受益者之间分担。

(三)执行经济调节政策

公债是政府执行经济调节政策所必不可少的重要手段。一般认为，公债的发行可以作为政府"反衰退"的财政政策工具。经济衰退时期，社会有效需求不足，政府扩大财政支出可以实现社会总需求的扩张。如果用增加税收的方式来筹措财政资金，尽管一方面增加了政府财政支出，但另一方面却在一定程度上减少了私人的消费，不利于社会总需求的快速扩大。公债主要动员社会闲置资金，并且常被认购者看作个人的金融资产，故而公债发行对私人投资和消费的影响较小。因此，学术界通常将公债发行看作一种扩张性财政活动。实际上，当公债活动频繁发生并始终存在的情况下，公债的发行、流通、使用和偿还的整个过程都可以被政府作为调节经济的工具。政府通过调整债务规模、改变债务期限、选择债务使用方向等手段来贯彻不同的财政货币政策。

四、公债的产生与发展

（一）公债的产生

公债最早产生于公元 5—7 世纪的地中海沿岸一些国家。中世纪以后,地中海沿岸的意大利城市热那亚、威尼斯等地,由于其优越的地理位置,成了世界商业中心。与商业的发展相适应,信用制度也迅速发展起来。在中世纪以前的奴隶社会末期由高利贷者发展起来的银行,由于利息率太高,无法满足商人低利率贷款的要求,威尼斯和热那亚的商人首创了信用组合。这种信用组合又逐步演变为后来的划拨银行,一种比高利贷先进的专门从事信用的行业便应运而生。与此同时,由于封建制国家的职能有所扩大,加上财政管理不善,入不敷出,所以财政收支矛盾加剧。于是,划拨银行便以高出一般的利率贷款给国家,这样,就产生了公债。到 16—17 世纪,手工工场向机器大工厂过渡,社会劳动生产率大大提高,加上海上贸易和殖民地战争,商人和高利贷者从国内外获得了大批货币财富。这批积累起来的货币资本超过了工场手工业生产发展的需要,在大量多余资本找不到理想投资场所时,资本所有者便把闲置的货币资本投放到能保证获得高收入的公债上。同时,国家通过举债的实践,认为用发行公债的办法来解决财政困难要比增加税收容易得多,因此,公债很快在欧洲资本主义各国得到广泛的发展。

公债虽然很早以前就产生了,但只是到资本主义社会才得到迅猛的发展。而且,公债作为政府筹集财政资金的重要形式以及发展经济的重要杠杆,已经成为当今世界各国财政不可缺少的组成部分。政府财政收不抵支是公债产生的必要条件,而闲置资本的存在则为公债产生提供了可能性。

（二）公债的发展

公债的产生,对资产阶级极为有利。资本主义商品经济的发展是公债强有力的经济基础,同时,公债往往又是同国家财政困难相联系的。因此,公债虽然早在中世纪就已经产生,但是公债的急速增长是在资本主义财政形成以后的两次世界大战期间。两次世界大战期间,参战各国军费迅速增长,税收已远远不能满足战争需要,于是公债成了筹集军费的重要途径,资本主义各国的公债总额猛增。

到 20 世纪 70 年代,资本主义世界各国奉行凯恩斯主义的赤字财政政策。根据凯恩斯的理论,增加政府开支,削减联邦税收,虽然会出现财政赤字,但整个社会的有效需求提高后,可以刺激、推动经济的发展。而弥补财政赤字的有效办法是发行公债。因此,公债增长的速度越来越快,资本主义国家公债的发行达到了空前的规模。发行公债较早的国家为美国。

我国公债最早出现在清朝末年。我国第一次发行的国内公债是 1898 年清王朝发行的"昭信股票",总额为 1 100 万两银子。1911 年,清王朝又发行一次公债。北洋军阀时代和国民党时期政府也多次发行公债。旧中国的公债基本上属于资本主义公债的类型,带有半封建半殖民地的色彩。

中华人民共和国成立以来,我国先后多次发行公债:1950 年发行了人民胜利折实公债,1954—1958 年连续 5 年发行国家经济建设公债,1981 年至今每年都发行公债。自 2009 年起,财政部持续在香港发行人民币国债。记账式国债目前是我国发行量最大的一类国债,每个月都会有多批记账式国债要发行,分为贴现式和附息式。相比储蓄国债来说,记账式国债的利率要低一些。图 9—1 为 1958 年国家经济建设公债券面。

五、公债的分类

（一）按照公债的发行地域分类,可分为国内公债和国外公债

1. 国内公债

国内公债是指本国政府以债务人的身份向本国境内的居民或单位所发行的公债。

图 9—1　1958 年国家经济建设公债券面

2. 国外公债

国家在国外发行的公债称为国外公债。

(二)按照公债的本位分类,可分为货币公债和实物公债

1. 货币公债

货币公债是以货币为本位发行的公债。按照货币的种类,又可以进一步将货币公债分为本币公债和外币公债。本币公债是以公债发行国本国的货币为本位的一种货币公债。例如,我国政府曾向国内发行的国库券就属于本币公债。外币公债则是以某种外国货币为本位发行的一种货币公债。国外公债的发行,通常以债权国的货币或在国际上被当作世界货币的货币为本位。但是,本币公债与国内公债之间、外币公债与国外公债之间的对应关系并不是绝对的。在一定条件下,本币公债与国外公债、外币公债与国内公债之间是相互交叉的。

货币公债是商品货币经济的产物。只有在商品货币经济发展达到一定水平时,货币公债才能产生和发展。货币公债具有债务收入来源的普遍性和简便性等特征。

【提示】在市场经济条件下,各国发行的公债大多是以货币为本位的。

货币公债也具有难以克服的缺陷。在纸币流通制度下,当货币币值变动幅度较大时,同一货币数额的公债所代表的实际价值在发行日和还本付息日期间会产生很大的价差,特别是在货币贬值或通货膨胀较严重时,公债的债权人往往会因此遭受经济损失,因而不愿意承购公债。为了解决这个问题,有些国家政府发行实物公债。

2. 实物公债

实物公债是以实物为本位的公债。按照确定本位的具体方法,实物公债又可以进一步分为直接以实物为本位的公债和间接以实物为本位的公债,前者如 1949 年我国广东北江革命根据地北江第一支队所发行的"胜利公债",该种公债直接以稻谷为本位,分为50、100和500斤三种,年利二分。直接以实物为本位所发行的公债,其计量比较简便,因为这种公债的本位往往是一种实物。但其适应性较差,特别是农产品,区域性较强,如我国北方玉米和小麦较普遍,南方则多种植水稻。因此,若仅以水稻为本位,该公债恐怕难以在全国发行。间接以实物为本位的公债也称折实公债。我国于1950年所发行的"人民胜利折实公债"就是一种折实公债。当时我国政府发行这种公债的经济背景是:国内战争尚未完全结束,社会经济混乱,物价不稳,通货膨胀严重。"人民胜利折实公债"的单位确定为"分",每分所值,以当时上海、天津、汉口、西安、广州、重庆六城市大米(天津为小米)3公斤、面粉0.75公斤、白细布4市尺、煤炭8公斤的批发价格,用加权平均法计算,由中国人民银行每半月公布一次牌价。发行这种公债,避免了币值波动的干扰,维护了债权人的经济利益,因而也维护了国家公债的信誉。同直接以实物为本位的公债相比,折实公债的适用范围较广。同货币公债相比,实物公债具有债值稳定、债值较高的优点,但实物公债的适应性较差。

(三)根据偿还期限,可分为短期公债、中期公债和长期公债

1. 短期公债

短期公债的期限一般在1年以内,主要是为了调剂国库资金周转的临时性余缺,并具有较大的流动性。

2. 中期公债

中期公债的偿还期限为1至10年(包含1年但不含10年),因其偿还时间较长而可以使国家对债务资金的使用相对稳定。

3. 长期公债

长期公债的期限在10年以上(含10年),可以使政府在更长时期内支配财力,但持有者的收益将受到币值和物价的影响。

应该指出的是,上述划分不是绝对的,也不是唯一的划分方法。首先,从时间上看,由于在不同的时期内,政治、经济环境不同,相应地对公债期限的划分也有所不同。在第二次世界大战以前,通常将5年内到期的公债称为短期公债,将偿还期在25年以上的公债称为长期公债,而将偿还期为5—25年的公债称为中期公债。第二次世界大战以后,公债还本付息的期限大为缩短,因而在对公债期限的分类上也发生了相应的变化,一般采取1年以下者为短期公债,1—10年者为中期公债,10年以上者为长期公债的划分方法。近年来,在资本主义世界,公债的还本付息期限有越来越短的趋势。因此,可以推测,各国在对公债期限的分类方面,必然会相应地做进一步调整,以利于国家对债务实施更有效的管理。其次,从国别上来看,世界各国对公债期限的分类方法不尽相同,如日本通常将偿还期为1年以上的公债都称为长期公债。

(四)按照公债的应募条件的不同性质,可分为强制公债和自由公债

1. 强制公债

强制公债是指在发行公债时,凡符合政府规定的应募条件者均必须购买公债。按照强制公债的具体推销办法,又可以进一步区分为直接强制公债和间接强制公债。直接强制公债是指依政府预先确定的条件直接强行摊派到应募者头上的公债,如按应募者财产的多少强行摊派等。间接强制公债是指政府以公债代替现金,用以支付薪金或购买物品。从债务人(政府)的动机来看,往往是在国家经济处于异常时期,或发生经济危机时期,政府在短期内无法通过推销自由公债增加财政收入,因而便凭借其政治权力推销强制性公债。政府在确定了应募条件以后,符合条件者,无论是否愿意,都必须购买或接受强制公债,不得拒绝。

2. 自由公债

自由公债是指政府在发行时不附带任何应募条件,而由企业或居民自由认购的公债。它是现代世界各国公债的普遍形式。

真正意义上的自由公债,一般是指政府在金融市场上出售的公债。一般来说,政府对这种公债不施加任何强制手段或附带条件,从性质上看,政府所处的借贷地位与一般企业或个人并不完全相同。其主要原因有二:其一,政府拥有任何企业、个人和社会团体没有的政治权力,在公债方面,政府的这种至高无上的政治权力表现在许多方面,如政府可以给它的债权人以一定的税收优惠,还可以给予公债债权人以某种非公债投资的便利等;其二,政府的经济实力雄厚,因而其债信是非常高的。一般来说,除非政治上的原因,政府是不会因为负债而破产的。政府的经济实力主要体现在政府拥有的征税权力上。因此,对投资者来说,政府债券是一种非常有吸引力的资产,同非政府债券相比,它具有风险小、利率优厚等特点。也正因为如此,现在世界各国大多发行自由公债而很少发行强制公债。

(五)按照公债的流动特点分类,可分为上市公债和非上市公债两类

1. 上市公债

上市公债是指可以在市场上公开买卖的公债。其基本特征是自由认购、自由买卖,即投资者除了在公债的发行市场上按规定购买公债以外,还可以在证券交易所或其他合法的证券交易市场按行市买卖公债,其行市或价格由该证券(公债)的供求关系状况决定。虽然可以将上市公债理解为既可以在发行市场上公开发售,又可以在流通市场上自由买卖的公债,但是,上市公债的主要特点及其与不上市公债的区别主要在于后者。

上市公债的另一个重要特征是它在流通市场上的价格是随行就市的,是随着市场利率和币值以及供求关系的变化而波动,投机因素在其流通过程中起着十分重要的作用,因而为金融资产交易提供了获利机会。

2. 非上市公债

非上市公债是指不能在市场上公开买卖的公债。有些非上市公债是在发行市场上公开发售的,但发行完毕后,直到债务期满,政府并不允许这类公债上市流通转让。因此,非上市公债与上市公债的主要区别在于前者不允许在流通市场上自由买卖、转让。

从各国的实践来看,非上市公债一般还具有利息率较高、债务期限较长的特点。除了向公众发行以外,非上市公债还包括政府特别发行的公债,即政府专门向由政府管理的金融组织发行的特别债券。这种债券的买卖双方只限于政府和由政府管理的金融组织,而不允许在市场上公开进行多头买卖。因此,这种由政府特别发行的债券实际上也属于非上市债券。

(六)按照公债的发行主体分类,可分为中央政府发行的国债、政府关系债和地方政府债券

1. 中央政府发行的国债

中央政府发行的国债,包括用于融通国库资金、弥补预算资金不足的国库券和以扶持社会经济发展为目的而发行的各种专项债券。

2. 政府关系债

政府关系债,是指由政府某些特许机构或特殊法人发行的主要用于铁路、交通、基础设施、中小企业发展、技术开发等特定公共项目的债券。

3. 地方政府债券

地方政府债券,即各级地方政府为筹集地方建设性投资所需资金而发行的债券。

(七)按照公债的形态分类,可分为附息债(剪息债)和贴现债

1. 附息债

附息债是指券面上附有息票,在规定的时期以息票兑换的形式支付利息的债券,其中又分为发行利率固定不变的附息债券和发行利率随市场利率浮动的利率债券。

2. 贴现债

贴现债券面上不附有息票,而是采用低于面额的价格发行,发行价格与偿还金额之差即为利息。

(八)按照有无担保分类,可分为政府担保债和非政府担保债

1. 政府担保债

政府担保债主要适用于与公共设施、技术开发和政策扶持目标相一致的政府关系债和地方政府债券。

2. 非政府担保债

本利的支付由政府作担保的公债称作政府担保债;反之,为非政府担保债。

(九)按照是否记名分类,可分为现货债与注册债(登记债)

1. 现货债

现货债是指公债债券本身是权利化了的纸制物,一般为不记名债券。

2. 注册债

注册债是指按照一定的法律规定,在注册机关准备的注册簿上记上公债债权人的姓名及权利等内容,由注册机关定期向债权人发放利息收据,在本利支付场所进行支付,其转让也是由公债债权人向注册机关提出申请转移手续来进行,注册债同时也是记名债。

(十)按照募集方式分类,可分为公募债券和私募债券

1. 公募债券

公募债券指以不特定的多数投资者为对象广泛募集的债券。

2. 私募债券

私募债券指发行时不面向一般投资者,而仅向与发行人有特定关系的投资者募集,又称"缘故债券"。

六、公债市场

(一)公债市场的概念

公债市场是证券市场的重要组成部分,它是政府债券以及人们对既发债券进行转让、买卖和交易的场所。

公债市场通常由发行市场(一级市场)和流通市场(二级市场)组成。公债一级市场和二级市场是紧密联系、相互依存的。一级市场是二级市场的基础和前提,只有具备了一定规模和质量的发行市场,二级市场的交易才有可能进行。同时,二级市场又能促进一级市场的发展,二级市场为一级市场所发行的债券提供了变现的场所,从而增强了投资者的投资热情,有利于新债券的发行。

(二)公债市场的功能

①公债市场为政府的发行和交易提供了有效的渠道。②公债市场可以进一步引导资金流向,实现资源要素的优化配置。③公债市场是传播和获取经济信息的重要场所。④公债市场还能够为社会闲置资金提供良好的投资场所。由于政府债券风险小、投资收益回报稳定,成为投资者青睐的理想对象。⑤公债作为财政政策工具,公债市场具有顺利实现公债发行和偿还的功能。⑥公债作为金融政策工具,公债市场具有调节社会资金运行和提高社会资金效率的功能。

(三)公债现货市场和期货市场

1. 公债现货市场

公债现货交易是指交易双方在成交后立即实行交割,或在极短的期限内办理交割的一种交易方式。现货交易是买卖双方谈妥一笔交易,马上办理交割,当场钱货两清。当然,除了当日交割之

外,还有次日交割等交易种类,都属于现货交易的内容。

现货交易的特点包括:成交和交割是同时进行的;现货交易是实物交易,没有对冲;现货交易在交割时,买方必须支付现款,所以又称为现金现货交易;现货交易主要是一种投资行为,一般不列入投机范围。

2. 公债期货市场

公债期货交易是以标准化的公债交易合约为标的的金融商品,是公债期货的买卖双方通过交易所,约定在未来特定的交易日,按照约定的价格和数量交收对象债券的交易方式。公债期货市场就是买卖公债期货合约的交易场所。

公债期货交易与现货交易相比具有显著的特点:交易的对象是期货合约,而不是现实的债券;对冲交易多,实物交割少;交易者众多,市场活跃,流通性好;采用有形市场形式,实行押金制度。

【同步案例 9—1】　　**积极发挥财政职能,推进公债市场健康发展**

近年来,财政部对推行公债活动市场化改革进行了多方面的努力。在努力推进公债发行市场化改革方面:

(1)努力提高公债透明度,目前已经做到凭证式公债、记账式基准期限公债和主要券种年度发行计划的公布。

(2)组建公债承销团。实施了银行间市场承销团制度并在记账式、凭证式公债发行中全面引入,财政部还将组建统一的记账式公债承销团。

(3)采用了招标发行公债。现阶段,记账式公债全部通过招标方式发行,并根据市场发展的需要推出了混合式招标方式,同时实施公债预发行制度。

(4)丰富公债品种。目前我国已有多种长、中、短期公债,并已开始发行基准利率公债。同时,财政部正在研究公债品种丰富的问题,包括储蓄公债和定向公债。随着公债余额管理的实施,财政部还将大力发行短期公债。

(5)努力推动市场统一,增加跨市场公债发行。自 2002 年起,财政部加大跨市场公债发行力度。2005 年,实现了全部记账式公债跨市场发行。

在进行公债流通市场创新方面,①实施公债净价交易,以剔除应计利息对公债收益率的影响,保证公债利息免税政策的实施。②开展公债柜台发行与交易试点工作,推出公债买断式回购业务,财政部还将研究建立公债做市商制度,以构建多层次的市场框架,为进一步提高公债市场的流动性服务。③提高跨市场公债转托管效率。④提前赎回未来期公债。随着经验的积累,更加市场化的一些方式也会加以运用。应当说,财政部在促进公债市场发展方面的作用是十分显著的。

课堂讨论: 为什么财政部应在公债市场化发展中起作用?

任务二　公债与财政收支

公债从产生起就与财政赤字紧密相连。公债发行、偿还的整个运行过程,都与国家财政收支、财政赤字有着密切的联系。

一、公债与财政收入

从广义上来说,公债是财政收入的一部分,但在许多市场经济国家中,一般不把公债列为正常收入。公债和税收都是市场经济体制下组织财政收入的手段,但公债和税收还是有一定区别的。

(一)税收是公债的信用基础

公债是政府根据需要创造出来的金融商品,其所包含的价值,是以财政税收作为担保的,即国家在公债发行时所承诺的公债价值,在兑现时以财政税收作为物质保证。只要国家继续存在,购买公债的投资者肯定可以获得稳定的收益。正因为公债有财政税收作为信用基础,公债才能成为有价证券市场中最具安全性的"金边债券"。

(二)公债是财政收入重要的补充

公债最初就是因为税收不能满足财政支出需求而产生的,现在公债已成为世界上大多数国家政府除税收之外筹集财政资金的重要渠道。在现代财政中,公债作为税收的补充,主要表现在两个方面:①补充税收数量的不足。随着政府的社会和经济活动领域不断扩大,税收不能满足支出需要已成为大多数实行市场经济制度国家普遍存在的现象,若靠增加税种或提高税率来扩大收入规模,则会对经济发展产生抑制作用,不利于促进国民经济的增长。因此,向国内居民举借债务,成为大多数国家财政弥补税收不足最常用的方法。②弥补税收在调节收入分配结构方面的不足。税收具有强制性和无偿性。税法的制定要通过比较严格的立法程序,一旦确定,就不宜经常更改和变动。因此,税法一旦通过立法程序得以确定,对收入分配格局的影响将在比较长的时期内保持稳定,对于时刻都处于变动中的市场收入分配格局的调节作用有局限性。公债则可以根据需要随时发行,而且可以专门针对特殊的对象发行定向公债,在调节分配结构时比较灵活,弥补了税收在调节收入分配结构方面的局限性。

(三)税收具有强制性,而公债一般是自由认购的

虽然公债也有强制公债,但强制公债一般是在战争时期及其他紧急情况下才发行的,正常情况下,公债一般采用自由认购的方式。

(四)税收具有无偿性,而公债是有偿的

国家征税,无须承担偿还义务,而公债属于借贷性质,国家要承担还本付息的责任。因此,从财政成本效益来看,税收优于公债,这是公债在财政收入形式中只能作为辅助手段的一个原因。

二、公债与财政支出

(一)财政支出规模直接影响公债的发行规模

公债作为弥补财政收支差额的重要手段,其规模大小受财政支出的影响很大,因为作为财政收入主体的税收,其规模主要取决于经济规模、增长速度和税收制度三项因素。这三项因素的可预见性相对较强,年度与年度之间的变化比较容易把握,而支出的可变性比较大,不可预见的因素也较多,年度与年度之间的变化很大,常常超过收入规模。因此,支出的扩大往往意味着公债当年发行规模的扩大。公债的发行规模与财政支出规模呈正相关。

(二)现有的公债规模将影响将来的财政支出规模

一方面,公债发行规模的扩大,意味着可供财政支配的资金增多,为扩大财政支出创造了条件;另一方面,财政发行的公债是有偿的,是未来财政收入的预支,到期必须还本付息。因此,当期的发行规模必然会影响到将来的财政支出。从大多数国家的实践来看,往往是财政支出规模的扩大导致了公债发行规模的扩大,而公债发行规模的扩大又把财政支出提升到一个新的台阶,形成财政支出和公债发行规模相互推动、共同扩张的局面。

(三)财政支出结构影响公债的结构

发行什么种类的公债,主要取决于用于财政支出的具体用途。若是用于生产建设性投资,则应发行中长期公债;若是为了解决临时性的资金周转需要,则可以发行 1 年期以内的短期公债。支出需求是多样性的,公债结构也应该是长、中、短期相结合的,公债的灵活性能充分满足支出多样性的

需求。另外,为了适应现实经济生活中的通货膨胀现象,在公债的利率结构方面也需要加以调整,即处理好固定利率的公债和浮动利率的公债之间的比重问题。浮动利率公债的发行有利于减少投资者和筹资者双方的风险,通货膨胀率上升,浮动利率跟着上调,有利于投资者获利;反之,通货膨胀率下降,浮动利率下调,有利于减轻财政支出的负担。

三、公债与财政赤字

(一)财政赤字是发行公债的重要原因

财政赤字就是财政年度中出现了财政支出大于财政收入的差额,公债的发行就是为了弥补这个差额。弥补财政赤字的办法虽然很多,如增加税收、压缩财政开支等,但是,增加税收、压缩财政支出都很困难,而用公债来弥补财政赤字是一种最方便、最灵活、最有效的手段,因此,世界各国通常都用发行公债的方法来弥补财政赤字。财政赤字是公债发行的重要原因,反过来,发行公债引起的利息支出又会加大财政赤字,因此,财政赤字与公债有着互相促进、互为因果的关系。

筹集财政资金、弥补财政赤字是公债的初始职能。在现代经济生活中,公债还被许多国家作为调节经济的杠杆,如用以调节市场货币流通量、稳定经济等。因此,出于调节经济的目的而发行的公债,并非财政赤字所致。所以,财政赤字是发行公债的重要原因,但不是唯一的原因。

(二)公债是弥补财政赤字的理想方式

公债的发行及时、灵活、方便,是弥补财政赤字的理想方式。首先,用发行公债筹集财政资金,较课税来得及时、迅速,而且什么时间发行,主动权掌握在国家手中。其次,根据财政收支不同性质的矛盾,以及财政支出的不同需要,国家可以发行形式多样的公债。例如,为弥补财政季节性收支差额,可发行短期公债;为弥补年度财政收支差额,可发行中期公债;为解决国家重点建设项目的资金不足,可发行长期建设公债;为偿还旧债,可发行新债等。

许多资本主义国家由银行以"创造信用"的方式来承购公债。这样,公债的发行就会导致货币供应量的增加,从而成为财政赤字到通货膨胀的中间过渡。诚然,若公债发行量适度,公债发行对象主要为个人,即通过公债形式把居民个人手中的闲置货币集中起来,则不会增加货币供应量。

(三)平衡国际收支

任何国家在与其他国家及国际组织、机构的经济贸易往来中,如收入不足以抵充支出,就会出现国际收支逆差,这将影响该国的货币汇率和经济实力,除了动用外汇储备之外,最有效、最迅速地扭转局面的办法就是对外发行公债,用以平衡国际收支。

任务三　公债规模

一、公债规模的概念

公债规模通常是指年末公债余额,而年末公债余额是由两部分构成的:一部分是以前年度发行的至本年末尚未偿还的部分;另一部分是本年度新发行的至年末尚未偿还的部分。公债规模的大小并不仅仅是一个绝对量的表现,还受多种因素的影响和制约。

(一)政治因素

影响公债规模的首要因素是国家需要资金的多少。国家需要的资金量大,发行量就大;反之,发行量则小。当前不举借公债的国家很少,但发行规模上却有很大差异。这不仅与各个国家的财政状况有直接关系,还取决于该国奉行的公债政策,即适度偏小、以偿还能力为限,还是越多越好、以满足需要为宜。其次是政治局势。剔除强制发行的因素,人们对政府的信赖程度,特别是政治局势是否安定,是承购者自愿购买公债的重要原因。

(二)经济因素

社会经济发展水平的高低决定了国家运用公债政策的程度。只有商品经济的发展达到一定的水平,社会物质财富才会有相当的积累;国民生活普遍富足,社会游资充斥,国家才有可能大规模举借债务。也只有经济发展了,各种金融机构才可能发挥其助国举债的功能。公债规模的大小主要取决于公债的承受能力和偿付能力。

二、公债规模的衡量指标

(一)内债的衡量指标

公债发行与财政收支的关系最为直接,也最为密切。衡量公债发行主体承受能力的主要指标是公债依存度和公债偿债率。衡量公债发行对象的承受能力是公债负担率。

1. 公债依存度

公债依存度是指财政年度内公债发行数额占财政支出总额的比率,计算公式为:

$$公债依存度 = 当年公债发行额 \div 当年财政支出总额 \times 100\%$$

这一指标反映了当年财政支出对公债的依赖程度。根据国际通用的控制标准,公债依存度的国际警戒线不能超过 15%—20%;中央财政的国债依存度(当年的国债收入与中央财政支出之比)不能超过 25%—35%。当公债发行量过大、依存度过高时,表明财政支出过分依赖债务收入,财政处于脆弱状态,并会对财政的未来发展构成潜在威胁。这是因为公债收入是一种有偿性的收入,国家财政支出主要应当依赖于税收,债务收入只能作为一种补充性收入。因此,公债规模的合理与否可以根据这一指标来判断。

2. 公债偿债率

一般以一定财政年度的还本付息额与财政收入的比值作为公债的偿债率指标,计算公式为:

$$公债偿债率 = 当年还本付息额 \div 当年财政收入总额 \times 100\%$$

偿债资金可能来源于预算收入划出的部分、公债资金投资创造的收益或借新债还旧债,但最终都是来源于财政收入。这一指标反映了当年财政所承担的偿还公债的负担能力,也反映了财政收入中政府可直接支配的数额,一般认为应小于 20%。偿债资金的来源主要有:①增加税收;②发行货币;③动用历年结余;④借新债还旧债。公债偿债率越低说明财政的偿债能力越高,具有较强的借债能力。

3. 公债负担率

公债发行,首先应考虑整个国民经济的承受能力,举借公债实质上是一种社会再分配,它直接或间接地取走了可用于社会再生产的资金。如果举债过多,就会影响正常的分配与再分配,对经济和社会的发展造成危害。其次应考虑公债购买者的承受能力。我国公债的购买者主要是个人、企事业单位以及各类金融机构,他们各自的承受能力是确定公债合理规模的重要依据。衡量公债发行对象承受能力的指标有很多,其中最主要的指标是公债负担率(又称负债率、内债负债率),反映了一国经济对未偿还公债的总体负担程度。公债负担率是当年公债余额占当年国内生产总值的比重,用公式表示为:

$$公债负担率 = 当年公债余额 \div 当年国内生产总值 \times 100\%$$

【注意】当年公债余额占当年国内生产总值的比重越大,则国民经济的债务承受能力越弱。

国际公认的标准是负债率应该控制在 20% 以下,即 20% 是所谓的"警戒线水平"。我国学者一般认为我国的公债负担率应该保持在 20% 左右。

(二)外债的衡量指标

1. 外债偿债率

外债偿债率是指一国当年还本付息额对当年商品和劳务出口收入的比率,是衡量一国还债能力的主要参考数据。国际上一般认为外债偿债率在20%以下是安全的。公式为:

$$偿债率=当年还本付息额÷当年商品和劳务出口收入×100\%$$

2. 外债负债率

外债负债率是指年末外债余额与当年国内生产总值的比率。目前,国际上比较公认的外债负债率安全线为20%。公式为:

$$公债负担率=年末外债余额÷当年国内生产总值×100\%$$

3. 外债债务率

外债债务率是指一国外债余额与商品和劳务出口收入的比率。在债务国没有外汇储备或不考虑外汇储备时,外债债务率是一个衡量外债负担和外债风险的重要指标。国际上公认的外债负债率参考数值为100%,即超过100%为债务负担过重公式为:

$$公债负担率=外债余额÷商品和劳务出口收入×100\%$$

【注意】确定公债发行量还必须考虑公债的偿付能力,最为重要的是考虑公债承受能力与公债偿付能力的对比状况。通常认为,当公债负担持续几年小于偿债能力时,公债负担便是安全的;而在持续出现公债负担大于或者等于偿债能力的现象时,就应缩小公债规模。

【提示】公债的最大偿付能力就是国家财政收入中扣除最低限度的一般支出后的财力。

三、公债的发行与管理

(一)公债期限长短的配套

期限长短不等的公债,对于债权人和债务人的利益是不同的。债券期限长短的合理配套以及债权人与债务人利益的有机统一可以使公债的发行经常化。在进行公债期限结构选择的同时,还必须结合公债利率结构的分析。公债期限结构选定的目标是:公债期限长短的配套能够满足财政支出的需要;而公债利率结构的选择是,既能满足财政的"公债利息成本最低"的要求,又能使公债顺利发行。

1. 预期利率的变动与公债期限长短的选择

如果人们预期利率将上升,那么债券购买者就不会倾向于购买长期债券;而对公债的发行者来说,则希望能在利率上升前借到钱。如预期利率将上升,公债发行者则应该选择多发行长期公债,因为公债的利率在发行时就已经确定,公债到期时,虽然市场利率上升,但公债的偿还付息仍可按原定较低的利率支付。同理,如果人们预期利率下降,债券购买者就会倾向于购买长期公债,而对公债发行者来说,这时不宜多发行长期公债,应以发行短期公债为好。因此,对公债管理者来说,必须结合预期市场利率的变动来选择公债的期限。

2. 预期通货膨胀率的变动与公债期限长短的选择

如果预期通货膨胀率上升,公债购买者在选择长期公债时就会很谨慎,一般倾向于选择短期公债,所以对公债发行者来说,在制定长期公债利率时必须考虑预期通货膨胀率上升的因素,否则公债难以推销。如果预期通货膨胀率保持稳定,则不会对公债利率结构产生影响。实际上,长期公债与短期公债各有利弊,无论是对于公债的发行部门还是对于公债的持有者,一个期限长短混合、配套合理的公债结构,肯定优于期限单一的公债结构。

(二)公债发行价格的确定

一般来讲,公债发行有平价、溢价、折价三种不同形式。采取何种发行价格形式,除了公债期限这一既定条件外，关键还取决于公债票面利率和市场利率的差异。公债发行价格的计算公式为：

$$发行价格＝(票面金额＋票面金额×发行利率×期限)÷(1＋市场利率×期限)$$

1. 平价发行

平价发行是指公债的发行价格与公债票面金额相等。政府按票面金额取得收入，到期按票面金额还本，公债发行收入与偿还本金支出相等。在市场化发行情况下，当市场利率与公债票面利率不一致时，平价发行会使发行者承担高利率成本，出现公债销售不畅。

2. 溢价发行

溢价发行是指公债发行价格高于公债票面金额。政府按票面金额的溢价取得收入，到期按票面金额还本，公债发行收入高于偿还本金的支出。公债之所以能够溢价发行，是因为公债票面利率定得较高，超过市场利率。于是，公债就成为供不应求的投资品，这样其发行价格可望提高，直至其收益率与市场利率基本一致为止。

3. 折价发行

折价发行是指公债发行价格低于公债票面金额。政府按票面金额的折价取得收入，到期按票面金额还本，公债发行收入低于偿还本金的支出。折价发行，可能是由于一开始公债票面利率定得太低，引起公债销售不畅，于是降低发行价格才能完成发行任务。

（三）公债的发行方式

公债可以采用公募和私募两种方式发行。公募是指中央财政向不特定的社会公众公开发行公债。私募是指中央财政不公开发行公债，只是向少数投资者发行。这些少数投资者通常是资产雄厚的大金融机构、大企业。私募受发行对象的限制，公债推销虽然数额不大，但购买者集中，一次性购买量较大。当政府需要通过公债将某些特定主体的国民收入集中到财政手中时，用私募方式最为有效。现代经济国家大多采取公募方式，因为它体现了开放性和市场性原则，通过众多投资者的市场选择，达到对社会资金的合理配置，为公债良性循环创造了条件。

公募发行方式又分为直接公募发行和间接公募发行。直接公募发行是指中央财政直接向投资者推销公债，但其发行成本较高，只有在公债品种比较单一时适用。

【提示】间接公募发行就是通过金融中介机构参与推销公债，具体有承购包销、公开招标、公开拍卖等。

1. 承购包销

承购包销是指中央财政和承购包销团签订承购包销合同销售公债，由承销人向投资者分销，未能售出的余额由承销人自行认购。这种方法通过承销合同确定发行者与承销人的权利和义务，两者具有平等的关系，承销团承担推销的风险。政府与承购包销团协商决定发行价格，讨价还价的结果往往是一个接近市场供求状况的利率水平。承购包销团在确定承销份额上，可采用固定份额和变动份额两种。固定份额方法适用于金融体制比较稳定的情况，承销人对自己应承担的份额心中有数，有利于及早安排资金。变动份额方法适用于金融体制变动较大的情况，承销人可根据情况灵活变动资金。

2. 公开招标

公开招标是由发行人提出含有公债发行条件和所需费用的标的，向投标人发标，投标人直接竞价，然后发行人根据竞价结果发行公债。公开招标方式确定的价格或利率是由市场供求状况决定的，体现了市场公平竞争原则。

根据所竞标的的不同，公开招标分为价格招标和利率招标。价格招标是指公债的利率与票面价格之间的联系固定不变，投标人根据固定利率对未来金融市场利率变化的预期加以投标，投标价格可低于面值，也可高于面值。招标人将投标结果按其价格高低排列确定中标者，依次配售，售完为止。若中标者的认购额超过了预定发行规模,则按比例配售。所有中标者根据各自不同的投标价格购买公债,这种方式称为"第一价格招标",最有把握中标的是报价最高的投标人,但容易产生垄断招标;反之,所有中标者都按统一价格购买公债,这种方式称为"第二价格招标",最有把握中标的仍是报价最高的投标人,但其认购价格接近市场价格水平,削弱了少数投标人垄断市场的可能性。利率招标即发行人只确定发行规模和票面价格,发行利率由投资者投标确定。发行人以投标人报出的最高利率作为公债的发行利率,从报出的最低利率开始依次选定投资认购额,直至售完预定发行数额。如果中标人以某一利率中标,其认购额超过了预定发行规模,则按比例配售。利率招标对所有中标人都按统一利率发行。

3. 公开拍卖

公开拍卖是指在拍卖市场上按照例行的经营性拍卖方法和程序,由发行人公开向投资者拍卖国债。公开拍卖完全由市场决定公债的发行价格和利率。目前,大多数发达国家采用这种方式。根据叫卖顺序的不同,公开拍卖分为公开叫卖升序排列和公开叫卖降序排列。公开叫卖升序排列是指拍卖人按照不断上升的价格顺序向一组投标人招标,在拍卖过程中,当报出第一价格时,有关投标人报出其认购数额,招标人公布全部需求数量,然后不断提高价格,继续公布各个价格的需求数量,直到全部需求小于招标数额为止。当达到这一点时,招标人可以确认前次价格是完成全部发行的最高价格。公开叫卖降序排列是指拍卖人按不断降低的价格顺序报价,公债以逐渐降低的价格出售,直到全部需求小于招标数额为止。公开拍卖方式能使信息交流更为畅通,投标人易于知道国债的公认价值,避免成功投标人总是吃亏的不正常现象。

(四)公债的偿还

发行的公债到期以后就要还本,同时还要支付利息。各国一般通过制定公债偿还制度对公债的偿还以及与偿还相关的各个方面作出具体的规定,以保证公债的正常运行。

公债的偿还是指近期偿还公债本金与支付利息。其中,还本通常是政府按照债券面额偿还;付息则是按期、按条件支付。公债的偿还方式主要有以下几种:

1. 一次偿还法

它是指政府对定期发行的公债,在债券到期后一次还本付息的方法。

2. 购销偿还法

它是指政府按市场价格在公债流通市场上买入公债而销售债务的方法。实践中,这种方法多以短期的上市公债为主。

3. 调换偿还法

它是指政府发行新公债来换回公债持有者手中的旧公债而注销债务的方法。对政府而言,它的债务数量并没有减少,只是债务期限延长了而已。对投资者而言,其债权人的地位未变,增加的只是新债权。

4. 比例偿还法

它是指政府在公债的偿还期内,对所有公债债券号码进行抽签确定的每年按一定比例轮流分次偿还的方法。

(五)公债种类的配套

不同种类的公债有各自不同的特点,种类齐全的公债,能把社会上各种性质的闲散资金吸引到公债市场上来,既能满足各种闲散资金的投资需要,又能满足财政的需要。

从我国目前的情况来看,公债品种比较单一,公债的流通市场不够活跃。公债的品种与公债的流通市场有密切的关系,如果公债的品种单一,公债的流通市场也就不兴旺。而公债的二级流通市场与公债的一级发行市场也有密切的关系。要使公债的发行长期化、正常化,就必须建立一个发达的流通市场,而在发达的流通市场中,须有品种较多的公债。因此,对公债管理者来说,必须要研究市场中各种资金的性质,结合财政的需要,发行品种多样的公债,为使流通市场健全发达而提供品种多样的金融商品。

(六)公债使用方向的控制

为了使公债的发行能正常、持久地进行,使公债真正地成为国家筹集资金、加快建设的手段之一,必须明确国家债务收入的使用方向,严格债务收入的使用。因此,在财政预算上,应将债务收入单列,专款专用,明确投资方向,以收定支。同时,对投资项目进行科学的测算,严格考核其经济效益,有偿使用,有借有还、谁借谁还,做到以债养债,以减轻公债还本付息所带来的财政负担。

(七)公债的市场运行机制

1. 完善一级市场发行体系

根据目前公债市场发展的实际情况,形成一个科学、合理的公债期限结构,实行长中短结合,既能满足投资者的多种需要,也有利于公债发行任务的顺利完成。

在发行时间上要改变目前公债发行的不确定性。要借鉴国际惯例,根据中央预算的资金需要,提早发布阶段性的公债发行时间表,使之步入更规范化的轨道,便于各类投资者及早调动资金。

要根据机构投资者的布局和现状,建立一个相对固定的承销团制度,进一步明确承销机构的权利和义务,鼓励承销机构建立自己的分销网络,从而形成和建立起相对稳定的公债发行机制。同时,要进一步探索并采取多种市场化的发行方式。公债发行的原则及未来的方向是进行市场化,但要根据我国现状,探索多种渠道与形式。

2. 理顺二级市场的框架体系

把银行间债券交易场所发展成机构间的场外交易市场,按照规范的场外交易规则进行交易,可以提高公债的流动性;拓展二级市场的参与主体,任何投资者都可以通过中央公债登记公司的托管结算系统参与公债投资,在货币市场与资本市场之间搭建一条以公债为媒介的渠道,可以为社会资金的流动性提供保证,也便于央行货币政策顺畅地传递。参与广泛、流动性强的公债二级市场可以为中央政府低成本、高效率地发行公债提供最可靠的保障。

充分利用现有交易所的交易网络,引导一些中小投资者购买公债;稳定、规范并促进交易所的公债交易,使之成为一个零售性的场内交易市场。

在上述场外、场内市场发展的基础上,建立统一的公债托管结算系统,有利于确保公债市场乃至整个金融市场的安全、高效运行,也有利于建立公债发行市场的良性循环机制。

任务四　公债的经济效应

一、公债对财政收支的影响

(一)公债对财政收入的影响

1. 公债对当年财政收入的影响

财政为了满足政府实现其职能的需要,必须拥有一定量的财政资金。一般来说,政府正常的财政收入主要是税收,如果当年正常的财政收入能够满足当年正常的财政支出的需要,就无须寻求其他途径增加资金。如果当年正常的财政收入不能够满足当年正常的财政支出的需要,就需要寻求其他途径增加资金。这样,公债就成为政府增加财政收入的手段之一。政府举借公债的直接经济效应是形成政府当年财政收入的增量。

2. 公债对今后年度财政收入的影响

公债形成当年财政收入的增量,这是一种直接影响,对于今后年度财政收入就不存在这种直接影响,因为作为债务收入不能直接计入今后年度的财政收入中。其实从经济运行的角度看,通过公债收入的使用,这种影响还是存在的。

(二)公债对财政支出的影响

1. 公债对当年财政支出的影响

公债对当年财政支出的影响表现在两个方面:一是直接影响;二是间接影响。

所谓直接影响,是指由于公债发行而使得财政当年债务的还本付息支出增加。如果公债发行是短期的,在发行当年就必须偿还,这样,公债发行在形成当年财政收入增量的同时,也形成当年财政支出增量。如果还要考虑公债的利息支出,公债形成的财政支出增量还将大于财政收入增量。

所谓间接影响,是指由于公债发行使得财政当年债务支出以外的其他支出增加。政府支出的日益膨胀是现代社会发展的一个明显趋势,要满足这种倾向,在税收约束较强的情况下,公债就必然成为扩张支出的主要来源。这就是政府举借公债具有间接扩大支出的作用。

2. 公债对今后年度财政支出的影响

公债对今后年度财政支出的直接影响是指公债增加了今后年度的财政偿债支出。由于公债大部分是一年以上的中、长期债务,这就使今后年度财政支出产生一个增量,即对该公债的还本付息。这种增量取决于公债的发行额、利率和期限。

公债对今后年度财政支出的间接影响是指由于公债发行而使得财政在今后年度债务支出以外的其他支出增加。这种影响的基础在于财政支出的许多项目具有单向刚性。因为财政支出增加与扩大容易,而减少与压缩财政支出却比较困难。

二、公债对货币供给的影响

(一)公债发行对货币供给的影响

1. 中央银行承购公债的货币效应

中央银行作为货币发行的银行、银行的银行和政府的银行,在国家货币政策中起着关键的作用。中央银行由于其特殊地位与职能,在货币供给方面充当着控制闸门的角色。

在 1993 年之前,我国一直存在着财政部向人民银行透支的做法,尽管在定义上不是中央银行直接承购公债,但对货币供给的影响是一样的,可以视同中央银行直接承购公债。政府发行公债由中央银行直接承购,等于央行向财政部提供信用而创造了货币,一般对货币供给起着扩张效应。央行直接承购公债增加其资产项目,同时财政存款又是央行的负债项目,这样央行的资产负债项目等额增加。如果财政把这笔货币资金拨付给部门、企业及个人,就使商业银行的存款增加,货币供给量扩大。考虑商业银行具有扩张信用和创造派生存款的机制,即使有存款准备金制度,货币供给量也可能扩大许多倍。

2. 商业银行承购公债的货币效应

商业银行承购公债是为了持有一定量的流动资产,因为政府债券信誉高、规模大,在市场上的变现能力较强。如果商业银行现金资产不足,就可以随时通过出售公债来补充准备金。同时,持有公债也符合营利性要求,能够获得一定的利息收益或转让的价格差收益。

商业银行承购公债的货币效应是看商业银行购买公债资金的来源,主要有两个方面:①收回已发放的贷款,这样,收回贷款压缩货币供给量与购买公债使财政扩大货币供给量的效果是一致的,一般不改变货币供给量。②动用超额准备金购买公债,政府运用公债资金,结果会扩大货币供给量。商业银行用超额准备金购买公债,是把潜在的货币扩张能力作了现实的释放。当然,商业银行还可以向中央银行再贷款来购买公债,结果仍然是扩大了货币供给量。

3. 非银行部门承购公债的货币效应

非银行部门的范围广泛，包括企事业单位、投资基金、机构投资者、个人投资者等。它们投资公债的目的可能各不相同，投资公债的品种也不一样，但是，把它们看成是同质的经济主体，其购买公债的货币效应就可能是一致的。

作为非银行部门，它们购买公债的资金来源不外乎是存款和现金，甚至两者兼有。购买公债后，这些现金与存款转化为财政部在中央银行的存款，减少货币供给量。政府运用公债后，进行一些支出拨付，又增加商业银行的存款，增加货币供给量。如果不考虑货币购买力转移中货币结构的变化，即现金与存款比例的改变，一般来说，最终将不改变社会的货币供给量。

(二) 公债流通对货币供给的影响

公债在其期限之内进行流通，对货币供给会产生一定的影响。

1. 公债在同类主体之间转让的货币效应

公债在同类主体之间转让有两种情况：一是公债在非银行部门之间的转让；二是公债在商业银行之间的转让。

公债在非银行部门之间的转让是一种常见的公债交易形式，如在我国证券交易所的公债市场上，大量的参与者都是非银行部门，它们相互之间通过证券交易所进行公债的现货交易和其他方式交易，只是一种货币购买力的转移，一般不会影响货币供给的扩大或缩小。

对于公债在商业银行之间的买卖，商业银行购买公债的资金来源主要是收回已发放的贷款和动用超额准备金。利用前者购买不会改变货币供给量；利用超额准备金购买，通过相互之间的转移，最终会扩张货币供给量。

2. 公债在异类主体之间转让的货币效应

公债在不同类主体之间转让有三种情况：①公债在商业银行与非银行部门之间的转让；②公债在中央银行与商业银行之间的转让；③公债在中央银行与非银行部门之间的转让。

(三) 公债偿还对货币供给的影响

1. 以税偿债的货币效应

政府征税，纳税人在商业银行的存款就会减少，社会上的货币数量减少。同时，政府在央行的财政存款增加。可以说，纳税人资金作为税款流向政府的影响，实际上是社会存款货币转变为央行的基础货币，是一种收缩效应。

2. 借新债还旧债的货币效应

在此先不考虑政府运用发行公债收入的扩张效应。如果政府举借新债与偿还旧债的对象是一致的，相当于公债的直接调换，不影响货币供给量。如果新债的发行对象是非银行部门，偿还的旧债是商业银行或央行，结果是减少货币供给量。如果新债的发行对象是商业银行，偿还的旧债是非银行部门或央行，结果对货币供给的影响是中性或潜在的投放能力得到现实释放。如果新债的发行对象是央行，偿还的旧债是非银行部门或商业银行，结果是扩大货币供给量。

任务五　国外公债

一、国外公债的概念

国外公债就是国家在国外举借的各种债务，包括借自外国政府、金融组织、个人的借款以及在国外发行、摊销的公债。国家在举借外债时以债务人的身份出现，国家权力在外债中是不起作用的。外债不同于内债。举借外债，可以把本来属于国外的物资和劳务暂时转归国内使用，等于增加了国内的收入。但外债还本付息是国内物资和劳务的净输出。

国外公债和利用外资并不是同一含义。国外公债属于国家信用范围。利用外资是指吸收国外各种资金用于本国建设的分配方式,包括国家信用、银行信用、商业信用和吸收外国投资在内。可见,国外公债是利用外资的一种方式。利用外资的范围要比国外公债广得多。

二、外债的形式

(一)政府贷款

政府贷款是双边政府之间发生的借贷行为。这种贷款带有援助的性质,利率一般较低,有的甚至是无息贷款,贷款的期限也比较长。

(二)国际金融机构贷款

国际金融机构对其成员国发放的贷款,贷款条件比较优惠,如低息或无息、贷款期限长等。但根据各金融机构设立的不同目的和具体规定,贷款的数量和使用方向受到严格的限制。世界性的金融机构主要有世界银行、国际开发协会、国际货币基金组织等。我国是这些金融机构的成员国之一,到目前为止已经多次接受这些组织的贷款。

(三)出口信贷

出口信贷是一些国家为鼓励出口,责成银行办理的出口贷款。由于银行在办理出口信贷时负有较大的风险,为了保障银行和出口商的利益,一般都采用出口信贷国家担保制度,即由出口商交纳一定的费用,国家给予担保,到期若贷款收不回来,则由国家负责赔偿。我国在对外贸易中,可以利用一些国家出口信贷的方式取得外债,主要方式有两种:一种是卖方信贷;另一种是买方信贷。

1. 卖方信贷,即由出口方银行向出口方提供的信贷

这是银行资助出口厂商向外国进口厂商提供延期付款,以促进和扩大商品出口的一种方式。这样我国在向国外厂商购买机器设备时,就可采取分期付款的办法——一般只需先交纳合同金额的15%~20%作为定金,其余80%~85%的货款要在出口厂商交货完毕或在工厂开工投产以后才陆续支付。但出口商运用卖方信贷出口商品时,其价格一般比市价要高。

2. 买方信贷,即出口方银行直接向进口方提供的信贷

这种贷款的利率一般较低,但用途受到严格的限制,只能用于购买债权国的商品。买方信贷除了进口方需向出口厂商预付合同金额的15%~20%的定金以外,其余货款则由进口方与出口方银行签订贷款合同,以即期付款的方式将货款付给出口厂商,然后由进口方按与银行签订的期限,将贷款和利息归还给出口方银行。

(四)补偿贸易

补偿贸易是在购进国外机器、设备、技术时不付款,而用投产以后的产品清偿债务。若进口设备不生产有形产品,则可以用其他产品代替。通过补偿贸易借款时,往往同时签订归还合同。以补偿贸易方式获得的贷款利息一般比较低。

(五)向外国银行借入自由外汇

向国外银行借入自由外汇,一般用途不作限制,但按市场利率办理,利率较高。目前的欧洲货币市场是世界上最大的国际借贷市场。

(六)在国外发行债券

国家直接到国外市场上发行债券,由外国政府、企业及个人自愿认购。运用这种方式举借外债,具有期限长、利率低的优点,但不易筹集到大额款项。经过批准,国际信托投资公司或国内大型企业也可以在国外发行投资证券或股票,以吸收外资,这同样属于发行债券的形式。

三、外债规模的控制

外债的数量界限主要由偿债能力决定。世界银行设想用一套指标来衡量发展中国家的债务负担高低,实际上也就是要确定外债的数量界限。

世界银行提出了四项指标:①债务额与国民生产总值之比;②债务额与出口额之比;③偿债额与出口额之比;④利息支付额与出口额之比。这四个指标的临界值是根据经验设定的。如果某个国家的四项指标均达到临界值 60%,则该国被认为债务负担中等;若已经超过临界值,则该国被认为债务负担沉重;低于 60%,则被视为债务负担较轻。这里的临界值是根据一组最近陷入偿债困难国家的 1988 年各项指标的非加权平均数来确定的。

各指标临界值为:①债务额与国民生产总值之比为 50%;②债务额与出口额之比为 25%;③偿债额与出口额之比,即人们通常所说的偿债率为 20%;④利息支付额与出口额之比为 20%。

从动态来看,一个国家外债的适度规模是由该国国民经济发展的许多经济因素之间的相互关系客观决定的。

四、外债的还本付息

对外债还本付息的管理包括货币选择、利息计算、偿还方式、资金安排等方面的内容。外债还本付息所采取的货币可以是债权国的通货,也可以是债务国的通货,还可以是第三国的通货,这取决于贷款协定如何确定。外债利息的计算方法与国内公债的计算方法有所不同。外债利息一般采用复利方式,即经过一定期间(如 1 年),将所生利息加入本金再计利息,逐期滚算。外债的偿还方式多种多样,有到期一次清偿的;有逐年付息,本金一次清偿的;有分期归还本息的,每期归还的本金有的数额相等,有的不等,但大多数是采用分期偿还的方式。外债还本付息的资金来源分统借统还和统借自还两种。凡是由国家财政、政府部门以及政府指定的机构统一借入,用于计划内重点建设项目的借款,其还本付息由国家财政部门统一安排,列入国家决算。统一借入,根据重点建设规划转贷给用款单位使用的借款,到期后由用款单位负责偿付本息。这包括财政部负责的世界银行项目贷款、商务部负责的政府双边贷款、中国人民银行负责的亚洲开发银行贷款等。从政府既负责借入,又负责偿还本息的系统负债关系上讲,严格意义上的政府外债,应当指政府"统借统还外债"。

▼ 应知考核

一、单项选择题

1. 公债是指( )。

A. 中央政府与地方政府的债务总额　　B. 一国政府债务

C. 国债　　D. 所有公共部门的债务

2. 中期公债是指( )。

A. 3~5 年的公债　　B. 2 年以上 5 年以下的公债

C. 1 年以上 10 年以下的公债　　D. 以上都不对

3. 公债依存度是指( )。

A. 当年公债发行额占当年财政收入的比重

B. 当年公债累计余额占当年财政支出的比重

C. 当年公债发行额占当年财政支出的比重

D. 当年公债累计余额占当年 GDP 的比重

4. 公债的偿债率是指(　　)。
A. 累计还本付息额占国民收入的比重
B. 当年还本付息额占当年国民收入的比重
C. 当年还本付息额占当年财政收入的比重
D. 当年还本付息额占偿债资金的比重
5. 主要用于铁路、交通、基础设施、中小企业发展、技术开发等特定公共项目的债券是(　　)。
A. 国内公债　　　B. 国外公债　　　C. 政府关系债　　　D. 项目债券

二、多项选择题

1. 公债的特点有(　　)。
A. 有偿性　　　B. 固定性　　　C. 自愿性　　　D. 期限性
2. 按不同的债务契约形式，公债可以分为(　　)。
A. 公债券　　　B. 记账式债券　　　C. 记名式债券　　　D. 合同型借款
3. 公债的发行价格有(　　)。
A. 平价发行　　　B. 溢价发行　　　C. 折价发行　　　D. 以上都不对
4. 偿付公债的资金来源主要有(　　)。
A. 预算结余　　　B. 政府行政性收费　　　C. 税收　　　D. 政府投资收益
5. 外债的形式有(　　)。
A. 政府贷款　　　　　　　　　　B. 国际金融机构贷款
C. 出口信贷　　　　　　　　　　D. 补偿贸易

三、判断题

1. 我国预算法规定地方政府无权发行公债。　　　　　　　　　　　　(　　)
2. 中期公债通常是指1年以上10年以下的公债。　　　　　　　　　　(　　)
3. 当一国没有财政赤字时，公债也就无用武之地。　　　　　　　　　(　　)
4. 公债负担率是指当年公债发行额占当年财政支出的比重。　　　　　(　　)
5. 社会公众购买公债一般没有货币效应。　　　　　　　　　　　　　(　　)

四、简述题

1. 简述公债的含义和特征。
2. 简述公债的功能。
3. 简述公债市场的含义和功能。
4. 简述公债对财政收支的影响。
5. 简述国外公债的含义及外债的形式。

应会考核

■ 观念应用

发行特别国债

特别国债是指专门服务于特定政策、支持特定项目需要的国债。当前，我国经济下行压力加大，财政收入下行，支出压力上升。为发挥财政逆周期调节，2020年3月27日，党中央决定发行1

万亿抗疫特别国债,这1万亿元全部转给地方,建立特殊转移支付机制,资金直达市县基层。抗疫特别国债资金主要投向公共卫生体系建设、产业链改造升级、交通市政等基础设施建设以及减免房租补贴、重点企业贷款贴息、创业担保贷款贴息、援企稳岗补贴、困难群众基本生活补助和其他抗疫相关支出。

【考核要求】

结合材料,运用财政的有关知识,分析发行特别国债的原因。

■ 技能应用

1. 假设某国2023年财政收入额为2 500亿元,财政支出额为2 800亿元,国债发行额为300亿元,请计算该国的公债依存度,并判断其是否属于正常范围。(计算结果保留至两位小数)

2. 假设某国2023年国债的还本付息额为800亿元,当年的财政收入额为20 000亿元,财政支出额为22 000亿元,试计算该年的公债偿债率。

3. 假设某国2023年某国国债收入为0.6万亿元。截至该年年末国债累计余额为8万亿元,国内生产总值为40万亿元,财政支出为10万亿元。请计算该国的公债负担率,并判断其公债负担率是否超过国际警戒线。

【技能要求】

结合资料,请分别进行计算并分析。

■ 案例分析

2024年政府债券发行拉开大幕

2024年1月,全国发行新增债券1 754亿元,其中一般债券1 186亿元、专项债券568亿元。全国发行再融资债券2 091亿元,其中一般债券752亿元、专项债券1 339亿元。合计,全国发行地方政府债券3 845亿元,其中一般债券1 938亿元、专项债券1 907亿元。2024年1月,地方政府债券平均发行期限8.7年,其中一般债券8.0年、专项债券9.4年。2024年1月,地方政府债券平均发行利率2.60%,其中一般债券2.58%、专项债券2.63%。2024年1月,地方政府债券到期偿还本金1 258亿元,其中发行再融资债券偿还本金1 023亿元、安排财政资金等偿还本金235亿元。2024年1月,地方政府债券支付利息866亿元。

截至2024年1月末,全国地方政府债务余额409 959亿元。其中,一般债务160 203亿元、专项债务249 756亿元;政府债券408 297亿元、非政府债券形式存量政府债务1 662亿元。截至2024年1月末,地方政府债券剩余平均年限9.1年,其中一般债券6.2年、专项债券10.9年;平均利率3.27%,其中一般债券3.26%、专项债券3.27%。

【分析要求】

根据上述资料,请分析我国发行地方政府专项债券的目的。

项目实训

【实训内容】

学生自愿组成小组,模拟公债购买和偿还情况。

【实训目标】

培养学生分析问题和解决问题的能力;体验公债购买和偿还过程。

【实训组织】

学生自愿组成小组,成员为7个人,每个人扮演不同的角色,体验不同的购买和偿还过程。

【实训成果】

(1)考核和评价采用报告资料展示和学生讨论相结合的方式。
(2)评分采用学生和教师共同评价的方式,填写实训报告。

实训报告		
项目实训班级:	项目小组:	项目组成员:
实训时间: 年 月 日	实训地点:	实训成绩:
实训目的:		
实训步骤:		
实训结果:		
实训感言:		

项目十　政府预算

- **知识目标**

  理解：政府预算的概念、特征和组成。
  熟知：政府预算形式；我国预算形式的改革和发展。
  掌握：政府预算程序；财政平衡和财政赤字；财政管理改革。

- **技能目标**

  能够掌握政府预算的基本知识、基本原理；具备解读和分析我国政府预算的能力；能够结合我国的实际分析政府预算的现实意义。

- **素质目标**

  运用所学的政府预算知识研究相关案例，培养和提高学生在特定业务情境中分析问题与决策设计的能力；结合行业规范或标准，强化学生的职业道德素质。

- **思政目标**

  能够正确地理解"不忘初心"的核心要义和精神实质；树立正确的世界观、人生观和价值观，做到学思用贯通、知信行统一；通过政府预算知识，能够了解政府预算工作的程序，在今后的相关工作中发挥自身的才能，为今后的职业能力培养根基。

- **项目引例**

政府预算不仅仅是"国家账本"

预算不仅仅是一般意义上的"账本"，更是国家治理体系的重要组成部分。标准科学、规范透明、约束有力的预算制度，将在推进国家治理体系和治理能力现代化中发挥越来越大的作用。

近年来，政府预算日益走进社会公众的视野，每年全国人大会议审查预算报告更是受到高度关注。由于明确了政府各项收支，预算经常被形象地称为"国家账本"或"政府账本"。实际上，预算不仅仅是一般意义上的"账本"，更是对财政政策实施作出具体安排，明确政府这一年要干些什么，是国家治理体系的重要组成部分。

党的十八届三中全会指出，财政是国家治理的基础和重要支柱。财政深刻影响着经济、政治、社会等各个领域，政府与市场、社会发生各种联系，主要通过收入和支出的各项活动来开展。预算制度则规范政府收支,也就是管着政府的"钱袋子",进而规范政府行为,是财政的核心与基础。可以说,政府预算体现国家的战略和政策,反映政府的活动范围和方向。

引例反思:
(1)政府预算在推进国家治理体系和治理能力现代化中起到怎样的作用?
(2)国家鼓励大学生自主创业,那么你会做出你的预算资料吗?

● 知识精讲

任务一　政府预算概述

一、政府预算的概念

政府预算(government budget)是指经法定程序审核批准的、具有法律效力的、综合反映国民经济和社会发展情况的政府财政收支计划,是政府筹集、分配和管理财政资金的重要工具,也是调节、控制和管理社会政治经济活动的重要手段。政府预算收支活动制约着政府活动的范围和方向,它规定了政府主要财力的来源、结构和方向,体现了国家发展国民经济和各项社会事业的方针、政策。政府预算收支的有效期限即预算编制和执行所依据的法定界限,称为预算年度或财政年度。我国预算年度的期限为当年的1月1日至12月31日。按照法定程序,在每个预算年度开始以前,由财政部门估算的政府年度财政收支计划的预计数称为预算草案;政府预算草案经过立法机关审查批准以后,才能成为具有法律效力的政府预算。

二、政府预算的特征

(一)法律性与公开性

政府预算的法律性是指政府预算必须经立法机关批准而具有法律效力。政府预算的法律性主要表现为:一是经立法机关批准的政府预算必须严格执行,不得随意变更;二是政府预算管理程序必须纳入法治化轨道。在我国,各级政府预算领经本级人民代表大会审批,预算调整须经本级人大常委会审批。

政府预算的公开性是指政府预算按法律程序经立法机关审批后,须通过社会媒体予以公开。政府预算的公开性是政府预算的基本属性,政府预算向公众公开是世界各国的普遍做法。政府预算公开的目的在于让公众了解政府资金的来源、去向、效益等。比如,2018年版《中华人民共和国预算法》(简称《项算法》)第14条规定,经本级人民代表大会或者本级人民代表大会常务委员会批准的预算、预算调整、决算、预算执行情况的报告及报表,应当在批准后20日内由本级政府财政部门向社会公开,并对本级政府财政转移支付安排、执行的情况以及举借债务的情况等重要事项作出说明。

(二)预测性与计划性

政府预算的预测性是指政府及相关部门收集、传递、分析预算信息,预测政府的收入能力及支出需要。政府预算的预测性是政府预算技术性和科学性的主要体现,其目标在于提高政府预算收支计划准确度,实现有效的预算管理。

政府预算的计划性是指政府预算对年度财政收支计划作出安排,反映政府履行职能的方向与范围。

(三)完整性与统一性

政府预算的完整性是指全部财政收支都必须列入政府预算,向立法机关陈述说明,不得少列、错列、遗漏或瞒报。政府预算必须完整反映政府的活动范围和方向，全面体现政府筹资、理财和履行职能的业绩和效益。我国《预算法》第4条第2款规定，政府的全部收入和支出都应当纳入预算。

政府预算的统一性是指政府预算具有统一的政策制度、实施细则、收支分类科目、预算表、信息统计和账务处理方式。按照政府预算的统一性要求，财政收入应统一、及时、足额缴入国库，任何部门、单位和个人不得截留挪用；政府支出应统一由国库集中拨付，各部门、各单位必须按政府预算规定用途、比例和数额使用，不得自行其是。

（四）年度性与滚动性

政府预算的年度性是指政府预算的有效起讫期限通常为一年。根据各国立法机关的开会时间（或会期）、税收的季节性、宗教或习俗等国情，政府预算年度起始时间各不相同，大致可分为历年制和跨年制两种。历年制是以公历1月1日起至12月31日止为财政年度，如中国、朝鲜、德国、法国、意大利、瑞士、荷兰、西班牙、匈牙利、波兰等。我国《预算法》第18条规定，预算年度自公历1月1日起，至12月31日止。跨年制包括4月制、7月制和10月制三种。其中，4月制财政年度从4月1日至次年3月31日，主要国家有英国、缅甸、新加坡、日本、印度等；7月制财政年度从7月1日至次年6月30日，主要国家有巴基斯坦、坦桑尼亚、埃及等；10月制财政年度从10月1日至次年9月30日，主要国家有美国、泰国等。

政府预算的滚动性是指政府编制若干年的滚动预算，使各年度间的政府预算能够相互衔接。政府预算的滚动性要求编制中长期财政计划或滚动预算。其中，中期财政计划是指1年以上10年以下的财政计划，长期财政计划是指10年以上的财政计划。制订财政中长期计划是在市场经济条件下政府进行反经济周期波动、调节经济运行的重要手段。随着我国市场经济体制的日益完善和政府职能的转变，中长期财政计划将日益发挥其重要作用。现实来看，编制五年期财政计划较为常见，对未来期财政收支及经济走势的预测较为可靠；而更长时期的财政计划在准确性和有效性方面则可能存在较大的局限。

三、政府预算的组成

首先，政府预算按政府级次分为中央政府预算和地方政府预算，按照《中华人民共和国预算法》，实行一级政府一级预算，全国设立五级预算，分别是中央、省、自治区、直辖市，设区的市、自治州，县、自治县、不设区的市、市辖区，乡、民族乡、镇。

（1）中央政府预算是指经法定程序批准的中央政府的预算收支计划。中央政府预算是中央政府履行职能的基本财力保证，主要表现为中央政府的预算收支活动，在政府预算管理体系中居于主导地位。

（2）地方政府预算是指经法定程序批准的地方各级政府的财政收支计划的统称，包括省级及省级以下共四级预算。地方政府预算负有组织本地区财政收支的重要任务，是保证地方政府职能实施的财力保证，并在政府预算管理体系中居于基础性地位。地方总预算由各省（直辖市、自治区）总预算汇总而成。

其次，按照预算收支管理的范围和要求，各级预算分为总预算、部门预算与单位预算。部门预算是政府预算的基础，基层预算单位是部门预算的基础。

（1）总预算指各级政府本级和汇总的下级政府的财政收支计划。

（2）部门预算指各主管部门汇总编制的本系统的财政收支计划，由本部门所属各单位的预算组成。本部门是指与本级政府财政部门直接发生预算拨款关系的地方国家机关、军队、政党组织和社会团体。

（3）单位预算指列入部门预算的国家机关、社会团体和其他行政事业单位的财政收支计划。单位预算是由事业行政单位根据事业发展计划和行政任务编制,并经过规定程序批准的年度财务收支计划,反映单位与财政部门之间的资金领拨关系。

最后,根据经费领拨关系,中国各级政府的单位预算分为一级单位预算、二级单位预算和基层单位预算。

(1)一级预算单位是与同级政府总预算直接发生预算资金缴拨款关系的单位;如果一级预算单位之下还有被管辖的下级单位,则该一级预算单位又称为主管预算单位。

(2)二级预算单位是与主管预算单位发生预算资金缴拨款关系,下面还有所属预算单位的单位。

基层预算单位是与二级预算单位或主管预算单位发生预算资金缴拨款关系的单位。

四、政府预算形式

(一)根据预算编制的形式范围不同,可分为单式预算和复式预算

1. 单式预算

单式预算是将预算年度内全部的财政收入与财政支出汇编在一个预算内,形成一个收支项目安排对照表,而不区分各项财政收支的经济性质的预算形式。单式预算能从整体上反映某一年度财政收支的状况,便于了解政府财政的全貌,也便于立法机关审批和社会公众了解,但是它不利于政府对复杂的财政活动进行深入分析和管理。在第二次世界大战前,世界上大多数国家都采用单式预算的组织形式。

2. 复式预算

复式预算是将预算年度内的全部财政收支按收入来源和支出性质的不同,分别编成两个或两个以上的预算,从而形成两个或两个以上的收支对照表。

复式预算的形式大体分两种:

(1)双重预算,即按经济性质把财政收支分别编入经常预算和资本预算。经常预算反映政府在一般行政上的经常收支,而资本预算反映政府的资本投资和国家信用。这是复式预算的典型形式。

(2)多重预算,即由一个主预算和若干个子预算组成,如日本的中央预算包括一般会计预算、特别会计预算和政府有关机构预算,此外还有一个财政投融资预算(属预算外)。目前,大多数西方国家以及不少发展中国家都实行复式预算。

复式预算是随着政府职能范围的扩大和政府预算功能的变化,在单式预算的基础上演化而来的。编制复式预算的优点:①便于考核预算资金的来源和用途;②有利于分析预算收支对社会需求的影响。编制复式预算的缺点:①由于把国家信用收入作为资本预算的正常收入项目,这就使得资本预算不论整个预算的收支状况如何总是平衡的。这就很容易地使资本预算成为财政赤字的隐蔽所。②经常预算支出的资金来源主要是税收收入。西方国家的税收收入在整个预算收入中占很大比重,这样容易掩盖支出浪费的现象。③把预算分为经常预算和资本预算两个部分,还会给预算编制方面带来一些困难,如经常预算和资本预算科目的划分标准就很难统一等。

(二)根据预算内容和关系的不同划分,可分为总预算和单位预算

1. 总预算

总预算是基于各级政府汇总的本级政府预算和下级政府预算所编制的预算。

2. 单位预算

单位预算是各级政府机关、社会团体、事业单位的经费预算和国有企业的财务收支计划。

(三)根据财政预算组成环节的层次不同划分,可分为中央预算和地方预算

1. 中央预算

中央预算由中央各部门(含直属单位)的预算组成。

2. 地方预算

地方预算由各省、自治区、直辖市总预算组成。

(四)根据财政预算编制期限长短的不同,可分为年度预算和中长期预算

1. 年度预算

政府预算通常按年度编制,即年度预算。预算年度是编制和执行国家预算的起止期限,通常为1年。

2. 中长期预算

中长期预算是从较长时期来考察预算收支是否平衡,现在世界上许多国家在编制年度预算之外再编制不同形式的中长期预算,从3年、5年到更长时间。

(五)按项目是否考虑经济效果分类,可分为项目预算、绩效预算和计划项目预算

1. 项目预算

项目预算是指只反映项目的用途和支出金额,而不考虑其支出经济效果的预算。

2. 绩效预算

绩效预算是20世纪50年代初,由美国胡佛委员会建议,在联邦预算中推行的一种预算形式。所谓绩效预算,就是以项目的绩效为目的、以成本为基础编制和管理的预算。在编制绩效预算时,要求政府各部门先制订有关的事业计划或工程规则,计算出每项施政计划的成本和效益,然后择优把项目列入预算。在绩效预算执行后,要用对比计划与实际、本期与前期成本效益的方法,考核行政部门使用预算资金的每项工作或业务的绩效。因此,绩效预算又称成本预算或部门预算。

【注意】绩效预算以成本的观念来衡量工作成果,对监督和控制财政支出、防止浪费有积极作用。但对有些部门支出的成本效益的评估难以操作,如国防部门的"绩效"支出。

3. 计划项目预算

计划项目预算是在绩效预算的基础上,依据国家确定的目标,着重按项目安排和运用定量分析方法编制的预算。

实行计划项目预算的基本步骤是:①按政府确定的目标划分项目;②确定完成目标所必需的资源,对选定的项目配置资源,在此基础上确定这部分资源的费用。

计划项目预算的优点主要是:①可以把预算中安排的项目和政府的中、长期计划相结合,做到长计划短安排,有利于政府活动的开展。②由于在选择和安排项目的过程中,重视成本效益,因而要求依据各项资料进行经济分析和评估,并通过项目之间的比较,来降低各个项目的费用和提高财政资金的使用效果。③考虑到许多项目往往是跨年度的,按项目安排预算,可以根据发展变化情况,对目标、计划和预算进行调整。其缺点是成本效益分析不能覆盖所有预算项目,且预算编制复杂,推行困难。

"绩效预算"和"计划预算"都是着眼于预算支出的成本效益分析的预算。不同的是绩效预算侧重于预算评估,其重点放在一个预算年度上。而计划项目预算侧重于计划的制订,它把政府活动规划结合起来考虑,属于滚动式预算。

(六)按预算方法不同,可分为零基预算和增量预算

1. 零基预算

零基预算是对每一年(或每一项目)预算收支的规模进行重新审查和安排,而不考虑基期的实际支出水平,即以零为起点而编制的预算。这种方法强调从头开始,从根本上分析研究所有项目(包括原有的和新的)和每一项目的全部支出(包括已支出和未支出)的成本和效益,在此基础上确定其预算收支数。

零基预算的优点是没有现成的框框,不受现行预算执行情况的约束,能够充分发挥各级管理人

员的积极性和创造性,促进各级预算单位精打细算。同时,使政府可以根据需要确定优先安排的项目,减轻政府为满足不断增加的财政支出而增税或扩大债务的压力。其缺点是工作量大,需要较多高素质的管理人员。

2. 增量预算

增量预算是指财政收支计划指标在以前财政年度的基础上,按新的财政年度的经济发展情况进行调整后确定的预算。由于增量预算有前期的基础和参考,工作量减少且比较合理,各国主要采用此预算方法。

五、我国预算形式的改革和发展

中华人民共和国成立以来,我国预算长期采取单式预算的编制方法。随着经济体制改革的深入发展,1991年3月,七届四次全国人民代表大会通过的《国民经济和社会发展十年规划和第八个五年计划纲要》中明确规定,"八五"期间我国预算实行复式预算制,在1992年中央和省(市)级预算开始按复式预算形式编制。其模式是,将各项预算收支按其不同的来源和资金的性质,划分为经常性预算和建设性预算两部分。其中,将以管理者身份取得的一般收入和用于维护政府活动的经常费用,保障国家安全稳定,发展科学、教育、卫生等各项事业以及用于人民生活方面的支出,列为经常性预算;将以资产所有者身份取得的收入,以及政府特定用于建设方面的某些收入和直接用于国家建设方面的支出,列为建设性预算。1994年国家又作了进一步的完善,1995年颁布的《中华人民共和国预算法实施条例》中明确规定:各项政府预算按照复式预算编制,分为政府公共预算、国有资产经营预算、社会保障预算和其他预算。2020年8月3日,时任国务院总理李克强签署国务院令,公布修订后的《中华人民共和国预算法实施条例》,自2020年10月1日起施行。

我国实行复式预算是适应经济体制改革需要和强化政府预算管理的必然后果。为了进一步提高我国的预算管理水平,我们应当吸取西方国家的一些预算制度的优点,不断完善我国的复式预算制。

任务二 政府预算程序

一、时间及依据

政府预算编制的组织程序按"两上两下"即"自下而上、自上而下、两上两下、上下结合"的方式进行,大致过程如下:①单位、部门提出概算;②下达预算收支指标;③编制汇总预算;④审批预算。

根据部门预算改革的要求,国务院于每年7月份向省、自治区、直辖市政府和中央各部门下达编制下一年度预算草案的指示,提出编制预算草案的原则和要求。

各级政府编制年度预算草案的依据:①法律、法规;②国民经济和社会发展计划、财政中长期计划以及有关的财政经济政策;③本级政府的预算管理职权和预算管理体制确定的预算收支范围;④上一年度预算执行情况和本年度预算收支变化因素;⑤上级政府对编制本年度预算草案的指示和要求。

各部门、各单位编制年度预算草案的依据:①法律、法规;②本级政府的指示和要求以及本级政府财政部门的部署;③本部门、本单位的职责、任务和事业发展计划;④本部门、本单位的定员定额标准;⑤本部门、本单位上一年度预算执行情况和本年度预算收支变化因素。

中央预算草案经全国人民代表大会批准后,为当年中央预算。财政部应当自全国人民代表大会批准中央预算之日起30日内,批复中央各部门预算;中央各部门应当自财政部批复本部门预算之日起15日内,批复所属各单位预算。

地方各级政府预算草案经本级人民代表大会批准后,为当年本级政府预算。县级以上地方各级政府的财政部门应当自本级人民代表大会批准本级政府预算之日起30日内,批复本级各部门预算。地方各部门应当自本级财政部门批复本部门预算之日起15日内,批复所属各单位预算。

二、预算编制

(一)预算收支内容

国家预算由预算收入和预算支出组成。

预算收入划分为中央预算收入、地方预算收入、中央和地方预算共享收入。预算收入包括:①税收收入;②依照规定应当上缴的国有资产收益;③专项收入;④其他收入。

预算支出划分为中央预算支出和地方预算支出。预算支出包括:①经济建设支出;②教育、科学、文化、卫生、体育等事业发展支出;③国家管理费用支出;④国防支出;⑤各项补贴支出;⑥其他支出。

"经济建设支出",包括用于经济建设的基本建设投资支出、支持企业的挖潜改造支出、拨付的企业流动资金支出、拨付的生产性贷款贴息支出、专项建设基金支出、支持农业生产支出以及其他经济建设支出。

"事业发展支出",是指用于教育、科学、文化、卫生、体育、工业、交通、商业、农业、林业、环境保护、水利、气象等方面事业的支出,具体包括公益性基本建设支出、设备购置支出、人员费用支出、业务费用支出以及其他事业发展支出。

(二)预算编制内容

中央预算的编制内容包括:①本级预算收入和支出;②上一年度结余用于本年度安排的支出;③返还或者补助地方的支出;④地方上解的收入。

中央财政本年度举借的国内外债务和还本付息数额应当在本级预算中单独列示。

地方各级政府预算的编制内容包括:①本级预算收入和支出;②上一年度结余用于本年度安排的支出;③上级返还或者补助的收入;④返还或者补助下级的支出;⑤上解上级的支出;⑥下级上解的收入。

三、部门预算编制流程

(一)中央部门预算的总流程

中央各部门编制、汇总和上报本部门的预算建议数;财政部业务司局按照其管理职能分别对部门预算建议数进行审核,并下达预算控制数;各部门根据预算控制数编制预算,上报财政部;财政部再对部门预算数进行审核汇总,报送国务院审定后报送全国人大批准;根据全国人大批准的预算,由财政部统一批复给各部门。

(二)部门编报预算的流程

部门或单位在编报预算的过程中通过利用"中央部门预算编报子系统",编制和上报部门预算建议数,根据预算控制数编制和上报部门预算数。

(三)财政部审核和上报预算的流程

财政部在管理部门预算的过程中根据现行管理职能将部门预算拆分给各业务司局;各业务司局在自己的权限范围内审核各部门预算数据,给各部门下达部门预算控制限额;根据全国人大批准后的中央预算,预算司向各部门批复预算。

(四)财政部批复预算的流程

全国人大批准中央预算后,财政部在一个月之内将预算批复到各部门。

政府预算的执行指经过法定程序批准的预算的具体实施过程,包括组织预算收入和拨付预算资金等内容。预算的执行原则是"统一领导,分级管理"。各级预算由本级政府组织执行,具体工作由本级财政部门负责。执行机关有财政部门、税务部门、中国人民银行、海关等。

四、预算执行

政府财政部门负责预算执行的具体工作,主要任务是:

(1)研究落实财政税收政策的措施,支持经济和社会的健康发展;

(2)制定组织预算收入和管理预算支出的制度和办法;

(3)督促各预算收入征收部门、各预算缴款单位完成预算收入任务;

(4)根据年度支出预算和季度用款计划,合理调度、拨付预算资金,监督检查各部门、各单位管好用好预算资金,节减开支,提高效率;

(5)指导和监督各部门、各单位建立健全财务制度和会计核算体系,按照规定使用预算资金;

(6)编报、汇总分期的预算收支执行数字,分析预算收支执行情况,定期向本级政府和上一级政府财政部门报告预算执行情况,并提出增收节支的建议;

(7)协调预算收入征收部门、国库和其他有关部门的业务工作。

政府财政部门应当加强对预算拨款的管理,并遵循下列原则:

(1)按照预算拨款,即按照批准的年度预算和用款计划拨款,不得办理无预算、无用款计划,超预算、超计划的拨款,不得擅自改变支出用途;

(2)按照规定的预算级次和程序拨款,即根据用款单位的申请,按照用款单位的预算级次和审定的用款计划,按期核拨,不得越级办理预算拨款。

(3)按照进度拨款,即根据各用款单位的实际用款进度和国库库款情况拨付资金。

五、政府决算

政府决算是经法定程序批准的年度预算执行结果的会计报告,目的是总结和评价全年的预算收支活动,为过去一年预算收支的执行和管理提供信息。它对回顾一年来的预算执行过程起到关键作用,同时可以总结经验教训,弥补预算建立和执行环节的不足。

中国政府决算管理主要由以下几个环节构成:①政府决算的部署;②年终清理和结账;③政府决算的编制;④政府决算的审查和批准。

财政部应在每年的第四季度部署编制决算草案的原则、要求、方法和报送期限,制发中央各部门决算、地方决算及其他有关决算的报表格式,布置编制决算的工作。县级以上地方政府财政部门根据财政部的部署,部署编制本级政府各部门和下级政府决算草案的原则、要求、方法和报送期限,制发本级政府各部门决算、下级政府决算及其他有关决算的报表格式。地方政府财政部门根据上级政府财政部门的部署,制定本行政区域决算草案和本级各部门决算草案的具体编制办法。各部门根据本级政府财政部门的部署,制定所属各单位决算草案的具体编制办法。

政府财政部门、各部门、各单位在每一预算年度终了时,应当清理核实全年的预算收入、支出数字和往来款项,做好决算数字的对账工作,不得把本年度的收入和支出转为下年度的收入和支出,不得把下年度的收入和支出列为本年度的收入和支出;不得把预算内的收入和支出转为预算之外,不得随意把预算外收入和支出转为预算之内。决算各项数字应当以经核实的基层单位汇总的会计数字为准,不得以估计数字替代,不得弄虚作假。

各单位应当按照主管部门的布置,认真编制本单位的决算草案,在规定期限内上报。各部门在审核汇总所属各单位决算草案的基础上,连同本部门自身的决算收入和支出数字,汇编成本部门决算草案并附决算草案详细说明,经部门行政领导签章后,在规定期限内报本级政府财政部门审核。

财政部应当根据中央各部门决算草案汇总编制中央决算草案,报国务院审定后,由国务院提请全国人民代表大会常务委员会审查和批准。全国人大常委会一般在每年6月底的例会上审议中央决算草案。县级以上地方各级政府财政部门根据本级各部门决算草案汇总编制本级决算草案,报本级政府审定后,由本级政府提请本级人民代表大会常务委员会审查和批准。乡、民族乡、镇政府根据财政部门提供的年度预算收入和支出的执行结果,编制本级决算草案,提请本级人民代表大会审查和批准。

按照预算法及其实施条例的规定,县级以上各级政府决算草案经本级人民代表大会常务委员会批准后,本级政府财政部门应当自批准之日起20日内向本级各部门批复决算。各部门应当自本级政府财政部门批复本部门决算之日起15日内向所属各单位批复决算。县级以上地方各级政府应当自本级人民代表大会常务委员会批准本级政府决算之日起30日内,将本级政府决算及下一级政府上报备案的决算汇总,报上一级政府备案。

任务三　财政平衡和财政赤字

一、财政平衡

(一)财政平衡的概念

财政平衡(static fiscal balance)是指在预算年度内政府预算收入与预算支出在总量上的对比关系。其对比结果有三种情况:收大于支,出现结余;支大于收,出现赤字;收等于支,绝对平衡。编制的政府预算作为一种平衡表,收入与支出是恒等的,就经济内容分析,收支绝对相等在理论上是成立的,而实际上是不存在的。现实中的财政平衡,常见的是预算结余和预算赤字,因此,财政平衡不过是一种理想状态,作为预算编制和执行的参照系。

(二)财政平衡的计算口径

财政平衡的计算口径实际上就是计算财政的结余或者赤字的口径,通常有以下两种:

第一口径:

$$财政赤字或结余=(经常收入+债务收入)-(经常支出+债务支出)$$

第二口径:

$$财政赤字或结余=经常收入-经常支出$$

两种计算公式的主要区别在于债务收入和债务还本付息支出是否计入算式中。第一种口径中,债务收入和债务还本付息支出列入算式中;第二种口径中,债务收入和债务还本付息支出没有列入算式中。

(三)财政平衡与社会供求平衡

1. 财政平衡与社会供求总量平衡

在国民经济核算中,社会总供求的总量平衡恒等式如下:

$$(消费)C+(储蓄)S+(税收)T+(进口额)M=(消费)C+(投资)I+(政府支出)G+(出口额)X$$

恒等式左边代表总供给的收入流量,右边代表总需求的支出流量。因此,恒等式可表述为:

$$收入流量=支出流量$$

从恒等式中可以看出,由于政府行为所引起的所有收入和支出,都融入社会收入总流量和社会支出总流量,从而构成了社会总供给与社会总需求的重要组成部分。财政收支的平衡状态,必然影响社会总供求的平衡状态。当 $T>G$ 时,出现财政结余,使社会总供给大于社会总需求;反之,当 $T<G$ 时,出现财政赤字,使社会总需求大于社会总供给。如果财政赤字过大,又没有合适的弥补方式,就会造成需求的过分扩张,导致通货膨胀,从而影响社会经济生活的正常秩序。

根据上述恒等式,可以推导出财政结余或赤字的预算恒等式:

$$（税收）T-（政府支出）G=[（投资）I-（储蓄）S]+[（出口额）X-（进口额）M]$$

即:

$$财政结余或赤字=投资、储蓄账户的结余或赤字+贸易账户的结余或赤字$$

通过分析财政平衡与社会总供求的关系可以得出以下结论:首先,财政平衡是社会总供求平衡中的一个组成部分,必须从国民经济的整体平衡来研究财政平衡。就财政本身研究财政平衡难以得出全面的结论。其次,国民经济整体平衡的目标是社会总需求的大体平衡,财政平衡是其中的一个局部平衡,就社会总需求平衡而言,财政平衡本身不是目的,而是一种手段。最后,公式中的消费、投资、储蓄、进出口属于个人和企业行为,是通过市场实现的,而财政收支属于政府行为,因此,财政收支平衡是政府进行宏观调控的手段。政府通过财政收支平衡可以直接调控社会总需求,间接调控社会总供给。

2. 财政平衡与社会总供求结构平衡

从实物形态的角度分析,财政平衡与社会总供求之间存在着结构上的平衡问题,即各种收入流量所代表的物资可供量的构成与各种支出流量所形成的对使用价值的不同需求的配比关系问题。在构成社会总供给的物资可供量中,既包括生产资料供给,也包括消费资料供给;同样,在构成社会总需求的使用价值的不同需求中,既包括生产资料需求,也包括消费资料需求。社会总供求之间不但要总量平衡,而且要结构平衡。

财政平衡中的收入流量代表了可供政府支配使用的生产资料和消费资料,支出流量代表政府形成的对生产资料和消费资料的需求,二者之间的供给结构和需求结构应该是对应的;否则,就会影响社会总供求结构的平衡。

对于社会总供求的结构不平衡,政府可以通过财政手段进行调控。对经济结构中的供大于求的部分,一方面采用提高税率手段限制供给量,另一方面采用增加政府补贴、扩大政府投资等手段刺激需求;对于经济结构中需求大于供给的部分,采用增加政府投资、降低税率等手段,增加有效供给。

二、财政赤字

(一)财政赤字的概念

财政赤字(financial deficits)也称预算赤字,是指年度财政支出大于财政收入的差额,会计上通常用红字表示。理论上说,财政收支平衡是财政的最佳情况,在现实中就是财政收支相抵或略有节余。但是,在现实中,国家经常需要大量资金解决许多问题,会出现入不敷出的局面。这是现代财政赤字不可避免的一个原因。不过,这也反映出财政赤字的一定作用,即在一定限度内,可以刺激经济增长。当居民消费不足的情况下,政府通常的做法就是加大政府投资,以拉动经济的增长,但这不是长久之计。2023年的政府工作报告提出,2023年"赤字率拟按3%安排"。赤字率是衡量财政风险的一个重要指标,是指财政赤字占国内生产总值的比重。赤字率表示的是一定时期内财政赤字额与同期国民生产总值之间的比率关系。

$$财政赤字率 = \frac{财政赤字}{GDP} \times 100\% = \frac{财政支出-财政收入}{GDP} \times 100\%$$

对一个国家的财政来说，国债是弥补财政赤字的主要来源，赤字的增长会加大国债的规模，而国债是要还本付息的，反过来又会加大财政赤字。财政就陷入了"赤字—国债—赤字"相互推动增长的困境，如果财政收支没有明显改善，随着赤字和国债的增加，将会对未来的经济发展产生负效应。欧盟财政赤字率安全警戒线为3%。

【提示】根据我国《预算法》明确规定，地方财政上不设立赤字，故此通常所称的财政赤字，即是中央财政赤字。

（二）财政赤字的弥补方法及效果

1. 动用历年结余

动用历年结余就是使用以前年度财政收大于支形成的结余来弥补财政赤字。财政出现结余，说明一部分财政收入没有形成现实的购买力。在我国，由于实行银行代理金库制，因此，这部分结余从银行账户上看，表现为财政存款的增加。当动用财政结余时，就表现为银行存款的减少。因此，只要结余是真实的结余，动用结余不存在财政向银行透支的问题。

2. 增加税收

增加税收包括开增新税、扩大税基和提高税率。但它具有相当的局限性，并不是弥补财政赤字稳定可靠的方法：

（1）由于税收法律的规定性，决定了不管采用哪一种方法增加税收，都必须经过一系列的法律程序，这使增加税收的时间成本增大，难解政府的燃眉之急。

（2）由于增加税收必定加重负担，减少纳税人的经济利益，所以，纳税人对税收的增减变化是极为敏感的。这就使得政府依靠增税来弥补财政赤字的努力受到很大的阻力，从而使增税可能议而不决。

（3）拉弗曲线显示增税是受到限制的，不可能无限地增加，否则，必将给国民经济造成严重的恶果。

3. 增发货币

增发货币是弥补财政赤字的一个方法，至今许多发展中国家仍采用这种方法。但是从长期来看，通货膨胀在很大程度上取决于货币的增长速度，过量的货币发行必定引起通货膨胀，将带来恶性后果。因此，用增发货币来弥补财政赤字只是权宜之计。

4. 发行公债

通过发行公债来弥补财政赤字是世界各国通行的做法。这是因为从债务人的角度来看，公债具有自愿性、有偿性和灵活性的特点；从债权人的角度来看，公债具有安全性、收益性和流动性的特点。因此，从某种程度上来说，发行公债无论是对政府还是对认购者都有好处，通过发行公债来弥补财政赤字也最易于为社会公众所接受。但是，政府发行公债对经济并不是没有影响的，首先，大多数经济学家认为在货币供给不变的情况下，公债发行会对私人部门产生"挤出效应"；其次，当中央银行和商业银行持有公债时，通过货币乘数会产生通货膨胀效应。因此，政府以发行公债来弥补财政赤字并不意味着一国经济由此避免了通货膨胀压力。

任务四　财政管理改革

一、部门预算改革

部门预算是部门依据国家有关政策规定及其职能的需要，审核、汇总所属基层预算单位的预算和本部门机关的经费预算,经财政部门审核后提交立法机关批准的涵盖本部门各项收支的财政计划。

支出预算管理改革包括:

(一)基本支出预算管理

(1)完善行政单位定员定额标准。根据中央部门履行职能情况、有关政策调整等因素,提出完善现行定员定额标准体系的思路,提高预算编制的规范性和准确性。对符合定员定额管理条件的事业单位,在总结试点经验的基础上做好相关制度、标准的制定工作。

(2)推进实物费用定额试点工作。制定和完善实物费用定额标准,扩大试点部门,加快实现实物定额由"虚转"向"实转"的转变,建立定员定额与实物费用定额相结合的定额标准体系。

(3)做好事业单位改革工作。按照事业单位体制改革的总体部署,积极研究事业单位经费的供给范围和供给方式,将符合条件的事业单位逐步纳入定员定额试点范围。

(二)项目支出预算管理

(1)加强对经常性专项业务费的管理。选择一些符合条件的经常性专项业务费项目,明确界定其支出范围,并制定出相应的管理办法,切实加强对此类项目的预算管理。

(2)积极探索项目支出预算滚动管理的合理途径。按照中央本级项目支出管理办法的规定,项目支出预算采取项目库管理方式,项目库分为中央部门项目库和财政部项目库。下一步将研究如何将部门上报但未批复项目、部门预算执行中申请追加的项目与项目库有机对接,做到既严格控制执行中的追加,又保证预算编制、执行追加审核标准的统一、规范,维护预算的严肃性和权威性。

(3)强化预算基础管理。为完善财政管理,加强财政监督,提高资金使用效率,促进行政工作任务的完成和事业的发展,财政部于 2001 年印发了《中央部门项目支出预算管理试行办法》,规定编制项目支出预算的基本办法,适用于中央级行政事业单位由行政事业费开支的项目,主要包括大型修缮、大型会议和其他行政事业性项目;通过项目库的设立,规范大额支出的申请及列入预算的程序,规定必须经过科学论证,以确保资金用在刀刃上。2006 年财政部又根据基本支出改革的进展情况,对基本支出管理办法进行修订,进一步完善"e 财网"指标管理系统,建立中央行政事业人员的基础数据库,进一步加强结余资金管理,按照《中央部门预算财政拨款结余资金管理暂行规定》的要求,真正做到将部门项目预算安排和结余资金清理使用情况相结合,提高预算编制的准确性。在不断细化项目支出预算的同时,切实提高包括横向分配预算资金在内的预算资金年初到位率。通过压缩年初代编预算规模,减少执行中的追加事项。同时,加强对执行中追加预算的审批。对部门在预算执行中提出的追加申请,要严格控制和审批。对年初代编预算、执行中追加的项目,应符合年初代编的项目范畴要求。

二、国库集中收付制度改革

(一)国库集中收付制度基本情况

国库集中收付制度是指基于国库单一账户体系,对财政性资金实行集中收缴支付,并对存量资金进行运营的一套规则。该制度要求将全部财政性资金归由国库单一账户体系收支管理,从而解决传统财政性资金运行中多头管理、多账户缴存、资金监管效率低下、信息反馈不及时等问题。它具有以下特点:

1. 实行国库单一账户体系

实行国库单一账户体系是管理和监控财政性资金收支运行的一系列账户的统称,包括国库单一账户、零余额账户和财政专户等。其中,国库单一账户是进行财政性资金日常收支管理的主账户,所有纳入预算管理的财政收入和财政支出活动均须在此账户登记、核算和反映,并与零余额账户逐日开展清算。零余额账户由财政部门零余额账户和预算单位零余额账户组成,特点是每日日终余额均为零,相关账户支出每日终了后通过国库账户清算。财政专户是财政部门为履行财政管理职能,根据法律规定或经国务院批准开设的银行结算账户,用于管理核算特定专用资金,如非税收入、粮食风险基金等。

2. 以国库集中收付为主要形式

税收收入、非税收入均通过电子缴库等方式由财政部门会同税务部门、人民银行、商业银行、预算单位等缴入国库单一账户或财政专户。财政支出以直接或授权方式通过零余额账户拨付至最终收款人,并由国库单一账户与零余额账户代理银行每日日终清算。

3. 实行预算执行动态监控

财政部门根据国库制度和相关财务管理规定,依托国库单一账户体系和信息技术建立信息系统,动态监控财政性资金支付清算全过程,及时预警,确保预算执行、财政性资金支付依法合规。

(二)国库集中收付制度改革历程

1. 拉开序幕阶段(2001—2002年)

2001年3月,经国务院批准,我国正式启动国库集中收付制度改革。水利部、财政部、科技部、国家法制办、中国科学院、国家自然科学基金会6个中央单位成为首批试点单位。2002年6月,正式启动收入收缴改革,选择中国证监会等8家中央部门进行改革试点,推行"单位开票、银行代收、财政统管、政府统筹"的管理模式,将过去通过征收部门设立过渡性存款账户层层收缴的做法,改革为将收入缴入汇缴专户后进入国库单一账户体系。同期,安徽、四川等地率先在省级启动了试点。

2. 全面推广阶段(2003—2005年)

在前期国库集中收付制度中央部分单位试点的基础上,完善中央财政国库集中支付管理相关制度,并迅速将改革向中央各单位和全国各省全面推广,纳入集中支付管理的资金范围进一步拓宽。行政事业性收费等非税收入逐步纳入预算内管理,加强对非税收入的管理,奠定了非税收入集中收缴的基础。

3. 深化发展阶段(2006—2013年)

2006年,我国开始实施中央国库现金管理,提高国库现金收益,推进国库集中收付制度改革。2007年,开始推行公务卡改革,采用具有"消费留痕"特点的信用卡,逐步替代预算单位公务人员的现金支付,避免现金管理的"盲区",建立操作规范、信息透明、监控有力的公务支出现代管理机制;同年,由财政部牵头推进非税收入收缴管理改革。2008年,政府性基金纳入非税收入收缴管理改革范围。2009年,非税收入收缴改革加速,明确罚没收入、国有资源(资产)有偿使用收入、国有资本经营收益、彩票公益金等非税收入逐步纳入改革范围。2010年起,推动预算外资金管理的收入纳入预算管理。针对财政专户存在的问题,财政部组织清理违规开设的财政专户,并出台《财政专户管理办法》,明确了专户的开设管理和使用范围。在国库集中支付制度改革比较成熟的情况下,根据电子信息技术的发展,财政部、中国人民银行联合印发国库集中支付电子化管理办法和接口技术相关标准,并开展专项部署,推进国库集中支付业务电子化,全面提高业务处理效率。

4. 全面升华阶段(2014—2017年)

以新《预算法》的出台为标志,国库集中收付制度被赋予了法律的权威。2014年末,经国务院批准,财政部、中国人民银行联合印发《地方国库现金管理试点办法》,在北京等6个省市启动了地方国库现金管理首批试点工作,2016年又有15个省(直辖市、自治区)参与试点,2017年全面开展省级国库现金管理工作。2014年起,在具备条件的乡镇,大力推动设立乡镇国库。《国务院关于深化预算管理制度改革的决定》要求"各地一律不得新设专项支出财政专户,除财政部审核并报国务院批准予以保留的专户外,其余专户在2年内逐步取消"。2015年末,所有省级财政部门基本实现了国库集中支付电子化管理。2016年,单位公务卡改革试点在江苏省和深圳市启动。

5. 攻坚和完善阶段(2018年至今)

在此阶段,国库集中收付改革继续向基层乡镇拓展,涉及的资金范围进一步拓展。2018年实施财税征管体制改革,逐步将社会保险费和非税收入划归税务部门征收,非税收入管理将更加规范高效。2019年,顺应支付行业的发展趋势,颁布下发《国库资金经收支付服务管理办法(试行)》,对非银行支付机构参与国库集中收付业务作出相关规定。2020年新修订的《预算法实施条例》对国库集中收缴制度作了一些规定。未来,各地尚未完全纳入改革范围的政府性基金、国有资本经营预算资金和社会保险基金,也将全部实行国库集中收付管理,真正实现财政收支一本账。

(三)国库集中收付制度实施成效

1. 提高了财政性资金统筹配置能力

财政性资金由原先各预算单位管理调整由财政部门集中管理。截至2020年底,"横向到边,纵向到底"的现代化国库管理框架基本形成,中央、省、市、县、乡五级70余万个预算单位实施了国库集中支付制度改革,占全部预算单位约99%。财政部门对财政性资金配置使用情况更加了解,财政决策更加科学,财政性资金使用效率和效果显著提升,更好地保障了政府支出需求。

2. 提高财政收支管理的运行效率和使用效益

财政收入集中缴入国库单一账户或财政专户,财政支出直接拨付至最终收款人,极大提升了资金运行效率。截至2020年年底,103个中央部门、超过24个全国省级财政实施收缴电子化管理,有效提高非税收入收缴效率和管理水平。同时,财政部门加强了国库闲余资金管理,投放至金融市场进行定期存款,有效提高资金使用效益。2006年,财政部会同人民银行启动中央国库现金管理工作,将闲余库款进行定期存款操作,截至2020年7月底,累计实施国库现金管理操作120期,获利息收入共902.53亿元,扣除按人民银行活期利率计付利息,净收益约821.58亿元。

3. 提高信息反馈速度和质量

国库集中收付改革前,大量财政性资金沉淀在预算单位账户,财政收支数据主要依靠预算单位人工编报、层层汇总上报获取。改革后,预算单位财政性资金支付信息依托国库单一账户体系直接系统生成,实现全流程信息化管理,财政收支运行信息的真实性、准确性和时效性得到保障。

(四)优化国库集中收付制度的建议

1. 多措并举,推进实现财政性资金全部纳归国库管理

根据《预算法》和《预算法实施条例》等有关规定,应逐步将全部财政性资金纳归国库管理。结合实际,一方面,加强"四本预算"国库集中收付管理。进一步理清财政部门、人民银行、税务部门和预算单位的权责边界,将全部预算收入纳入国库单一账户体系,逐步实现财政部门(或税务部门)统一征收、预算收入全部直缴国库。另一方面,规范预算单位零余额账户管理。借助信息技术完善预算单位零余额账户的代扣代缴和托收功能,将国库单一账户体系百分之百延伸至预算单位,甚至是接受财政补助的企业,确保全部财政性资金均通过预算单位零余额账户或企业专用账户清算、全部支付信息均反映在预算执行动态监控系统,实现全流程实时监控。

2. 分步实施,推进实现政府收支全口径管理

政府收支涉及方方面面,纳归国库集中收付管理需稳步推进,结合实际可分两个阶段实施。第一阶段,优化财政部门、人民银行、预算单位及其开户银行的系统查询权限,将预算单位账户及其自有资金全部纳入预算执行动态查询系统,实现单位资金实时查询和事后监控回溯。第二阶段,建立完善国库单一账户管理体系,通过分账核算、独立管理等方式,逐步实现预算单位自有资金完全纳归国库管理。

3. 横纵结合,推进实现财政支出实时监控

财政支出监控是掌握财政性资金使用情况的重要手段，能为财政资源科学配置提供重要决策参考。结合实际，一方面，加强纵向支出监控。参照近年中央财政性资金直达机制，依托预算一体化系统逐步推广建立各级财政性资金支出动态监控系统，实现上级转移支付资金全覆盖、全链条实时监控，确保财政转移支付"一杆子插到底"，转移支付资金专款专用，资金直达最终收款人。另一方面，加强横向支出监控。财政部门应改进专项资金拨付管理，打通"最后一公里"资金支付环节，减少拨付至专项资金账户中转的情形，以遏制超进度拨付资金等违规行为。同时，要依托信息技术加强支出监控，确保财政性资金到位率和时效性。对于接受财政补助的预算单位或企业，地方财政部门牵头会同人民银行、预算单位（企业）及其开户银行联合建立财政补助资金监控平台，对财政性资金支出实行实时监控，确保资金使用符合要求、支出高效规范。

4. 整合优化，推进实现国库集中收付全面支撑预算管理

国库集中收付相关业务流程数据的深度整合及应用是科学实施预算管理的基础。结合实际，一方面，加快数据整合共享支撑预算编制。围绕财政国库管理"控制、运营、报告"三大基本功能，以国库单一账户体系为基础，结合预算一体化系统建设，全面整合优化国库收缴、支付、采购、核算、报告等业务，实现国库集中收付全流程数据充分共享运用，确保预算执行得到及时反馈、督促；在此基础上加强库款运行、决算、政府综合财务报告等国库业务对预算编制的支撑作用，助力提高预算编制科学性。另一方面，加大数据开发利用支撑预算执行。加快财政大数据智能化开发利用，提高财政收入和国库现金流预测能力，进一步推进预算单位会计核算信息集中监管改革，确保预算执行得到全方位、全环节、全体系大数据支撑，实现执行效率和效果双提升、财政资源统筹配置更加科学。

三、预算外资金"收支两条线"改革

预算外资金是指各地区、各部门，全民所有制企业，事业、行政单位根据国家财政、财务制度的规定收取、提留和安排使用，不纳入国家预算管理的资金。1996 年，《国务院关于加强预算外资金管理的决定》中明确指出，预算外资金是财政性资金，并规定财政部门在银行设立预算外资金专户，实行收支两条线管理。

"收支两条线"管理是针对预算外资金管理的一项改革，其核心内容是将财政性收支纳入预算管理范围，形成完整、统一的各级预算，提高法制化管理和监督水平。对合理、合法的预算外收入，不再自收自缴，实行收缴分离，纳入预算或实行财政专户管理。取消各执收单位自行开设和管理的过渡收入账户，改为由财政部门委托的代理银行开设预算外资金财政汇缴专户，只用于预算外收入的收缴，不得用于执收单位的支出。对于支出，实行收支脱钩，即执收单位的收费和罚没收入不再与其支出安排挂钩，单独编制支出预算，由财政部门通过正常途径安排。财政部 2001 年 11 月 15 日发布了《关于深化收支两条线改革进一步加强财政管理的意见》，在对部分部门的预算外收入纳入预算或实行收支脱钩管理的基础上，总结经验，逐步扩大试点范围，重点研究解决预算外资金的管理问题。对实行收支脱钩管理的部门原用预算外资金安排的支出，中央财政将根据其履行职能的基本需要准确核定，并通过财政拨款予以保障。

2010 年 6 月 1 日，财政部决定，从 2011 年 1 月 1 日起，将按预算外资金管理的收入（不含教育收费，以下简称预算外收入）全部纳入预算管理。至此，"预算外资金"这一提法成为历史。这一改革是我国预算管理制度改革进程中的一个重要里程碑，意义重大，既规范了政府资金的分配秩序，保证了预算的完整，又有利于减少乱收费、乱罚款和乱摊派等不良现象，从源头上治理腐败，而且强化了对财政资金的管理，有利于加强人民代表大会和社会各界对财政资金的监督。

四、政府采购制度改革

政府采购制度是指各级政府为了开展日常政务活动和为公众提供公共服务,以公开招标、投标为主要方式从市场上为政府部门或所属公共部门购买商品、工程和服务的一种制度。

(一)实施政府采购制度的现实意义

我国目前正处在社会主义市场经济逐步建立的转轨时期,建立和完善政府采购制度具有十分重要的现实意义。

1. 建立政府采购制度是市场经济体制的内在要求

市场经济讲求效益原则,要求使社会资源得到有效的合理配置。建立政府采购制度要保证政府的采购行为实现效益最大化,同时在公平竞争的市场中进行,增加政府行为的透明度。我国社会主义市场经济的不断发展,为政府采购制度的建立提供了良好的外部环境;同时,政府是国内最大的单一消费者,政府采购的数量、品种和频率,对整个国民经济发展有着直接的影响。建立政府采购制度,使政府行为规范化、法治化,既能较好地发挥政府的职能作用,又能弥补市场机制本身的缺陷。

2. 建立政府采购制度是提高财政资金使用效率的需要

政府采购大多以招标的方式进行,增加了采购的透明度,通常可以在保证质量的前提下以最低价格成交。这一方面节约了财政资金,另一方面由于实行政府采购的基础工作是要对各财政拨款的行政事业单位的现有资产存量进行摸底清查,建立资产档案,各单位无权自行调剂、报废和变卖,既可保证国有资产的安全性,又可避免重复购置,以节约财政资金。

3. 建立政府采购制度是改革财政支出方式的需要

建立政府采购制度通过改革财政支出方式,对部分财政购买性支出实现价值管理和实物管理相结合,能够更好地监督、控制财政资金的使用。政府采购是由政府委托专职部门实施的,专职部门根据政府各职能部门、事业单位的实际情况,对其所需的办公用品、车辆设备购置与维护、工程项目、会议用品及服务统一购买,据实发放,由过去单一的资金拨付制改为资金管理与实物管理相结合的财政支出制度,强化了财政监督管理力度,使政府资源得到合理配置。

4. 建立政府采购制度是防止产生腐败的需要

建立政府采购制度,增加了政府采购行为的透明度,从根本上杜绝了分散采购、自由采购中的不法行为,如以权谋私、吃回扣、请客送礼等,在保证采购质量、堵住财政资金流失的渠道的同时,又能从制度上杜绝腐败行为的产生。

5. 建立政府采购制度是实现与国际接轨的需要

我国是 WTO 成员方,必须向其他成员方开放政府采购市场。另外,我国政府于 1996 年向 APEC(亚太经济合作组织)提交的单边协议计划,明确最迟于 2020 年与各 APEC 成员方对等开放政府采购市场。为此,必须建立政府采购制度,做好足够的准备,为对外开放政府采购市场积累经验,培养人才。

(二)实施政府采购制度的必要条件

1. 专门的机构及人员

从各国的经验看,一般把财政部门作为政府采购中的一个重要管理机构。其职责主要有:制定政府采购法规或指南,管理招标事务,制定支出政策,管理和协调采购委员会的工作等。由于政府采购是一项专业性、系统性较强的工作,因而要由一批专门的人才来执行。

2. 明确规范的采购原则

一般建立政府采购制度的国家都把货币价值最大化、公开公平竞争、透明度、效率、防止腐败等作为政府采购普遍遵循的原则。

3. 法定的采购程序

采取招标方式或者非招标方式,要视采购对象的数量、金额或特点而定。但无论采取哪种方式,都要遵循严格的法定程序。

4. 权威的仲裁机构

仲裁的主要内容是招投标和履约双方在一些程序、协议条款和运作方式上产生的各种异议。

(三)政府采购的范围、方式和程序

1. 政府采购的范围

政府采购的范围较广,内容庞杂。一般按政府采购对象的性质将其内容分为三大类,即货物、工程和劳务。①货物包括原料产品、设备和器具;②工程包括建造房屋,兴修水利,改造环境、交通设施和铺设地下水管等;③服务包括专业服务、技术服务、资讯服务、营运服务、维修、培训、会务等。

2. 政府采购的方式

政府采购的方式包括公开招标、邀请招标、竞争性谈判、单一来源采购、询价等,其中,公开招标是最基本的方式,即邀请所有潜在的供应商参加投标,采购部门通过事先确定并公布的标准从所有投标者中评出中标供应商,并与之签订采购合同的一种采购方式。

3. 政府采购的程序

政府采购的程序一般包括三个阶段,即确定采购要求、签订采购合同、执行采购合同。

(四)改革进程

我国的政府采购制度是在社会主义市场经济的大背景下逐步发展起来的。自1996年以来,我国的政府采购制度改革经历了研究探索、试点初创、全面试点、全面实施四个阶段,采购范围和规模不断扩大,经济效益和社会效益大幅提高,法律框架基本形成,管采分离(采购管理机构与操作机构分离)的管理体制初步建立,调控经济和社会发展的政策功能逐步显现。1996—1997年为研究探索阶段,财政部提出了把推行政府采购制度作为我国财政支出改革方向的政策建议,上海市、河北省、深圳市等地开展了试点工作;1998—1999年为试点初创阶段,财政部制定发布了《政府采购管理暂行办法》;2000—2002年为全面试点阶段,财政部在国库司内设立了政府采购管理处,2002年全国政府采购规模突破了1 000亿元;2003年至今为全面实施阶段,2003年1月1日,《中华人民共和国政府采购法》正式实施,标志着政府采购制度改革试点工作结束,进入了全面实施阶段。

2018年11月14日,中共中央总书记、国家主席、中央军委主席、中央全面深化改革委员会主任习近平主持召开中央全面深化改革委员会第五次会议并发表重要讲话。会议审议通过了《深化政府采购制度改革方案》。2020年全国政府采购规模为36 970.6亿元,较2019年增加3 903.6亿元,增长11.8%,占全国财政支出和GDP的比重分别为10.2%和3.6%。2022年全国政府采购规模为34 993.1亿元,较2021年减少1 405.9亿元,下降3.9%,占全国财政支出和GDP的比重分别为9.4%和2.9%。同时,实践中也暴露出一些不足,如采购人主体责任缺失,采购绩效有待提高,政策功能发挥不充分,公共采购制度不统一、不衔接等。2022年财政部发布《中华人民共和国政府采购法(修订草案征求意见稿)》。

【同步案例10-1】　　　　减少政府采购的腐败现象

政府招标采购制度是目前世界公认的最为合理的公共财政支出制度,美国1761年就颁布了《政府采购法》,英国政府也于1782年设立了专门负责政府采购的文具公用局。其后,许多国家纷纷效仿。我国1996年开始试行政府采购制度,目前已被中央和地方各级政府广泛采用。实行政府采购是我国财政支出管理的一项重要改革,对市场经济的发展具有多重积极意义。政府采购在我国受到特别重视的一个关键原

因在于,这项制度有望解决前一段普遍存在却一直无法有效遏制的公共支出中决策或经办人员收受回扣现象。因此,政府采购被称为从源头上防止腐败的"阳光采购"。然而,近年来,社会上对曾经寄予厚望的"阳光采购"不乏失望之声。有的批评政府采购仍然存在"暗箱"操作,只是更换了操作主体;有的批评政府采购是"变许多人的分散腐败为少数人的集中腐败"等。

课堂讨论:如何减少政府采购中腐败现象的产生?

应知考核

一、单项选择题

1. 我国预算年度的起始期限为( )。
   A. 当年的 1 月 1 日至 12 月 31 日
   B. 当年的 4 月 1 日至次年的 3 月 31 日
   C. 当年的 10 月 1 日至次年的 9 月 30 日
   D. 当年的 7 月 1 日至次年的 6 月 30 日

2. 我国预算草案在当年 3 月份之前确定,预算编审的组织程序按照( )的方式进行。
   A. 自上而下、自下而上、两下两上、上下结合
   B. 自下而上、自上而下、两上两下、上下结合
   C. 自上而下、自下而上、一下一上、上下结合
   D. 自下而上、自上而下、两上两下、上下分离

3. 我国的国家金库由( )代理。
   A. 中国人民银行   B. 中国人民建设银行
   C. 财政局   D. 税务局

4. 政府预算是政府的( )财政收支计划。
   A. 多年度   B. 年度   C. 季度   D. 月度

5. 目前,大多数西方国家以及不少发展中国家都实行( )。
   A. 零基预算   B. 增量预算   C. 单式预算   D. 复式预算

二、多项选择题

1. 预算收入包括( )。
   A. 税收收入   B. 国有资产收益   C. 专项收入   D. 其他收入

2. 预算支出包括( )。
   A. 经济建设支出
   B. 教育、科学、文化、卫生、体育等事业发展支出
   C. 国家管理费用支出
   D. 国防支出

3. 根据预算编制的形式范围不同,财政预算分为( )。
   A. 单式预算   B. 复式预算   C. 总预算   D. 单位预算

4. 按预算方法不同,财政预算分为( )。
   A. 零基预算   B. 增量预算   C. 单式预算   D. 复式预算

5. 政府采购需要的条件包括( )。
   A. 专门的机构及人员   B. 明确、规范的采购原则

C. 法定的采购程序　　　　　　　D. 权威的仲裁机构

三、判断题
1. 目前,世界上大多数国家实行多级预算。　　　　　　　　　　　　　(　　)
2. 复式预算是把全部财政收支按经济性质分别列入两个或两个以上的表格中。(　　)
3. 中国的政府预算体系由四级预算组成。　　　　　　　　　　　　　(　　)
4. 中国的预算年度采用跨年制。　　　　　　　　　　　　　　　　　(　　)
5. 预算草案最终要由国务院审查批准才具有法律效力。　　　　　　　(　　)

四、简述题
1. 简述财政预算的组成。
2. 简述财政预算的形式和原则。
3. 简述财政预算的程序。
4. 简述财政国库管理制度改革的主要内容。
5. 简述实施政府采购制度的现实意义。

应会考核

■ 观念应用
【背景资料】

财政预算报告

财政预算是一个国家的账本,预算法则是以法律的形式来规范"钱从哪里来,用到哪里去"的规则。有"经济宪法"之称的我国预算法经历了首次大修,修改后的预算法于2015年1月1日起施行。

【考核要求】
(1)财政部长最终应向谁进行财政预算报告?
(2)分别从政治常识和经济常识角度说明这样做的理由。

■ 技能应用

俄罗斯准备大幅增加2024年财政预算

俄罗斯政府向国家杜马提交了2024—2026年联邦预算草案。与现行计划相比,政府预计未来3年国库收入和支出都将大幅增长。

根据以前的预算,2024年和2025年的财政收入分别为27.2万亿卢布(约合2 693亿美元)和27.9万亿卢布(约2 762亿美元),而根据最新的预测,2024年的财政收入为35万亿卢布(约3 465亿美元),2025年的财政收入为33.5万亿卢布(约3 316亿美元),分别增加7.8万亿卢布(约772亿美元)和5.6万亿卢布(约554亿美元)。根据政府提供的数据,2026年国家财政收入将达到34.1万亿卢布(约3 376亿美元)。

值得注意的是,财政部在制定2025年预算时将同时削减收入和支出。财政部解释称,2024年预计收入增长主要源于石油工业税基的变化、卢布贬值、实施"汇率"税等。其实,在2024年国内生产总值略微增长2.3%的情况下,预算的两个部分都出现如此强劲的增长,确实有些出人意料。

相对于2022年(7.5%的高通胀率,卢布大幅贬值),2023年预算各项目的增幅小得多。其中,收入为0.85万亿卢布(约84亿美元),支出为0.6万亿卢布(约59亿美元)。需要指出的是,与今年相比,2024年预算的主要参数将大幅增长。与2023年计划相比,2024年"国防"部分支出将从6.4万亿卢布(约634亿美元)增至10.8万亿卢布(约1 069亿美元)。军费支出增长会减少对与"国民经济"密切相关部分的拨款。

资料来源:[俄]亚娜·谢尔盖耶娃:俄准备大幅增加2024年财政预算,《环球时报》,2023年10月23日。

【技能要求】

俄罗斯大幅增加财政预算对其经济有何影响?

■案例分析

【案例情境】

发挥政府采购最大效能

政府采购一头连着政府,一头连着市场,并不是简单的"买买买",而是财政运行乃至国家治理中的一项重要制度安排。要加快推进政府采购法修订工作,坚持公开透明和公平竞争原则,努力提升财政资金使用绩效。

财政资金如何花出最大效益,关系高质量发展、民生保障,特别是在财政收支紧平衡下更是如此。政府采购作为财政资金重要支出方式,如何发挥其效能至关重要。

近日举行的2022年中国国际公共采购论坛披露,我国政府采购市场规模不断扩大,由2002年的1 009亿元增加到2021年的36 399亿元,占财政支出的比重也相应由4.6%提高到10.1%,社会关注和影响力日益提高。这就意味着,在我国财政支出中,每10元钱就有1元钱是以政府采购的形式花出去的。

资料来源:曾金华:发挥政府采购最大效能,《经济日报》,2022年3月7日。

【分析要求】

(1)请分析政府采购的作用。

(2)从法律和制度层面为政府采购立规矩,尽可能堵住由于经济社会发展形势变化带来的漏洞和缺陷。为此,你能提供哪些方面的建议。

项目实训

【实训内容】

阅读材料,完成下列要求。

财政对社会经济发展具有巨大作用,财政预算的编制和管理受到社会各界的关注。

材料一:2014年重新修订的《中华人民共和国预算法》规定:"经人民代表大会批准的预算,非经法定程序,不得调整,各级政府、各部门、各单位的支出必须以经批准的预算为依据,未列入预算的不得支出。"为贯彻落实依法治国精神,按照新修订的预算法,国务院出台了《关于深化预算管理制度改革的决定》,财政部发布了《关于进一步加强财政支出预算执行管理的通知》,地方各级政府为预算法的落实进行了积极的探索。2020年10月1日执行《中华人民共和国预算法实施条例》,主要从三个方面对预算编制作了细化规定:一是明确预算草案编制时间;二是规范收入预算编制;三是明确预算收支编制内容。

材料二:2023年安排财政赤字率3.0%,较2022年上升0.2个百分点,对应赤字规模达到3.88万亿元,较2022年增长5 100亿元,均来自中央赤字的提升,通过新增国债发行予以解决。赤字率的提升是意义大于实质,表明财政政策积极加力的总体基调,延续政策持续性保持支出强度。同时,根据赤字率与赤字规模推演得到的2023年预算报告预期名义GDP增速在5.9%—9.4%。

(财政赤字率是指财政赤字与 GDP 之比。国际上财政赤字率的安全警戒线为 3%。)

【实训目标】

加深学生对财政学的认识和理解,学会运用本项目的知识,结合材料一和所学财政知识,说明政府应该如何强化预算管理,结合材料二和所学经济知识,分析现阶段我国增加财政赤字的合理性,并说明应该如何用好财政资金,解决财政学的基本问题,从而提高学生的综合素质。

【实训组织】

将学生分成若干组,每组 7 人,每组设组长 1 名,组长负责组织本组成员进行实训,由组长将实训结果书面写成报告,并总结。(注意:教师提出活动前的准备和注意事项。)

【实训成果】

(1)考核和评价采用 PPT 报告资料展示和学生讨论相结合的方式。

(2)评分采用学生和教师共同评价的方式,填写实训报告。

<div style="text-align:center">实训报告</div>		
项目实训班级:	项目小组:	项目组成员:
实训时间: 年 月 日	实训地点:	实训成绩:
实训目的:		
实训步骤:		
实训结果:		
实训感言:		

项目十一　财政政策

- **知识目标**

　　理解：财政政策的概念、类型、目标、功能。
　　熟知：财政政策工具的概念及作用方式；财政政策的调控原理；政府间转移支付。
　　掌握：财政管理体制的概念及构成；现行财政管理体制；财政政策配合；不同阶段财政政策的实践。

- **技能目标**

　　能够掌握财政政策的基本知识、基本原理；解读我国的宏观财政政策；能够结合我国的实际分析我国财政政策实践在每个阶段的现实意义。

- **素质目标**

　　运用所学的财政政策知识研究相关案例，培养和提高学生在特定业务情境中分析问题与决策设计的能力；结合行业规范或标准，强化学生的职业道德素质。

- **思政目标**

　　能够正确地理解"不忘初心"的核心要义和精神实质；树立正确的世界观、人生观和价值观，做到学思用贯通、知信行统一；通过财政政策知识，了解我国财政政策的具体实践，学会理论与实践的融合，注意创新能力培养，形成完美的职业态度和职业认同。科技改变生活，智慧创造未来，科技的进步，离不开经济的发展，我们要为经济发展之崛起而贡献自己的力量。

- **项目引例**

积极财政政策如何提升效能

　　翻开2023年上半年财政账本，财政收入企稳回升，财政支出保持较高强度，收支结构趋于平衡，释放出向好信号。但当前，我国经济恢复的内生动力仍有待增强，需求收缩、供给冲击、预期转弱三重压力仍然存在，国际形势演进复杂严峻。在此背景下，积极的财政政策作为经济发展的"稳定器"，应进一步加力提效，提高财政收入质量，适度扩大财政支出规模，优化财政收支结构，完善税费支持政策，巩固经济企稳向好的势头。

从财政收入来看,回稳态势得到延续,整体预期较为乐观。数据显示,2023年上半年财政收入同比增长13.3%,剔除基数因素影响后与经济恢复性增长态势相适应。税收收入同比增长16.5%,反映出我国财政收入"含金量"较高。分析主要税收收入项目发现,国内增值税在去年同期基数较低的情况下实现了大幅增长,一定程度上反映了市场活力得到恢复。其余主要税种呈下降趋势,其中,国内消费税与个人所得税降幅相较于第一季度均表现出明显收窄,反映出消费市场逐步回暖,市场需求有所改善。受企业利润下降等因素影响,2023年上半年企业所得税收入有所下降,应进一步延续优化阶段性税费优惠政策,激发经营主体活力,涵养税源。

从财政支出来看,支出保持较高强度,重点支出得到保障。2023年上半年,全国一般公共预算支出同比增长3.9%,基本民生、乡村振兴、区域重大战略、教育、科技攻关等方面支出均有所提高,中央对地方转移支付保持了较快进度,基层"三保"支出得到有效保障。综合来看,2023年上半年我国经济延续了恢复态势,但恢复基础仍需巩固。为进一步推动经济强劲复苏,积极的财政政策仍须加力提效。

资料来源:李旭红:提升积极财政政策效能,《经济日报》,2023年8月19日。

引例反思:
(1)什么是积极的财政政策?
(2)积极财政政策还需要哪些政策给予配合?
(3)实施积极的财政政策必须深入贯彻习近平新时代中国特色社会主义思想,你认为应该从哪些方面加以深入理解?

● 知识精讲

任务一 财政政策概述

一、财政政策的概念

财政政策(financial policy)作为政府宏观调控经济的重要手段,是为政府的经济发展目标服务的,是政府调节经济的一系列手段和措施的总称。在市场经济中,政府调控在市场失灵领域发挥着重要作用,为市场经济的正常运转提供保障。

广义而言,财政作为政府经济活动或收支活动,都是在政策指导下展开的,因而财政政策既包含宏观政策又包含微观政策。本项目所述财政政策主要是狭义的宏观政策,专指财政间接干预宏观经济运行以稳定经济的政策。

二、财政政策的类型

(一)根据财政政策对经济的不同影响,可分为扩张性财政政策、紧缩性财政政策和中性财政政策

(1)扩张性财政政策是指通过财政分配活动来增加和刺激社会的总需求。扩张性财政政策的作用机理是通过减税和增加财政支出规模来扩大社会的投资需求和消费需求。

【提示】扩张性财政政策的目的是提升经济,拉动经济增长,它通过减少税收、扩大财政支出和赤字来实行。

(2)紧缩性财政政策是指通过财政分配活动来减少和抑制总需求。在经济繁荣时期,国民收入高于充分就业的均衡水平,存在过度需求,这时政府通常采取紧缩性的财政政策,增加政府税收和减少政府支出。

【提示】紧缩性财政政策的目的是收缩经济，避免经济过热，它通过增加税收、减少财政支出来实行。

(3)中性财政政策是指财政的分配活动对社会总需求的影响比较温和，财政收支总量在原有基础上只作小幅度调整，而主要对收入结构或支出结构作适度调整，对总需求既不产生扩张性效应，也不产生紧缩性效应的政策，在维持社会总供求对比的既定格局条件下，保持社会总供求的同步增长。

【提示】中性财政政策的目的是维持经济稳定，对经济发展起中性作用，它通过维持财政收支平衡来实行。

(二)按照财政政策实施手段的不同，可分为国家预算、税收、公债、财政投资、财政补贴、公共支出等方面的财政政策

(1)国家预算。国家预算是国家通过预算形式加以运用的财政政策工具。运用国家预算实现财政政策目标是通过以下几方面进行的：确定预算收支规模和收支差额；调整和变动预算支出结构；预算本身的设计与编制方式，如复式预算较单式预算更能明确反映和贯彻财政政策目标，更具有政策工具的特征。

(2)税收。税收调节具有广泛性、整体性等特点。其调节可以通过调整税种、征税范围、税率、税收优惠措施等，从而影响生产者或消费者改变生产或消费行为。

(3)公债。公债作为组织财政收入的一种辅助手段，其"金边债务"的特点使得其在调节经济活动、实现政策目标方面起着其他手段不能替代的作用，可以调节国民收入使用结构及流通中的货币量。

(4)财政投资。国家安排的财政预算内投资具有针对性强、作用直接、政策性强等特点。财政投资在国民收入分配格局中已发生重大变化，投资主体多元化，投资决策分散化，对协调全社会的资金使用、提高资金的总体使用效率具有特别重要的意义，将直接增加社会总需求，影响产业结构。

(5)财政补贴。我国现行财政补贴主要有价格补贴、亏损补贴、职工生活补贴和利息补贴等。财政补贴是与价格、工资等分配手段相配合发生作用的，具有调节灵活的特点。

(6)公共支出。公共支出是国家在预算中安排的行政、国防、社会事业等支出的总称。公共支出对国民经济和社会发展有着长期的、潜在的重要作用且支出刚性较强，可以调节生产和消费、产业结构、收入分配等，对经济和社会全局构成重大影响。

(三)根据财政政策对调节经济周期的作用，可分为自动稳定和相机抉择的财政政策

(1)自动稳定的财政政策本身具有内在的调节功能，能够根据经济波动情况，无须借助外力而自动地发挥稳定作用。财政政策的自动稳定性主要表现在两个方面：一是税收的自动稳定效应；二是公共支出的自动稳定效应。税收的自动稳定效应表现为通过税收增加，收紧政策；税收减少，扩张政策。公共支出的自动稳定效应表现为公共支出扩大，扩张政策；公共支出减少，紧缩政策。

(2)相机抉择的财政政策分为扩张性财政政策、紧缩性财政政策和中性财政政策三类，是政府有意识地利用财政政策工具根据经济形势进行调节的行为。

三、财政政策的目标

财政政策的目标是指财政政策所要实现的期望值。通常来说，这个期望值在时间上具有连续性。一个在较长时间内发挥作用的财政政策，即为基本财政政策，也称为长期财政政策。在一个特定时期内发挥作用的财政政策，即为一般性财政政策，也称为中短期财政政策。财政政策的目标主要有经济增长、充分就业、物价稳定、国际收支平衡。

(一) 经济增长

经济增长通常是指在一个较长的时间跨度上，一个国家人均产出（或人均收入）水平的持续增加。经济增长率的高低体现了一个国家或地区在一定时期内经济总量的增长速度，也是衡量一个国家或地区总体经济实力增长速度的标志。经济增长通常用国内生产总值增长率指标来度量。经济增长取决于总需求和总供给两个方面。一般认为，短期经济增长取决于总需求；长期经济增长取决于总供给或者总产出能力。从短期来看，财政政策影响总供求主要通过三个途径：①通过财政政策引导社会投资；②通过财政政策扩大消费；③通过财政政策扩大出口。从长期来看，财政政策影响总供求主要是通过财政政策提高要素的配置效率与科学技术水平。

【提示】一般来说，发展中国家年经济增长率在3%以内为低速增长，4%～6%为中速增长，大于6%为高速增长。

(二) 充分就业

充分就业一是指有劳动能力并愿意工作的社会成员都能获得就业机会；二是指在岗的劳动者在法定工作时间内能够得到充分、有效的利用，不存在"隐性失业"（指员工被减少薪水、无薪休假、缩减工时、削减福利等弹性工作安排）。在理论上，充分就业是指每一个要求就业的人都能找到工作；但在实践中，充分就业是指失业率限定在一定范围内的就业情况。政府实现充分就业的路径，一是通过优惠的财税政策鼓励和支持社会增加就业岗位，二是通过政府投资来创造新的就业机会，三是通过就业技能培训提升潜在劳动者的就业能力以匹配相应的岗位。通常认为，在总需求小于充分就业产出水平时，增加政府支出或减少政府税收，可以扩大总需求，有助于实现充分就业的目标。

【注意】充分就业的衡量指标是失业率。失业率的高低是判断总供给和总需求是否平衡的主要标准之一。

【提示】一般来说，失业率在4%以下，就被认为经济体系已达到充分就业水准。

(三) 物价稳定

稳定物价（又称"稳定币值"），是指物价总水平在经济稳定发展可接受的区间内波动。物价稳定是经济稳定的一个重要标志。在实际经济生活中，它主要被解释为避免通货膨胀及通货紧缩。通常，在有效需求不足的情况下，经济会出现紧缩缺口；在需求过度的情况下，经济则会出现通胀缺口。为了实现物价稳定的基本目标，政府需要通过财政政策工具来消除紧缩缺口和通胀缺口。简而言之，就是要抑制通货膨胀、避免通货紧缩、维持币值稳定。稳定物价衡量指标是物价上涨率或通货膨胀率。政府调控所要达到的稳定物价的目标，主要是防止和克服物价在短期内的大幅波动和严重的通货膨胀。通行的标准是，物价年上涨率在2%以下为稳定，3%～5%为平和，一旦超过5%，则预示着经济总量和经济结构可能失调，需要采取措施加以控制，而达到两位数时，治理通货膨胀就要成为压倒一切的任务。

(四) 国际收支平衡

国际收支平衡是指国际收支不发生实际盈余和实际赤字，不发生自发性的国际收支差额。在经济开放的格局下，一国的总需求与总供给，不仅受国内因素的影响，而且受国际因素的影响。为此，世界各国经常运用财政政策调节进出口，进而影响社会总供求。在现实中，世界各国大多追求一定的国际收支盈余，从而保证汇率稳定及合理的社会总供求态势。长期以来，中国实行盈余性国际收支政策，从而形成了较为庞大的外汇储备。

一般来说，顺差意味着该国的外汇收入超过支出，外汇收入增加，意味着国内市场的货币供应量增加。同时，顺差也意味着商品量的输出大于商品量的输入，相对地减少了国内市场的商品量供给；反之，逆差意味着该国的外汇支出超过收入，外汇收入减少，意味着国内市场的货币供给量减少。同时,逆差也意味着商品量的输入大于商品量的输出,相对地增加了国内市场的商品量供给。

就中国实际来看,在国际收支中一直处于顺差地位,这对经济发展有积极和消极两方面的影响:①积极方面是可以促进经济增长,保证企业利润;②消极方面是在国际市场上会引起以美国为首的国家不满,同时中国经济发展不平衡加剧了内需不足。

四、财政政策的功能

在不同的经济发展阶段,财政政策的功能是不完全相同的。但随着生产力水平的提高和经济的发展,财政政策的功能也在进一步增强,主要表现在以下三个方面:

(一)导向功能

导向功能是指在特定的政策目标下,政府通过运用各种财政政策工具,引导经济主体的行为,从而使国民经济向预定政策目标靠近。财政政策首先要配合国民经济总体政策和各部门、各行业政策,提出明确的政策目标,其次要通过制定特定的财政政策措施来引导人们的经济行为和国民经济的发展方向。

(二)协调功能

协调功能是指根据国家预定的目标或者针对经济生活中导致偏离目标的经济行为,政府通过运用财政政策工具进行调节,使之有利于目标的实现。财政政策的协调功能源于财政的本质属性和基本职能。

(三)控制功能

控制功能是指对经济生活中一些不利于社会经济发展的因素,通过财政政策手段对之进行有效的控制,从而使经济目标实现。市场机制是经济组织的有效方式之一,但也存在很大的负面影响,并不能完全依靠市场对经济进行调节,特别是宏观经济领域中的问题,如经济过热、财政赤字、贸易赤字等,都需要国家制定有关政策,通过运用财政政策工具对之进行有效的控制,进而实现政府对整个国民经济发展的控制。

任务二 财政政策工具

一、财政政策工具的概念及作用方式

财政政策是政府宏观调控的重要手段,主要通过预算、税收、补贴、投资、公债、转移支付等工具,具有优化资源配置、调节收入分配、稳定经济等方面的功能。

财政政策工具,也称为财政政策手段,是指国家为实现一定的财政政策目标而采取的措施。财政政策工具包括国家预算、税收、公债、财政投资、财政补贴、公共支出等。其各自的作用方式如图11-1所示。

二、财政政策的调控原理

财政政策综合运用了各种财政工具,发挥稳定经济、优化资源配置、调节收入分配等方面的职能作用。改革开放以前,我国也运用预算、税收、财政支出、补贴、公债等工具调节经济发展,但没有形成完整的财政政策。在1992年明确社会主义市场经济总目标后,中国政府积极借鉴国际有益经验,注重立足本国实际,自觉运用多种政策手段调控经济,探索和积累了一些有益经验。

财政政策的运用并不是直接干预经济发展。政府实施宏观调控必须尊重市场经济的原则和规律,充分发挥市场机制配置资源的基础性作用,调控的目的主要是弥补市场机制的不足或失灵。在

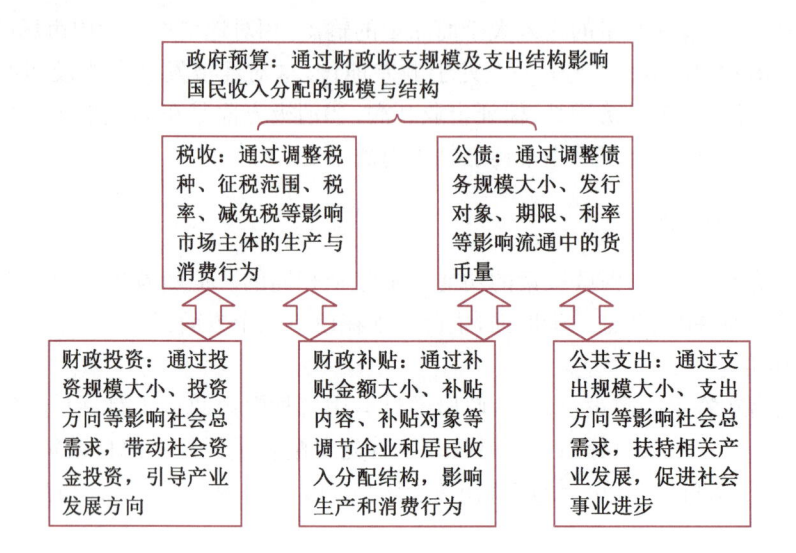

```
                        政府预算：通过财政收支规模及支出结构影响
                        国民收入分配的规模与结构

        税收：通过调整税                    公债：通过调整债
        种、征税范围、税                    务规模大小、发行
        率、减免税等影响                    对象、期限、利率
        市场主体的生产与                    等影响流通中的货
        消费行为                            币量

 财政投资：通过投        财政补贴：通过补        公共支出：通过支
 资规模大小、投资        贴金额大小、补贴        出规模大小、支出
 方向等影响社会总        内容、补贴对象等        方向等影响社会总
 需求，带动社会资        调节企业和居民收        需求，扶持相关产
 金投资，引导产业        入分配结构，影响        业发展，促进社会
 发展方向                生产和消费行为          事业进步
```

图 11-1　财政政策工具

实践中,我国逐步由采用行政手段干预经济转向通过产业政策、财政政策、货币政策等经济手段进行间接调节,改变了直接干预的方式。从调控工具看,每一种财政工具都有着不同的特点、不同的作用方式,它们之间不同的政策组合具有不同的效果。财政政策调控经济的经济学原理,具体如图11-2所示。

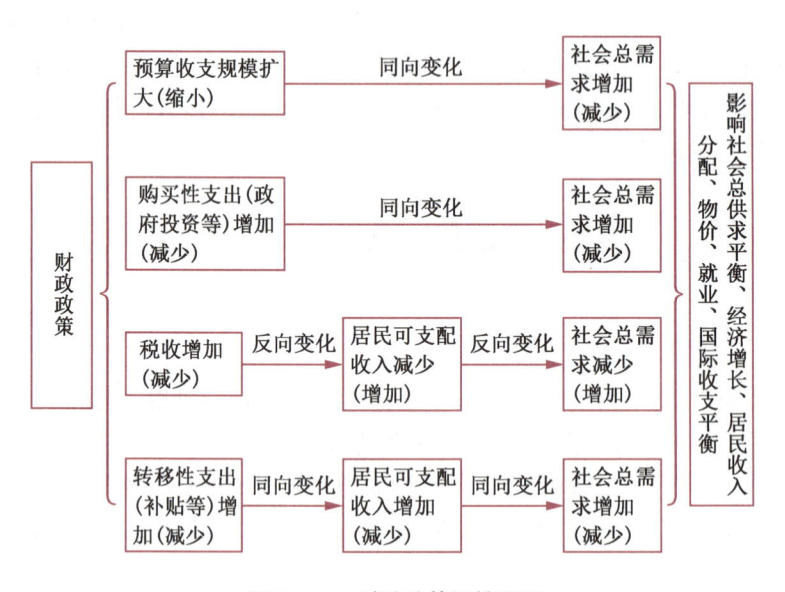

```
                预算收支规模扩    同向变化    社会总需
                大(缩小)                      求增加
                                              (减少)         影
                                                             响
                                                             社分
                购买性支出(政    同向变化    社会总需        会配
                府投资等)增加                求增加          总、
  财                (减少)                    (减少)         供物
  政                                                         求价
  政                                                         平、
  策                                                         衡就
                税收增加        反向变化    居民可支    反向变化    社会总需        经业
                (减少)                      配收入减少              求减少          济、
                                            (增加)                  (增加)         增国
                                                                                   长际
                                                                                   、收
                转移性支出      同向变化    居民可支    同向变化    社会总需        居支
                (补贴等)增                  配收入增加              求增加          民平
                加(减少)                    (减少)                  (减少)         收衡
                                                                                   入
```

图 11-2　财政政策调控原理

针对不同的经济环境、不同时期的财政政策目标,可以采取不同的政策类型。图11-3形象地表现了财政政策类型及相应的政策工具、政策目标。

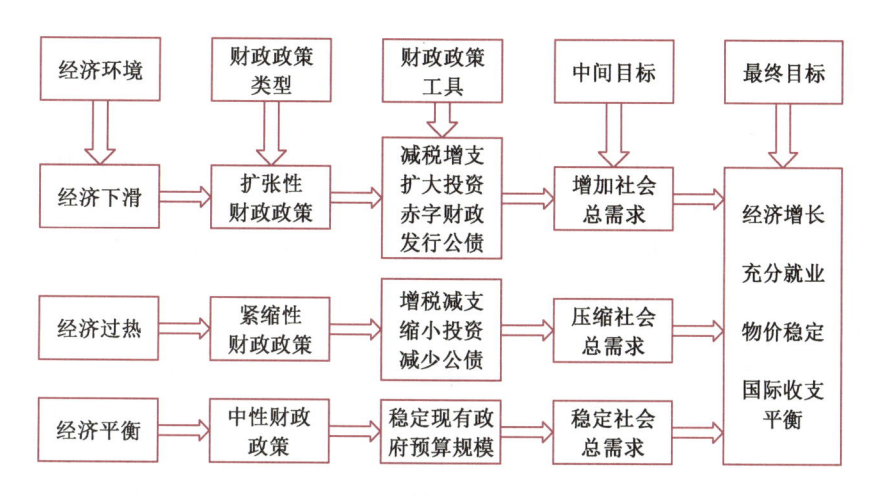

图 11-3　财政政策类型及相应的政策工具、政策目标

任务三　财政管理体制

一、财政管理体制的概念和目的

（一）财政管理体制的概念

财政管理体制，简称财政体制，是指国家管理和规范中央与地方政府之间以及地方各级政府之间划分财政收支范围和财政管理职责与权限的一项根本制度。在我国，财政管理体制有广义与狭义之分。广义的财政管理体制主要包括政府预算管理体制、税收管理体制、公共部门财务管理体制等。狭义的财政管理体制是指政府预算管理体制。政府预算管理体制是财政管理体制的中心环节，它规定了各级政府间的财力划分，规定了预算资金使用的范围、方向和权限。因此，通常人们所使用的财政管理体制概念，指的就是政府预算管理体制。

（二）财政管理体制的作用

1. 保证各级政府财政职能的有效履行

建立财政管理体制的根本目的是构建一个合理、规范、有效的财政运行秩序和体系，做到财权与事权相统一，为满足各级政府有效履行承担的社会、经济等职能，提供体制、机制和财力上的保障。

2. 调节各级和各地政府及其财政之间的不平衡

在多级政府体制下，各级政府之间和各区域政府之间的经济发展和收入水平总会存在不均衡的情况，这就需要通过规范的财政管理体制进行有效的调节，将财力较好地区的财政收入通过体制调出一部分直接或间接转移给财力不足的地区，使财力不足的地方也能够取得与其履行职责相匹配的财力。

3. 促进社会公平，提高财政效率

在现代市场经济中，财政管理体制要以坚持公平、效率原则为出发点，以促进社会稳定和提高资源配置效率为基本目标。这是克服市场失灵、有效提供社会发展进步所必需的公共产品和服务、协调不同区域间经济社会均衡发展的内在要求。

二、分税制财政管理体制

（一）分税制的概念

分税制又称分税制财政管理体制，是在划分事权和支出范围的基础上，按照财权与事权相统一的原则，在中央与地方之间划分税种，即将税种划分为中央税、地方税和中央地方共享税，以划定中央和地方的收入来源，是正确处理中央与地方政府间财政预算分配关系的一种预算管理体制。

（二）分税制改革

1994年迄今，我国的财政管理体制一直以分税制冠名。2015年实施的《中华人民共和国预算法》（简称"新《预算法》"）第一章第十五条明确规定，"国家实行中央和地方分税制"。2020年颁布的《中华人民共和国预算法实施条例》（简称"新《预算法实施条例》"）第一章第七条亦对中央和地方分税制做了具体阐释。这表明，至少在全面依法治国意义上，始自1994年的分税制财政管理体制定性没有变。

党的十八届三中全会开启的新一轮财税体制改革，从一开始便将中央与地方财政关系格局调整的目标锁定于"有利于发挥中央和地方两个积极性"。事实上，无论是《中华人民共和国国民经济和社会发展第十四个五年规划和2035年远景目标纲要》（简称《"十四五"规划》）围绕构建高水平社会主义市场经济体制所做出的"建立权责清晰、财力协调、区域均衡的中央和地方财政关系"的战略部署，还是党的二十大围绕全面建设社会主义现代化国家所做出的"完善财政转移支付体系"战略安排，其出发点和归宿都在于"有利于发挥中央和地方两个积极性"。

在1994年初步确立分税制财政管理体制框架之后，从党的十八届三中全会到党的十八届五中全会，到党的十九大、党的十九届五中全会，再到党的二十大，凡是涉及中央与地方财政关系调整的方案，均是根据"有利于发挥中央和地方两个积极性"的原则而做出的。2015年实施的新《预算法》之所以重申"国家实行中央和地方分税制"，2020年颁布的新《预算法实施条例》之所以对分税制给出更明确的定义，党的二十大之所以做出"完善转移支付体系"的战略安排，其最根本的考量就在于，分税制最契合"有利于发挥中央和地方两个积极性"的原则，要将分税制进行到底。

（三）分税制改革存在的问题与完善

1. 分税制改革存在的问题

(1) 中央与地方事权划分不清晰

现行分税制将财力作为改革的重点，在改革方案中未对事权划分进行必要调整，使改革未能全面触动旧体制的根基，进而引起其自身运行中的一些问题：

①分税制运行之初基本维持了旧体制下政府间的事权范围，并且保留了按行政隶属关系划分企业所得税归属和财政支出范围的做法，还固化了本该逐渐淡化的政企关系，这显然不利于经济体制改革目标的顺利实现。

②政府事权包括社会管理权和经济管理权，现行分税制在社会管理权的划分上是基本清楚的，但对经济管理权的划分不够明确，也不够科学、合理。这一方面表现在前述按行政隶属关系划分经济管理权有违市场规律的要求；另一方面则表现在只是将地方政府视为单一的利益主体，忽视其作为一级政府所应有的调控责任和权利，使地方政府在此次改革中获得应有的调控手段和财力基础较少。

③现行分税制在运行中仍存在中央出政策、地方出资金的情况，反映出中央与地方之间的事权

划分仍然是模糊交叉的,财权和事权仍不统一,这就不利于分税制分级财政管理的实施与完善。

(2)中央与地方收入划分尚不够科学

分税制改革尽管采取分税的办法来划分中央与地方的收入,但在确定企业所得税归属时,仍保留了按企业行政隶属关系划分的做法,即中央企业的所得税归属中央收入,地方企业的所得税归属地方收入。这种做法从利益关系上固化了企业与各级政府间的行政隶属关系,不利于资源优化配置和现代企业制度的建立,并由此产生了以下几方面的负面效应:

①强化了旧体制下形成的地方保护主义倾向。同级企业所得税归属同级政府,资源跨隶属关系流动便意味着税源和收入的转移,如果这种转移不利于地方政府征收所得税,自然也就很难得到它们的支持,这就为资源合理流动设置了行政障碍。

②强化了国有资产地方政府所有的观念,有违国有资产国家统一所有的原则,也不利于国有资产的科学管理。

③在一定程度上保留了地方政府盲目发展高利产业的利益机制,不利于产业结构的优化调整。

(3)地方税体系不健全

现行分税制尽管在地方税体系建设上迈出了重要步伐,但离地方税体系的目标模式尚有较大的差距,主要表现在:

①地方税主体税种缺位,规模过小,难以支撑地方财政运行局面。尽管从形式上看划归地方的税种不少,但大多是税源零星分散、征收难度大的税种,真正能形成规模的税种不多,因而难以满足地方政府的财政需要。

②地方税税权较小,地方政府难以利用必要的税收管理权来调节本地经济,并实施本级财政管理。

(4)转移支付制度不规范

中央对地方的转移支付制度已初步建立起来,但受改革阶段性等因素的影响,这一制度尚存在一些不规范、不科学的问题。

①转移支付方式不规范。目前转移支付是以税收返还的方式进行的,地方从中央获取的税收返还额主要取决于其基期年既得收入数额。这种方式保留了原有的利益分配格局和地区间收入水平悬殊的状况,难以发挥转移支付调节地区间收入差距的功能。

②现行税收返还数额的确定仍未完全摆脱基数法,尽管一些地区采取了不同程度、不同形式的因素法,但还很不成熟,有待于进一步完善。

③现行税收返还制度尚难体现中央的宏观调控意图,对地方政府行为倾向的调节作用有限。

2. 完善分税制的基本思路

(1)按照市场经济的要求合理划分各级政府的事权,为划分财权提供科学、可靠的依据

①要按照社会主义市场经济的要求对政府事权和企业事权合理定位,推进政府机构改革,尽快转变政府职能,将政府事权范围控制在市场失效的领域和宏观经济层次。

②要按照区域性原则和受益性原则来划分各级政府间的事权,即按区域性原则明确各级政府管理本地区社会事务、提供区域性公共产品的责任和权利;按受益范围确定各级政府的经济管理事权,将区域性的基础设施建设、产业结构调整及其他与本地区相关的宏观经济管理事权划归地方政府。

③进一步落实地方政府统筹本地区社会经济发展的权利,凡是需由地方政府开发的事业,都应由地方政府自行规划和决策。

④要优化事权与财权在中央与地方之间的分配,一方面需要中央增强对事权与支出的责任,减轻地方政府支出负担,建立更加科学的转移支付制度,使得地方财力能够合理匹配事权;另一方面

地方政府需要规范财政预决算管理,提高财政支出效率。此外,完善地方税体系也必不可少。目前,我国还没有建立完善的地方税体系,地方税种较少。要平衡与优化中央与地方收入分配体系,就需要依据地方建设需求与地区资源实际情况,拓展地方税征收方式,设立地方主体税种,激发地方政府税收活力,实现事权与支出责任的平衡。

(2)按照分级财政管理的要求划分税种,税种划分应体现基本原则要求

①主体税种合理配置原则,即按照分级财政管理的需要,将那些有利于中央履行职能的税种划为中央税,将有利于地方事权顺利实现的税种划为地方税,使中央税体系和地方税体系都有能支撑本级财政局面的主体税种。

②责任与受益对等原则,即根据公共服务的区域性和受益范围来规定税种归属。将受益于中央政府提供服务的税源划归中央,受益于地方政府提供服务的税源划归地方。这样做有利于财权与事权的相互对应,使各级政府有相应的财力条件履行职能。

③经济分权原则,即在划分税种时,应尽量以经济因素为依据,淡化乃至消除行政隶属关系对税种的影响,以适应市场经济的一般要求,实现政企分离和资源的合理流动。

(3)加强地方税建设,形成与地方政府职能相适应的地方税体系

①实行分税制后,中央财政收入增加,其中一部分收入通过转移支付的办法返还地方。现行体制的税收返还是以 1993 年为基数确定收支标准,尚未摆脱旧体制的束缚。要建立科学的转移支付制度,首先要完善地方税税种结构,形成规模合理、功能齐全的地方税税种体系。

②要合理分配税权,形成与国家政权结构相统一、有利于分级财政管理的税权结构。

③要加强地方税法制建设,推进地方税征管制度,形成高效、科学、严密的地方税征管体系。

(4)建设科学的转移支付制度

首先,要完善转移支付额的确定办法,用因素法来取代基数法;其次,要完善转移支付方式,既要采用一般性补助方式,又要有针对性地采用专项补助方式,以充分发挥转移支付的调节功能。

三、政府间转移支付

(一)政府间转移支付的概念

政府间转移支付是指一个国家的各级政府之间在既定的职责、支出责任和税收划分框架下财政资金的无偿性转移,在各级政府之间形成的财力缴补关系。

(二)政府间转移支付的类型

政府间转移支付可以分为财力性转移支付和专项转移支付两大类。

1. 财力性转移支付

财力性转移支付又称一般性转移支付、无条件拨款或均衡补助,是根据地区均等化目标加以设计的,其目的在于促进基本公共服务的地区均等化,所以有时又称为均等化补助。

财力性转移支付可以弥补地方政府一般性财力不足,地方政府对它的使用拥有较大的自主权,有利于地方政府实现范围广泛的政策目标和普遍改善地方居民的福利水平。

2. 专项转移支付

专项转移支付又称专项拨款或专项补助,是指上级政府要求下级政府必须达到一定的标准,按照上级规定的项目和用途使用资金,才可得到拨款。专项转移支付可进一步区分为非配套补助和配套补助两种形式,前者不要求接受方提供配套资金,后者要求接受方提供一定比例的配套资金。

(三)政府间转移支付的主要目标

1. 弥补财政缺口

大部分国家通过转移支付实现纵向财政平衡,即弥补不同级次政府支出与自身收入之间的差

异。尽管这些财政缺口原则上可以通过其他方式予以弥补——赋予地方政府更多征税权,将更多的支出责任移交给中央政府,或者减少地方支出、提高地方政府收入,但是,在大多数国家中,各级政府收入与支出的不匹配仍然需要政府间财政转移支付发挥平衡作用。

2. 均等化

横向财政平衡,即通常所称的均等化。其存在争议的原因一方面是由于理论界对财政均等化的概念存在着多种不同的解释;另一方面,对于均等化模式的选择,不同的国家又具有不同的偏好。如果将地方政府的人均实际支出作为均等化的衡量标准,将各地区的人均实际支出都提高到最富有的地方政府的水平,那么地方偏好差异就很难得到应有的体现,从而削弱了分权的优势。除了地方偏好差异外,该模式也未考虑地方需求、成本以及自身收入能力等方面的差别。同时,人均实际支出的均等化还将抑制地方收入努力和地方支出约束,因为在该体制下支出最高、税收最低的地方政府将得到最多的转移支付。

3. 解决辖区间外溢性问题

当地方服务溢出至其他地区时,为使地方政府提供合理数量的该类服务,有必要提供某种形式的配套拨款,以使单位补贴等于溢出收益的边际价值。同时,配套拨款也有利于均等化地方需求或中央政府不易监控的支出偏好等方面的差异,使更多的资金流向中央政府所希望的领域。尽管配套(或有条件)转移支付使地方政府更易受到中央政府的影响和控制,但也具有重要的政治优势,即在受补助行为中引入了地方参与、承诺与责任感等要素。对资本项目而言,这些要素尤为重要。

4. 增强中央政府的政治控制

从根本上讲,一国的财政体制是由其政治体制和政治目标决定的。作为财政体制的构成要素,转移支付在很多情况下首先遵从于政治方面的需要,其次才是经济效率的考虑。从财权上看,转移支付使上级政府占有更多份额的财政资源,并使下级政府对之形成依赖。转移支付的份额越大,上级政府对下级政府的影响力就越大,前者对后者的控制程度越强。可见,中央政府可以通过转移支付来规范和监督地方政府的行为,减少地方政府的机会主义倾向。换言之,转移支付不仅是一个技术性问题,而且是中央政府用于实现其政治目标的一项重要工具。

任务四 财政政策实践

一、财政政策配合

在现代宏观经济调控中,财政政策与货币政策被称为政府的左右手,因而财政政策与货币政策的协调配合就显得格外重要。

(一)货币政策的基本理论

1. 货币政策的类型

货币政策是指国家为实现特定的宏观经济目标而制定的货币供应和货币流通组织管理的基本准则。它是由信贷政策、利率政策和汇率政策等构成的有机整体的政策体系。一般从总量调节出发,同财政政策的分类相似,货币政策的基本类型包括扩张性货币政策、紧缩性货币政策和中性货币政策三种。

(1)扩张性货币政策。扩张性货币政策也称膨胀性货币政策,是指货币供应量超过经济运行过程对货币的实际需要量,对总需求增长有刺激性作用的货币政策。

(2)紧缩性货币政策。紧缩性货币政策是指货币供应量小于货币的实际需要量,对总需求增长有抑制作用的货币政策。

(3)中性货币政策。中性货币政策是指货币供应量大体等于货币需要量,对社会总需求与总供给的对比状况基本不产生影响的货币政策。

2. 货币政策的目标

货币政策目标是指中央银行制定和实施某项货币政策所要达到的特定的经济目标,也是货币政策所要达到的最终目标,主要包括终极目标和中间目标。

(1)终极目标是指中央银行实行一定的货币政策在未来时期要达到的最终目的。货币政策的实质是正确处理经济发展与稳定货币的关系,各国央行货币政策的终极目标主要是稳定物价、促进经济增长、实现充分就业和国际收支平衡。货币政策在经济发展中要同时满足上述四项目标的要求,事实上是不可能的,因此各国都以其中一项作为主要目标。经济发展比较快速稳健的国家,都将稳定物价作为货币政策的首要目标或唯一目标。1990年,新西兰率先提出,货币政策应以控制通货膨胀为唯一目标,其后有美国、英国、加拿大和澳大利亚等十几个国家接受了控制通货膨胀的货币政策。

(2)中间目标是指中央银行为实现其货币政策的终极目标而设置的可供观测和调控指标的目标。主要有货币供给量和利率,在一定条件下,信贷量和汇率等也可充当中介指标。其货币供应量是中央银行重要的货币政策操作目标,它的变化也反映了中央银行货币政策的变化,对企业生产经营、金融市场,尤其是证券市场的运行和居民个人的投资行为有重大的影响。当货币供应不足时,市场商品价格下跌、生产减少、投资乏力、经济紧缩;当货币供应过量时,其结果刚好相反。当然,上述所言不足或过量都是有限度的,否则货币供应量极易成为通货紧缩或通货膨胀的源泉。

3. 货币政策的工具

西方国家一般将法定存款准备金率、再贴现比率和公开市场业务作为国家控制货币供应量的货币政策工具,俗称货币政策的"三大法宝"。

(1)法定存款准备金率是指各金融机构要将吸收的存款缴存中央银行时依据的比率,中央银行通过调整存款准备金率来调整商业银行的贷款规模和派生存款规模。

(2)再贴现比率是指商业银行向中央银行办理再贴现时使用的比率。中央银行通过调整再贴现比率来调整商业银行的贷款规模。

(3)公开市场业务是指中央银行通过在金融市场上公开买卖有价证券控制货币供应量和利率的政策行为,是多数发达国家中央银行控制货币供给量的重要工具。

目前,我国中央银行的货币政策工具主要包括:①中央银行对商业银行(专业银行)的贷款;②存款准备金制度,即专业银行将吸收的存款按一定的比例缴存中央银行;③利率,即中央银行根据资金松紧情况确定调高或调低利率;④公开市场业务,即中央银行通过买进或卖出有价证券,吞吐基础货币,调节货币供应量的活动。

(二)财政政策与货币政策的关系

2023年是全面贯彻落实党的二十大精神的开局之年。中央经济工作会议明确,稳健的货币政策要精准有力,把实施扩大内需战略同深化供给侧结构性改革有机结合起来,强调"推动经济运行整体好转,实现质的有效提升和量的合理增长"。2022年以来,积极的财政政策、稳健的货币政策坚持靠前发力,确保各项政策早出台、早落地、早见效,有力稳住宏观经济大盘。2023年,财政货币政策将继续加大力度,积极的财政政策加力提效,稳健的货币政策精准有力。在市场经济体制下,财政政策与货币政策是国家对国民经济进行宏观调控最主要的手段,其目标总体上是一致的,但也有明显的差异。这就决定了它们在宏观经济调控中必须注意协调配合,才能有效地调控经济的良性运行和均衡发展。

1. 财政政策与货币政策的共性

财政政策与货币政策有着许多共同点,它们在目标、管理、环节和运行等方面存在着内在联系。

(1)目标的统一性。财政政策与货币政策都属于为实现宏观经济目标所采取的经济政策,它们的调控总体目标是统一的,即促进经济增长、保持物价稳定、实现充分就业和促进收支平衡。

(2)管理的影响性。财政政策直接影响着财政收入和财政支出,其结果是节余、赤字或基本平衡,对社会总需求具有重大的影响;货币政策直接影响着货币供应量和信贷投放量,是社会总需求的动态反映。

(3)环节的分配性。财政和货币都属于再生产过程中的分配环节,体现再分配的不同层次。在不兑现信用货币的情况下,会出现超越当年国民收入再分配的结果,从而导致货币超量发行,或是在社会总供给过剩或相对过剩时可能出现支出紧缩、银行惜贷、货币供给过少,以致出现社会总需求不足的现象。

(4)运行的联系性。在经济运行方面,社会资金、货币流通的统一性和货币资金在各部门之间的相互流动性,使财政、信贷和货币发行具有不可分割的内在联系,如果任一方发生变化都会引起其他方面的变化,最终引起社会总需求和总供给的变化。

2. 财政政策与货币政策的差异

财政政策与货币政策既有共同之处,又有一定的区别。其区别包括实施主体、作用机制、运用方式、调节重点、使用工具、调节范围和政策时滞等方面的差异。

(1)实施主体的差异。财政政策是由政府财政部门具体实施,而货币政策则由中央银行具体实施。尽管某些西方国家的中央银行在名义上归属财政部领导,但大多数国家的货币政策则是由中央银行独立操作的。

(2)作用机制的差异。财政政策更多地偏重于公平,其主要责任是直接参与国民收入分配并将集中起来的国民收入在全社会范围内进行再分配,从收支上影响社会总需求的形成。而货币政策则更多地偏重于效率,其主要责任是通过信贷规模的伸缩来影响消费需求和投资需求,进而引导资源流向效益好的领域。

(3)运用方式的差异。财政政策可由政府通过直接控制和调节来实现,要控制总需求可通过提高税率、增加财政收入、压缩财政支出等方式实施。而货币政策是中央银行运用各种调节手段影响商业银行的行为,商业银行则相应调整对企业和居民的贷款规模,从而影响社会需求。因此,货币政策运用的间接性较强,财政政策运用的直接性较强。

(4)调节重点的差异。财政政策调节直接作用于社会经济结构,间接作用于供需总量平衡,主要通过扩大或缩小支出规模达到增加或抑制社会总需求的目的。而货币政策调节则直接作用于经济总量,间接作用于经济结构,主要通过货币投放和再贷款等措施控制基础货币量,实现对社会总需求的直接调节。

(5)使用工具的差异。财政政策与货币政策在调控经济运行的工具方面有着较大的不同,如财政政策工具主要包括财政体制、税收制度、收费政策、公共预算、政府公债、财政补贴和财政贴息等。而货币政策工具主要包括货币供应量、存款准备金、利率、再贴现率和公开市场操作等。

(6)调节范围的差异。财政政策的调节范围较为广泛,其调节范围包括经济领域和非经济领域。而货币政策的调节范围基本限于经济领域,其他领域则是次要的,如缩小收入分配差距方面,财政政策可利用累进税率和财政补贴等手段来发挥作用,货币政策则无能为力,甚至货币政策的利息机制还在一定程度上扩大这种差距。

(7)政策时滞的差异。财政政策从确定到实施的过程较为复杂,外部时滞较短,对经济所产生的作用较为直接,如调整税率时企业的收支状况就会立即发生变化。而货币政策运用较为方便,外部时滞较长对经济目标起间接调控作用。

(三)财政政策与货币政策的优劣

1. 财政政策与货币政策的优势

财政政策的优势相对于货币政策而言,主要表现在:在调节公平分配、结构调整、经济增长、资源配置和充分就业等方面,作用更显突出;在弥补市场缺陷上,对私人不愿投资(如各类公益事业)和不适合投资(如自然垄断行业)的领域,能更有效地调整和优化经济结构,发挥优化资源配置的功能;通过税收优惠、转移支付等能更有效地调整和优化经济结构,促进区域经济协调发展;通过财政收支的变化直接影响社会总需求,运用财政补贴等手段可实现政府的特殊调控;财政支出可直接刺激消费和投资,且具有手段多、力度大和见效快等优点。

货币政策的优势相对于财政政策而言,主要表现在:货币政策有利于稳定物价和平衡国际收支,尤其在经济体制转轨时期更显突出;通过货币供求总量的调整,能够保持社会经济总供给与总需求的基本平衡;通过存贷款基准利率、法定存款准备金率和再贴现率的调整,对调节物价总水平的作用突出;通过利率调整可调节国民的消费与储蓄,如通过高利率鼓励储蓄、低利率刺激消费和投资的需求;货币政策的操作是一种经济行为,对经济的调节作用比较平缓,有利于发挥市场机制作用,且具有灵活性等优点。

综上所述,从宏观调控的财政政策与货币政策两个主要手段来看,财政政策在公平分配、结构调整、经济增长、资源配置和充分就业等方面较货币政策更有优势,而货币政策的优势在于稳定物价和平衡国际收支。

2. 财政政策与货币政策的缺陷

财政政策的缺陷相对于货币政策而言,主要表现在:财政政策对社会总需求的调节不如货币政策直接,前者一般只是改变总量中的比例和分布,后者则直接作用于总量;对经济的调节作用容易对市场机制形成冲击,震动较大,不易形成"微调"的效果;财政政策的作用过程主要是经济干预,不是靠经济行为主体的竞争、市场供求关系和市场机制,因而对提高资金的使用效率缺少刺激;财政政策的制定是经济决策和政策决策的过程,需要经过一定的法定程序,实行起来灵活性较小。

货币政策的缺陷相对于财政政策而言,主要表现在:货币政策难以解决国民收入分配不公的问题;在弥补市场机制的缺陷和推动各部门经济的协调发展等方面,不如财政政策直接和有效,如货币政策对推动那些私人不愿投资和不适合投资的事业发展的作用不如财政政策明显或直接;由于货币政策存在传导环节多、时间长、易受各种因素的干扰等情况,在调整经济结构和促进区域经济协调发展方面难以直接、有效地发挥作用,特别是在国民经济结构严重失衡的情况下,单靠货币政策难以有效地解决问题。

(四)财政政策与货币政策的配合

1. 财政政策与货币政策配合的基本方式

财政政策与货币政策各自具有的优势和缺陷,以及存在的共性和差异,决定了两大宏观经济政策在制定和实施中的互补性。两大政策目标如果不能协调配合,必然会造成政策效果的相悖,导致宏观经济运行失控。总体上说,两者协调配合的模式有多种,从实践上可概括为以下六种方式:

(1)"双积极"结合的政策

"双积极"结合的政策即指积极的财政政策与积极的货币政策的有机结合。积极的财政政策主要通过减税和扩大财政支出规模来增加社会总需求,积极的货币政策主要通过降低法定存款准备金率、利率等工具来扩大信用规模和增加货币供应量。在社会总需求严重不足、生产能力难以保障和生产资源大量闲置的情况下,宜选择该种政策组合方式,从而刺激需求、增加投资、扩大就业。但应注意其调控的力度,如果过大或过猛可能会带来严重的通货膨胀。我国1998年和2008年采取了该政策方式。

(2)"双紧缩"结合的政策

"双紧缩"结合政策即指紧缩财政政策与紧缩货币政策的有机结合。紧缩财政政策主要通过增加税收、削减财政支出减少消费和投资,抑制社会总需求;紧缩货币政策主要通过提高法定存款准备金率等来增加储蓄,以减少货币的供应量,抑制社会投资和消费需求。财政政策和货币政策"双紧缩"结合的政策方式用来治理需求膨胀与通货膨胀,但如果调控力度过大或过猛,也可能造成通货膨胀、经济停滞甚至滑坡等问题。我国1985年采取了该政策方式。

(3)"双稳健"结合的政策

"双稳健"结合的政策即指中性财政政策与中性货币政策的有机结合。该方式强调两大政策工具的稳健取向,财政政策主要保持财政收支的基本平衡或增量平衡,货币政策则力图保证货币供应量或利率的稳定。这种"双稳健"政策的重点在于掌握财政政策与货币政策调控的力度,该紧则紧,该松则松,手段灵活搭配,有机组合,主要适用于社会总供求基本均衡、经济运行比较平稳而经济结构调整成为主要任务的情况。但由于经济波动是市场经济发展的客观规律,所以一旦经济运行发生变化,就应对"双稳健"结合的政策方式及时做出调整。我国在连续实施7年"双积极"结合的政策后于2004年采取了该政策方式。

(4)"松与紧"结合的政策

"松与紧"结合的政策即指在财政政策与货币政策运用上采取一松一紧的有机结合。其政策内容主要包括:①积极财政政策和紧缩货币政策,前者可刺激需求、有效克服经济萧条的问题,后者可避免过高的通货膨胀,但长期运用该政策组合会累积大量的财政赤字;②紧缩财政政策和积极货币政策,前者可抑制社会总需求、防止经济过热、控制通货膨胀,后者可保持经济的适度增长。财政政策与货币政策"松与紧"结合的政策方式,适用于在控制通货膨胀的同时保持适度经济增长的情况。我国于1979年采取了该政策方式。

(5)"适当积极"的政策

"适当积极"的政策即指积极财政政策与稳健货币政策的有机结合。我国针对东南亚金融危机的冲击和国内发生严重的自然灾害,以及国民经济运行中呈现出投资需求、消费需求和出口需求不足的情况,于1998年实施了该政策方式。从实施的效果看,基本上实现了扩大内需、拉动经济增长等预期目标。

(6)"适度从紧"的政策

"适度从紧"的政策即指紧缩货币政策与稳健财政政策的有机结合,重点是把握财政政策与货币政策的调控力度,该紧则紧,该松则松,将其政策工具灵活搭配、有机组合。"适度从紧"的政策方式宜于在总需求过旺、经济结构不合理、财政赤字过大和通胀居高不下的情况下采用。我国于1996年及"九五""十一五"时期采取了该政策方式,旨在抑制通货膨胀。

2. 财政政策与货币政策配合的简要分析

从上述几种政策组合可以看出,所谓的"松"或"紧"实际上是指财政政策与货币政策在资金供应上的"松"或"紧"。即凡是使社会资金供应增加的措施,如减税、增加财政支出、降低法定存款准备金率与利率、扩大信贷支出等,都属于积极政策措施;反之,都属于紧缩政策措施。

具体采取何种政策组合,则取决于国家宏观经济运行状况及政府所要达到的政策目标。一般而言,如果社会总需求明显小于总供给,就应采取积极政策措施,以扩大社会总需求;反之,则采取紧缩政策措施,以抑制社会总需求的增长。

此外,还应看到,财政政策与货币政策对总供给也有着积极的调节作用,在社会总需求大于总供给的情况下,既可用紧缩政策来抑制总需求,也可通过积极政策来促进总供给的增长。因此,财政政策与货币政策在实际运用中应根据经济状况适时进行协调,这样才能达到有效调控国民经济

二、不同阶段财政政策的实践

(一) 1993—1997 年实施的从紧财政政策

1993—1997 年,我国政府为应对经济过热和通货膨胀,实施了适度从紧的财政政策,即紧缩性财政政策,实现了反周期调节的预期目标,促进了经济的稳定增长。这是我国社会主义市场经济体制建设中首次有效运用财政政策进行宏观调控的成功范例,也标志着政府宏观调控方式从行政手段为主向经济手段为主的重大转变,财政政策开始成为保障宏观经济稳定、促进经济协调发展的重要调控工具。

1. 适度从紧财政政策的实施背景

由于投资需求过度扩张,生产资料价格迅速攀升,国内生产总值增长率连续五个季度在两位数以上(如图 11-4 所示),超出了我国经济增长的正常范围。

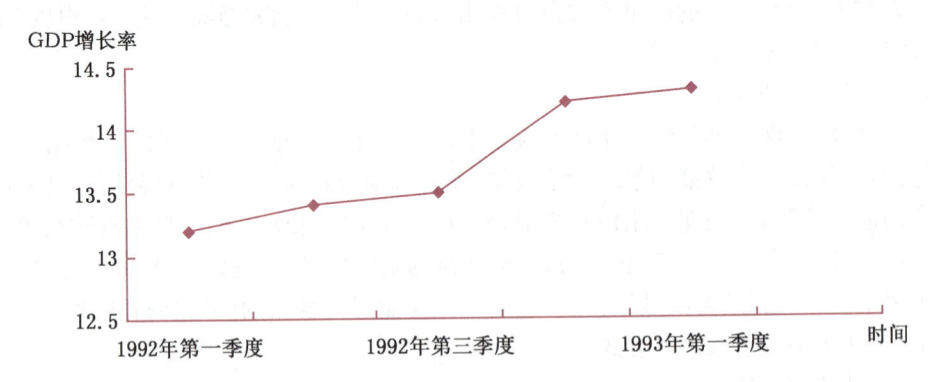

资料来源:中国经济信息网数据库。

图 11-4 1992—1993 年第一季度 GDP 增长率

1993—1996 年,我国宏观调控的着力点是控制通货膨胀,主要表现在以下三个方面:(1)四个"热"——房地产热、开发区热、集资热和股票热。(2)四个"紧张"——交通运输紧张、能源紧张、原材料紧张和资金紧张。(3)一个"乱"——经济秩序混乱,特别是金融秩序混乱。表 11-2 显示了 1991—1995 年我国各种物价总指数的变化情况。

表 11-2　　　　　1991—1995 年我国各种物价的总指数(上年=100)

年份	商品零售价格总指数	居民消费价格总指数
1991	102.9	103.4
1992	105.4	106.4
1993	113.2	114.7
1994	121.7	124.1
1995	114.8	117.1

资料来源:国家统计局网站。

2. 适度从紧财政政策的内容和特点

财政部门采取了一系列的措施,具体包括:

(1)通过适当压缩财政开支逐步减少财政赤字,控制固定资产投资规模和社会集团购买力,采

取有效措施促进增加有效供给,缩小社会供求总量的差额;

(2)通过税制改革,调整税种结构和税率,严格控制税收减免,清理到期的税收优惠政策,进一步规范分配秩序;

(3)实行分税制财政管理体制改革,提高中央财政收入占全国财政收入的比重,增强中央财政的宏观调控能力;

(4)整顿财经秩序,健全规章制度,强化财税监管,加大执法力度,大力打击逃税骗税和设"小金库"等违法违纪行为,加强对预算外资金使用情况的监督检查;

(5)支持汇率改革,实行以市场供求为基础的、单一的、有管理的浮动汇率制,完善出口退税制度,促进外贸出口增长。

3. 适度从紧财政政策的成效

在货币政策的配合下,1996年国民经济成功实现了"软着陆",既有效地抑制了通货膨胀,挤压了过热经济的泡沫成分,又保持了经济的快速增长。1996年国内生产总值增长9.6%,物价指数比上年增长6.1%,形成了"高增长、低通胀"的良好局面。对此,国际上的评价是非常高的,说中国避免了一次经济灾难。在这一时期财政投资和税收是财政调控的重要杠杆。

(二)1998—2004年实行积极的财政政策

积极的财政政策在类型上属于扩张性的财政政策,是在特定时期采取的应对经济下滑的宏观调控政策。自1997年7月起,爆发了一场始于泰国后迅速扩散到整个东南亚并波及世界的东南亚金融危机,东南亚许多国家和地区的汇市、股市轮番暴跌,金融系统乃至整个社会经济受到严重创伤。

1998年,由于亚洲金融危机的影响,加上国内商品供求矛盾逐步由卖方市场转向买方市场,需求不足的问题成为主要矛盾。经济增长明显受到需求不足的制约,实际上就是通货紧缩。1997年以前,中国经济面临的最大问题是通货膨胀,因此没有治理通货紧缩的经验。在国际上,也是治理通货膨胀的经验比较多,一般都是采取"关水龙头"的做法,包括控制银行货币投放量、提高利率、控制财政支出等。对于治理通货紧缩,最关键的是扩大需求,使社会总供给与社会总需求趋向平衡。为此,党中央、国务院果断决策,及时调整宏观调控政策,由"适度从紧""稳中求进"转向了"扩大内需",实施了积极的财政政策,实质上就是扩张的财政政策,主要是通过发行长期建设国债、增加财政赤字、扩大政府支出,特别是增加投资性支出等来扩大需求,拉动经济增长。其中,国债、税收和投资是财政调控的重要杠杆,主要措施包括:

1. 发行长期建设国债,带动全社会固定资产投资

1998—2004年累计发行9 100亿元的长期建设国债,集中力量建成了一批关系国民经济发展全局的重大基础设施项目,同时带动社会投资特别是民间资本的跟进。

2. 调整税收政策,刺激需求增长

对涉及投资、消费及进出口的税收政策及时作了相应的调整,分别实行了对符合国家产业政策的技术改造项目的国产设备投资按40%的比例抵免企业所得税,对国家鼓励发展的外商投资项目和国内投资项目的进口设备在规定的范围内免征关税和进口环节增值税,停征固定资产投资方向调节税,恢复征收居民储蓄存款利息个人所得税,分3年将金融保险企业营业税税率由8%降至5%,以及多次提高出口货物增值税退税率等政策措施。

3. 调整收入分配政策,改善居民消费心理预期

连续四次调整机关事业单位职工工资,建立艰苦边远地区津贴制度,实施机关事业单位年终奖金制度。同时,增加社会保障投入,提高社会保障水平。

4. 规范收费制度,减轻社会负担,推动、扩大消费

1998年以来,取消行政事业收费项目1 805项,共减轻社会负担1 417亿元;农村税费改革不断深化,农民负担明显减轻。

5. 支持国民经济战略性调整,促进国有企业改革和产业结构优化

在稳健的货币政策的配合下,积极的财政政策基本完成了预期的宏观调控目标:加强了基础设施建设,调整了经济结构,促进了企业技术改造,提高了居民的收入,更重要的是拉动了经济增长。国债投资每年拉动GDP增长1.5—2个百分点,平均每年拉动1.8个百分点,从单一的投资拉动到扩大投资和刺激消费并重,使我们掌握和积累了应对通货紧缩趋势的经验。这一时期,中国经济增长速度基本上保持在7%～9%,又一次实现了国民经济"软着陆",从而避免了中国经济的大起大落。

(三) 2005年开始实施的稳健财政政策

实行稳健的财政政策的核心是松紧适度,着力协调,放眼长远。具体来说,要注重把握"控制赤字,调整结构,推进改革,增收节支"十六个字。

(1)控制赤字,就是适当减少财政赤字,适当减少长期建设公债发行规模,中央财政赤字规模大体保持在3 000亿元左右。同时随着GDP的不断扩大,财政赤字占GDP的比重也会不断下降。继续保持一定的赤字规模和长期建设公债规模,是坚持"发展是党执政兴国的第一要务"的要求,也是保持一定宏观调控能力的需要。这样做的必要性是:第一,政策需要保持相对的连续性,公债项目的投资建设有个周期,在建、未完工程尚需后续投入。在经济高速增长和部分行业、项目对公债资金依赖较大的时候,"刹车"过猛会对经济造成较大的负面冲击。第二,按照"五个统筹"的要求,确实有许多"短腿"的事情要做,保持一定的赤字规模,有利于集中一些资源,用于增加农业、教育、公共卫生、社会保障、生态环境等公共领域的投入。第三,保持一定的调控能力,有利于主动地应对国际国内各种复杂的形势。

(2)调整结构,就是要进一步按照科学发展观和公共财政的要求,着力调整财政支出结构和公债资金投向结构。资金安排上要区别对待,有保有压,有促有控。对与经济过热有关的、直接用于一般竞争性领域的"越位"投入,要退出来、压下来;对属于公共财政范畴的,涉及财政"缺位或不到位"的,如需要加强的农业、就业和社会保障、环境和生态建设、公共卫生、教育、科技等经济社会发展的薄弱环节,不仅要保,还要加大投入和支持的力度,努力促进"五个统筹"和全面协调发展。

(3)推进改革,就是转变主要依靠公债项目投资拉动经济增长的方式,按照既立足当前,又着眼长远的原则,在继续安排部分公债项目投资,整合预算内基本建设投资,保证一定规模中央财政投资的基础上,适当调减公债项目投资规模,腾出一部分财力,用于大力推进体制和制度改革创新,为市场主体和经济发展创造一个相对宽松的财税环境,建立有利于经济自主增长的长效机制。推进改革的内容包括:推进增值税转型改革,推进内外资企业所得税合并,改革和完善农业税费制度,完善出口退税制度;大力支持推进教育、社会保障、医疗卫生、收入分配四项改革,以进一步鼓励和扩大消费。

(4)增收节支,就是在总体税负不增或略减税负的基础上,严格依法征税,确保财政收入稳定增长,同时严格控制支出增长,在切实提高财政资金的使用效率上花大力气、下大功夫。①依法加强税收征管,堵塞各种漏洞,切实做到应收尽收。依法清理和规范税收优惠政策,严格控制减免税。②严格控制一般性支出,保证重点支出需要,各项财政支出都要精打细算。③在继续深化预算管理制度改革的基础上,积极探索建立财政资金绩效评价制度,加强监督检查,严格管理,坚决制止铺张浪费、花钱大手大脚的行为,把该花的钱花好、管好、用好,切实提高财政资金使用的规范性、安全性和有效性,通过提高财政资金的使用效率来替代一定的财政资金的增量需要。④科学使用预算执行中的超收,一般不能做刚性支出和投资安排。

(四) 2008年年末起实行的积极的财政政策

1. 政策转向的背景

(1) 起点：美国房地产市场上的次级按揭贷款危机。这是一场发生在美国，因次级抵押贷款机构破产、投资基金被迫关闭、股市剧烈震荡引起的风暴。它致使全球主要金融市场隐约出现流动性不足危机。美国次贷危机的成因及发展如图11-5所示，美国次贷危机的形成过程如图11-6所示。

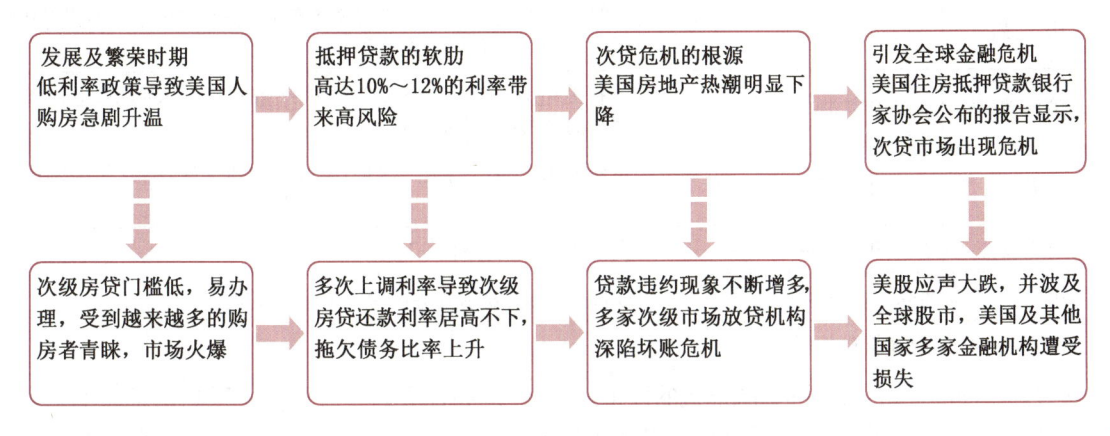

图11-5 美国次贷危机的成因及发展

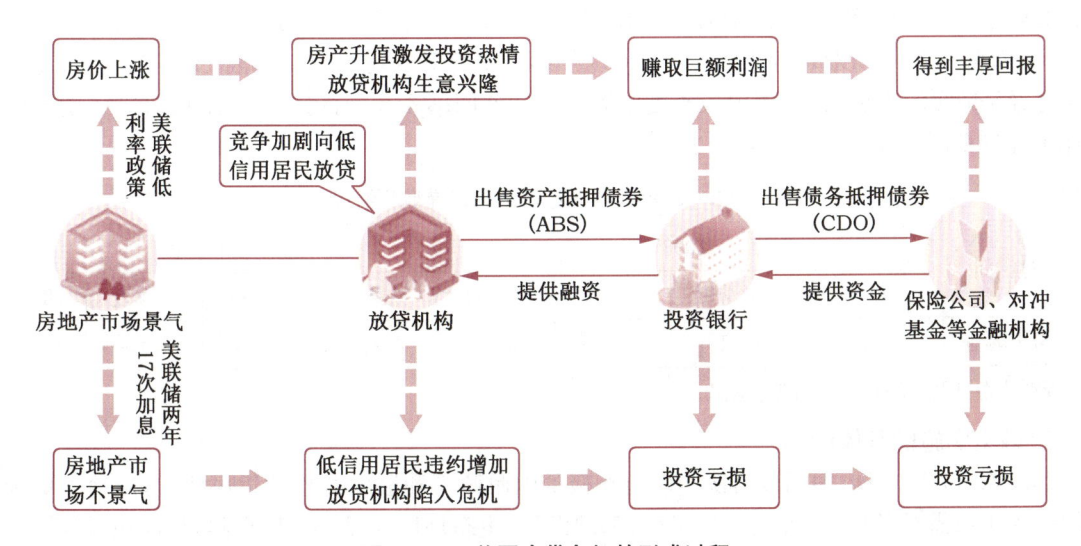

图11-6 美国次贷危机的形成过程

(2) 发展：2006年年底开始出现美国次贷危机的苗头，从苗头发生、问题累积到危机确认，特别是到贝尔斯登、美林证券、花旗银行和汇丰银行等国际金融机构对外宣布数以百亿美元的次贷危机损失。进入2008年，由美国次贷危机引发的全球性金融危机愈演愈烈，并开始对全球实体经济造成严重影响。

(3) 对全球经济的影响：由于金融衍生品市场牵连广泛，源于美国的金融风险通过各类渠道扩散到全球。随着信贷急剧紧缩、市场信心迅速恶化，实体经济也受到严重影响，金融危机逐渐转变为全球性经济危机，世界各国的经济都出现不同程度的放缓或衰退，失业率明显上升，结束了自2002年开始的经济上行周期。美国次贷危机对美国经济及全球经济的冲击如表11-3所示。

表 11—3　　　　　　　　　　　美国次贷危机冲击波

波次	时间	典型事件
第一波	2007年8—9月	不少与次贷相关的金融机构破产,美联储和欧洲央行联手救市并降息,美国抵押贷款风险浮出水面
第二波	2007年年底至2008年初	花旗、美林、瑞银等因次级贷款出现巨额亏损,美国政府和六大房贷商提出"救生索计划"
第三波	2008年3月	美第五大投资银行贝尔斯登资产管理公司破产,美联储为JP摩根大通银行接管提供融资
第四波	2008年7月	房利美和房地美两大房贷公司因严重亏损陷入困境,迫使美联储和财政部再次"救市"
第五波	2008年9月	雷曼兄弟宣布申请破产保护,美林被迫售予美国银行,美国国际集团融资危机
第六波	2008年下半年	世界主要经济体经济下滑
第七波	2009—2010年	欧洲的希腊、爱尔兰等国家陷入债务危机

资料来源:根据媒体报道编写。

(4)对中国的冲击:受国际金融危机的冲击,中国经济和社会的发展面临一系列困难和不确定因素。特别是外部需求明显收缩,部分行业出现产能过剩,部分企业出现经营困难,就业再就业矛盾突出,加上国内经济发展的周期性调整因素的影响,经济增长的下行压力巨大。尽管中国受到的直接冲击相对较小,但对经济增长带来的负面影响也非常明显,2008年第一季度起经济增速连续五个季度减缓,2008年第一季度GDP增速为10.6%,2009年第一季度下滑到6.2%(见表11—4)。受金融危机及全球经济减缓的影响,2008年前三季度中国出口增速回落4.8个百分点,净出口对经济增长的拉动比上年同期减少1.2个百分点。

表 11—4　　　　　　　　2008—2009年中国经济增长速度变化情况

时间	2008年				2009年			
	一季度	二季度	三季度	四季度	一季度	二季度	三季度	四季度
GDP增速	10.6%	10.1%	9.0%	6.8%	6.2%	7.9%	9.1%	10.7%

资料来源:国家统计局定期统计信息。

2. 政策实施的具体内容

2008年11月5日,中国政府决定实行积极的财政政策和适度宽松的货币政策,出台了更加有利的扩大国内需求的措施,加快民生工程、基础设施、生态环境建设和灾后重建,提高城乡居民特别是低收入群体的收入水平,促进经济平稳较快增长。当日召开的国务院常务会议确定了进一步扩大内需、促进经济增长的十项措施:①加快建设保障性安居工程。②加快农村基础设施建设。③加快铁路、公路和机场等重大基础设施建设。④加快医疗卫生、文化教育事业发展。⑤加强生态环境建设。⑥加快自主创新和结构调整。⑦加快地震灾区灾后重建各项工作。⑧提高城乡居民收入。提高下一年粮食最低收购价格,提高农资综合直补、良种补贴、农机具补贴等标准,增加农民收入。提高低收入群体等社保对象的待遇水平,增加城市和农村低保补助,继续提高企业退休人员基本养老金水平和优抚对象生活补助标准。⑨在全国所有地区、所有行业全面实施增值税转型改革,鼓励企业技术改造,减轻企业负担1 200亿元。⑩加大金融对经济增长的支持力度。初步匡算,实施上述工程建设,到2010年年底约需投资4万亿元。为加快建设进度,会议决定,2008年第四季度先增加安排中央投资1 000亿元,2009年灾后重建基金提前安排200亿元,带动地方和社会投资,总规模达到 4 000 亿元。这一重大举措被简称为"四万亿投资计划"。此后，又实施了结构性减税、"家电下乡"，以及鼓励汽车、家电以旧换新等政策措施，以扩大投资和消费；完善出口信贷保险和出口税收政策，适时调整出口退税率等政策，以稳定出口。同时，实施了十大产业调整振兴计划、国家科技重大专项、发展高技术产业集群、加强企业技术改造等政策，以调整优化经济结构；另外，稳定农业发展，促进农民增收，制定实施稳定和扩大就业政策，提高离退休职工的离退休金和养老金，提高最低保障水平和最低工资标准等措施，以改善民生。上述各项调控措施统称为"一揽子计划"。

2009 年起的新一轮积极的财政政策具有下列特点：①总结了 1998 年应对亚洲金融危机的积极财政政策的经验，措施更加全面，政府投资力度更大；②既着眼于拉动经济增长，又努力兼顾调整经济结构，加快转变经济增长方式；③财政政策发挥了主角作用，地位更加突出。需要指出的是，"一揽子计划"绝不是单纯的基本建设投资计划，它最直接、最重要的目标是扭转经济增速下滑趋势，保持经济平稳较快增长，其实质和核心是解决制约中国经济发展的结构性问题，加快转变发展方式，全面提升经济发展的质量和水平。

政策亮点：首先是政府投资充当主角。共计新增中央政府公共投资 1.18 万亿元，其中，2008 年第四季度、2009 年和 2010 年分别新增投资 1 040 亿元、4 875 亿元、5 885 亿元（见表 11－5）。其次是第一次放开地方政府举借公债，2009—2011 年每年由财政部代理发行 2 000 亿元地方政府债券，列入省级预算管理。再次是实施大规模的减税政策，主要是增值税转型（就是将中国现行的生产型增值税转为消费型增值税）。2009 年这项改革减轻企业税约 1 233 亿元。最后是实行了赤字财政政策。2009 年起财政赤字大幅增加，国债规模也大幅扩大，具体见表 11－6。

表 11－5　　　　　　　　　　2008—2011 年中央财政投资金额

年　份	2008	2009	2010	2011
中央财政公共投资额（亿元）	1 521	9 080	9 927	10 710
比上年增长率（%）	13.2	497.0	9.3	7.9

资料来源：财政部 2008—2011 各年预算报告。

表 11－6　　　　　　　　　　2008—2011 年全国财政赤字

年　份	2008	2009	2010	2011
财政赤字额（亿元）	1 800	9 500	10 000	9 000
占 GDP 比重（%）	0.6	2.98	2.5	2

资料来源：财政部 2008—2011 各年预算报告。

3. 政策成效

总体而言，中国政府应对这一场全球金融危机的影响所采取的措施是空前的，其效果突出表现为"四个一"，具体表现在以下方面：

"一个回升"：生产增速稳步回升。统计显示，经初步核算，2009 年上半年国内生产总值（GDP）同比增长 7.1%。分季度来看，第二季度 GDP 增长 7.9%，增速逐季加快。规模以上工业生产增长更为明显。在工业行业中，大部分行业生产增长加快。

"一个加快"：国内需求增长加快。扩大内需是经济企稳回升的动力和抓手。2009 年上半年，全社会固定资产投资同比增长 33.5%，增速比第一季度加快 4.7 个百分点。同期，社会消费品零售总额增长 15%，其中，商品房、汽车销售分别增长 31.7% 和 17.7%，成为内需增长中两个较为突出的亮点。

"一个推进"：经济结构调整积极推进，表现在三个方面：①基础设施和基础产业进一步得到加强;②装备工业较快回升,2009年上半年装备工业同比增长6.7%,比第一季度加快3个百分点;③区域发展协调性有所增强,中西部地区投资和工业生产增长均明显加快。

"一个改善":民生继续得到改善。在经济困难的情况下,民生仍得到了进一步改善:①就业基本稳定;②居民收入增长平稳;③社会保障支出进一步增加,2009年上半年财政用于社会保障和就业的支出同比增长29.2%,中央财政对城市和农村居民最低生活保障补贴支出分别增长49.9%和140%以上。

从性质上看,"一揽子计划"是以应对国际金融危机、促进经济平稳较快发展为主线,统筹兼顾,突出重点,全面实施促进经济平稳较快发展的经济刺激计划,属于扩张性的宏观调控政策。"一揽子计划"实施后,取得了"农民得实惠、企业得市场、政府得民心、经济得发展"的良好效果。

(五)积极的财政政策要加力提效

为有效应对当前财政经济形势,按照中央经济工作会议部署,积极的财政政策要加力提效,这充分体现了稳中求进的工作总基调,兼顾了需要与可能、当前与长远、发展与安全。"加力",就是要适度加大财政政策扩张力度。一是在财政支出强度上加力,统筹财政收入、财政赤字、贴息等政策工具,适度扩大财政支出规模。二是在专项债投资拉动上加力,合理安排地方政府专项债券规模,适当扩大投向领域和用作资本金范围,持续形成投资拉动力。三是在推动财力下沉上加力,持续增加中央对地方转移支付,向困难地区和欠发达地区倾斜,兜牢兜实基层"三保"底线。

"提效",就是要提升政策效能。一是完善税费优惠政策,增强精准性和针对性,着力助企纾困。二是优化财政支出结构,提高财政支出绩效,更好发挥财政资金"四两拨千斤"的作用,有效带动扩大全社会投资,促进消费。三是加强与货币、产业、科技、社会政策的协调配合,形成政策合力,推动经济运行整体好转。

【同步案例11-1】　　　　　积极的财政政策加力提效

材料一:2023年1月1日起,我国对1 020项商品实施低于最惠国税率的进口暂定税率;1月2日起,我国对原产于印度尼西亚的部分商品实施《区域全面经济伙伴关系协定》(RCEP)协定税率;7月1日起,我国将对62项信息技术产品的最惠国税率实施第八步降税……

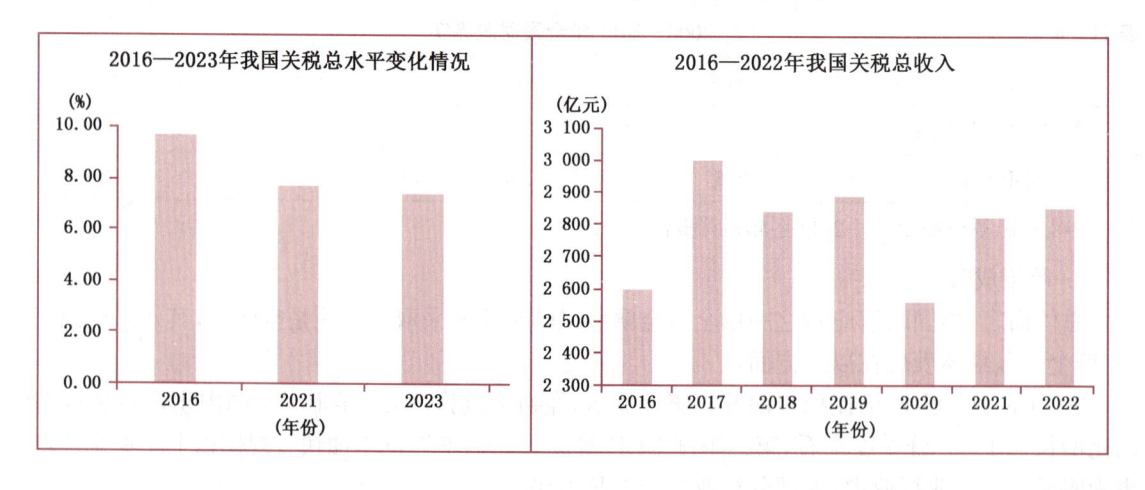

2016—2023年我国关税总水平变化情况

2016—2022年我国关税总收入

材料二:2023年,我国积极的财政政策加力提效。进一步完善税费优惠政策,突出对中小微企业、个体工商户以及特困行业的支持,让企业多减一些负担。优化政策组合工具,在打基础、利长远、补短板、调结构上加大投资,落实国家重大战略任务财力保障。党政机关继续过紧日子,更好节用裕民。积极支持科技攻关、乡村振兴、教育、绿色发展等重点领域。持续增加中央对地方转移支付,提高地方财力保障水平。推进基本公共服务保障标准体系建设。拧紧财经纪律的"紧箍咒",坚决制止违法违规举债行为,牢牢守住不发生系统性风险底线。

课堂讨论:
(1)解读材料一中的经济信息。
(2)结合材料二分析我国积极的财政政策加力提效的重要意义。

应知考核

一、单项选择题

1. 下列不属于财政政策目标的是( )。
   A. 充分就业　　　B. 国际收支平衡　　　C. 物价稳定　　　D. 币值稳定
2. 紧缩性财政政策的目的包括( )。
   A. 增加税收　　　B. 减少税收　　　C. 扩大财政支出　　　D. 赤字
3. 政府实行扩张性的财政政策通常需要安排更多的支出,政府增加支出的资金主要来自( )。
   A. 增加税收　　　B. 压缩其他支出　　　C. 向中央银行借款　　　D. 发行国债
4. 下列不属于扩张性财政政策的是( )。
   A. 扩大公共投资　　　　　　　B. 结构性减税
   C. 增加农机消费的财政补贴　　　D. 降低利率
5. 中央经济工作会议确定了要继续坚持"稳中求进"工作总基调,通过宏观经济政策实现"稳增长""调结构"与"促改革"三大目标。下列调控目标、调控政策、具体措施三者对应最恰当的是( )。
   ①稳中求进——积极的财政政策——扩大营业税改增值税试点
   ②稳增长——积极的财政政策——保持货币信贷的合理增长
   ③调结构——稳健的货币政策——扩大企业创新的税收优惠
   ④促改革——稳健的货币政策——逐步推进人民币汇率市场化
   A. ②③　　　B. ③④　　　C. ③④　　　D. ①④

二、多项选择题

1. 货币政策的基本类型包括( )。
   A. 扩张性的货币政策　　　　　B. 紧缩性的货币政策
   C. 中性货币政策　　　　　　　D. 以上都对
2. 我国中央银行调节市场货币量的三大法宝是( )。
   A. 存款准备金率　　B. 再贴现率　　C. 公开市场业务　　D. 再贷款利率
3. 积极的货币政策主要通过( )。
   A. 降低法定存款准备金率　　　B. 降低利率
   C. 扩大信用规模　　　　　　　D. 增加货币供应量
4. 财政政策的目标主要有( )。
   A. 经济增长　　　B. 充分就业　　　C. 物价稳定　　　D. 国际收支平衡
5. 地方预算主要包括( )。
   A. 公检法支出　　　　　　　　B. 地方文化

C. 城市维护和建设经费　　　　　　D. 价格补贴

三、判断题
1. 中性财政政策是指财政的分配活动对社会总需求的影响比较温和。（　）
2. 自动稳定的财政政策本身不具有内在的调节功能。（　）
3. 经济增长通常用国内生产总值增长率指标来度量。（　）
4. 充分就业的衡量指标是就业率。（　）
5. 稳定物价的衡量指标是物价上涨率或通货膨胀率。（　）

四、简述题
1. 简述财政政策的含义和功能。
2. 简述财政管理体制的含义及构成。
3. 简述分税制改革存在的问题及完善思路。
4. 简述货币政策的含义及工具。
5. 简述财政政策与货币政策的关系。

应会考核

■ 观念应用

【背景资料】

财政货币政策齐发力，护航国计民生

2023年以来，面对世界经济下行压力加大、不确定性因素增加，以及国内需求收缩、供给冲击、预期转弱三重压力，在以习近平同志为核心的党中央坚强领导下，经济发展呈现回升向好态势，经济运行实现良好开局。但当前经济运行好转主要是恢复性的，内生动力还不强，推动高质量发展仍需要克服不少困难挑战。

2023年4月28日召开的中共中央政治局会议指出，恢复和扩大需求是当前经济持续回升向好的关键所在。积极的财政政策要加力提效，稳健的货币政策要精准有力，形成扩大需求的合力。随着需求逐步回升和政策效应叠加，中国经济社会活力将进一步释放，继续成为世界经济迈向复苏的"稳定器"和增长的"发动机"。

有人认为，实现中国经济高质量发展，应采取扩张性宏观经济政策，要肩负起推动全球经济增长的重任。

【考核要求】

结合材料，运用当今经济与社会、国际政治与经济知识，对该观点进行评析。

■ 技能应用

积极的财政政策和稳健的货币政策相结合

某年12月，中央经济工作会议在北京举行。在转变发展方式、优化经济结构、转换增长动力的攻关期，在世界经济增长持续放缓、国内经济下行压力加大的关键期，明确方向、保持定力、提振信心格外重要。为此，中央经济工作会议指出，宏观政策要强化逆周期调节，继续实施积极的财政政策和稳健的货币政策。积极的财政政策要加力提效，实施更大规模的减税降费，较大幅度增加地方政府债券的规模，稳健的货币政策要松紧适度，保持流动性合理充裕，解决好小微企业融资难和融资贵的问题。

【技能要求】

(1)材料中措施体现了宏观调控的哪些手段?这些手段常见的各有哪些?

(2)结合材料说明为保持经济的平稳运行,政府应当怎样发挥作用?

■ 案例分析

【案例情境】

积极的财政政策,稳定经济发展

受疫情、经济下行等多种因素影响,2022 年我国财政收支状况不容乐观。据财政部公布的数据,1—8 月全国一般公共预算收入 138 043 亿元,扣除留抵退税因素后增长 3.7%,按自然口径计算下降 8%;同期全国一般公共预算支出 165 177 亿元,比 2021 年同期增长 6.3%。尽管如此,为了使我国经济尽快重新回到正常轨道,相关支出不仅不能减少,而且要适当增加,积极的财政政策需顶风前行,主动作为、全力作为。以保就业、稳就业为重点,扩大财政支出规模,切实保障基本民生。一系列阶段性、有针对性的减税降费政策措施及时出台,对受疫情影响较大行业企业给予税收减免,加大个体工商户和小微企业税收优惠力度,阶段性减免社保费、医保费用,减免部分行政事业性收费。

【分析要求】

结合材料说明积极的财政政策是如何稳定经济发展的。

项目实训

【实训内容】

中央经济工作会议于 2023 年 12 月 11 日至 12 日在北京举行。业内专家表示,本次会议主要围绕中央政治局会议确定的方针原则,对 2024 年经济工作做出全面部署和安排。本次会议要求继续"加大宏观调控力度",意味着宏观政策将保持连续性和稳定性,这将有助于改善社会预期、提振市场信心。中央经济工作会议要求,2024 年要坚持稳中求进、以进促稳、先立后破,多出有利于稳预期、稳增长、稳就业的政策,在转方式、调结构、提质量、增效益上积极进取,不断巩固稳中向好的基础。要强化宏观政策逆周期和跨周期调节,继续实施积极的财政政策和稳健的货币政策,加强政策工具创新和协调配合。

【实训目标】

加深学生对财政学的认识和理解,学会运用本项目的知识,解决财政学的基本问题,学会分析问题,从而提高学生的综合素质。

【实训组织】

将学生分成若干组,每组 7 人,每组设组长 1 名,组长负责组织本组成员进行实训,由组长将实训结果书面写成报告,并总结。(注意:教师提出活动前的准备和注意事项。)

【实训成果】

(1)考核和评价采用 PPT 报告资料展示和学生讨论相结合的方式。

(2)评分采用学生和教师共同评价的方式,填写实训报告。

实训报告			
项目实训班级：		项目小组：	项目组成员：
实训时间：　年　月　日		实训地点：	实训成绩：
实训目的：			
实训步骤：			
实训结果：			
实训感言：			

项目十二　国际财政

- 知识目标

  理解：国际财政的概念及意义；国际财政的产生与发展。
  熟知：国际财政援助的概念；国际财政协调机制。
  掌握：国际财政援助的方式；国家财政协调的内容；国际税收协调。

- 技能目标

  能够掌握国际财政的基本知识、基本原理；解读国际财政援助的方式、机制，国际财政协调的内容、机制，开展国际财政援助的必要性；能够结合实际分析国际财政协调的必要性。

- 素质目标

  运用所学的国际财政知识研究相关案例，培养和提高学生在特定业务情境中分析问题与决策设计的能力；结合行业规范或标准，强化学生的职业道德素质。

- 思政目标

  能够正确地理解"不忘初心"的核心要义和精神实质；树立正确的世界观、人生观和价值观，做到学思用贯通、知信行统一；通过国际财政知识，坚持重信守诺、务求实效；既要"言必信，行必果"，也要量力而行、尽力而为。

- 项目引例

IMF 如何向低收入国家提供支持？

IMF 向低收入国家（LIC）提供资金援助和其他支持。IMF 在监督规划中对成员国的经济金融政策开展持续监测。IMF 与各国当局的讨论关注其经济政策对经济稳定和增长的影响，以及理想的政策措施。IMF 提供的能力建设主要关注低收入国家如何增加国内收入、管理公共财政和货币政策、监管其金融体系以及完善其统计体系。努力帮助 IMF 成员国设计、实施健全的政策，帮助其实现联合国的"可持续发展目标"。

引例反思：

（1）IMF 可以使用哪些工具为低收入国家提供支持？

(2)中国的发展离不开世界,世界的发展也需要中国。"一花独放不是春,百花齐放香满园"。结合习近平总书记的经济思想,对此进行分析。

- 知识精讲

任务一　国际财政概述

国际财政是国家财政的延伸。随着经济全球化的加快,国际经济往来日趋频繁,国际经济活动日渐增多,国际财政问题也变得越发突出,需要在全球视野下重新审视财政的职能与地位。

一、国际财政的概念及意义

(一)国际财政的概念

国际财政(international finance)是指国家之间的财政分配关系,包括税收收入的分配、国家间政府资金的转移、全球性公共产品的提供等。与国家财政相比较,国际财政具有一般财政的普遍性特征,但又有其自身固有的特殊性,即国际性、整体性、复杂性和协调性等特点。国际财政包括两个方面的内容:①提供全球性公共产品形成的超出一国范围的财政分配关系,最典型的有欧盟的出现和发展、国际财政援助的扩大;②国家之间利益分割形成的财政分配关系,最典型的是国际税收问题。

国际财政活动包括各种类型的国际财政协调与合作,几乎覆盖全部财政活动。国与国之间签订国际税收协定、国与国之间在税收征管上的合作、财政政策的国际协调、全球共同事务的国际联合应对、国际财政援助等,都是国际财政活动的具体内容。国际财政活动还包括国家与国际组织之间的财政关系。虽然国际财政活动中没有统一的"世界政府"来负责,征税并安排相应支出,但一些国际组织,如联合国、国际货币基金组织(IMF)、世界银行、欧洲联盟(EU)等,已经建立了相对比较成熟的收入和支出体系,构成了国际财政收入的重要内容。

(二)研究国际财政的意义

研究国际财政有助于更好地了解全球经济、金融市场和政策的发展趋势,从而为政府、企业和投资者提供有针对性的政策建议和决策支持。研究国际财政的主要意义包括:①促进国际合作与发展。国际财政研究有助于各国政府和国际组织制定相互合作、互利共赢的政策,从而推动全球经济增长和发展。②提高政策制定效率。研究国际财政可以帮助政策制定者更好地了解国际经济形势和全球金融市场,以便更有效地制定和调整财政政策、货币政策和金融监管政策。③促进资源优化配置。国际财政研究有助于跨国企业和投资者在全球范围内优化资源配置,提高资本利用效率,实现利益最大化。④防范金融风险。研究国际财政可以识别和分析全球金融市场的风险,为监管部门和金融机构提供应对策略,降低金融风险对实体经济的影响。⑤提高国际金融竞争力。通过研究国际财政,可以发现各国金融市场的优势和劣势,为我国金融市场改革和发展提供借鉴,提高我国在国际金融竞争中的地位。⑥增进国际经济理解。研究国际财政有助于增进各国人民对国际经济、金融合作和发展的理解,为国际和平与繁荣创造良好的舆论环境。

二、国际财政的产生与发展

国家产生之后就有了国家财政,同时也就有了国际财政。国与国之间经济联系不是特别密切时,国际财政活动就相对简单。随着国际经济联系的增多,国家财政主权之间的冲突表现得尤其突出,一些跨国经济活动会受到不同国家财政行为的扭曲,国与国之间需要有协调财政活动的适当渠道,需要有协调和处理跨国经济活动所引起的财政行为冲突的原则框架,需要有适当的国际组织担负起相应的职责,由此国际财政协调与国际组织的作用与日俱增。

国与国之间因为经济交往的增多,会出现国家税收主权的争夺问题。当一国涉外经济规模很小时,相关的税收权益也相对较小,税收主权的争夺问题就不会很严重。而当一国经济开放度大大提高时,无论是从税收权益,还是从市场的公平竞争来看,一国政府再也不能无视税收主权问题,再也不能轻视国际经济活动减免税所带来的各种经济主体的公平竞争环境问题。国际税收协调因此就变得越来越重要。相应地,国际税收规则和国际税收秩序就必须确立起来,并随着经济社会环境的变化而调整。

三、国际财政的理论分析

(一)国际资源配置

1. 国际资源配置职能的概念

国际财政具有国际资源配置的职能,国际财政活动应该能够促进全球性公共产品的最优配置。这里重要的是国家之间就全球性公共产品提供及成本分摊机制的决策问题。

全球性公共产品的受益范围超过一个国家,可能覆盖特定地区,简而言之,也可能让全球受益。全球性公共产品是在全球范围内具有消费上的非竞争性和非排他性的产品。公共产品一旦被提供出来,所有人都会受益,且一个人的消费不会影响其他人的消费。要将世界上的某个人排除在全球性公共产品的消费范围之外,或无法做到,或成本太高而得不偿失不值得去做。

参照一国范围内的公共产品分类,全球性公共产品也可以分为全球性纯公共产品和准公共产品。准公共产品是只具有消费上的竞争性和排他性中某一特征的产品。这里包括俱乐部产品和公共资源。俱乐部产品只是对全球范围内付费的各方开放的产品。通常对应于区域性公共产品。公共资源是对全球开放的,但存在消费上的竞争性,一方的消费可能会影响另一方的消费。

根据成本和收益对称的原则,全球性公共产品应该由受益方共同出资。这类公共产品包括世界和平、永续的环境、统一的世界商品和服务市场、全球人类健康、基础知识的全球普及等。

2. 全球性公共产品提供的难题与破解

如果一国范围内的公共产品提供存在困难,这只是一国内部的事,解决起来相对简单。由于没有世界统一政府,因此全球性公共产品的提供更多地要通过国际组织,通过作为不同利益主体的国家的磋商协调加以解决,决策难度加大。现实中,各国之间对某些事物认识的分歧更是加大了全球性公共产品提供的困难。

公共产品的国际合作提供的难题之一是政府存在"搭便车"心理。无政府状态下的公共产品的联合提供很容易出现"囚徒困境",各国政府可能"搭便车"导致公共产品不能顺利提供,或所提供的公共产品远远低于合理的水平。难题之二是成本合理分担标准的确定。大国和小国在全球性公共产品提供中成本应该如何分摊,以经济发展水平作为成本分担的标准是否合适,如何区别对待不同经济发展水平的成本提供差异,都是需要解决的问题。

破解全球性公共产品提供难题的重要途径是国际双边或多边对话、谈判、协调、国际组织活动等。

(二)国际收入分配

1. 国际收入分配职能的概念

一国财政具有收入分配职能,国际财政也承担着一定的收入分配职能。国际收入分配职能旨在促进国际的收入公平,是通过国际税收、国际财政支出以及其他国际财政活动来实现的。它可以区分为两个层次:一是国家层面的收入公平。这主要是指国际财政权益在国家之间根据公平的规则进行分配。二是泛国际层面的收入公平。这主要是指超越国界的人们之间的公平问题。如果说国家财政层面的收入分配职能解决的是一国之内的收入分配问题,那么国际收入分配所要解决的是地球村作为一个整体的收入分配问题。一国之内的收入分配工具在这里仍然可用,但由于国家主权的约束,工具的使用受到一定限制。

2. 国际税收

国际税收是国内税收的延伸。与国内税收不同,国际上不存在一个扮演征税机构角色的类似政府的国际组织,但有跨越国界的税收活动,即国际税收活动。国际税收活动与国内税收关系密切。没有国内税收,也就没有国际税收。但是,国际税收基于国内税收,产生之后又有不同于国内税收的活动规则。国际税收是在一定规则约束下,国家(地区)处理涉及国与国之间税收利益分配关系活动的总称。

国际税收利益的冲突需要国家(地区)间的协调。协调的基础是各国税收管辖权。税收管辖权的确定原则包括属地原则和属人原则,不同的原则引出不同的税收管辖权。在属地原则下,可能实行的税收管辖权包括来源地税收管辖权、财产所在地税收管辖权、目的地税收管辖权、原产地税收管辖权等。在属人原则下,可能实行的税收管辖权包括公民税收管辖权、居民税收管辖权等。当两种原则并用时,不可避免地会出现国际重复课税问题。当适用一种原则时,由于对原则的理解不同,国际重复课税问题也可能出现。

3. 对外援助

对外援助是国际惯例,多表现为发达国家对发展中国家的援助。经济实力相对较强的发展中国家对相对较弱的发展中国家也会有对外援助。在特定情形下,出于某种紧急情况,经济实力弱的国家也可能对实力强的国家施以援助,包括发展中国家对发达国家的援助。

对外援助在很大程度上是国际收入分配差距所致。经济能力较强的国家,在正常的贸易投资和经贸交往中获利较多,有义务对市场经济中相对不足的一方给予补偿。对外援助是维护全球稳定的需要,是维护国家利益和安全的需要,是落实国际人道主义的需要。一个国家对其他国家的援助有助于巩固和发展双边及多边经贸关系,巩固国家(地区)间的友谊,可以让世界各国共享经济增长红利。

(三)国际经济稳定与发展

1. 国际经济稳定与发展的概念

国际财政具有国际经济稳定与发展的作用。这与国家财政是一致的。在经济全球化背景下,一国面临的问题,同样是国际财政必须面对的问题。国际财政旨在促进国际经济(全球经济)的稳定与发展,实现手段主要是国际财政政策的协调与合作。

2. 国际财政政策的协调与合作

开放经济条件下,一国经济政策不能只考虑本国情况,其他国家的经济政策选择也会影响本国政策的有效性。全球经济稳定是各国需要共同面对的问题。经济全球化要求国际经济政策包括财政政策的协调和合作。1997年亚洲金融危机和2008年国际金融危机爆发之后,无论是学术界还是社会各界,都在重新反思宏观经济政策,重新思考财政政策的作用,财政政策在应对金融危机上的优势已经得到事实证明。

在开放经济条件下,财政政策的运作已不能只考虑一国的自身因素。随着经济全球化步伐的加快,一国只考虑自身因素选择财政政策,容易出现"以邻为壑"现象,越来越不能适应现实发展的需要。在全球经济治理体系中,大国与小国的经济力量对比悬殊,不能期望其发挥同样的作用。有时,甚至会出现大国之间经济政策方向相左之事。因此,财政政策的国际协调就显得特别重要。

任务二　国际财政援助

一、国际财政援助的概念

国际财政援助是一国或国家集团对另外一国或国家集团提供的无偿或优惠的有偿货物或资金,用以解决受援国所面临的政治、经济困难或问题,或实现援助国家特定目标的一种手段。国际财政援助一般以主权国家为基本行为主体,从总体构成来看,官方援助仍在国际财政援助中占据绝对的优势。因此,国际财政援助主要是指官方发展援助(ODA)。国际财政援助体系目前由 150 多个多边机构、33 个双边机构(其中 22 个国家为经济合作与发展组织下属的发展援助委员会即 OECD/DAC 的成员)、至少 10 个提供了大量 ODA 但非 DAC 成员的政府和正在迅速成长的全球纵向基金会组成。其中,双边援助机构提供了总援助支出的 70%,而多边援助机构提供了其余的 30%,近年来新的基金也有所增加,最新的包括对抗艾滋病、结核、疟疾的全球基金和千年挑战团体等。

二、国际财政援助的方式

财政困难时国际财政援助的方式有捐款、无息贷款、官方发展援助和豁免债务。

(1)捐款是无偿的援助,包括有关国家的自愿捐款、国际组织的无偿援助。

(2)无息贷款是政府间具有援助性质的贷款,但有些发达国家在提供贷款时附加了一些政治或经济条件,如要求改善人权状况、购买援助国的物资等。

(3)官方发展援助是指发达国家或高收入的发展中国家及其所属机构、国际有关组织、社会团体以提供资金等方式,帮助发展中国家发展经济和提高社会福利的具体活动。

(4)豁免债务是指在有些发展中国家由于经济状况较差,难以偿还贷款时,提供贷款的国家主动提出不再要求其偿还贷款,等同于提供无偿援助。

三、国际财政援助机制

财政困难时国际财政援助一般通过国际组织进行,主要有国际货币基金组织、世界银行、经济及社会理事会、联合国开发计划署、粮食计划署、联合国人口基金等。

(一)国际货币基金组织

国际货币基金组织于 1945 年 12 月 27 日成立,1947 年 3 月 1 日开始运作,1947 年 11 月成为联合国专门机构,目前共 190 个成员国。其主要任务是:促进国际货币合作,维持国际汇率的稳定;向成员方提供短期信用以帮助会员方调整和缩短其国际收支不平衡的状况,解决成员方的国际收支困难;向成员方提供技术援助,派出专家小组帮助成员方制订并实施经济、金融方面的改革计划。近年来,基金组织致力于三方面的工作:加强全球化的金融监管;在特殊情况下为成员方提供紧急救援贷款,以维护成员方金融体系的稳定;帮助低收入的重债务国融入国际经济。

国际货币基金组织只对成员方的政府或政府机构发放贷款,贷款主要用于成员方的国际收支的暂时困难;一般为短期或中期贷款,期限为 3~5 年,长的也不超过 10 年,贷款的额度必须根据成员方向基金组织交纳的份额来决定;基金组织的贷款不管使用什么货币,都按特别提款权来计值和计算利息。

(二)世界银行集团

世界银行集团是由国际复兴开发银行(International Bank of Reconstruction and Development,IBRD)、国际金融公司(International Finance Corporation,IFC)和国际开发协会(International Development Association，IDA）共同组成的。① 我国于 1980 年加入世界银行。

（1）世界银行贷款的条件：贷款对象必须是成员方政府、政府机构或能获得政府和有关机构担保的公私企业；成员方必须经世界银行的专家认可确实具有偿还能力，才能获得贷款资格；贷款方已无法按合理的条件从其他渠道获得资金，才可申请贷款；项目贷款必须用于规定的项目，并要接受世界银行专家的监督。

（2）世界银行对贷款的主要规定：贷款的审批程序严格，常常要派专家到借款方进行实地考察、认证；项目的资金一般占项目所需资金的 50%左右，有时甚至高达 70%；贷款的期限一般较长，平均在 10 年左右，项目贷款期限则按项目的建设期长短而定；以美元计值，偿还时也必须偿还美元，万一发生汇率变动，由借款国承担汇率风险；贷款利率参照市场利率，但是一般低于市场利率。

（3）国际开发协会关于贷款的规定：贷款的期限为 35—40 年，并含 10 年宽限期。贷款不计利息，仅对已使用的贷款部分每年征收 0.75%的手续费。目前其贷款对象仅限于根据 1995 年统计的人均国民生产总值低于 905 美元并缺少资金的国家。

（三）联合国开发计划署

联合国开发计划署是联合国技术援助计划的管理机构，1965 年 11 月成立，其前身是 1949 年设立的"技术援助扩大方案"和 1959 年设立的"特别基金"，总部设在美国纽约。该计划署的宗旨是帮助发展中国家加速经济和社会发展，向它们提供系统的、持续不断的援助。

联合国开发计划署的援助项目是无偿的，资金主要来源于各国政府的自愿捐款，由联合国工发组织、联合国粮农组织、联合国技术合作部、世界卫生组织、联合国教科文组织、贸易和发展会议等 30 多个机构承办和具体实施。计划署本身不负责承办援助项目或具体将其付诸实施，它主要是派出专家进行发展项目的可行性考察，担任技术指导或顾问。中国于 1972 年 10 月开始参加该署的活动。

【同步案例 12—1】 我国参与国际财政活动带来的益处

（1）世界银行集团。世界银行集团由国际复兴开发银行、国际开发协会、国际金融公司、多边投资担保机构和解决投资争端国际中心五个成员机构组成。中国于 1980 年恢复了合法席位。目前，国际复兴开发银行将不再向中国提供低息贷款，同时中国将执行中高收入发展中国家的利率标准，并逐年缩减向世界银行的借款规模。2022 年 3 月 31 日，世界银行执行董事会批准向中国提供 3.2 亿美元贷款，助力中国西南地区绿色农业和农村发展。财政部部长出任世界银行集团各成员的中国理事。

（2）亚洲开发银行（亚行）。成立于 1966 年的亚洲开发银行是区域性政府间国际开发金融机构。中国于 1986 年加入亚行，并成为其第三大股东。2021 年亚行已承诺向中国提供 1 160 笔（次）公共部门贷款、赠款和技术援助，总计 413 亿美元。亚行向中国支付的贷款和赠款累计高达 341.8 亿美元。资金来源包括常规的普通资金源及其他专项资金。亚行目前在华实施中的主权业务包括 83 笔贷款，总额为 130 亿美元。2021 年，亚行承诺向中国提供 10 笔主权贷款（不包括联合融资）和 4 笔非主权贷款，总额分别为 16.2 亿美元和 1.45 亿美元。此外，还补充提供了 25 个技术援助（技援）项目（包括补充技援项目），总额为 970 万美元（包括联合融资）。财政部部长出任中国理事。

（3）全球环境基金。全球环境基金是由世界银行暨国际货币基金组织发展委员会部长会议倡议，于 1991 年 5 月成立的全球性赠款基金，是一个由 183 个国家和地区组成的国际合作机构，其宗旨是与国际机构、社会团体及私营部门合作，协力解决环境问题。其宗旨是促进环境领域的国际合作，为发展中国家在减缓全球气候变化、保护生物多样性、保护国际水域、保护臭氧层、防止荒漠化和减少持久性有机污染物

---

① 国际复兴开发银行目前包括 189 个成员国；国际开发协会目前包括 173 个成员国；国际金融公司目前包括 184 个成员国。

六个领域开展的具有全球效益的环保活动提供赠款或其他形式的优惠资助。中国是全球环境基金的创始成员国。目前,世界银行执董会按简化程序批准了中国利用全球环境基金(GEF)赠款"绿色和碳中和城市项目"(China-GEF7:Green and Carbon-Neutral Cities Project)。该项目旨在将生物多样性保护纳入项目参与城市的发展进程中,并确立实现碳中和路径。项目金额为2 690.91万美元,全部为全球环境基金(GEF)赠款。项目实施机构为重庆、成都、宁波三个城市以及国家发展和改革委下属单位中国城市发展中心。预计项目执行期为2022年至2027年。

课堂讨论:参与这些国际财政活动给我国带来哪些益处?

四、区域性国际组织缴款

(一)新开发银行

2012年3月,金砖国家领导人第四次会晤探讨了建立一个新的开发银行的可能性。2013年3月,金砖国家领导人第五次会晤同意建立金砖国家新开发银行(New Development Bank,NDB,简称新开发银行)。2014年7月,金砖国家领导人第六次会晤期间,五国领导人见证签署《成立新开发银行的协议》。2015年7月,新开发银行在上海开业。其宗旨为金砖国家及其他新兴经济体和发展中国家的基础设施建设和可持续发展项目动员资源,作为现有多边和区域金融机构的补充,促进全球增长与发展。金砖国家(中国、巴西、俄罗斯、印度、南非)为创始成员,新开发银行理事会也已批准吸收阿联酋、乌拉圭、孟加拉国和埃及为首批新成员。

(二)亚洲开发银行

亚洲开发银行(Asian Development Bank,ADB,简称亚开行或亚行),是一个致力于促进亚洲及太平洋地区发展中成员经济和社会发展的区域性政府间金融开发机构。自1999年以来,亚行特别强调扶贫为其首要战略目标。它不是联合国下属机构,但它是联合国亚洲及太平洋经济社会委员会(联合国亚太经社会)赞助建立的机构,同联合国及其区域和专门机构有密切的联系。亚行创建于1966年11月24日,总部位于菲律宾首都马尼拉。

中国于1986年3月10日加入亚行。按各国认股份额,中国居第三位(6.44%),日本和美国并列第一(15.60%)。按各国投票权,中国也是第三位(5.45%);日本和美国并列第一(12.78%),在这个组织中都是第一大出资国,拥有一票否决权。

(三)亚洲基础设施投资银行

亚洲基础设施投资银行(Asian Infrastructure Investment Bank,AIIB,简称亚投行)是一个政府间性质的亚洲区域多边开发机构。重点支持基础设施建设,成立宗旨是为了促进亚洲区域的建设互联互通化和经济一体化的进程,并且加强中国及其他亚洲国家和地区的合作,是首个由中国倡议设立的多边金融机构,总部设在北京,法定资本1 000亿美元。截至2021年10月,亚投行有104个成员国。其主要宗旨是通过在基础设施及其他生产性领域的投资,促进亚洲经济可持续发展、创造财富并改善基础设施互联互通;与其他多边和双边开发机构紧密合作,推进区域合作和伙伴关系,应对发展挑战。

任务三 国际财政协调

一、国际财政协调的必要性

(一)国际贸易和跨国投资的发展

在涉及国际财政关系的诸多经济活动中,对各国财政利益影响最大的是跨国公司的出现和发展。第二次世界大战后，国际经济获得了高度发展，跨国公司大量涌现，从而大大促进了国际税收关系的发展。跨国公司是国际资本流动的产物，它主要以生产资本的形式出现，通过对外直接投资，在其他国家和地区设立分支机构或子公司，从事国际性生产和经营活动。企业投资的国际化，必然带来国际收入分配问题，在这种情况下，任何国家都不可能再放弃对跨国公司的依法征税问题。除了跨国公司组织外，随着各国政府、团体和个人之间的政治、经济、文化艺术交流日益频繁，各种形式的国际收入也日益增加。尤其是20世纪60年代以来，发展中国家纷纷采取利用外资、引进先进技术的战略方针，与发达国家建立了广泛的经济联系，涌现了许多新的经济交往方式。除直接投资外，还有技术转让、来料加工等。国际商品、资本、技术、劳务的大幅度流动和各项交流收益的增加，引起了国际收入分配的复杂化。为了协调各种分配关系，1963年，经济合作与发展组织起草了《关于对所得和财产避免双重征税的协定范本》，联合国专家小组制定了《发达国家与发展中国家间避免双重征税的协定范本》，标志着规范化的国际税收分配关系的形成。

经济全球化的发展影响到相关国家的财政利益，使国家之间的财政关系日益紧密，财政利益的配置已越出了一国的界限，在国家间进行配置。各项经济政策的制定都必须考虑其国际影响，也需要密切关注国际组织、其他国家的政策对本国经济利益乃至财政利益的影响，从而趋利避害，争取有利于本国的结果。国际贸易、跨国投资的发展促使经济要素在国家间流动，从而也使财政利益在国家间转移。各国如果只考虑本国利益，相互之间钩心斗角，要么采取经济封锁，要么进行恶性竞争，那么其结果只能是两败俱伤；如果各国从长远利益出发，通过国际组织或其他协调机制进行财政利益的国际协调，就可以争取"多赢"的结局。

（二）全球化的挑战

20世纪90年代以来，全球化已成为当今世界不可逆转的发展趋势，它关系到世界各国政府的决策和普通公民的切身利益，其影响日益为国际社会所关注。在经济全球化趋势深入发展的形势下，世界各国既面临着难得的发展机遇，也面临着严峻挑战。世界各国人民普遍希望共享机遇、共应挑战、共同发展。全球化在为各国经济乃至世界经济发展带来巨大利益的同时，也带来了全球发展不平衡问题以及各类社会经济风险与危机因素，对世界经济有序、平衡发展造成冲击。目前，理论界和政治家正在寻求有效解决这些问题的途径，并致力于建立有效的运行机制——充分提供全球公共产品的机制。在此背景下，绝大多数国家都意识到必须加强全方位的国际合作，包括财经领域的国际合作，以积极的态度融入全球化进程，勇敢迎接挑战，为本国经济发展创造良好的国际环境。

（三）保障国际财政利益分配秩序的需要

国家之间问题的解决需要国家之间的合作和协调。通过财政关系国际协调可以逐步实现全球内税制的融合和财政政策的相互配合，减少成员方之间的财政摩擦及税制异化引起的损失，以最小的成本实现合理的财政收入。财政关系的国际协调是相关国家采取共同措施来处理国际财政关系问题的一种方法，具体表现在国家间债务的协调及国际税收的协调上。在恶性税收竞争中，发展中国家的利益往往受到损害，因为发展中国家所面临的问题是资金短缺、技术落后、基础设施匮乏，这些投资要素的缺陷将导致在税收竞争的博弈中占主导地位的将是作为资本输出国的发达国家。税收优惠还存在种种抵消因素，可能导致巨大的税收收入损失和优惠政策效果落空同时并存的局面。因此，建立对话协商机制、加强国际税收协调对于保障发展中国家的税收权益具有更为重大的实际意义。

财政关系国际协调主要致力于两个方面的调整：①税制；②税收征管。

国际税收协调的目标并不是一味地完全遏制国际财政竞争，而是通过协商对话、管理合作的方式合理划分税收等权益，使有关各国公平分享经济全球化的成果。

财政关系的国际协调机制定位于两个层面：

(1)通过协定调整国家之间税收管辖权与税收分配关系，这种方式没有从根本上改变各国原有的税收立法权及税收管辖权，只是在原有体制基础上的一种协调，用于灵活处理因摩擦而带来的国际税收分配问题；

(2)通过协调达到财政一体化目标，改变各国原有的税率或税制，形成经济共同体，积极推动贸易和投资自由化，这属于较高层次上的财政关系国际协调。

二、国家财政协调的内容

(一)消除成员方财政政策对区域的"溢出负效应"

在一个封闭的经济条件下，一个国家的财政政策的成本与收益可以实现内部化，但在开放条件下，财政政策是有溢出效应的。所谓财政政策的溢出效应，是指一国财政扩张、赤字及债务占GDP的比重扩大，会对自由贸易区的其他成员产生负面影响。

溢出效应主要体现在两个方面：

(1)对于跨国界的资源配置有溢出效应。由于区域内各成员方之间的税种、税率有很大差异，在商品、服务、资本市场日益一体化、自由化的状况下，资本所得税的差异会促使资本流向税率低的地区。而且税率差异会使商品的相对价格发生扭曲，降低资源配置的效率。这样就会导致要素在跨国界的配置上产生负向的溢出效应。

(2)对宏观经济系统的稳定有溢出效应。在一个经济合作区域内，如果某一成员国的财政赤字过大或公债比例提高，就会对整个区域的宏观经济运作产生重大影响。

为了避免溢出效应，要求各国之间进行税率、税制、赤字的协调，克服对要素跨国界配置、宏观经济系统的稳定的负面影响。

(二)区别关税政策，培育新的财源，填补关税"退位"后的空缺

关税是随着国际贸易的产生和发展而逐渐形成的最古老、最有效、最基本和最重要的调节国际经济关系的工具，关税税率的高低在一定程度上反映了一国市场经济发育的程度。最初，关税是构成一个国家财政收入的重要来源之一。随着社会经济的发展、其他税源的增加，以及国际贸易多边谈判下关税减让的成果显现，关税收入在各国财政收入中的比重已经下降，但仍是各国国家财政收入的一个组成部分。对经济落后的国家而言，关税收入仍是其财政收入的一个重要来源。削减关税给政府财政收入带来的压力是十分巨大的。

在降低关税的政策协调方面，需要关注两个问题：

(1)近期内采取区别关税政策。北美自由贸易区的一些做法值得借鉴。美国在北美自由贸易区中处于绝对的主导和支配地位，但它也不能不考虑其他两国，特别是墨西哥的经济利益和承受能力。为此北美自由贸易协定为墨西哥安排了过渡期和差别待遇。在关税减让的第一阶段，墨西哥只需对来自美国的35%的商品取消关税，而美、加对来自墨西哥的80%的商品实行免税。此外，北美自由贸易协定还为墨西哥缺少竞争力的产业部门安排了10~15年的缓冲期，使墨西哥有充分的时间进行结构调整。

(2)各个成员方都必须对现行财政收入结构进行调整，培育新的财源基地，形成新的财政收入增长点，填补关税"退位"后财力的空缺。

(三)实施经济援助，缩小自由贸易区内部发展不平衡的差距

各地区发展不平衡是大多数国家普遍的现象，而市场竞争的结果还会进一步扩大这种发展不平衡，这种地区间收入差距的存在和扩大也会破坏地区间的团结、政治中心的凝聚力和政治的稳定性，它也是建立区域经济合作的最大障碍。

尽管从长期看,自由贸易区的建立有利于区域内各国扩大市场,整合经济资源,增强经济实力,但在短期内贸易自由化将不可避免地冲击经济欠发达国家及地区的经济,造成一定的失业和产业的破坏,从而大大地限制了各成员方相互协调经济政策的余地,不利于自由贸易区内各国的共同发展。因此,在建设自由贸易区的过程中,开展地区减贫方面的财政政策协调与合作是十分必要的。作为一个正在组建中的自由贸易区的各个成员方特别是经济比较发达的成员方,必须重视对落后地区开发、援助的问题。这不仅关系到自由贸易区是否按期建成,还关系到地方政治、经济社会的安全和发展。

(四)调整财政支出结构,增加跨国公共产品的供给力度

随着区域经济一体化的深化,公共产品的空间特征正在发生变化,其边界也由一个国家的范围扩大到经济合作的区域。例如,防务、安全、外交政策、环境保护、高等教育、科学研究、交通、通信和能源等作为跨越国界的区域性公共产品已经出现,且还有新的公共产品不断涌现。在欧盟,这些公共产品是由欧盟预算集中供给的。公共产品的外部正效应诱发的"搭便车"行为,使区域内各成员方对于此类公共产品的供给需要进行协调,从而使各成员方加大财政投入,增加这些公共产品的供给力度,保证经济合作的成效。而对地区性公共产品,似乎双边协商效果更好。当前重点关注交通、产业调整、信息、教育、安全等区域性公共产品的供给问题。

三、国际财政协调机制

(一)财政关系的国际协调主体

财政关系的国际协调可以通过国际组织、区域性组织,也可以由各国政府通过相互之间的磋商机制进行。国际组织有联合国、世界贸易组织(WTO)、世界银行(IBRD)、国际货币基金组织(IMF)等,区域性组织有欧盟、经济合作与发展组织(OECD)、亚太合作组织、美洲联盟、非洲联盟、东南亚国家联盟等。

(二)财政关系的国际协调方式

财政关系的国际协调方式有:①全球性的国际协调,比如通过WTO制定贸易规则,处理由于贸易问题引起的摩擦,调解贸易争端;②国家之间的财政协调,如通过签订税收协定协调相互之间的税收制度,消除由于国际重复征税对国际贸易及跨国投资的消极影响;③国际财政援助,如由发达国家或国际组织提供无偿援助,豁免发展中国家的债务等。

欧盟财政政策协调是一个较成功的例子,其制度框架归结为两方面:

(1)财政纪律约束,主要体现在两个条约中:一是为了实施经济与货币联盟,欧盟于1991年12月达成了《马斯特里赫特条约》,它为欧盟成员方进入经济与货币联盟第三阶段的财政趋同标准作了安排;二是为追求欧盟预算平衡或盈余的财政目标,欧盟于1997年6月签署了《稳定与增长公约》,它为欧盟成员方进入经济与货币联盟第三阶段后财政状况的约束作了进一步的规定。

(2)财政转移支付。共同财政安排结构基金和团结基金来实施对成员方落后地区和衰退地区的财政转移支付,这种财政分配改变了国民收入在区域上的利益格局,可被视为财政协调的一种方式。

欧盟虽然没有集中统一的财政当局,财政政策仍由各成员方单独执行,但它已经在法制和民主的基础上建立起比较完善的组织机构和决策机制,呈现出高于国际组织,但又低于联邦制的性质和特点。它拥有自己的立法机构与功能,形成了完备的法律,并具备了一定的司法功能与制度,为财政政策协调提供了强大的组织保证。

(三)国际税收协定

国际税收协定也称国际税收条约,是指两个或两个以上的主权国家,为了协调相互间的税收分

配关系和处理跨国纳税人征税事务等方面的问题,本着平等的原则,通过协商、谈判等一定程序签订的一种对缔约国各方具有法律效力的书面税收协议。

国际税收协定具有以下几方面的作用:①划分征税权,协调国家之间的税收利益;②避免国际双重征税,消除跨国纳税人的不合理税收负担;③加强国家之间的税务合作,防止国际逃避税;④避免税收的国际歧视,保护纳税人的税收利益;⑤促进国际贸易和投资,推动世界经济的发展。国家之间税收协定的签订,可以为从事国际经济活动的跨国纳税人负担合理的税收创造条件,并为引导投资方向提供税收鼓励。

任务四 国际税收协调

一、国际税收

国际税收是指两个或两个以上的国家,在对同一跨国纳税人的同一课税对象,分别行使各自的征税权力而形成的征纳关系中所发生的国家之间的权益分配关系。跨国所得的出现和各国确立的对所得课税的制度,是产生国际税收关系的原因。

国际税收的本质是国家与国家之间的税收分配关系。对同一跨国纳税人的同一课税对象征税,就是对同一利益的分割,是在不同国家之间的分配,如一个国家得到的利益多了,另一个国家的利益必然受到影响。例如,为了避免所得的国际重复征税,纳税人的居住国可以放弃对本国居民国外所得的征税权,而由所得的来源国单独行使征税权;或者居住国让来源国优先行使征税权,然后再在来源国征税的基础上对这笔国外所得进行补征。这样,居住国与来源国之间就发生了税收分配关系。又如,跨国公司把一部分利润由税率高的国家转移到税率低的国家,也会影响这两个国家之间的税收分配关系。要减轻纳税人的税收负担,保护跨国纳税人从事国际贸易、跨国投资的积极性,就必须要有两个相关国家的协调和合作,并且需要双方在利益上做出让步,两个国家相互给予优惠待遇,这样才能使问题得到较好的解决。

二、税收管辖权

(一)税收管辖权的概念

税收管辖权是指一国政府在其主权范围内对税收事务的管辖权力,包括对什么征税、征哪些税、征多少税等。税收管辖权是一个国家主权的重要内容,神圣不可侵犯,由各国独立行使。

(二)税收管辖权的类型

税收管辖权一般包括三种类型,即地域管辖权、公民管辖权和居民管辖权,前者指国家有权对其所属领土全部空间范围的经营活动实施有效的征税权,后两者则指国家有权对其所属的公民和居民收益实施有效的征税权。这样,不同国家和政府便在实施征税权的过程中,很容易产生对同一跨国纳税人的同一课税对象的征税权的交叉与重叠现象,导致国际重复征税问题。尤其是世界上大多数国家为了维护本国的经济利益,都同时实行地域管辖权和居民管辖权,且各国判定居民身份和所得来源地的标准不一致,国际重复征税问题就产生了。

税收管辖权的冲突是造成国际重复征税的基本原因,具体有三种情况:①地域管辖权和居民管辖权的重叠;②各国对来源地的不同解释造成的地域管辖权的重叠;③各国对居民身份标准的不同规定造成的居民税收管辖权的重叠。

三、国际重复征税

(一)国际重复征税的概念

国际重复征税又称"国际双重征税"是指两个或两个以上的国家在同一时期内,对同一纳税人的同一课税对象或税源征收相同或类似的税收。它涉及所得税、财产税、国内商品税三大税类,但主要是指所得税。

所得的国际重复征税是由不同国家的税收管辖权同时叠加在同一所得之上引起的。它加重了纳税人的负担,影响到跨国投资的发展,不利于资本在国家间的流动。因此,必须采取各国能够接受的办法减轻或消除国际重复征税。

国际税收协调解决的是因各国税制差异而产生的国际税收竞争问题,以避免有害的国际税收竞争。国际税收竞争是经济全球化下国际税收关系的一种必然现象。主动参与适度的国际税收竞争,既维护了国家主权,也能在一定程度上促进本国福利水平的提高。但是,过度乃至恶性的税收竞争则是有害的,它会弱化国家税收主权,破坏税收制度的公平性,不利于资源在世界范围内的合理配置。为了避免在经济全球化过程中的有害税收竞争,主权国家之间必须对各自税收制度上的差异以及对跨国纳税人行使各自的税收管辖权所引起的冲突进行协调。

(二)国际重复征税的减除办法

国际重复征税问题的解决办法有两个:一是相关国家通过签订国际税收协定,约束各自的税收管辖权,以避免两国因对居民身份或所得来源地的制定标准相互冲突而引起国际重复征税;二是实行居民管辖权的国家承认所得来源国的优先征税权,采用免税法、扣除法、低税法、抵免法等避免、消除或缓和国际重复征税。

(1)免税法是指行使居民管辖权的国家,对本国居民来源于国外的所得免税,只对来源于国内的所得征税。实行该方法的指导原则是承认收入来源地管辖权的独占征税权,这就意味着居住国政府完全放弃对来自国外的所得征税的权力,将这种权力留给该笔所得的来源国政府。这种方法简单易行,但是却是以一国丧失境外税收利益为代价的。

(2)扣除法是指居住国政府行使居民税收管辖权时,将纳税人的国内所得和国外所得汇总后,扣除纳税人来源于国外所得所缴纳的外国税额而仅就其余额按居住国政府规定的税率征税的方法。

(3)低税法即居住国政府通过对其居民来源于国外的所得单独制定较低税率的方式来减轻国际重复征税的方法。

(4)抵免法是指居住国政府行使居民税收管辖权时,通过允许纳税人以在国外缴纳的税款冲抵本国汇总国内外所得按本国税率所计征的税额的方法。

(5)税收饶让是指一国对本国纳税人在国外得到减除的那一部分所得税,同样给予抵免待遇,不再按本国规定的税率补征。税收饶让也称饶让抵免,它是税收抵免的延伸或扩展,与税收抵免有着密切的关系。税收饶让一般都要通过双边签订税收协定加以明确规定。

【注意】税收饶让不是一种消除国际重复征税的方法,而是居住国对从事国际经济活动的本国居民采取的一种税收优惠措施。

应知考核

一、单项选择题

1. 国际财政援助体系目前有(　　)多个多边机构。
A. 50　　　　　　　B. 100　　　　　　　C. 150　　　　　　　D. 200

2. (　　)包括有关国家的自愿捐款、国际组织的无偿援助。
   A. 捐款　　　　　B. 无息贷款　　　　C. 官方发展援助　　D. 豁免债务
3. 世界银行的贷款期限平均在(　　)年左右。
   A. 5　　　　　　B. 10　　　　　　　C. 15　　　　　　　D. 20
4. (　　)方法的指导原则是承认收入来源地管辖权的独占征税权。
   A. 免税法　　　　B. 扣除法　　　　　C. 低税法　　　　　D. 抵免法
5. 国际货币基金组织一般为短期或中期贷款,期限最长不超过(　　)年。
   A. 5　　　　　　B. 10　　　　　　　C. 15　　　　　　　D. 20

二、多项选择题
1. 财政困难的国际财政援助方式有(　　)。
   A. 捐款　　　　　B. 无息贷款　　　　C. 官方发展援助　　D. 豁免债务
2. 国际财政援助的国际组织主要有(　　)。
   A. 国际货币基金组织　　　　　　　　B. 世界银行
   C. 经济及社会理事会　　　　　　　　D. 联合国开发计划署
3. 区域经济一体化分为(　　)形式。
   A. 自由贸易区　　B. 关税同盟　　　　C. 共同市场　　　　D. 经济联盟
4. 财政关系的国际协调方式有(　　)。
   A. 全球性的国际协调　　　　　　　　B. 国家之间的财政协调
   C. 国际财政援助　　　　　　　　　　D. 世界贸易组织
5. 税收管辖权一般包括(　　)。
   A. 地域管辖权　　B. 公民管辖权　　　C. 居民管辖权　　　D. 组织管辖权

三、判断题
1. 一般来说,联合国是一个协调组织,具有强制性。　　　　　　　　　　　(　　)
2. 国际开发协会关于贷款的规定:贷款的期限为35—40年,并含15年宽限期。(　　)
3. 财政关系国际协调主要致力于两个方面的调整:一是税制;二是税收征管。(　　)
4. 国际税收的本质是国家与国家之间的税收分配关系。　　　　　　　　　　(　　)
5. 税收饶让是一种消除国际重复征税的方法。　　　　　　　　　　　　　　(　　)

四、简述题
1. 简述国际财政援助的含义和方式。
2. 简述世界银行贷款的条件。
3. 简述国家财政协调的内容。
4. 简述财政关系的国际协调方式。
5. 简述国际重复征税的减除办法。

应会考核

■ 观念应用
【背景资料】

10月乌克兰收到近 28 亿美元财政援助

乌克兰财政部当天宣布,10月乌克兰国家预算收到近 28 亿美元财政援助。据统计,来自欧盟的援助为 16 亿美元,来自美国的财政援助为 11.5 亿美元。

乌克兰财政部称,10月来自欧盟的援助资金是欧盟 180 亿欧元宏观金融援助框架内的第 9 笔款项,截至目前该项目下乌克兰共计已收到 150 亿欧元。

资料来源:中共网,2023 年 10 月 31 日。

【考核要求】

分析说明对乌克兰提供财政援助的目的?提供财政援助的方式有哪些?

■ 技能应用

推动全球减贫进程,发达国家应承担责任

近年来,全球新增 1.65 亿人陷入贫困线以下。在该指数所覆盖的 110 个国家中,有 11 亿人生活在严重的多维贫困中,占其总人口的 18% 以上。

"在消除贫困方面,世界正在倒退。"联合国秘书长古特雷斯在 2022 年"国际消除贫困日"发出警示。作为联合国 2030 年可持续发展目标的第一个,"消除一切形式的贫困"似乎越来越成为一个遥不可及的目标。

破解全球贫困问题,不仅关乎每个个体的生存发展,而且影响人类社会的可持续发展进程,需要世界各国共同承担责任,直面挑战。

第二次世界大战以来,美国主导的国际货币基金组织、世界银行等国际机构通过"华盛顿共识"、援助计划、减债计划等,希望以贸易、金融自由化与经济私有化相结合的方式推动发展中国家摆脱贫困。然而,这并未增强发展中国家的自主发展能力,反而加剧了发展中国家对发达国家的经济依附,附带政治条件的国际减贫援助甚至让许多发展中国家陷入债务危机、贫富分化的泥淖。新冠疫情爆发以来,美国的量化宽松货币政策和加息缩表等政策,更令本就脆弱的发展中国家经济遭遇"吸血",导致这些国家国际投资流失、出口规模萎缩、民众失业加剧。

资料来源:《人民日报海外版》,2023 年 7 月 23 日。

【技能要求】

面对当前全球贫困难题,发达国家应如何承担责任?

■ 案例分析

【案例情境】

G20 如何加强国际宏观政策协调

受新冠疫情影响,全球经济受到重创,各国经济普遍面临严峻考验。连日来,美股"带领"欧洲及全球股市连续下挫超过 4 周时间,跌幅最大超 40%,美国甚至"带领"印度等 12 个国家创下同日熔断的历史纪录。在此背景下,各国加强宏观政策协调,共同抵御新冠疫情及其对经济和金融的冲击刻不容缓。

习近平主席在二十国集团领导人应对新冠肺炎特别峰会上指出:"加强国际宏观经济政策协调。各国应该联手加大宏观政策对冲力度,防止世界经济陷入衰退。"G20 领导人联合声明称,G20 正在向全球经济注入超过 5 万亿美元资金,以抵消大流行病对社会、经济和金融的影响。G20 财长和央行行长定期协调并制定 G20 应对新冠肺炎疫情的行动计划,要求世界卫生组织与有关组织合作,评估大流行病防范之不足,并在未来几个月内向财政和卫生部长联席会议报告,以期建立关于大流行病防范和应对的全球倡议。

G20 领导人峰会作为全球最大的经济金融治理平台,二十国集团 GDP 占全球 86%,但其内部各成员国发展阶段、制度模式各不相同,既有发达国家,也有发展中国家和新兴经济体。然而,不管

二十国集团内部有多大差异,面对人类共同的疫情外部威胁及其对经济带来的压力,G20必须通过加强宏观政策协调,以应对疫情对经济和金融的冲击。

参加G20会议的不仅有G20成员国,而且包括世界卫生组织(WHO)、国际货币基金组织(IMF)、世界银行(WB)和联合国(UN)等。各国际组织也需要各司其职,并加强彼此间的协调与配合,来共同抗击疫情,对冲经济下行压力,保障人们的工作和收入,维护金融稳定,恢复并实现更强劲的增长。同时,还应尽可能使疫情对贸易和全球供应链的干扰最小化,向所有需要的国家提供帮助,协调公共卫生和财政措施。除G20成员国5万亿美元经济刺激计划之外,IMF还准备了1万亿美元的信贷资金,准备给需要救助和贷款的国家。

资料来源:中国共产党新闻网,2020年4月1日。

【分析要求】

加强G20宏观政策协调如何处理协调好货币政策与财政政策?如何加强G20成员国国内与国际的宏观政策协调力度?

项目实训

【实训内容】

加强成员国税收协调,助力 RCEP 全面生效

6月2日起,《区域全面经济伙伴关系协定》即将全面生效。协定各成员国经济发展水平参差不齐,主要税种、税收征管之间存在很大差异。为保障资金、人员和货物的跨境流动,应加强成员国间税收协调,特别是增值税与企业所得税这两个对货物与资本流动影响较大的税种的协调。

6月2日起,《区域全面经济伙伴关系协定》(RCEP)即将对菲律宾生效。至此,全部15个成员国完成生效程序,并相互实施关税减让,RCEP进入全面实施新阶段。

RCEP是全球最大的自由贸易协定,成员国包括发达国家、发展中国家和最不发达国家,各方经济发展水平参差不齐,协定实施对成员国之间的税收协调提出新要求。

资料来源:《中国税务报》,2023年5月31日。

【实训目标】

加深学生对国际财政的认识和理解,学会运用本项目国际税收协调的内容对RCEP成员国之间如何加强税收协调提供建议(可从增值税协调、企业所得税协调、加强税收征管合作三个角度进行分析),解决财政学的基本问题,从而提高学生的综合素质。

【实训组织】

将学生分成若干组,每组7人,每组设组长1名,组长负责组织本组成员进行实训,由组长将实训结果写成书面报告,并总结。(注意:教师提出活动前的准备和注意事项。)

【实训成果】

(1)考核和评价采用报告资料展示和学生讨论相结合的方式。

(2)评分采用学生和教师共同评价的方式,填写实训报告。

实训报告					
项目实训班级：		项目小组：		项目组成员：	
实训时间： 年 月 日		实训地点：		实训成绩：	
实训目的：				
实训步骤：				
实训结果：				
实训感言：				

参考文献

[1] 中共中央宣传部：《习近平经济思想纲要》，人民出版社 2022 年版。
[2] 国务院：《政府工作报告》(2021—2023 年)。
[3] 本书编写组：《党的二十大报告辅导读本》，人民出版社 2022 年版。
[4] 中共中央宣传部：《习近平新时代中国特色社会主义思想学习纲要》，人民出版社、学习出版社 2023 年版。
[5] 本书编写组：《习近平新时代中国特色社会主义思想概论》，高等教育出版社、人民出版社 2023 年版。
[6] 人力资源和社会保障部：《财政税收专业知识与实务》，中国人事出版社 2023 年版。
[7] 公共财政概论编写组：《公共财政概论》，高等教育出版社 2019 年版。
[8] 李贺主编：《财政与金融》，上海财经大学出版社 2017 年版。
[9] 李贺主编：《财政学》(第 2 版)，上海财经大学出版社 2019 年版。
[10] 李贺主编：《税法》(第 3 版)，上海财经大学出版社 2023 年版。
[11] 李贺、陈佳丽、张庚全主编：《财政与金融》，立信会计出版社 2022 年版。
[12] 李贺主编：《税收学》，上海财经大学出版社 2023 年版。
[13] 李贺主编：《经济法基础(初级)》(第 3 版)，立信会计出版社 2023 年版。
[14] 蒙丽珍主编：《财政与金融》(第 7 版)，东北财经大学出版社 2022 年版。
[15] 王雪云、董云展主编：《财政学概论》(第 4 版)，东北财经大学出版社 2021 年版。
[16] 陈共编著：《财政学》(第 10 版)，中国人民大学出版社 2020 年版。
[17] 李红霞、何晴主编：《财政学》(第 4 版)，中国财政经济出版社 2022 年版。
[18] 宋学红：《财政学》，中国财政经济出版社 2018 年版。
[19] 寇铁军、张晓红：《财政学教程》，东北财经大学出版社 2018 年版。
[20] 唐祥来、康锋莉：《财政学》，人民邮电出版社 2021 年版。
[21] 林致远、邓子基：《财政学》，清华大学出版社 2020 年版。
[22] 王晓光：《财政与税收》，清华大学出版社 2022 年版。
[23] 王晓光：《财政学》，清华大学出版社 2022 年版。
[24] 邓晓兰、宋丽颖：《财政学》，西安交通大学出版社 2021 年版。
[25] 马跷、周克清：《财政学》，高等教育出版社 2022 年版。
[26] 杨斌：《财政学》，东北财经大学出版社 2021 年版。
[27] 邓子基、陈工、林志远：《财政学》，高等教育出版社 2020 年版。
[28] 王曙光：《财政税收理论与政策研究(修订版)》，经济科学出版社 2019 年版。
[29] 中华人民共和国财政部，http://www.mof.gov.cn/index.htm。
[30] 国家税务总局，http://www.chinatax.gov.cn。